大遗址保护
与区域旅游经济发展研究

Study on Great Heritage Relic Protection
and the Development of Regional Tourism Economy

祖恩厚 等/著

中国财经出版传媒集团
经济科学出版社
Economic Science Press

图书在版编目（CIP）数据

大遗址保护与区域旅游经济发展研究/祖恩厚等著
. ‒‒北京：经济科学出版社，2022.11
ISBN 978‒7‒5218‒4221‒0

Ⅰ.①大… Ⅱ.①祖… Ⅲ.①文化遗址‒文物保护‒
研究‒中国②区域旅游‒旅游经济‒经济发展‒研究‒中
国 Ⅳ.①K878.04②F592.3

中国版本图书馆 CIP 数据核字（2022）第 213655 号

责任编辑：杨　洋　杨金月
责任校对：蒋子明
责任印制：范　艳

大遗址保护与区域旅游经济发展研究

祖恩厚　等著

经济科学出版社出版、发行　新华书店经销
社址：北京市海淀区阜成路甲 28 号　邮编：100142
总编部电话：010‒88191217　发行部电话：010‒88191522
网址：www.esp.com.cn
电子邮箱：esp@esp.com.cn
天猫网店：经济科学出版社旗舰店
网址：http://jjkxcbs.tmall.com
北京季蜂印刷有限公司印装
710×1000　16 开　23.5 印张　340000 字
2022 年 12 月第 1 版　2022 年 12 月第 1 次印刷
ISBN 978‒7‒5218‒4221‒0　定价：90.00 元
（图书出现印装问题，本社负责调换。电话：010‒88191545）
（版权所有　侵权必究　打击盗版　举报热线：010‒88191661
QQ：2242791300　营销中心电话：010‒88191537
电子邮箱：dbts@esp.com.cn）

正如习近平总书记所言："文物和文化遗产承载着中华民族的基因和血脉，是不可再生、不可替代的中华优秀文明资源。要让更多的文物和文化遗产活起来，营造传承中华文明的浓厚社会氛围。"① 我国是拥有两百万年人类史、一万年文化史和五千年文明史的国家，不仅是四大文明古国（古代埃及、古代巴比伦、古代印度和中国）之一，并且是文明史从未断裂、一直延续至今并长盛不衰的文明古国。② 历史的延续、文化的传承、文明的赓续，不仅是每一个中华儿女的责任，也是每一个中华民族子孙的使命。

文化是一个国家、一个民族的灵魂。可以说，文化是更深厚、更广泛、更基础的自信，是更持久、更深沉、更蓬勃的力量，是更广博、更深远、更基本的精神。中华文化是我们自信心的不竭源泉，是我们精神的不灭燃火，是我们不断向前的动力，使我们能够厚积而薄发，使我们能够坚持更久、走得更远。守护中华文化，便是守护中华民族的根与魂，便是守护我们这个国家的精神家园。对于我们每个人来说，都"道阻且长"，路漫漫其修远兮。

作为文化的实证、文明的实物，文化遗产以一种别样的方式呈现文化的某片残存、印证历史的某个片段，它是更直观的文化，是直接的文明。不仅如此，文化遗产还起到复原历史的作用，尤其是对没有文字以前的史前历史

① 央视网. 文明之美看东方：让更多文物和文化遗产活起来［EB/OL］.［2022 – 07 – 20］.
② 翟胜利. 豫见文明 从中原古都看"最早中国"［J］. 百科知识，2021（31）.

的重建与补充、对有文字记载的历史的修正与完善，可以说，文化遗产不仅最大幅度地延伸了人类历史和中华文明的长度，更使人文历史的精细研究和文化文明的深入挖掘得到极大程度的丰富。因此，对文化遗产的挖掘、诠释，有利于我们承前启后、继往开来；对文化遗产的共享、传承，有利于增强中华民族的文化自信，有利于中国特色社会主义文化的构建。

大遗址是规模宏大、影响全面、价值重大、意义深远的文化遗产，不仅承载着极为丰富的历史信息，还储藏着极为厚重的文化内容；不仅具备极为重要的科学价值和极为深厚的文化底蕴，与此同时，也代表着极具特色的旅游资源和极具观赏性的环境景观。我国的大遗址是中华文明五千载灿烂辉煌文明史的重要代表，也是源远流长的中华文化的典型主体。一方面，在中国特色社会主义物质文明、政治文明和精神文明的构建过程中，能够向全世界展现历史悠久、文化深厚、魅力独特的古代中华文明；另一方面，也能对大遗址所在地的社会经济发展、文化交流、精神传承等起到极为重要的推动作用。因此，将大遗址保护好、利用好，有助于更好地认识源远流长、博大精深的中华文明，为弘扬中华优秀传统文化、增强文化自信提供坚强支撑。

我国极为重视大遗址保护工作，早在 1999 年，便出台了《大遗址保护展示体系建设规划基本思路》，为我国大遗址保护提供基本的概念思路和原始的方式方法。2002 年，大遗址保护已经作为专项行动列入"十五"计划。2005 年，《大遗址保护专项经费管理办法》的颁布不仅为大遗址保护工作提供了专项经费，还预示着我国由政府主导、民众积极参与的国家大遗址保护大型专项工程正式开展。不仅如此，我国政府从"十一五"开始，在每个五年规划期间，对大遗址保护制订的专门计划和专项规划，使我国大遗址保护工作紧锣密鼓地展开，并得到较快发展。其间，国家各部委、各级地方政府也制定政策法规，为和大遗址保护有关的文物保护、考古研究、文化传承和展示利用等方面的工作保驾护航，确保我国大遗址保护工作落到实处，取得实效。2021 年 11 月，国家文物局出台《大遗址保护利用"十四五"专项规划》，不仅公布了 150 处大遗址名单，还列明"十四五"期间大遗址保护的基本原则、重要工作、主要任务以及重点目标，让大遗址保护工作有的放矢、有规可循，确保该项工作能够快速落地并取得实效。

　　拥有大遗址的城市无疑是幸运的，因为大遗址作为一种独特的文物资源、优秀的文化资源，往往代表着悠久的历史、厚重的文化、源远流长的文明，与其他城市相比，往往拥有着更有利的资源优势、更明显的文化优势。有着五千年文明史、四千年建城史、一千五百余年建都史的"十三朝古都"洛阳，在我国历史上，夏、商、西周、东周、东汉、曹魏、西晋、北魏、隋、唐、后梁、后唐、后晋等十多个朝代曾在此建都，西汉、北周、后周、北宋、金等多个朝代以其为陪都，因此留下种类丰富的历史遗存和数量可观的文化遗产，正因如此，才在我国大遗址保护工作中占有无比重要的地位。洛阳不仅是大遗址保护的重中之重——"六大片区"（西安、洛阳、郑州、曲阜、荆州、成都）之一，还拥有 150 处大遗址中的 6 处，其中，独有 5处，即二里头遗址、偃师商城遗址、汉魏洛阳故城、邙山陵墓群、隋唐洛阳城遗址；跨省市 1 处，即大运河。此外，洛阳还是丝绸之路的东方起点，在陆上丝绸之路和海上丝绸之路上都有着至关重要的位置，并且是黄河文化遗产和万里茶道不可或缺的节点城市。洛阳市拥有 3 项共 6 处世界文化遗产，即龙门石窟、大运河（洛阳遗产点为回洛仓遗址和含嘉仓遗址）和丝绸之路：长安——天山的廊道（洛阳遗产点为汉魏洛阳故城遗址、隋唐洛阳城定鼎门遗址以及新安县汉函谷关遗址），不仅是全国唯一一座"双申遗"城市，还是我国拥有世界遗产数量最多的城市之一。这些文化遗产是洛阳市的无上荣耀，同时也带来巨大压力，如何将其保护好、利用好，使其为洛阳市的旅游发展、区域发展服务，既是时代交予洛阳市的重要命题，也是洛阳市科研工作者的重大课题。

　　在沿洛河两岸 30 余公里范围内，偃师商城遗址、二里头遗址、汉魏洛阳故城、隋唐洛阳城遗址以及东周王城遗址等大遗址从东往西一字排开，形成"五都荟洛"的遗址格局，从而成为举世罕见的文化奇观。正因为有这些大遗址存在，洛阳才被称为"千年帝都"或者"十三朝古都"。如果没有这些大遗址，不仅在我国璀璨的历史星空里，洛阳市会暗淡许多，就连"千年帝都"之名、"十三朝古都"一说，也会成为名不副实的空中楼阁。

"烟愁雨啸黍华生，宫阙簪裳旧帝京。若问古今兴废事，请君只看洛阳城。"北宋时期，著名历史学家、文学家、大学者司马光在途经汉魏洛阳故城时，忍不住发出这样的感叹。"若问古今兴废事，请君只看洛阳城"，是洛阳最好的城市形象宣传语。如今，作为这座千年古都的一员，我们有责任也有义务为洛阳市的经济发展、旅游复兴、文化振兴、社会进步、民生改善尽一份心，出一份力。

千古兴废事，一座洛阳城。因此，从洛阳出发，察看中华文明的浩瀚与博大，可谓恰如其分；以洛阳市为对象，开展大遗址保护与区域旅游经济发展的研究，具有极为重要的历史意义和非同寻常的文化价值。

祖恩厚

2022 年 10 月

目 录 <<

<< CONTENTS

第一章　导　　论

第一节　文化遗产与大遗址

一、文化遗产

（一）文化遗产的分类

根据《保护世界文化和自然遗产公约》的规定，文化遗产可分为文物、遗址和建筑群三个不同类型。这里所说的文物是指从历史、科学或者艺术方面分析，具有突出研究价值的碑画、碑刻以及建筑物，具有考古性质结构或者成分的洞窟、铭文及其联合体；遗址是指从历史、科学或者艺术方面分析，具有突出研究价值的人与自然联合工程、人类开发工程及考古遗址遗迹地带；建筑物是指从历史、科学或者艺术方面分析，其分布特点、环境景色以及建筑样式，具有突出研究价值的独立建筑群或者连接的建筑群。我国1987年才加入《世界遗产公约》，但申请世界遗产的速度较快、质量较高。截至2022年11月，我国已有56项世界遗产申报成功，其中，包含38项文化遗产、14项自然遗产、4项自然与文化双重遗产，拥有世界遗产数量位列世界第二（见表1.1）。

表1.1　　　　　　　　　　　中国世界遗产分布　　　　　　　　　单位：处

所在地区	文化遗产	自然遗产	自然与文化双重遗产
北京	7	—	—
河南	6	—	—
云南	2	3	—
四川	1	3	1
福建	3	1	1
辽宁	4	—	—
山西	4	—	—
山东	3	—	1
河北	4	—	—
贵州	1	3	
江西	1	2	1
浙江	3	1	—
湖北	3	1	—
江苏	3	1	—
新疆	2	1	
陕西	3	—	—
湖南	1	2	
甘肃	3	—	—
安徽	2	—	1
青海	1	1	—
内蒙古	2	—	—
天津	2	—	—
广东	1		—
吉林	2		—
重庆	1	1	
广西	1	1	

续表

所在地区	文化遗产	自然遗产	自然与文化双重遗产
澳门	1	—	—
西藏	1	—	—
宁夏	1	—	—
黑龙江	1	—	—

注：部分遗产跨省分布。
资料来源：出自世界遗产委员会的《世界遗产名录》。

洛阳市是我国拥有世界遗产较多的地级市，拥有 3 项共 6 处世界遗产，均为文化遗产，即龙门石窟（2000 年 11 月列入）、大运河（2014 年 6 月列入）、丝绸之路：长安—天山廊道的路网（2014 年 6 月列入），其中，大运河是多省市联合申遗，洛阳列入世界遗产 2 处，即含嘉仓遗址和回洛仓遗址；丝绸之路：长安—天山廊道的路网是多国家、多省份联合申遗，洛阳列入世界遗产 3 处，即汉魏洛阳故城遗址、新安县汉函谷关遗址、隋唐洛阳城定鼎门遗址。①

（二）文化遗产的定义

文化遗产是由过去之人产生或者使用的，经过历史洗涤以后留存至现今且可以传之后世的人类共同财产。与一般的商品或者物品不同，它是一种公共性物品或资源，见证了人类历史的发展，是较为独特的文化载体和历史遗存；它是一种不可再生资源，具有无法替代的时代价值和历史意义；它是人类历史发展的一种符号，不仅和人类的群体认同及文化感情有着较为密切的联系，还具有一定的象征意义，是人类历史在某一阶段发展的象征。它可以是有形的文物，也可以是无形的、通过人们口传心授以及参与感受等形式进行传承的民俗、工艺等，前者称为物质文化遗产，后者称为非物质文化遗产。

———————————

① "双申遗"成功！洛阳世界遗产跃至 6 处 ［EB/OL］. 洛阳市文物局，2014－06－23.

物质文化遗产是指具有艺术、历史、教育以及科学意义的文物，既包括古代的墓葬、遗址、建筑、寺庙、石窟、壁画、石刻以及在近现代产生的代表性史迹和重要建筑遗存等这些不可移动的文物，也包括在人类历史的各个时期产生的艺术品、实物、手稿、典籍、文献、资料等这些可移动的文物，还包括分布区域、建筑样式、周边景色与存在环境等相结合从而产生的具有突出价值和重要意义的历史街区、文化名城以及特色村镇。

非物质文化遗产是指以非物质状态存在的文化表现形式，它与人民群众的生活是息息相关的，并且能够心口相传、世代传承。非物质文化遗产既包括传统表演艺术、传统语言表现形式、民俗活动和民俗礼仪，也包括重要的节庆节日，与大自然、世间万物有关的民间知识和传统实践，手工技艺和传统技能等表现形式，还包括与以上表现形式和表现手法产生关联的文化空间。

我国的文化遗产是中华民族精神价值的表达，是华夏儿女思维方式的体现，是中华儿女想象力的载体，它不仅蕴含着中华民族旺盛的生命力，还体现出中华民族惊人的创造力；它不仅是我国 56 个民族的智慧结晶，也是属于所有人类的共同财富。因此，文化遗产保护事关中华民族的文化传承，事关各民族之间情感纽带的连接，事关各民族的团结与进步，更事关国家的统一、经济的发展和社会的稳定，不仅有利于世界文化多元化和人类文明创造性的维护，也有利于人类命运共同体的构建。可以说，加大文化遗产的保护力度，不仅是推动中国特色社会主义优秀文化向前发展的重要前提，更是贯彻和落实社会主义核心价值观、实现中华民族伟大复兴的必然要求。

文化遗产的不可再生性决定了它是一种珍稀资源。伴随着全球化愈演愈烈以及城市化进程的逐步加快，我国的文化生态受到前所未有的冲击，文化遗产以及其赖以生存的环境也受到前所未有的威胁。在旅游大发展、城乡大开发的同时，一些历史街区、特色村镇、文化名城、古代遗址、古代建筑和文化景区也遭到了不同程度的破坏，一些地方的盗窃文物、挖掘墓葬、破坏遗址和非法文物交易等违法犯罪活动不仅没有得到控制，反而日益猖獗，致使一大批文物瑰宝流失海外。由于没有得到合理的利用以及过度的开发，许多至关重要的文化遗产正在慢慢消亡，一些堪称民族精华的珍贵技艺因此失传。与此同时，还应看到，随着旅游开发的盛行，其运营模式、商业气息已经严重影响到许多少数民族地区，虽然这些地区的文化遗存较为丰富，但其居住环境及生活习俗的民族性正在逐渐减弱，极富特色的区域文化也在逐步消失。因此，保护本民族的优秀文化已迫在眉睫，加大对文化遗产的保护力度刻不容缓。国家有关部门要站在对国家负责、对历史负责的角度，地方各级政府要站在维护文化繁荣、对子孙后代负责的角度，深刻认识到加强文化遗产保护的必要性和重要性，以舍我其谁的责任感和只争朝夕的紧迫感保护好文化遗产、守护好历史遗存、确保中华文化的可持续发展。如能这样，必将得到后世子孙的敬仰，也能对得起前辈先贤。

随着社会的进步、文明的推进，人们对文化遗产存在意义的认识在逐渐加深。根据《中华人民共和国文物保护法》的诠释，一般认为文化遗产具有四个存在意义，即历史意义、科学意义、艺术意义及教育意义。事实上，评价文化遗产的存在意义需要一套较为完善的科学评价体系和历史演变进程。

（三）文化遗产的存在意义

1. 历史意义

文化遗产是历史的见证，要么是某个重要历史事件的见证，要么是某一重要历史阶段的见证，要么是某个重要历史人物的见证。无论如何，文化遗产起着挖掘历史、追忆历史、验证历史或者修正历史的作用，它能够告诉我们某个群体的文化史或者某个区域的发展史是真实存在的，并且是怎样一种存在。

2. 科学意义

文化遗产是历史的密码，是进行科学研究、破解一些未解之谜的钥匙，因此在它身上存在着重要的知识以及有价值的信息。人类的发展史本就是一部与大自然抗争的历史。从原始社会开始，人类为了获得更多的生存机会、居住在更好的生活环境中，就要不断与自然进行抗争。在此过程中，虽然付出了许多艰辛，但也积累了丰富的经验，得到了很多技能，发明了很多技术。然而，这些极有价值的技术除少量被古人记录于各种文献之外，大多数散落于大地上，存在于各类文化遗存之中。对这些文化遗存进行研究，不仅可以认识古人的技术，掌握古代的技艺，还可以实行拿来主义，古为今用，为现今社会的技术发展和科技创新提供一些借鉴。

3. 艺术意义

文化遗产自有其艺术性，它的设计理念、内部结构、建筑风格等能够带给人们美的享受和精神愉悦。有些文化遗产本身就以独特的设计、别样的风格、高超的技艺而成为人们的研究对象，给今天在该领域从事该项工作的人们提供设计思路和艺术灵感。通常而言，意义重大的文化遗产，比如，都城遗址、宫殿建筑、皇帝陵寝等，都是由当时最优秀的设计师进行最精益求精的设计和最出色的工匠进行最精密、最坚实的建造，虽然耗费了大量人力物力，给当时的老百姓带来了极大的灾难，甚至因为劳民伤财而导致亡国灭族的事情时有发生，但往事已矣，对于今天的我们来说，这些文化遗产无疑是古人厚重的艺术馈赠，是他们留给子孙后代的艺术瑰宝。

4. 教育意义

"前事不忘，后事之师。"① 文化遗产蕴含着丰富的文化养分和精神养料，能够让今天的我们从中受到启发、得到启迪、受到教育、受到鼓舞，从而产生进取的情绪和奋进的精神。一方面，文化遗产告诉我们古人的思维模式、生活方式、习惯习俗和行为准则，能够让人们受到传统文化的教育，从而使我们增强民族自尊心和文化自信心；另一方面，文化遗产也告诉我们古代的灿烂辉煌、古时的智慧力量和古人的奇思妙想，能够让人们获得爱国主

---

① 刘向. 战国策：赵策一［M］. 北京：中华书局，2006.

义教育，从而使我们更加热爱祖国和人民，从而激发建设祖国、繁荣祖国的
奋斗力量。

二、大遗址

（一）遗址的定义

作为一种独特的文物类型，如果以文物的存在形式进行分类，遗址属
于不可移动文物。[①] 然而，不同的书籍、学者对遗址的定义并不相同。在
1986 年中国大百科全书出版社出版的《中国大百科全书·考古学》中，
将遗址定义为"古代人类活动遗留下来的城堡、村落、住室、作坊和寺庙
等基址"，在后文的"遗迹"条目中，又有对遗址的论述："其中遗址又
可细分为城堡废墟、宫殿址、村址、居址、作坊址、寺庙址等，还包括当
时的一些经济型的建筑遗存，如山地矿穴、采石坑、窖穴、仓库、水渠、
水井、窖址等；防卫性的设施如壕沟、栅栏、围墙、边塞烽燧、长城、界
壕及屯戍遗存等也属此类"。[②] 根据上述论述，遗址的涵盖面很广，但包
含于遗迹。

但是在 1993 年辽宁科技出版社出版的《中国文物考古词典》中，遗
址和遗迹是具有明显区别的。"遗址"是指："古代人类居住过的，或曾
经从事过生产活动和战斗过的地方，如城址、宫殿址、洞穴址、村落址、
工场作坊址、矿山冶炼址、道路桥梁址以及古代战场址等，在考古学上都
叫遗址"；"遗迹"是指："古代人类在生产、生活及其他活动中所遗留下
来的痕迹。如居住址、墓葬、宫殿、矿井、作坊、城堡、都市以及窖址、
灶址等。凡是不能搬动的就叫遗迹。"[③] 可见，两者虽有一定重叠，但并无

---

① 吴永琪，李淑萍，张文立. 遗址博物馆学概论［M］. 西安：陕西人民出版社，1999.
② 胡乔木等. 中国大百科全书·考古学［M］. 北京：中国大百科全书出版社，1986.
③ 何贤武，王秋华等. 中国文物考古词典［M］. 沈阳：辽宁科技出版社，1993.

从属关系。

不同的工具书、不同的学者由于学术观点不同，导致他们对遗址的理解、看法和说法不同，虽然自有其道理，但给我们为遗址下一个确切的定义明显增加了难度。如果遗址的定义出自官方则要更加准确些，并且具有一定权威性。

2002 年 10 月 28 日，第九届全国人民代表大会常务委员会第三十次会议在北京召开，会上审议并通过了《中华人民共和国文物保护法》。在其中的"第一章第二条"有对文物保护的规定，"在中华人民共和国境内，下列文物受国家保护：（一）具有历史、艺术、科学价值的古文化遗址、古墓葬、古建筑、石窟寺和石刻、壁画；（二）与重大历史事件、革命运动或者著名人物有关的以及具有重要纪念意义、教育意义或者史料价值的近代现代重要史迹、实物、代表性建筑"①。可以看到，遗址被冠以"古文化"之名，并且要"具有历史、艺术、科学价值"。

事实上，早在 1972 年，联合国教科文组织在法国巴黎举行第十七届会议时，就曾通过《保护世界文化和自然遗产公约》，其中有对"遗址"的定义，"遗址：从历史、审美、人种学或人类学角度看具有突出的普遍价值的人类工程或自然与人工联合工程以及考古地址等地方"②。

根据上述对遗址的表述，所谓的"遗址"，具体而言是指"古文化遗址"。而文化又是包含知识、艺术、信仰、道德、习俗、法律，以及社会成员获取能力及养成习惯的一套复杂的系统，简单而言，文化是精神层面的。因此，文化遗址是将精神物质化的产物，当然，它既是精神的，也是物质的。

（二）大遗址的定义

大遗址是指那些在历史上具有重要地位，或曾发挥过巨大作用并且面积

---

① 资料来源：《中华人民共和国文物保护法》。
② 资料来源：《保护世界文化和自然遗产公约》。

较大的文化遗址。像古代的都城遗址、帝王陵、陵墓群等，占地面积往往达到几十平方千米，它们便属于大遗址。

可以看出，对"大遗址"的定义，需要从两个方面来认定，一是要有足够大的体量，二是要足够重要。在我国，一般把占地面积至少5平方千米、涵盖范围较大、具有重大历史意义和文化研究价值的、难以移动的文化遗址称作大遗址。

因为占地面积大、涵盖范围广，大遗址无论是从经济层面还是社会层面，无论是从文化角度还是环境角度来看，都具有较高的研究价值。我国的大遗址是先人们耗费大量人力物力建造的，并且能长期进行各类经济文化活动的区域，但因为历史进程的发展，遭到抛弃或者废止，从而成为一种独特的文化遗存。可以说，它是古人创造力的体现，也是先人智慧力的凝聚，它是中华民族绵绵不绝、生生不息的印证，也是中华文明从涓涓细流走向浩瀚汪洋的见证，甚至可以说，它是五千年中华文明中不可或缺的一部分，是散落在中华大地上的"二十四史"和"经史子集"。

在国家文物局出台的《大遗址保护利用"十四五"专项规划》的"附件"中，列入"十四五"时期的大遗址有150处，其中，独属于某一省份的有145处，跨省份的有5处（见表1.2）。

表1.2　　　　　　　　　　"十四五"时期大遗址一览

类别	所在省份	数量（处）	具体名称
独属某省份类（145处）	北京	3	圆明园遗址、周口店遗址、琉璃河遗址
	河北	7	泥河湾遗址群、中山古城遗址、燕下都遗址、赵邯郸故城（含赵王陵）、定窑遗址、邺城遗址、元中都遗址
	山西	5	陶寺遗址、曲村—天马遗址、侯马晋国遗址、蒲津渡与蒲州故城遗址、晋阳古城遗址

续表

类别	所在省份	数量（处）	具体名称
独属某省份类（145处）	内蒙古	4	和林格尔土城子遗址、辽上京遗址（含辽陵及奉陵邑）、居延遗址（含甘肃部分）、元上都遗址
	辽宁	3	牛河梁遗址、三燕龙城遗址、高句丽遗址（凤凰山山城、五女山山城）
	吉林	4	高句丽遗址（洞沟古墓群、丸都山城、国内城、罗通山城、自安山城、龙潭山城）、辽金捺钵遗址（城四家子城址、春捺钵遗址群）、渤海遗址（渤海中京遗址、八连城遗址、磨盘村山城）、长白山神庙遗址
	黑龙江	2	金上京会宁府遗址、渤海国上京龙泉府遗址
	上海	1	青龙镇遗址
	江苏	7	鸿山墓群、徐州汉墓群、阖闾城遗址、黄泗浦遗址、扬州城遗址、南朝陵墓群、明故宫遗址
	浙江	8	河姆渡遗址、上山遗址、良渚遗址、上林湖越窑遗址、安吉古城遗址、大窑龙泉窑遗址、宋六陵、临安城遗址
	安徽	6	凌家滩遗址、禹会村遗址、双墩遗址、大工山—凤凰山铜矿遗址、寿春城遗址、明中都遗址
	福建	4	万寿岩遗址、城村汉城遗址、平潭壳丘头遗址群、德化窑遗址
	江西	5	吴城遗址（含筑卫城遗址）、铜岭铜矿遗址、紫金城城址与铁河古墓群（南昌汉代海昏侯墓）、御窑厂窑址（含湖田窑址、高岭瓷土矿遗址）、吉州窑遗址
	山东	10	大汶口遗址、两城镇遗址（含尧王城遗址）、焦家遗址、大辛庄遗址、城子崖遗址、东平陵故城、曲阜鲁国故城、临淄齐国故城、即墨故城及六曲山墓群（含琅琊台遗址）、杨家盐业遗址群
	河南	16	仰韶村遗址、大河村遗址、北阳平遗址、平粮台古城遗址、偃师商城遗址、二里头遗址、郑州商城遗址、殷墟、小双桥遗址、郑韩故城、邙山陵墓群、汉魏洛阳故城、隋唐洛阳城遗址、宋陵、北宋东京城遗址、清凉寺汝官窑遗址
	湖北	6	屈家岭遗址、盘龙城遗址、石家河遗址、楚纪南故城（含龙湾遗址）、铜绿山古铜矿遗址、擂鼓墩古墓群

续表

类别	所在省份	数量（处）	具体名称
独属某省份类（145 处）	湖南	4	城头山遗址、铜官窑遗址、炭河里遗址、老司城遗址
	广东	3	石峡遗址、笔架山潮州窑遗址、南越国宫署遗址
	广西	3	甑皮岩遗址、靖江王陵、合浦汉墓群与汉城遗址（含草鞋村遗址、大浪古城遗址）
	重庆	1	钓鱼城遗址
	四川	5	成都平原史前城址、金沙遗址、三星堆遗址、城坝遗址、罗家坝遗址
	贵州	2	海龙囤遗址、可乐遗址
	云南	2	石寨山古墓群、太和城遗址
	西藏	3	芒康盐井古盐田、古格王国遗址、藏王墓
	陕西	15	石峁遗址、杨官寨遗址、丰镐遗址、周原遗址、栎阳城遗址、秦雍城遗址、秦咸阳城遗址、秦始皇陵、阿房宫遗址、汉长安城遗址、隋大兴唐长安城遗址（含大明宫遗址）、西汉帝陵（含薄太后陵）、唐代帝陵（含顺陵）、黄堡镇耀州窑遗址、统万城遗址
	甘肃	3	大堡子山遗址、大地湾遗址、锁阳城遗址
	青海	2	热水墓群、喇家遗址
	宁夏	2	西夏陵、水洞沟遗址
	新疆	9	吉仁台沟口遗址、苏巴什佛寺遗址、北庭故城遗址、交河故城、达勒特古城遗址、高昌故城、卓尔库特古城遗址、坎儿井地下水利工程、阔纳协海尔古城遗址
跨省份类（5 处）	—	—	长城（第一批国家级长城重要点段，包含 12 段秦汉长城、54 段明长城、11 段战国长城、4 处唐代戍堡及烽燧和 2 段金界壕遗址）
	—	—	大运河［路县故城遗址、大运河南旺枢纽、大名府故城、河道总督署遗址、回洛仓遗址、板闸遗址、含嘉仓遗址、荥阳故城（含古荥冶铁遗址）、州桥遗址、柳孜遗址等］

续表

类别	所在省份	数量（处）	具体名称
跨省份类（5处）	—	—	秦直道（秦直道起点遗址、秦直道庆阳段、秦直道延安段、秦直道东胜段等）
	—	—	蜀道（子午道南段驿站、褒斜道留坝段、傥骆道周至段、金牛道广元段等）
	—	—	明清海防（大鹏所城、蓬莱水城、蒲壮所城、大沽口炮台等）

资料来源：出自国家文物局的《大遗址保护利用"十四五"专项规划》。

通过表1.2可以看出，列入"十四五"时期规划的大遗址具有面积大、影响大、价值高、涵盖广等特点，可以说，它们是我国的核心文化资源，是中华文明历史价值的体现，是中华文化广博浩瀚的代表，是中华民族精神追求的象征。保护大遗址便是传承中华民族的优秀文化、守护中华民族的根系血脉，更是守卫中华儿女的精神家园。因此，大遗址保护工作一定要做好，这既是每一名华夏儿女的责任，也是每一个中华民族子孙的使命。

（三）大遗址保护

1. 我国大遗址保护历程

我国历史久远、文化厚重、文明源远流长，不仅是世界四大文明古国之一，还是文明从未断裂并延续至今的国家。我国不仅为人类文明的繁荣进步作出巨大贡献，还为人类留下数量众多的文化遗产，成为人类文明不朽的财富。然而，与经济发达的西方国家相比，我国的经济还较为落后，许多方面需要进一步发展，各项事业的建设与成就也需要更多资源的投入和支持。尽管如此，我国仍竭尽所能地为人类遗产的保护与人类文明的发展作出自己的贡献。无论是我国国内的还是全球其他国家的物质文化遗产和非物质文化遗产，我国政府都会尽心尽力地贡献自己的力量。

对于物质文化遗产和非物质文化遗产的保护，我国政府分别制定了不同的方针。保护物质文化遗产要坚持"保护为主，抢救第一，合理利用，加强管理"的原则；保护非物质文化遗产，要坚持"保护为主，抢救第一，合理利用，传承发展"的原则。[①] 两者相较虽只有最后一句不同，但已经能够看出其不同之处，物质文化遗产是容易受到破坏的，因此要加强管理，只有加强管理，才能保证物质文化遗产屹立千载、永世长存；非物质文化遗产是容易失传的，因此要传承发展，只有传承发展，才能保证非物质文化遗产长盛不衰、持久不绝。

一直以来，中国共产党就极为重视文物保护工作。解放战争期间，平津战役打响，80万名解放军兵临北平（即今天的北京）城下，却采取围而不打的战略，主要目的便是保护古都，准备和平解放北平。中华人民共和国于1949年10月1日成立后，中国共产党极为重视对大遗址的保护，尤其注重对古都帝陵等大遗址加以修缮和保护。我国由于历史悠久、地域广博，经过上万年的积累，使保存下来的大遗址非常多，这虽然给我国的大遗址保护工作带来了非常多的困难，但我国政府却竭尽所能地对大遗址进行保护，不仅制订了诸多与大遗址保护有关的法律政策，还下大力气严厉打击盗掘遗址、走私文物等不法行为。

1958年，全国文物、博物馆工作会议在北京召开。在会上，学者王冶秋谈及，"大遗址的保护，我们以燕下都为试验田"[②]，从此，"大遗址"才成为一个专门词汇被运用在文物保护和考古研究工作中。在当时，我国政府已经深刻认识到，不但要发展经济，搞好基础设施建设，也要做好文物保护工作。不过，文物保护工作要给经济建设做一定程度的让步，避免对经济发展产生不利影响。

1964年，"大型古遗址保护工作座谈会"首次会议在河北易县和燕下都遗

---

① 国务院关于加强文化遗产保护的通知［EB/OL］. 中华人民共和国中央人民政府网，2005 - 12 - 20.

② 何流. 大遗址概念起源发展及其属性探究［J］. 中国文物科学研究，2014（2）：68 - 73.

址召开。在会上，学者张云鹏发表了自己的观点，在他看来，"大遗址反映了一个时代的社会结构，一个王朝的遗址、遗址组（城区、城郊、墓葬），才能更好地了解一个时代"①。此次会议除明确了大遗址的定义外，还对其分类进行了讨论，学者苏秉琦便将大遗址初步分成四个阶段，即旧石器时代的大遗址、新石器时代的大遗址、东周时期的大遗址和汉唐时期的大遗址。

1982 年，我国文化领域首部专项法律诞生，这便是《中华人民共和国文物保护法》，该部法律不仅为文物保护提供了政策依据，也为打击各类文物犯罪提供了法律手段。

1983 年，"大型古遗址保护工作座谈会"第二次会议召开。与会学者提出经济建设与遗址保护工作产生了一系列矛盾，他们呼吁不能因为追求经济发展和城市建设，就放弃对遗址的保护。

1997 年，国务院发布《关于加强和改善文物工作的通知》规定，"把古文化遗址特别是大型遗址的保护纳入当地城乡建设和土地利用规划，对已公布为全国重点文物保护单位和省级文物保护单位的大型古文化遗址、古墓葬群、古石窟寺古建筑群、近现代纪念建筑等，可根据需要分别制定保护管理的专项法规或规章"②。这是"大型遗址"首次作为一个专有词汇出现在政府政策文件之中。

1999 年，我国政府出台的《关于拟将我国大遗址保护展示体系建设规划列为十五计划专项的指示》中，指出大遗址"主要包括反映中国古代历史各个发展阶段涉及政治、宗教、军事、科技、工业、农业、建筑、交通、水利等方面历史文化信息，具有规模宏大、价值重大、影响深远特点的大型聚落、城址、宫室、陵寝墓葬等遗址、遗址群及文化景观"③，这是"大遗址"和"大遗址保护"首次作为专用词汇出现在政府文件标题中，这也是我国官方对大遗址进行的首次定义。

① 李晓东. 1964 年"大型古遗址保护工作座谈会"述略［J］. 管理纵横，2011（24）：21 - 23.
② 国务院关于加强和改善文物工作的通知［EB/OL］. 人民网，1997 - 03 - 30.
③ "大遗址"概念演变与保护历程回顾［EB/OL］. 湖南考古网，2021 - 12 - 17.

进入 21 世纪后，世界形势风云多变，国内形势也错综复杂，在这种情形之下，需要对文物保护的各项法律进行修订和完善，才能适应新的形势，打击新的犯罪，这样才能更好地保护文物和大遗址。于是，2002 年，新修订的《中华人民共和国文物保护法》出台，其中便明确要求，"文物保护单位的保护范围内不得进行其他建设工程或者爆破、钻探、挖掘等作业。但是，因特殊情况需要在文物保护单位的保护范围内进行其他建设工程或者爆破、钻探、挖掘等作业的，必须保证文物保护单位的安全"①。

2006 年，由财政部和国家文物局共同出台的《"十一五"期间大遗址保护总体规划》中，明确大遗址为"主要包括反映中国古代历史各个发展阶段涉及政治、宗教、军事、科技、工业、农业、建筑、交通、水利等方面历史文化信息，具有规模宏大、价值重大、影响深远特点的大型聚落、城址、宫室、陵寝墓葬等遗址、遗址群及文化景观"②，不仅将大遗址保护纳入"十一五"整体规划，还进一步修订完善了对大遗址的定义。

2015 年，国家文物局制定了《大遗址保护规划规范》，其中明确规定大遗址是指"用于专指列入国家文物局大遗址项目库的全国重点文物保护单位"。这里所说的大遗址的定义和之前的不同，是特指《大遗址保护规划规范》这一文件所要保护的大遗址，即要是"全国重点文物保护单位"，并且已经列入"国家文物局大遗址项目库"③。

2. 大遗址保护工作发展历程

可以说，我国大遗址保护工作是逐步发展、层层递进的。从 1999 年制定的《大遗址保护展示体系建设规划基本思路》，对大遗址保护工作指明了方向，到 2002 年出台的《"大遗址"保护"十五"计划》，为大遗址保护打下了坚实基础，再到 2005 年颁布的《大遗址保护专项经费管理办法》，不

① 资料来源：《中华人民共和国文物保护法》。
② 资料来源：《"十一五"期间大遗址保护总体规划》。
③ 资料来源：《大遗址保护规划规范》。

仅为大遗址保护工作提供了专项经费，还预示着我国由政府主导、民众积极
参与的国家大遗址保护大型专项工程正式开展。不仅如此，我国政府从
"十一五"开始，在每个五年规划期间，都对大遗址保护制订了专门计划和
专项规划，使我国大遗址保护工作紧锣密鼓地展开，并得到较快发展。其
间，国家各部委、各级地方政府也制定了相关政策法规，为与大遗址保护有
关的文物保护、考古研究、文化传承和展示利用等方面的工作保驾护航，以
确保我国大遗址保护工作落到实处、取得实效（见表1.3）。

表1.3　　　　　　　　　　我国大遗址保护工作大事记

年份	事件	意义
1999	制定《大遗址保护展示体系建设规划基本思路》	对大遗址保护工作指明方向，并成为我国大遗址保护专项行动的原型
2002	出台《"大遗址"保护"十五"计划》	为大遗址保护工作打下了坚实基础，大遗址保护专项行动从此开启
2004	实施《"十一五"国家重要大遗址保护规划纲要》	确定在"十一五"期间，由政府主导的大遗址保护管理工作的总体架构，促使财政部专门针对大遗址保护工作开设专项经费
2005	制定《大遗址保护专项经费管理办法》	不仅为大遗址保护工作提供了专项经费，还预示着我国由政府主导、民众积极参与的国家大遗址保护大型专项工程正式开展
2008	在陕西省西安市举办"首次大遗址保护高峰论坛"	论坛旨在推动大遗址保护和城市建设健康发展、和谐发展，会议形成《大遗址保护西安共识》
2009	在浙江省杭州市举办"第二次大遗址保护高峰论坛"	论坛的核心议题为考古遗址公园的规划与建设，会议形成《关于建设考古公园的良渚共识》
2009	在河南省洛阳市举办"第三次大遗址保护高峰论坛"	论坛的核心议题为如何在城市的核心区域进行大遗址保护，会议形成《大遗址保护洛阳宣言》
2011	在湖北省荆州市举办"第四次大遗址保护高峰论坛"	会议的核心议题为如何更加科学地保护大遗址，怎样提升全民参与度，确保共建共享，会议形成《大遗址保护荆州宣言》
2013	出台《关于加强大遗址考古工作的指导意见》	使考古研究在大遗址保护工作之中的地位得到明确和加强。大遗址保护要以"考古先行"为原则，发挥考古工作的引领作用，确保其主体地位
2015	在广西壮族自治区桂林市举行"中国大遗址保护与旅游融合高峰论坛暨国家考古遗址公园联盟第五届联席会议"	论坛的核心议题是如何协调大遗址保护与旅游经济发展之间的关系，会议明确在大遗址区域进行旅游开发的基本思路和主要方向，形成《大遗址保护与旅游融合桂林宣言》

续表

年份	事件	意义
2015	实施《大遗址保护规划规范》	是我国大遗址保护工作已经形成系统的重要标志
2018	在湖南省常德市澧县召开"全国考古遗址保护与利用论坛·城头山 2018"	论坛主题分以下几个内容：（1）如何保护大遗址，并对其进行利用和展示；（2）如何在考古发掘现场对出土文物进行保护；（3）关于在考古遗址公园建设实践中的一些思考；（4）如何对遗址本体进行保护和展示；（5）如何规划考古遗址的展示体系；（6）土遗址类遗产有着怎样的特点，如何对其进行保护；（7）分析研究考古遗产保护的设计单位等
2020	制定《大遗址利用导则（试行）》	是对大遗址进行利用的首个技术规范，其主要特点是针对实际操作的指导较多，没有在法律层面做强令执行的要求
2021	印发《大遗址保护利用"十四五"专项规划》	确保文物本体与周边环境安全稳定，计划保护在可控范围之内，通过在大遗址的考古研究、展示利用、保护管理、传承创新、教育休闲、传播交流等各个方面取得一些重要成果，促进我国有中国特色的大遗址保护工作，利用更加科学、制度更加完善、理论更加准确、体系更加健康

　　大遗址是历史记忆的凝聚、是文化精神的象征、是社会认同的代表，它的价值是丰富的，它的意义是重大的，因此，也就决定了对大遗址的保护绝非一日之功，也绝不能一蹴而就。目前，我国正处于实现中华民族伟大复兴的关键阶段，因此，对大遗址的保护和利用，要创新思路、找准定位、精准发力、稳扎稳打，通过继续发挥文化遗存的综合性、示范性和带动性作用，走出一条具备我国特色、符合我国国情、满足我国未来大遗址保护与利用的康庄大道。

　　3. 大遗址保护工作现状

　　我国对大遗址的保护始于新中国成立初期。当时，百废待举，百业待兴，不仅国民生产力水平较为低下，就连经济发展水平也极为落后，各项经济指标不佳，各种社会事业也处在停摆状态。面对这样的局面，在中国共产党的领导下，全国各族人民团结一心、众志成城，争取振兴经济、促进社会发展，因此，经济工作是重中之重。然而，即便面对如此困难的局面，我国政府也没有忘记对大遗址进行保护，不仅出台并实施了各种规章制度以对文物和大遗址进行保护，还专门设立了文物保护专项资金以促进文物和大遗址保护工作的顺利开展。尽管新中国成立初期处于大遗址保护的起始阶段，但也取得了一些喜人的成就，为后来的大遗址保护工作积累了很多经验，并指明了前进的方向。

经过新中国成立以来 70 余年的摸索和探求，在对大遗址的保护规划、保护方法、保护对象和保护手段等方面，我国都有了长足的发展和进步。然而，截至目前，无论是研究思路还是研究内容，大多只是聚焦在如何保护上，而很少有人会去考虑怎样跳出保护本身来看大遗址保护，怎样跳出大遗址本身来协调区域发展。

就目前而言，我国对大遗址保护的研究很少涉及如何可持续利用大遗址，以及如何与区域旅游经济协调发展等核心问题。这样一来，便难以解决当地如何协调区域旅游经济发展和大遗址保护这一核心问题。如今，我国政府要求对大遗址进行保护，使之不受破坏和损伤，而区域经济要振兴、旅游要发展、人民要致富，导致两者之间产生了一定的矛盾。政府不惜重金、下大力气对大遗址进行保护，导致当地老百姓在想要进行生产、繁荣经济、富裕生活的时候，在一定程度上受到政府对大遗址保护政策的影响。然而，别的区域实现了经济突飞猛进、发展日新月异，而大遗址所在地的工商业发展却受到限制，导致当地居民的生活水平提升幅度低于外界，长此以往可能会导致当地居民对大遗址保护政策产生抵触情绪，反而使大遗址受到损伤的风险进一步提升，进而导致当地政府采取更为严格的保护措施。这样一来，对区域发展的限制会进一步加深，让旅游发展的空间进一步缩小，使当地民众更加看不到希望。如果当地民众不满情绪加深，他们便会采用更冲动的方式，采取更激烈的手段对大遗址进行破坏，更有甚者，会让大遗址彻底销毁，使其消亡殆尽。在他们看来，如果不存在大遗址，政府对区域经济、当地旅游的限制可能就会减弱，他们就可以随心所欲地振兴经济、发展旅游。

总之，目前在大遗址保护区域形成了保护和破坏、快速发展和暂缓发展严重对立的背景下，在一定程度上造成国家采取强制手段对大遗址进行保护的政策，产生了一定程度的执行难度，也可能使大遗址被破坏的风险进一步加剧，由此产生的恶性循环既不利于当地大遗址的保护，也不利于当地经济的振兴和旅游经济的发展，更不利于政府公信力的维护与提升。

4. 具体问题分析

目前，大遗址主要受两方面因素的破坏，即自然因素和人为因素。虽然由于工业的发展与经济的繁荣，使得环境污染进一步加剧，导致大遗址受风雨侵蚀、环境污染等自然因素的破坏程度较之以往有所提升，但人为破坏还是大遗址的主要威胁。一般而言，人为破坏大遗址主要体现在以下两个方面：（1）大遗址所在区域的民众由于文化素质不高、保护意识不强，在开荒拓地、修路建桥、改建宅基地、扩建房屋、挖土填洼、挖塘掘河等生产和生活过程中，对大遗址造成了不同程度的破坏；（2）大遗址所在区域以及周边环境由于各类违章建筑、建设工地用房等私搭乱建，给大遗址造成了环境上的不良影响。

在新闻媒体上，遗址被破坏的报道比比皆是。据 2013 年 5 月 14 日出版的《羊城晚报》报道，位于深圳葵鹏公路旁、曾入选"2006 年全国十大考古发现"的咸头岭遗址遭到破坏，现场建筑垃圾乱堆乱放，变成了垃圾填埋场。咸头岭遗址可追溯到 7000 年前的新石器时代，它是解析珠三角地区新石器时代历史文化的一个关键线索。① 据 2021 年 6 月 3 日出版的《人民日报》报道，江苏省公安部门于 2021 年 5 月成功侦破了江苏省宿迁市泗阳县的三庄古墓群被盗掘案，打掉一个集勘探、爆破、盗掘、倒卖于一体的大型文物犯罪团伙，抓获 30 余名犯罪嫌疑人，追缴文物 1500 余件，并根据相关线索顺藤摸瓜，侦破了山东省滕州市官桥镇的前掌大遗址被盗掘案。② 三

---

① 金璐. 深圳 7000 年前古人类遗址遭破坏，变垃圾填埋场 [N]. 羊城晚报，2013 – 05 – 14 (2).
② 张天培. 严打文物犯罪，保护文化遗产 [N]. 人民日报，2021 – 06 – 03 (19).

庄古墓群和前掌大遗址都属于全国重点文物保护单位，可见犯罪分子十分猖獗，也由此可见保护文化遗址的紧迫性。

（1）保护方式单一，保护效果不佳。

和西方大遗址多为石质遗址不同，我国的大遗址大多为黄土建造，因此不像石质遗址那般有极强的抗腐蚀能力和抗风化水平，如果任由其经受风吹、日晒、雨淋、水浸，不仅极容易受到破坏，甚至还有毁灭的危险。目前最常用的保护方式是对其进行绝对保护，使这些土遗址存在于最原始的状态下，甚至还有一些区域对其不采用任何保护手段。这些土遗址往往暴露在露天状态下，风化侵蚀现象较为严重。尽管目前对价值高、意义大的大遗址做了一定程度的修复和保护，但由于采用的保护方式较为单一，保护手段较为落后，没有发挥其应有的作用，保护效果不佳。

近些年，随着技术发展、科学进步和经验积累，我国在土遗址的保护领域取得了一些喜人的成就。然而，这些成就并不能让我们满足于现有的保护状态，部分经济落后的省份和区域使用先进保护手段的能力较弱，只能以单一且落后的方式进行保护，这就使保护的效果大打折扣，保护成效也不如人意。为了让大遗址得到更好的保护，大遗址所在区域的地方政府只能加大保护力度，并增加资金投入，这对于经济落后、发展缓慢的区域来说，无疑是一种沉重的财政负担，不仅让该区域的经济发展受限，也使该区域的地方政府疲于应对。

一般而言，大遗址，尤其是坐落于大城市中心或者周边区域的大遗址，往往因为所在区域人口较多、形势复杂、情况多变，与区域旅游经济的发展产生了诸多矛盾，如果处理不当，不仅会给大遗址保护工作带来极大压力，还会对当地经济的正常发展带来不利甚至严重的影响。

（2）管理经费不足，发挥效用有限。

我国大遗址保护的经费，基本上完全由政府拨款提供。政府对文物保护的拨款数额本来就极为有限，加上我国近万年的历史遗存使大遗址数量极为可观，导致政府经费在每个大遗址上发挥的效用极其微弱。这种单纯依靠政府拨款的经费来源模式，在"僧多粥少"的情况下，既无法让大遗址得到最好的保护，也无法给予当地民众较多的资金补贴以协助其经商创业、发家致富。这样一来，不仅阻碍了当地民众经济收入的提升，还抑制了大遗址保护工作的正常开展，更不用说相关科学研究的顺利进行。

更大的难题还在于，对于大多数大遗址管理方来说，就连这种少之又少的政府拨款，也并非年年都有，难免有顾此失彼、捉襟见肘之处。一方面，站在国家层面考虑，无论政府拨款还是专项经费，都要优先考虑那些有重大考古成果或者有巨大考古价值的重大遗址；另一方面，这些政府拨款和专项经费不能只考虑大遗址，还要考虑全国重点文物保护单位、博物馆以及其他文物管理方，有些年份可能会因为其他文物保护对经费的需求增加而导致大遗址保护的经费减少。此外，还有一种特殊情况，有些大遗址所在区域的地方政府以及文物管理部门往往会因为地方经费不足、财政困难，将保护大遗址的经费挪为他用（见图1.1）。

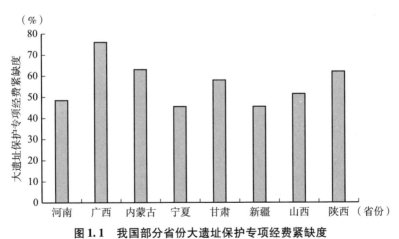

图1.1 我国部分省份大遗址保护专项经费紧缺度

注：数据采集自2022年3月，为2021年全年数据，应数据提供者的要求，将具体数据省略，以差额的百分比替代。

资料来源：此数据为保密数据，来源暂不公开。

（3）生态平衡与文物保护发生冲突。

如今，我国已经步入高质量发展的新阶段，不仅要抓好经济文化建设，还要搞好生态文明建设，还原绿水青山，共谋绿色生活，共创美丽家园，倡导人与自然和谐共存、融洽共生。不过，土地仍是脚下的这片土地，既要经济发展，又要环境保护；既要生态平衡，又要保护文物，难免会产生一些冲突、出现一些问题。

为了达到生态平衡，我国政府制定许多利国事、得民心的好政策，如植树造林、退耕还林还草、改造环境、建设生态等，对于我国的生态保护和环境优化起到了巨大的推动作用。然而，有些地方政府对国家政策生搬硬套、机械执行，造成一些不和谐的局面，反而使矛盾冲突加剧。例如，陕西省西安市未央区是国家文物局认定的重要大遗址——汉长安城遗址的主要分布区域，为美化环境、优化市容，未央区在全区整体实施大绿工程，不仅进行广泛的植树造林，还将大面积耕地变成了林地。然而，实施大绿工程的诸多区域，都在汉长安城长乐宫遗址之内。历史遗存广泛分布在这些区域，有些遗存距离地表仅有30厘米、40厘米，稍不小心就会使遗迹遗存遭到破坏，并且，这些破坏具有不可逆性，是难以补救的。

（4）市场化过度，商业思维严重。

大遗址由于具备较高的历史文化价值而使其具有很强的观赏性和极高的研究意义，因此被开发成旅游景区，以市场化来运作的行为时有发生，在经营之时，有一些商业思维在所难免。然而，在进行商业活动的同时也应看到大遗址终究需要以保护为主，如果市场化过度、商业思维严重，不仅会造成大遗址的不伦不类，更有甚者，还有可能使大遗址受到破坏，从而违背以保护为主的初衷。

秦始皇陵（包含秦始皇陵兵马俑坑）是世界文化遗产，同时还是全国重点文物保护单位，并入选国家大遗址保护名单。然而，20世纪90年代，当地政府却将秦始皇陵的经营权交给一家旅游公司，并拆分其股份，成为上市股份公司。无独有偶，地处陕西省西安市的汉长安城遗址，不仅是全国第一批重点文物保护单位,同时还是世界文化遗产"丝绸之路:长安—天山廊道的路网"上的重要站点,并且位列国家大遗址保护名单,但当地竟建造了占地面积达上百亩的仿古建筑群。

当然,上述情形也并非仅发生在陕西省和河北省,在全国其他省份也比比皆是。大遗址要保护,相关工作也要开展,"一开张就要钱",进行市场化运作会运用商业思维,这些情况都可以理解,但要注重把握尺度,适可而止,否则,一旦给大遗址造成损伤,损失便难以挽回。

5. 小结——苦难重重,需冲出重围

大遗址是中华文明的精华,是中华民族的骄傲,然而,如果保护不力、开发不当,又会成为我们的沉重负担。尤其是目前我们需要发展经济,使国家繁荣昌盛、百姓安居乐业,又需要保护这些大遗址,使其不在我们手中破坏,不在我们这一代"陨落"。我们需要大遗址为我们提供精神食粮,又需要使其成为振兴经济的"利器"、发展旅游的"法宝"。因此,在进行大遗址保护时,我们必须转换思维模式、换个角度思考,如果能够在以保护为首要前提的情况下,将当地民众生活水平的提高和当地经济水平的提升纳入规划范围,使大遗址保护和经济振兴并行不悖,使文化传承和旅游发展相互协调,走大遗址保护与旅游经济发展大统一、大融合之路,则不失为一种稳妥的做法。并且,时间将证明这样的做法具有可持续性,能够长久地持续发展,直到繁荣昌盛。

受新冠疫情影响,世界各国都不堪其扰,经济下滑严重,民众生活艰难,国际竞争日趋激烈。在这样的国际大背景下,我国政府需要求新求变,想方设法振兴传统商业、发展特色经济,创新发展模式,才能顶住压力、稳步前行,努力实现中华民族的伟大复兴。以大遗址保护而言,只要稳定住"保护为主"这一基本盘,所有的运营模式和经营方式都可以参与进来,无论是发展特色旅游还是进行商业开发,无论是丰富旅游内涵还是创新旅游形式,国家都是允许、支持并加以鼓励的,全国民众也是喜闻乐见的。如2021年,以相关文物、景区为原型创作的《唐宫夜宴》和《龙门金刚》等舞蹈在河南卫视播出后，便顺利"出圈"，经短视频平台的发酵，迅速成为全国人民的热议话题，并带火河南省洛阳市、开封市等地的旅游市场，这便是很好的案例。

与此同时，也应看到，一边是大遗址需要保护，另一边是当地旅游经济需要发展，出发点不同导致两者纷争不断、矛盾重重，出现了此消彼长的现象。大遗址所在区域的地方政府也陷入了两难局面，一方面，每年要投入大量资金用于大遗址保护工作，但巨大的资金投入却换来较少的回报，与此同时，资金来源有限，尽管有国家补贴和专项经费，然而往往杯水车薪，难以长久维持；另一方面，想方设法盘活经济，以大遗址带动旅游发展，以旅游开发创效增收，却不可避免地在一定程度上会危及大遗址的安全，不仅会受到国家文保部门的谴责，还会遭到专家学者的非议，甚至是来自国家社会的批评。正因如此，才导致许多地方政府消极对待大遗址保护工作，使与之相关的工作大多都陷入被动局面。

随着我国经济走入高质量发展的新阶段，人民群众对经济发展的要求越来越高，如果不能很好地协调大遗址保护与基础设施建设、旅游经济发展等方面的矛盾，导致这些矛盾愈演愈烈，就会成为社会发展的问题甚至顽疾，因此千万不可掉以轻心。但目前的局面是：一方面，有些地方在发展经济、开发房地产、建设基础设施时，对一些大遗址造成了不同程度的破坏，有些区域甚至已经到了令人担忧的地步；也有些地方披着旧城改造的外衣肆意破坏历史街区、传统建筑，焚毁旧城，建设新城，毁掉真文物，再建假文物，甚至到了令人发指的地步；与此同时，政府与企业法人违法拆迁、违法建设的案件也呈逐年增长的趋势。另一方面，有些地方在尝到对大遗址进行开发带来可观经济效益的甜头之后，更加认不清大遗址保护与旅游开发之间的关系，逐渐抛弃"保护为主"这一基本原则，将商业活动凌驾于大遗址保护之上，将追求利润最大化当作主要目的，不仅随意更换管理体制，还将大遗址的功能性发挥到无限大，对大遗址进行超限利用，更有甚者，进行破坏性利用。对大遗址保护工作来说，出现这样的状况是极其危险的。一旦发现类似苗头,必须进行坚决制止,否则,将使大遗址受到破坏的风险进一步加大。

要生存,就一定要发展经济,因为只有经济发展了、社会进步了,老百姓的生活质量才会提升;只有经济发展了、国力增强了,中国在国际社会才会有话语权,才能确保中华民族在世界民族之林占有一席之地,才能御敌于国门之外,避免"落后挨打"的命运。然而,大遗址保护事关中华民族的核心利益,事关千秋万代。这些可被视为民族珍宝的大遗址一旦被破坏,就是长久的损伤,甚至是永久的消失。稍有不慎就会成为民族的败类和历史的罪人。对此,我们一定要有清醒的认识,正因如此,新的文物保护法才明确规定,基础设施建设和旅游经济发展,不得以破坏文物和大遗址为代价,一定要遵循文物和大遗址保护的基本原则,即"保护为主、抢救第一、合理利用、加强管理",否则,宁愿不搞基础设施建设,不发展旅游经济,也不能破坏文物和大遗址。

总之,世界各国对大遗址的保护工作都还处于摸索探寻阶段,没有成熟的模式可以遵循,没有现成的道路可走。对大遗址保护的投入与产出不成正比、成效不明显、大遗址保护与旅游开发不相协调、大遗址保护与大遗址所在区域的居民对生产力发展和生活质量提升等要求不相匹配等诸多问题,广泛存在于我国和其他国家。因此,找到解决这些问题的方法,使其既满足大遗址保护的要求,又响应大遗址所在区域对经济振兴与旅游发展的呼声,是当务之急,也是时代所需。它关系到社会进步,也关系到文明传承,所以要慎重对待。

第二节 研究思路与方法

从国内外对大遗址的保护与利用研究及其发展趋势等方面来看,对大遗址和文化遗产的研究多偏重理论、方法与技术,这不仅是我国相关研究的重点领域，也是国外相关研究普遍重视的区域。尤其在"二战"以后，战后重建和休养生息，世界各国的经济开始复苏，之后的发展更是突飞猛进。随着经济的逐渐恢复，城镇化进程也逐步加快，城镇的规模也越来越大。人类的经济活动以及城镇化进程逐渐扩展到文化遗址区域，是要促进经济发展还是保护人类文明，是要进行旅游开发还是力保文化遗址免遭劫难，这不仅是社会学家、政治学家重点关注的问题，更是考古学家和文史学家关心的问题。围绕这些问题，世界各国共同努力，不仅签署了一系列有关人类遗产保护的国际公约，还分别采取了一系列保护人类遗产的政策措施。

从国际上对大遗址保护相关研究的进程与进展来看，大部分研究只是以某个具体的大遗址进行重点研究，并且，从保护手段的研究来看，在某种程度上还存在一定的主观臆断，一方面，对保护的论述太过绝对；另一方面，保护手段太过单一，甚至将大遗产保护和所在区域的经济振兴与旅游发展完全对立起来。导致这一领域的研究只能越来越狭窄，终究难以取得实际效用，更不用说"用理论来指导实践"了。

我国对大遗址保护和利用的研究起步并不晚。早在新中国成立之初，学者们已经开始从事这方面的研究。尤其在大遗址的保护规划、保护方法、保护手段以及具体保护对象等方面取得了一些不错的成就。此外，也有一些学者聚焦于如何在大遗址保护的基础上对所在区域进行旅游开发这一实际问题。然而，无论从研究思路还是研究内容看，都没有跳出以保护为中心向外延伸的思维模式，这也就注定了这些研究往往都是老生常谈，难有新意。笔者通过相关文献资料的查询，发现极少有涉及大遗址保护与区域旅游经济发展的系统研究。事实上，大遗址保护与区域旅游经济发展是分不开的，甚至可以说是相辅相成的，大遗址本身作为一种优秀的旅游资源，能够为区域旅游经济的发展服务，反之而言，如果区域旅游经济得到较快发展，也能为大遗址保护工作积累充足的资金，为相关研究保驾护航。

国内对大遗址保护研究的单一化，使理论难以成为实践的"航标"，使国内大多数大遗址都出现保护方式老套、保护效果不佳、保护效益低下等问题，甚至出现大遗址保护工作与当地居民要求旅游发展、经济振兴的呼声不相协调、甚至完全对立的不和谐局面。因此，无论从国外相关领域的研究还是从国内相关内容的研究来看，都需要学者们转变思路、转换思维，统一和协调大遗址保护与区域旅游经济发展之间的关系，使其相互促进，共同前行。

文化遗产有物质文化遗产与非物质文化遗产之分。非物质文化遗产不仅是文化遗产的有机组成部分，还是民族审美个性的体现和群体文化精神的象征。在它身上散发着独特的气质，具有独特的魅力，这是如今这个信息化时代工业文明的象征物和信息文明的代表物所难以企及的。从某种意义上说，非物质文化遗产是民族特性的体现，如果它消失了，就代表着民族个性的消失和民族特征的消逝。而物质文化遗产更是文化遗产不可或缺的组成部分，它处于一定空间之内，以一定形态存在，是散落在大地上的史书，是实物历史，因此在区域旅游经济发展之中作为一种优秀的旅游资源而存在。尤其是大遗址，它是物质文化遗产的精中之精、优中之优，既可视为区域文化的代表，又可视为区域旅游资源的领头雁。

从我国的现实情况来看，各级文化部门和进行非物质文化遗产保护的各级机构，在长期的实践过程中，不仅积累了丰富的经验，还总结出了许多标准和方案，使非物质文化遗产的搜集、普查、整理、分类以及保护更加科学、更加便捷。早在 1979 年，原文化部便开启了一项庞大繁杂的系统工程，对民间文学艺术进行了收集和整理，编撰成了《中华民族民间十部文艺集成志书》，不仅使许多即将消失的非物质文化遗产得到抢救，还形成了一套科学系统的分类方法，为非物质文化遗产的科学研究打下了坚实的基础。进入 21 世纪以来，国家对非物质文化遗产的保护工作逐渐系统化、科学化、正规化，不仅向联合国教科文组织进行了世界非物质文化遗产的申报，还组织了从国家级到县区级各类非物质文化遗产的评定工作，使一些濒危的非物质文化遗产得以振兴，从而使我国的非物质文化遗产方兴未艾。然而，对物质文化遗产，尤其是大遗址的利用与保护，仍有许多困难等待克服，因此，本书以大遗址为对象进行研究，可谓有的放矢。

　　近万年的历史文化积淀，为我国带来了数目相当可观的大遗址，不过，这些大遗址的分布并不均衡。如果以经济发展情况进行区分，可分为经济发达地区以及经济欠发达地区。以我国而言，东部地区为经济发达地区，中西部地区为经济欠发达地区。大遗址由于地处某个区域，势必要打上该区域的标签，而作为该区域的一种核心文化资源，大遗址要在区域经济发展中，尤其是在旅游经济发展中扮演重要角色，为当地的经济振兴以及民众生活水平提高贡献自己的力量，这既是时代的要求，也是百姓的呼声。在理论上讲，大遗址作为一种资源在旅游经济发展中发挥的能效应该介于零和正无穷大之间。不过，对于经济发达地区而言，可以通过各种手段达到刺激消费、促进经济增长的目的，因此对大遗址产出的经济效益并不会做很高的要求，大遗址在旅游经济发展中发挥的能效即便为零，也不会产生过大的影响。但是对经济欠发达地区来说，情况就有所不同，大遗址往往占地面积大、分布区域广，如果大遗址不发挥它们应有的效能，不仅不能给这些地区带来经济效益，反而会加重这些地区的经济负担，甚至会连累整个区域的旅游经济发展。反之而言，如果大遗址能够发挥它们在本区域应有的作用，将推动能效运用到无限大，就会成为该区域旅游发展的领头雁、经济发展的主力军，从而推动本区域旅游收入的增长、经济水平的提高和群众生活水准的提升。

　　正因如此，本书才选择经济欠发达的中部城市河南省洛阳市作为研究对象，通过科学而系统的研究，来探寻大遗址保护与区域旅游经济发展之间的关系，并希冀能寻找一条大遗址保护与区域旅游经济发展和谐共存、协调融通之路。这样一来，不仅能够为经济欠发达区域的大遗址保护提供一定的理论指导，还能为这些区域以大遗址保护助推旅游经济发展的政策制定和制度施行提供实践经验。笔者通过长达半年有余的田野调查和卷帙浩繁的案例研究，借助一些具体实证来对洛阳市的大遗址保护以及该市的旅游经济发展进行深入而系统的研究，运用现代旅游经济学、区域旅游经济学、城市旅游经济学以及旅游经济增长理论等相关知识，结合具体大遗址的实际情况，对大遗址保护与区域旅游经济发展之间的关系、两者相协调的方法等诸多问题进行探究，并给出一些创新性的论点，如大遗址是一种优秀的旅游经济资源、大遗址具备后发的旅游优势以及大遗址通过展现后发优势，可以带来巨大的经济效益等。

第三节　国内外大遗址保护研究现状

一、国内研究现状

我国国内目前采用的大遗址保护策略往往实行保护性规划，将规划以文件的形式来指导对大遗址的保护。许多时候，这种保护性规划是极为被动的。当城市或者城镇的整体规划涉及所在区域的大遗址时，抑或某个大遗址发现有新的考古成就时，或者某个大遗址遭到严重损毁被新闻媒体关注时，国家文管部门或者大遗址所在区域政府便会邀请知名专家学者为这一大遗址制作保护性规划。

第一种情况，以城市整体规划为主，可以适当顾及对大遗址的规划，但终究缺乏对大遗址保护的通盘考虑，而以城市整体规划实际效果为主体，这就导致这样的规划只是在景观与格局、建筑形式与空间关系等方面适当向大遗址倾斜，极少对大遗址的历史文化内涵进行深入挖掘。第二种情况，虽然能够以大遗址为主体进行通盘考虑，也能对遗址区内的功能区划分和旅游线路规划进行一些妥当安排，然而，大多围绕时间和空间来做文章，极少能够涉及如何在保护的前提下对大遗址进行利用，以及围绕旅游经济发展来制定规划，这就使得大部分此类规划的实际效用较弱，只是单纯的设计规划，缺乏远见卓识，产生保护和利用效益的可能性非常低。第三种情况，无论对国家文管部门还是当地政府来说，都是在较为被动的局面下仓促之间所作的规划，草草了事、泛泛而谈，大多为应付之作，自然难以发挥应有的效用。

当然，针对大遗址保护所作的规划，有一些也注意到保护和利用关系的协调性、大遗址保护与区域旅游经济发展的交互性等，并对此进行了探讨。然而，由于站位不高、又缺乏眼界和视野，再加上自身知识受限，从而导致这些规划对问题的探讨并不深入，制定的策略也难以切合实际。总之，这些策略缺乏科学性和系统性，难以建立一套行之有效的体系，还是较为可惜的。

二、国外研究现状

国外的案例以西方发达国家最为典型。由于发达国家对大遗址保护工作研究较早，因此较早就认识到大遗址的重要性。为了防止大遗址受到人为破坏，许多国家采取了将大遗址所在区域的居民全部迁走的策略，然后由国家或者大财团出面，像对其他文物遗址进行保护一般，开辟博物馆，让大遗址得到最好的保护。其中，效果最为显著的便是意大利模式和埃及模式。

（一）意大利模式

在世界历史上，意大利闻名遐迩，其不仅曾是神圣罗马帝国的重要组成部分，还曾完全控制亚平宁半岛，建立意大利王国。由于历史悠久、多次受侵、屡遭战火等诸多原因交织在一起，让意大利积累下了众多的遗址遗迹，较为知名的像佛罗伦萨历史中心、威尼斯及其潟湖以及那不勒斯历史中心等。截至 2022 年 11 月，意大利是拥有世界遗产最多的国家，共有 58 项世界遗产，包含 5 项自然遗产、53 项文化遗产，其中，有 7 项为跨国项目（2 项自然遗产、5 项文化遗产）。① 多年来，意大利不断在文化遗产保护方面进行实践和探索，并总结出了一套行之有效的运作体系，这便是"意大利模

---

① 世界遗产名录［EB/OL］. 世界遗产公约网，2022－11－20.

式"。意大利的文化遗产由公共部门负责进行保护，但无论是个人还是企业都可取得这些文化遗产的经营权和管理权。这样一来，便能在对文化遗产进行很好保护的基础上最大限度地发挥文化遗产的优势，并且，个人和企业的参与能够使文化遗产活泛起来，他们利用一切好的经营方式"盘活"文化遗产，不仅能够在一定程度上解决当地民众的就业问题，还能促进文化遗产所在地旅游业、餐饮业以及商业等相关行业的发展，促进当地经济繁荣，使当地老百姓能够安居乐业。

（二）埃及模式

埃及是五大文明的发源地之一，也是四大文明古国之一，其文明可追溯至公元前 6000 年，早在公元前 3200 年，古埃及便建立了世界上第一个奴隶制国家。其境内遗留下来的文物古迹众多，像金字塔、狮身人面像等都是蜚声中外的知名景点。早在 2004 年 7 月，埃及文物管理部门——最高文物委员会，便在政府法令的指导下，筹措了一家国有控股公司来对文化遗产进行保护、利用和开发。这家公司极为庞大，拥有 12 家子公司，它们又可以分成三类：第一类是对文物的安全负责，并负责文物的维护和清理；第二类是对文物的经营负责，并负责损伤文物的修复和博物馆以及附属场馆、设施的建设；第三类是技术服务公司，负责为埃及国内外的考古研究机构和各类博物馆提供考古技术和相关技术咨询服务。总而言之，就是让专业的人做专业的事情，让专业的公司从事专门的工作。这样一来，这些公司方能够在各自的专业领域深耕细挖，才能使其脱颖而出、出类拔萃。埃及这样的做法受到全世界的赞赏和表扬，被称为"埃及模式"。

三、综合评述

综上所述，我国国内对大遗址保护的研究，其实只是基于"保护优先"的原则所做的一些研究，要么打组合拳，要么拳法单一，无法做到理论创新，也难以在综合效益方面有所突破，更无法协调大遗址保护与区域旅游经济发展之间的关系。

国外通过相关研究和实践摸索总结出了不少成功案例，如意大利模式和埃及模式，但国外的国情和我国并不相同。我国在大遗址特征、空间布局、当地经济水平、历史文化和传统观念等方面与国外有着较大程度的差别，因此很难移植他们的成功经验。既然不能照搬照抄，我们就只能坚持走自己的路。

第四节　本书框架结构

本书一共分为九章。

第一章为导论。第一，阐述撰写本书的意义和目的；第二，对文化遗产和大遗址进行定义，并对大遗址保护进行相关论述，重点回顾了我国大遗址保护的历史沿革、介绍了大遗址保护的现状以及存在问题；第三，简述研究思路和研究方法；第四，是对国内外研究现状的阐述，由于国内相关研究相对狭窄，国外相关经验难以照搬，因此只能坚持走自己的路；第五，是对本书框架结构的梳理。

第二章为大遗址保护与区域旅游经济发展的理论研究。主要对区域旅游经济发展理论体系进行分析，并对与大遗址保护和利用相关的旅游经济学理论进行介绍，包括产业结构理论、博弈论、后发优势理论和外部性理论等。不仅如此，还对大遗址的区域范围和特指内涵进行了界定。

第三章为大遗址保护与区域旅游经济发展关系分析。首先，对大遗址作为一种旅游经济资源进行明确定位，并从旅游经济学的角度对其属性进行分析；其次，通过分析在大遗址保护中出现的过度保护、利用不足等问题，提出可靠性保护的观点；最后，对大遗址和区域旅游经济的关系进行梳理，指明大遗址不仅是区域旅游经济的有机构成，可以为区域旅游经济的发展服务，与此同时，区域旅游经济的发展又能反哺大遗址保护，为其提供强有力的保障。

第四章为后发优势学说与区域旅游经济发展。从资本回报率、科技管理和产业结构调整这三个方面，阐明发展较为落后的地区所具有的后发优势，同时指出后发地区也具有后发劣势，并探讨后发优势和后发劣势的关系，然后解析大遗址区域旅游经济发展所具有的后发优势，并提出发展建议和应用路径。

第五章为近城区大遗址保护与区域旅游经济发展。大遗址保护受城市的影响较为明显，以区域而论，近城区大遗址比远城区大遗址更容易受到地理因素的影响，从而对其保护产生诸多因素的影响。在这一章，首先对城市化进行定义，其次对我国的城市化问题进行阐述，最后通过具体案例进行论证，得到近城区大遗址可以通过旅游开发、旅游服务业运作、旅游商业街的运行等带动区域旅游经济发展，并推动大遗址得到更好的保护。

第六章为远城区大遗址保护利用与区域旅游经济发展。对于远城区大遗址来说，虽然由于地理位置的原因使其受到城镇化发展的影响大为减少，但不可忽视的是，远城区大遗址受自然因素（如风霜雨雪的侵蚀）以及人为因素（如盗掘破坏等）的影响更为严重。尤其需要注意的是，远城区大遗址保护和当地旅游经济发展容易产生矛盾冲突。在这一章，通过对远城区大遗址保护利用特点的阐述以及保护利用现状的分析，总结远城区大遗址保护和当地旅游经济发展之间存在的几类问题，并给出解决方案，即通过发展观光农业、生态农业等手段，达到既使当地旅游经济得到发展，又使大遗址得到很好保护的一箭双雕之策。

第七章为国家考古遗址公园总体规划实施评价与启示。在该部分，以隋唐洛阳城为例，探讨国家考古遗址公园的规划和实施，通过构建规划方案实施评价指标体系，对隋唐洛阳城国家考古遗址公园规划方案进行评价，之后对结果作出分析。最后通过结果分析，总结经验教训，以期对未来国家考古遗址公园的建设给予启示。

　　第八章为区域大遗址与旅游经济发展研究。该章是以洛阳市区域内入选"十四五"大遗址名单的几处大遗址为例，分析这些大遗址的保护现状及存在的问题，探讨它们与区域旅游经济发展之间的关系，以期这些大遗址能够更好地为区域旅游经济发展服务，与此同时，区域旅游经济的发展，又能够对大遗址保护形成反哺。

　　第九章为结论。从大遗址这一主体和保护这一核心要素着手，对大遗址在保护与利用之间的关系进行进一步论证；对大遗址作为一种核心旅游资源的突出地位进行明确；对大遗址所具有的结构、属性和功能等可持续性优势进行重点阐述，同时指出，大遗址具有一定的公共性，如果在保护过程中操作不当，可能会适得其反；在进行大遗址保护时，重点要协调好保护与利用以及大遗址保护与区域经济发展之间的关系，力争做到保护与利用并行不悖，大遗址保护与区域经济发展相辅相成、相互借力、相互成就。在结尾，指出本书的一些不足之处以及今后研究的努力方向。

第二章　大遗址保护与区域旅游经济发展的理论研究

如果说文物是历史上某个动人的片段、某个精彩的章节，那么大遗址本身就是一部厚重的史书。不仅如此，它还是一部百科全书，承载着某段历史之中方方面面的信息，经史子集、士农工商、王侯将相、贩夫走卒、阴谋权术、战争和平，都能在大遗址中找到注解和韵脚。它是民族血脉里流淌的骄傲，蕴含着先辈曾经的光荣与梦想，也是历史深处的一声叹息，让我们永远记得以史为鉴，载往事、鉴兴衰、论成败、昭未来。

正因如此，作为文物的"集大成者"和优势文物资源，大遗址本身便是一处宝藏，其所蕴藏的历史信息巨大、文化资源丰富、艺术元素众多，本身便具有不可替代性。与此同时，它们又是极为脆弱的，一旦造成损伤，便难以补救，如果被摧毁，就会造成无法弥补的局面。可以说，大遗址是祖先给我们的巨大馈赠，是历史带给我们的丰厚财富。然而，对我们来说，巨大馈赠也是巨大压力，丰厚财富也是巨大责任。只有保护好这些大遗产，我们才对得起祖先当初的辛劳，才对得起历史的厚爱，否则，我们不仅愧对祖先，还会沦为历史的罪人。

如今，我国经济快速发展，各项基础设施建设也在稳步向前推进，如何保护大遗址，如何利用大遗址，已经摆到了各级政府的桌面上，成为区域经济发展，尤其是旅游经济发展过程中绕不开的一个命题。即便是跳出中国来看，对大遗址的保护和利用都是世界各国的重点话题，因为大遗址本身就是全人类共同的财富，国际社会日益重视对大遗址的保护，对大遗址的利用也在"各显神通"。在此背景下，我国对大遗址的保护尤为重视，不仅将大遗址保护纳入自"十五"以来的历次五年保护规划，还分片区、列重点地将大遗址保护工作进行深化和细化，做实做精。各级政府对大遗址问题也极为关切，不仅出台了一系列可圈可点的保护政策以使大遗址保护做到细处，落到实处，还编制一系列规划让大遗址保护工作切实可行、能够稳扎稳打地得以开展。可以说，这些政策和规划都是我国在大遗址保护道路上所进行的有益探索，尤其大多秉承"保护为主，抢救第一，合理利用，加强管理"这一基本原则，在短期内使大遗址免遭损毁，并对其价值研究起到一定的助推作用。

本书将大遗址作为研究对象，主要原因有两个方面：一是大遗址本身蕴含着巨大价值，除历史文化价值外，还作为一种优秀旅游资源存在，挖掘其潜力，凸显其优势，必能形成带动作用；二是大遗址往往占地面积大，涵盖区域广，区域优势明显，地域特征显著，可以借助区位优势，造福一方。总而言之，大遗址具有其他文物所不具备的双重优势，即历史文化优势和地理区位优势。作为历史文化的有机组成部分，大遗址保护理所应当，保护好大遗址也是吾辈之责，然而，作为地理区位之间的一种独特存在，大遗址也有带动区域旅游经济发展，使当地百姓安居乐业、发家致富的潜力。因此，这两方面就像硬币的两面，一正一反，相互印证，相互哺育，相互成就，缺一不可。

大遗址保护和利用的理论基础是区域旅游经济发展理论。以理论指导实践，方向正确才能走对做对，走好做好。因此，只有对区域旅游经济发展理论进行研究，才能在此基础上展开对具体问题的分析、具体政策和措施的制定。

第一节 区域旅游经济发展理论体系

1826 年，德国经济学家约翰·海因里希·冯·杜能（Johan Heinrich Von Thünen）出版了《孤立国同农业和国民经济的关系》一书，该书后来成为农业区位学领域的名著。从此时开始至今，区域旅游经济理论已经有近200 年的历史。不过，聚焦区域旅游经济增长并将区域旅游经济增长作为内核进行研究的区域旅游经济学理论，则开始于 20 世纪 50 年代。按照对区域旅游经济研究的出发点不同，大致可以将区域旅游经济理论分成几大学派：区域旅游经济发展时段理论、新古典主义趋同假说、倒"U"型曲线结构主义假说以及新旅游经济地理学说理论等。

一、区域旅游经济发展时段理论

区域旅游经济发展时段理论一般针对时序全过程对区域旅游经济发展阶段以及其主要特征进行分析。[①] 该理论以胡佛、费雪、罗斯托和弗里德曼等为代表，胡佛和费雪将其发展次序划定了标准，从而形成了标准阶段次序理论；罗斯托认为整个过程是向前进化的，从而提出了区域旅游经济成长进化序列模型；弗里德曼认为该过程存在空间组织关系，故而提出了空间组织时段理论。[②]

（一）标准阶段次序理论

标准阶段次序理论主要可归纳为以下几点内容：（1）对于大部分区域

---

① 李梦梅．区域旅游经济前言新论［M］．北京：经济管理出版社，2017.

② 张敦富．新编区域旅游经济学原理［M］．北京：中国轻工业出版社，2020.

的旅游经济来说，在其增长过程中，第一阶段往往只是自给自足，当地民众自我生产、自我消化，其生产的目的不是贸易，而是保证生活必需品的自我供给，极少有贸易投资行为，对旅游的愿望不强烈，该区域人口分布特点基本与满足其自给自足所必需的生产资料的分布方式相同。（2）伴随着运输业的发展，交通渐渐便利起来，在该区域之中，内部与内部、内部与外部之间的贸易往来大幅增加，专门从事某一行业的手工业者也不断涌现，旅游形式主要以内部为主，但也有因为商品贸易产生的外部游客，此时以旅游经济为生的人群开始出现，不过大多与农业和农业从事者有着较为紧密的联系。（3）伴随着区域与区域之间的商品贸易不断发展，区域旅游经济也开始从原来简单的粗放经营渐渐向集中型转变，并且开始形成了一定规模的旅游经济体。（4）伴随着区域之内人口规模的不断扩大，从事农业生产与以自然资源为生的劳动者明显供大于求，区域被迫转型，开始向工业化发展，最先做出改变的是农业的工业化，出现了食品生产、木材加工等产业，之后是矿产加工业，如金属材料加工以及建筑材料加工，在这一时段，工业的发展也推动了旅游经济的发展，不仅旅游形式变得日益多样化，也出现了诸多颇具规模的旅游企业。（5）在区域旅游经济发展的最末阶段，伴随着区域工业水平的提升以及管理体制的健全，旅游经济也日益完善，在这一时段，区域不仅拥有以旅游服务业为核心的专业化队伍，还进行资本输出、旅游从业人员培训，并能为落后于本区域旅游经济发展的其他区域提供专业化服务。

（二）区域旅游经济成长进化序列模型

在罗斯托看来，区域旅游经济成长一般要经历六大阶段。在第一个阶段，社会经济以农业为主，生产力水平较为低下，人们日出而作，日落而息，对旅游的兴致不高，旅游经济缓慢发展。在第二个阶段，科学技术得到发展，在应用到农业和工业领域之后，促进了生产力的提高，尤其是金融产品等开始出现后，为经济发展提供了资金支持，使经济增长的阻力渐渐被打破。然而，在这一阶段人口也得到较快增长，使得人均经济收入的增长依然缓慢，旅游经济有了一定程度的发展，不同形式的旅游也在吸引着人们的注意力。在第三个阶段，由于科学技术的迅猛发展，社会工业化水平提高，助推经济迅速发展，在经过一段时间的积累之后，人们的积蓄储备水平有了大幅提高，商人、企业家逐渐增多，并形成一个社会富裕阶层，他们对旅游的要求逐渐提高，在他们的推动下，旅游经济得到空前发展。在第四个阶段，社会经济飞速发展后，经济更成熟、社会更平稳，人们的消费观念也趋于理性，各种旅游形式推陈出新，旅游经济的规模逐步扩大，内涵也更加丰富。在第五个阶段，随着社会的整体进步，经济的稳步发展，更多居民的生活水平得以提升，各种资源开始投入高质量消费品以及劳务领域，并用于社会福利以及保障低收入人群的基本生活。在这一阶段，旅游消费成为一种大众化消费，旅游经济也开始分化成注重质量的高消费旅游经济以及注重形式的全面消费旅游经济。在第六个阶段，社会发展到一个极为平稳的阶段，经济发展速度也趋于平缓，财富分配日趋合理，无论是富有阶层还是贫民阶层，消费都更加理性，对旅游产品的追求也更加注重内涵，个人的情感需求要远远大于产品的知名度，完成了从"求诸外"到"求诸内"的转变。

（三）空间组织时段理论

在弗里德曼看来，区域旅游经济的增长，可被视为一种空间经济，其从零散化渐渐向一体化发展，最后融为一体。在空间经济组织的努力下，区域经济经过一系列发展，完成了从农业经济到工业经济、从前工业时代到成熟工业时代、从农业社会到工业社会的转变。区域旅游经济也逐步完成农业社会旅游经济到工业社会旅游经济的转变，不过，它的转变并没有那么清晰明了，其间还有过渡期和后续期。弗里德曼将空间组织划分成四大阶段。第一个阶段为相对稳定阶段，这时的空间系统由多个不同的、相对独立的区域中心构成，城镇便在区域中心出现，但城镇之间的联系并不多，整个空间系统也没有等级出现，这一阶段的特征明显符合前工业社会特征，旅游经济缓慢发展，并且大多在区域内部展开，极少会拓展到区域与区域之间。第二个阶段为不稳定阶段，在科技的推动下，工业飞速发展，由于工业经济的增长，有些区域开始迅速成长，成为这一地区经济增长的引擎，其他区域则渐渐沦为其配套产业的聚集地。这时的空间系统，则演变成某个超强中心与弱势外围区域组成的关联体系，中心向外辐射力量使外围区域和其凝聚在一起，渐渐形成一种从属关系。在这一阶段，旅游经济以中心区域强、外围区域弱的形式出现，并且，中心区域的出众是全方面的，无论形式的多彩度还是内容的丰富度，都要明显超过外围区域。第三个阶段为多元化阶段，这时，在中心区域以外，开始有区域崭露头角，形成次中心区域，空间系统逐步从中心区域强、外围中心弱的局面向全面开花转变。中心区域渐渐增多，外围区域逐渐减少，大城市之间的外围区域增多，全国的外围区域减少。在这一形势影响下，空间组织展现出成熟工业化的主要特征，在这一阶段，旅游经济也呈现出多元化的趋势，具有区域地方特色、民族特色的旅游形式日益增多，旅游经济渐渐走向成熟。第四个阶段为一体化阶段，大城市之间的外围区域也因为大城市的稳步发展而逐渐消失，最后和大城市融为一体，无论是立足区域大城市还是放眼全国来看，空间系统都呈现出一体化趋势，这里的一体化，不仅是经济结构之间的有益补充，还是经济功能的互惠互利，这一阶段基本符合后工业时代的主要特征，在这一阶段，旅游经济日趋成熟，不仅注重旅游形式的创新，更注重旅游内涵的表达，个性化需求开始呈现，定制型服务也如火如荼地开展。

二、新古典主义趋同假说

新古典主义趋同假说也称作新古典区域旅游经济增长理论。该学派擅长以新古典国家的增长模型为标准来对区域旅游经济增长问题进行分析，运用的模型主要有三个，即单一区域旅游经济增长模型、出口基地理论模型和要素价格均等模型。

在单一区域旅游经济增长模型中，没有区域之间的贸易往来，也不涵盖技术进步产生的推动作用，区域旅游经济的增长完全由资本投入和劳动力投入这两大因素决定；出口基地理论最早的提出者是美国经济学家斯诺，之后被罗曼斯、蒂波特以及博尔顿等学者发扬光大，渐渐形成了一种成熟的旅游经济学理论，该理论的主要观点是一个区域的旅游经济增长主要取决于对外输出产业的稳步增长，区域之外的需求是主要评价因素，它的扩大在一定程度上促进了区域内部产业的增长；要素价格均等理论认为，区域之间的要素流动实际上是推动区域之间走向统一的主要因素，其发展变化的过程，正是区域之间趋同的历程。

三、倒 "U" 型曲线结构主义假说

倒 "U" 型曲线结构主义假说是将论断建立在现有资源极为稀缺的基础之上，从而认为应该将有限的资源投入重点区域，通过发展重点区域来促进区域旅游经济的整体发展。在结构主义看来，发展不应该是均衡的，反而严重依赖于不平衡，事实上，承担增长的部分正是得益于将有限的资源集中起来，投入那些规模大、发展潜力大并且投资回报占比高的区域，从而使这些区域旅游经济实力大幅增强，这样一来，势必要和周边区域的旅游经济形成一定的势差，以此为重点，通过市场机制的作用传导至整片区域，从而带动区域整体旅游经济的发展。

该理论是以发达市场经济体制为基础的。其通过地理领域的二元经济理论对区域与区域之间旅游经济发展的不均衡问题，从动态和结构两方面进行了论证，这样就维持了其长期不均衡性，导致长期不均衡体系的产生。一般来说，在整个旅游经济发展过程中，市场机制产生作用力，使区域与区域之间的不均衡发展得到加剧和强化。之后，通过汇流效应以及扩散效应的观点，论证如果优先发展经济发达地区的旅游经济，对其周边经济落后地区能够形成带动作用，但也会产生较为不利的影响，即如果操作不当，就会使经

济落后地区的旅游经济发展更加落后，与经济发达地区的差距逐步拉大。因此，如何将经济发达地区的领头雁效用发挥到无限大，并制订操作性强、切实可行的措施对经济落后地区形成刺激作用，使其旅游经济得到较快发展，是这一学说所探讨的重点内容之一。经过较长时间的探寻和摸索，该学说给出了区域旅游经济增长相互传递理论，认为通过长期的地理渗透，能够达到刺激经济落后地区旅游经济发展的目的，并将经济发达地区和经济落后地区的差距进一步缩小。总而言之，倒"U"型统计模型的主要支撑观点是在旅游经济发展程度居于高位时，增长对不均衡具有相当程度的依赖性。

四、新旅游经济地理学说

新旅游经济地理学说认为，报酬递增能够解释在知识经济时代，活动空间为何能够集聚在一起，并且还能预测区域旅游经济增长的趋势。这对于传统的旅游经济学理论来说，不管是内容上还是方法上，都向前迈出了一大步，这是一种有益的探索，是优势明显的延伸和拓展。这一学说的研究重点包含旅游经济活动空间聚集的原因以及区域旅游经济增长和空间聚集存在怎样的关系等。

第二节 大遗址保护与利用理论概述

一、产业结构学说

我国的大遗址通常会制定严格的保护政策，采取戒备森严的保护措施，这在一定程度上限制了大遗址所在区域的经济发展，导致这些区域的旅游经济相对落后，与之相对应的是产业结构不完整、产业布局极不健全。事实上，要想使大遗址得到更好的保护，就要下大力气、想方设法发展大遗址所在区域的旅游经济，而该区域的产业结构也需要一定程度的调整，使之更加完善；该区域的产业布局也需要一定程度的变化，使之更加健全。

产业结构有广义和狭义两种定义。广义上的产业结构是指产业之间的技术联系、经济联系以及产生这些联系的方式等。这些联系和联系方式又能从"质"和"量"两个方面来表达。以"质"而言，便是动态地揭示不同产业在经济发展过程中产生的变化规律以及占据主要地位的产业部门不断更新换代的规律；以"量"而言，便是静态地印证与钻研不同产业部门之间的投入与产出比。狭义上的产业结构是指在国民经济发展的过程中，不同产业之间占据整体经济的比例以及它们相互融合的状态，在产业内部，同样也存在这样的比例关系与结合状态。

在区域旅游经济学说看来，区域旅游经济的核心还是使区域优势得到充分发挥，并以空间市场一体化为背景，使区域之间的分工趋向合理，从而能够获取空间旅游经济整体效益的最大化和最优化。能否让区位优势得到充分发挥的关键之处就在于能否建立区域旅游产业结构，使区域优势得到充分施展。

事实上，所谓区域旅游产业结构，是全国旅游经济空间布局作用于特定区域并进行优化组合的必然结果。在某一特定的区域中，之所以具备某种类型的旅游产业结构，是由这一特定区域的优势和全国旅游经济空间布局共同发挥作用的必然产物。因此，区域旅游产业结构的建立或者调整，务必要遵循"有所不为，有所必为""不求所有，但求所在"和"不求所在，但求所有"等这些市场经济体制背景下的区域旅游经济相关运行原则。通俗而言就是，符合本区域优势的产业就加以保留，不符合区域优势的产业就务必舍弃。对于那些能够充分发挥本区域优势的产业，不管归谁所有，都对其在本区域的发展进行大力支持；而那些不能够发挥本区域优势的产业，并不一定要放到本区域来做，如果勉强在本区域推动，反倒会适得其反，如果本区域有闲散资金想使其发挥作用，就要到能够发挥这一产业优势的区域去投资，使之做大做强。①

区域旅游产业结构如何配置，由区域旅游经济发展所处阶段所决定，并且要受到区域动态比较优势原理的影响。因此，在不同的阶段，正确选择能够发挥本区域优势的区域主导旅游产业以及一般专门化旅游产业是必要的。围绕这些优势旅游产业，发展与之相适应的配套产业，并形成相互协调、相互适应的旅游产业主次关系，才能正确进行区域旅游产业结构配置的坦途。更进一步来说，区域旅游产业结构的调整与变化，是受到该区域主导专门化旅游产业的调整与变化影响的，而主导旅游产业的调整与变化，是受区域旅游经济发展所处阶段的变化所决定的。处于不同的发展阶段，其所产生主导作用的旅游产业并不相同。只有主导旅游产业周而复始地良性运转、健康有序地规律更替，才能对国家或者区域旅游经济发展起到引领和带动作用，因为在旅游经济中起到引领和带动作用的主要旅游产业，其发展和衰落对整个国家的旅游经济发展有着至关重要的意义。也就是说，当主导旅游产业迅猛发展之时，国家整体旅游经济的发展也会水涨船高，加速推进；反之，当主导旅游产业出现衰退或者停滞不前时，国家整体旅游经济也会水落船低，或衰退、或停滞不前。总而言之，为了保持国家或者区域旅游经济整体发展具有可持续性，能够健康稳定地发展，就必须具有前瞻性和预判性，当现行主导旅游产业部门发展缓慢，或者有衰退的预兆时，就要考虑发展新兴旅游产业部门进行有益补充，并对其悉心培养，使之成长为下一个阶段的主导旅游产业，这样在必要之时，就可以对原有的主导旅游产业形成强有力的替代，就能保证国家和区域整体旅游经济增长的可持续性，让其发展永远保持在健康、稳定的状态。

配第—克拉克定理认为，伴随着国民经济的稳步发展，国民收入水平也会稳步上升，人均国民收入水平也会有所提高，这时的劳动力会从第一产业

---

① 谭崇台. 发展经济学 [M]. 上海：上海人民出版社，2019.

转移到第二产业。如果国民经济继续稳步发展，人均国民收入水平持续提高，劳动力就会渐渐从第二产业向第三产业转移。之后，库兹涅茨在研究国民收入时，将产业分布的三次变化趋势与劳动力分布的变动相结合。研究结果发现，在人均国民收入不断增长的同时，第一产业在整体国民经济收入的占比会不断下降，而第二产业在整体国民经济收入的占比则不断攀升，第三产业在整体国民经济收入的占比并没有明显变化。与此同时，劳动力在各个产业的分布状况也在不断发生变化，在全部劳动力中，第一产业的劳动力比重呈不断下降趋势；第二产业的劳动力比重在绝大多数国家是呈上升趋势的，但与其在国民收入方面的占比变化并不一致，并没有那么明显；第三产业的劳动力比重则呈不断上升的态势，尤其是两大劳动密集型行业——商业和运输业，劳动力占比上升的趋势较为明显。

所以，如果根据旅游经济的整体发展及区域旅游优势的变动来对旅游产业结构进行调整，使旅游产业结构更加合理和完善，才能推动区域旅游经济的发展。旅游产业结构的调整受三大因素制约，即旅游产业结构变化的客观规律、旅游经济发展的成熟度以及具体的条件。只有满足这三大因素，才能确定旅游产业结构调整的方向是否正确。因此，对于导向的选择，也并非无章可循，它主要受三个条件支配，即一个国家或者一个区域其自然资源的状况以及基本特征；一个国家或者一个区域所处不同发展阶段以及其发展的整体水平，当然还包含产业结构的特征及其存在的问题；国际上以及国内对地域分工的整体要求等。根据旅游经济成熟的不同程度，一般可以分成结构导向型、资源导向型以及技术导向型三种类型。

事实上，不仅需要有正确的导向，还需要进行一些机制调整才能实现产业结构的合理化。如果对其进行分类，这些机制调整可分成两种类型，即市场机制调整和计划机制调整。市场机制调整是在产业结构形成后需要进行调整时，以价格信号为引导，以生产资料的流动与重组为手段，使产业结构与产品结构尽量符合需求结构的过程。收入水平的变化、收入分配格局的变化，对区域民众的需求结构产生着重要影响。伴随着收入水平的不断提高，收入格局的不断健康健全化、科技水平的不断进步、国家开放程度的不断加深，无论是最终需求结构还是中间需求结构，都会发生相应的变化。一旦需求结构在变化时对价格体系产生了影响，就会破坏原有的供求格局。最初时，如果进行价格变动，只会影响目前现有企业的生产与销售，然而，一旦价格变动的幅度过大，就会发生行业之间的资源转移，资源势必要从产品价格下跌严重的行业向产品价格快速上涨的行业转移，导致出现新的平衡。由此可见，如果以市场机制为主导，产业结构发生变化的信号还是市场价格，内在动力是决策者希望利润增加的心理，外在表现是资源所进行的横向流动。计划机制调整指的是通过调整生产计划和投资计划，来对供给结构和需求结构进行协调，以此达到调整产业结构的目的。主导企业生产计划的部门科室会对市场功能进行模拟，以库存的相应增减为手段，来对不同产业的结构进行调整。投资计划是结合企业供求关系的现实状况以及对其变动趋势的预判，来制定不同行业的投资构成，以各行业配置的新增资源为手段，对需求结构进行调整，对生产结构偏差进行纠正。

符合区域旅游经济发展客观规律的发展阶段以及能够发挥区域优势的产业结构能够促进区域之间合理分工。唯有如此，方能使各区域的旅游经济长期、健康地可持续发展。也就是说，区域之间的旅游产业结构是否合理，对于区域整体旅游经济而言是十分重要的。与此同时，区域旅游经济发展的阶段不同，其旅游产业结构也不尽相同。如果旅游产业结构和区域旅游经济发展的阶段相适应，就能推动区域旅游经济健康有序地发展；反之，如果不相适应，就会使区域旅游经济停滞不前。区域旅游产业和区域旅游经济发展的阶段是否适应，和区域主导型专门化旅游产业与区域旅游发展是否适应大有关系，究其原因，主要是区域主导旅游产业是区域旅游发展的指向标和航向灯，伴随着科学技术的日趋进步以及区域旅游经济的快速发展，占据主导地位的旅游产业将会遵循兴衰更替的客观规律，逐步走向衰落，而新的主导旅游产业必将强势崛起，将其取而代之。① 而区域旅游产业结构是否与区域旅游发展阶段相适应，主要看原有占据主导地位的旅游产业在衰退的情况下，是否能够有序退出，让位于新兴的主导旅游产业，使其在下一个发展阶段，担当起带动区域旅游经济发展、促进当地经济振兴的重责大任。

此外，区域旅游经济是否健康发展的本质还在于能否使区域旅游优势得到充分发挥。如果一个区域的旅游产业结构和其区域旅游优势能够匹配，并且在全国的区域分工中也占据优势位置，该区域的旅游经济就可以健康长久地可持续发展。如果一个区域的旅游产业结构和其区域旅游优势能够匹配，然而在全国的区域分工中却占据不利位置，该区域的旅游经济虽然在短期内难以实现快速发展，但是已经具备发展潜力，从长远来看，如果能够扬长避短，对在全国区域分工的位置进行调整之后，就有可能实现健康长久地可持续发展。因此，对于一个能够健康发展的区域而言，一方面，要静待时机，等到市场发生有利变化，有助于其优势产业发展时，乘势而动；另一方面，也要主动出击，通过制造有利于地区旅游经济发展的动态变化，为自我发展创造有利条件。区域旅游产业结构是在区域旅游优势的基础上构建的有机整体，彼此联系紧密，相互产生关联。各个旅游产业之间，因为功能划分不同，发挥的作用也不尽相同，然而，它们相互作用、共同发力，促使区域旅游经济得到健康有序的发展。在市场经济运行过程中，形势复杂、环境多变，基于这样的背景，如果旅游产业结构不合理、功能不完善，区域旅游经济的发展势必要受到严重影响，并出现周期性波动的现象。因此，只有不断调整区域专门化旅游产业和配套辅助旅游产业之间的关系，使专门化旅游产业，尤其是占据主导地位的专门化旅游产业能够健康长久地可持续发展，以此保障辅助旅游产业的正常运作，才能形成一个良性的发展循环。并且，还

---

① 林毅夫. 关于制度变迁的经济学理论：诱致性变迁与强制性变迁财产权利与制度变迁 [M]. 上海：上海三联书店，2018.

要大力发展新技术、新工艺，使专门化旅游产业的技术水平不断提高、服务水平不断增强，才能对配套辅助旅游产业形成更为强劲的带动作用。与此同时，还要深刻地看到，之所以要促进区域旅游经济发展，是要为提高区域民众的整体福利作准备，不存为民之心，则发展难以长久。因此，在大力促进专门化旅游产业健康发展的同时，也应该使一些能够满足区域内需求的非专业化旅游产业得到发展。一方面，专业化旅游产业快速发展，使区域外向型旅游经济增长；另一方面，非专业化旅游产业健康发展，能不断满足区域内需求。这样一来，区域内与区域外两大系统形成健康有序的大循环，不仅能够促进区域之内民众福利的不断增长甚至较快增长，还能通过满足区域内需求促进区域内民众生活水平的提高和幸福指数的提升，实在是一件一举两得的事情。

二、后发优势学说

正如前文所述，为使大遗址得到更好的保护，我国在制定保护政策时，往往更加严格，这就使得大遗址所在区域的旅游经济发展在一定程度上受到限制和约束。与其他区域相比，这些大遗址所在区域由于长期担负着保护大遗址不受损伤、传承民族文化、延续文明血脉的重任，因此难以正常促进经济发展、推动社会进步，造成该区域无论是经济社会还是民众生活都呈现出相对落后的局面①。也就是说，在其他区域经济发展突飞猛进、社会事业长足进步、文化旅游形势一片大好之时，这些大遗址所在区域只能缓慢发展，年深日久之后，与别的区域的差距逐渐拉大，最后沦落成经济欠发达区域。当然，一个区域的落后，自有其历史原因，而大遗址保护工作显然是其中一个极为重要的原因。②

---

① 王必达. 后发优势与区域发展［M］.上海：复旦大学出版社，2016.
② 张伟. 后发优势与贸易发展［M］.北京：中国社会科学出版社，2018.

　　然而，大遗址所在区域有自我发展的需求，也有当地群众提高生活水平的需求，只是因为和其他区域之间有着较大差距，即便是想要振兴经济、发展旅游，也受诸多因素的严重制约，并被目前尚难解决的许多问题拖累，如缺乏成熟的经验、缺少充足的资金、缺失合适的项目等。因此，迫切需要一种针对性强的理论对其发展进行指导，和一套可操作性强的方案为其指点迷津，而后发优势学说不失为一种适时、适当、适宜的理论。

　　在后发优势学说看来，某些区域虽然经济相对落后、发展相对迟缓、优势相对不足，然而，却因此形成发展的有利条件，并有着巨大的潜在机遇。事实上，后发优势可分为两个方面。一方面是技术性后发优势，即技术上可以"后发制人"，某些区域虽然经济相对落后，但能通过科学进步、技术创新，甚至是从发达国家或者发达区域进行技术引进，在完成模仿改造、消化吸收和提高升级等步骤之后，从而实现对发达区域的追赶，使差距进一步缩小，甚至实现全面赶超；另一方面是制度性后发优势，即制度上可以"后发制人"，通过向发达国家或者发达区域学习某些先进制度，对其进行移植、借鉴、效仿，使之成为指导本区域经济振兴、旅游发展的"法宝"，从而实现对发达区域的追赶，使差距进一步缩小，甚至实现全面赶超。总而言之，后发优势能够带来后发经济效益，并能促使这些后发区域"厚积薄发"，为其创造出巨大的价值。通过对先进技术的模仿和改造以及对先进制度的移植和本土化，可以让后发区域的经济得到巨大发展。在后发区域的经济得到巨大发展之后，在巨大效益的驱使下，又能将巨大的热情和充沛的精力投入对先进技术的模仿和改造以及对先进制度的移植和本土化上，这本身就是相辅相成、互为表里、互为因果的。

　　早在19世纪初，英国经济学家大卫·李嘉图（David Ricardo）和瑞典古典经济学家伊·菲·赫克歇尔（Eli F. Heckscher）及贝蒂尔·戈特哈德·奥林（Bertil Gotthard Ohlin）等学者，便曾提出著名的"条件相对有利学说"。该学说认为，经济相对落后的国家及地区，在发展经济时往往具备相对优势的条件。20世纪中叶，美国经济学家亚历山大·格申克龙根据该学说，率先提出"后发优势"的概念。

大卫·李嘉图曾以毛呢和葡萄酒为例，深入浅出地阐释条件相对有利学说的内涵。他认为，每个国家和地区制造的产品不同，在其中，劳动生产率不尽相同、成本利润也有高有低。因此，每个国家和地区都应该制造自己的优势产品，即使它所制造的优势产品的成本可能要高于其他国家制造这一产品的成本。在其中，便蕴含着后发优势这一基本思想。在大卫·李嘉图看来，即便是后发国家和地区在发展条件上先天不足、在发展阶段上远远落后、在发展水平上明显偏低，但也能找到自己的优势条件，通过借助绝对劣势之中的相对优势来武装自己、发展自己，从而获利。

赫克歇尔和奥林以李嘉图的理论为基础，使之更为完善，这便是著名的要素禀赋学说。该学说认为，发达国家和地区的优势是资本相对丰裕、技术相对领先，劣势是劳动力稍显不足、自然资源相对缺乏，应该根据发扬优势、弥补劣势的基本原则，将资金与技术占优势的产业当作自己的主导产业，并通过制造和销售资本密集型和技术附加型产品换来资源密集型和劳动密集型产品，从而满足自己该方面的需求；反之，后发国家和地区的优势是劳动力极为充足、自然资源相对富足，劣势是资金相对缺乏、技术相对落后，在这样的局面下，应该根据弥补劣势、发扬优势的基本原则，将劳动力与自然资源占优势的产业当作自己的主导产业，并通过制造和销售资源密集型和劳动密集型产品来换取资本密集型和技术附加型产品，从而满足自己在该方面的需求。用我国的俗语来说便是扬长避短，"两利相权取其重、两害相权取其轻"。

亚历山大·格申克龙（Alexander Gerchenkron，1962）通过对后发国家现代化进程的研究，于1962年提出后发优势学说。在格申克龙看来，在推进工业化、完成现代化方面，后发国家显然具备先进国家所没有的优势。这种优势是由后发国家所占据的特殊地位以及所拥有的特殊国情所致，既不是后发国家通过努力追赶得来的，也绝非先进国家"让步"而来，而是和后发国家的经济落后、发展滞后共生共存的，就像是一枚硬币的正反面。这种通过经济落后、发展滞后形成的优势便叫"后发优势"。该学说认为,后发优势主要表现在两个层面,第一个层面是后发国家和地区不仅能够从发达国家和地区学习先进技术和制度,还能吸取他们在发展过程中的失败教训,这样一来,便能少走弯路甚至不走弯路,发展速度反而更快,发展效果反而更好;第二个层面是后发国家和地区的人民具有强烈的荣辱意识,在认识到自己的落后,看到自己和发达国家或地区的差距之后,"知耻而后勇",这样一来,不仅能够投入巨大的热情和充沛的精力实现国家的现代化,还能以更强烈的荣辱观建设好自己的家园,实现对发达国家和地区的超越。不过,与此同时,该学说也认为,后发国家和地区所具备的后发优势只是在理论上存在,能否发挥出来,转化为经济发展的巨大动能,往往还需要一系列客观以及主观条件做出支持,否则,只能是镜花水月,可望而不可即。毕竟,后发国家和地区之所以经济落后、发展滞后,不仅是现实状况造成的,往往有其深刻的文化背景和重大的历史原因。就目前世界上发展不均衡的状态而言,造成发展中国家在经济上落后的主要原因还是发达国家在历史上或者现实中对其资源掠夺所致。当前许多发展中国家的经济增长速度和发展势头已经远远超过发达国家,这正是对后发优势学说的有力印证。

第二次世界大战结束以后,世界局势走向缓和,世界经济走势平稳,发达国家和地区也都专注于经济发展与民生改善。随着在全球范围内独立运动的兴起并日益走向高潮,许多殖民地国家和落后区域纷纷独立,走上自主发展的道路,尤其一些新兴国家和地区,更是走上与发达国家和地区不一样的发展道路,这为学者们开展相关研究提供了丰富的案例与充足的素材。在这样的背景下,学者们对后发优势的研究日益深入,更系统的表述呼之欲出。受国家利益的驱使和全球战略的指引,许多学者纷纷将目光聚焦在发展相对落后的发展中国家和地区上,经过深入研究和认真总结,出现许多新的学说,也诞生许多新的流派。在其中不得不提到的是美国著名社会学家列维,在他看来,发展中国家和地区推动现代化进程的时间虽然较晚,但却具备发达国家所不具备的五大优势。第一大优势,发展中国家和地区在推进现代化时，所面临的区域不再像发达国家在当时所面临的那般处于尚未开发阶段；第二大优势，发展中国家和地区能够借鉴发达国家和地区的诸多经验和教训，避免再走弯路；第三大优势，发展中国家和地区可以跳过发达国家和地区当年摸索的早期阶段，从而缩短其现代化历程；第四大优势，有发达国家和地区所取得的巨大成就摆在面前，发展中国家和地区更容易被现代化前景所吸引，从而树立其推动工业化、完成现代化的信心；第五大优势，发展中国家和地区在推进现代化的过程中，会得到发达国家和地区的支持和帮助，这样更容易取得事半功倍的效果，有利于其现代化进程的完成。

美国经济学家阿伯拉莫维茨（Abramoitz，1989）提出了追赶假说，使后发优势理论得到了进一步发展。追赶假说认为，不管是以劳动生产率来评价还是以单位资本收入进行衡量，一个国家最初的经济发展水平和经济增长速度是一种反向关系。简而言之，一个国家的经济越落后，其经济增长速度就越高，反之亦是如此。当然，追赶假说是受诸多因素限制的。第一个限制因素便是技术存在较大差距，也就是说，在后发国家和地区与发达国家和地区之间，技术水平是有不小的差距的，在进行经济追赶时，由于技术差距的存在，现实情况并不乐观；第二个限制因素是社会成熟度存在一定差距，也就是说，与发达国家和地区相比，后发国家和地区在教育水平、政治水准、商业模式、工业基础以及财经制度等方面都明显较弱，因此在进行经济追赶时，实际难度要比预期高出不少；第三个限制因素是时局形势的不同以及国际局势的变化，如果时局发生重大变化，抑或是国际局势爆发偶然事件等，既有可能为后发国家和地区的经济追赶带来良好的机遇，也有可能会成为后发国家和地区经济追赶的拦路虎，甚至直接造成追赶中断或者终止。

除上述理论学说对后发优势学说进行补充之外，还有蛙跳模型、后进利益学说及经济—技术趋同理论等，使后发优势学说持续向前推进，既是对后发优势学说的继承和完善，也是对其的发展与创新。

三、博弈理论①

就目前而言，我国的大遗址保护政策是要保护祖先留给我们的文化遗产，而大遗址所在区域对振兴经济、发展旅游、改善民生等都有着极为迫切的需求。如果需要二选一的话，难免有顾此失彼之嫌。这也是如今大遗址所在区域政府很容易陷入两难局面的主要原因。

事实上，这一问题的出现，主要是利益主体不同造成的。在其中，有几种不同的利益主体，即当地居民、文物保护部门、当地政府等。由于他们的站位不同、看问题的角度不同，所以表达的利益诉求自然也就不同。当地居民希望增加家庭收入、提高生活水平；文物保护部门希望大遗址不受损伤、馆藏文物安全无虞；当地政府希望振兴当地经济，促进社会进步。可以看出，这些利益主体对利益的诉求并不相同，他们之间既有重叠的利益关系，又有独立的利益诉求，与此同时，这些利益诉求有相互冲突之处，存在着此消彼长的关系。本书以大遗址为研究对象，探讨大遗址保护和区域旅游经济发展之间存在的关系，希望找到一条既能使大遗址得到有效保护，又能使区域旅游经济得以健康发展的道路。从本质上来说，就是在大遗址保护和区域旅游经济发展之间进行统筹与协调，从而找到两者能够达到相对安定状态的平衡点。这样进行统筹与协调，从而找到平衡点的过程，其实也是一个你来我往、此消彼长的博弈过程。以博弈而言，无论是个人还是团队，无论是组织还是企业，在某个特定的环境条件下，受某些特定规则的约束，可以同时或者先后进行，可以一次或者多次进行策略选择以及行动决策，并会得到各自的相应结果。

也就是说，既然在对待大遗址保护以及区域旅游经济发展的问题上，不同的利益主体所需要表达的利益诉求不同，那么这些不同的利益主体就会作

---

① 谢识予. 经济博弈理论［M］. 上海：复旦大学出版社，2016.

出不同的选择，而这些不同的利益诉求也就会有不同的实现可能。首先，对不同的利益主体来说可以有相对不同的选择，当地群众既可以为大遗址保护添砖加瓦，又可以成为破坏大遗址的罪魁祸首；文物保护部门既可以执行国家政策对大遗址实施绝对保护，又可以照顾当地政府和当地群众的利益诉求，让他们对大遗址加以利用，达到振兴经济、发展旅游、改善生活的目的；当地政府既可以为保护大遗址不遗余力，又可以在保护和利用之间寻找平衡点；社会舆论既可以有对大遗址进行有效保护、确保本民族的历史文化有序传承的呼声，又可以有支持大遗址所在区域的民众富裕起来、生活得到改善的情绪。无论是站在不同利益主体的角度还是从利益诉求方面来看，都在进行着不同程度的博弈。这便是一个标准的博弈过程，然而，其中显而易见、约定俗成的"规则"是要对大遗址进行保护，这是大势所趋，也势在必行，因为它是不可再生资源，一旦破坏，都具有不可逆性，很难再恢复原状；区域旅游经济要发展，这是时代的召唤，也是百姓的呼声，因为当地居民有追求美好生活和向往美好未来的权利。

博弈理论研究的问题主要包括以下几个方面：（1）博弈过程的参与者；（2）参与博弈的各方所要做出的行为以及所要选择的策略；（3）博弈进行的次数和顺序；（4）参与博弈的各方的最终得失成败等。不仅如此，在参与博弈的各方能够合理进行策略选择的情况下，博弈理论会寻求解决问题的答案，并且要在找到答案之后对其背后蕴含的理论进行分析和讨论。总而言之，博弈理论是个相对复杂的理论，不仅涵盖面较广，而且对许多问题的研究也是系统而深入的。

博弈理论是英文 game theory 的意译，其直译便是"游戏理论"，由于游戏往往都具有博弈性质，因此有了"博弈理论"这样的称谓。通常而言，博弈理论所讨论的问题是以"个体行为理性"为基础，以"非合作博弈"为核心。这里所说的"个体行为理性"是指个体所发生的行为始终很理性——即把追求自身利益最大化作为唯一的目标，除非有其他因素阻碍了该个体实现自身利益最大化的需求，否则绝对不会考虑其他博弈方的利益。"非合作博弈"指的是参与博弈的各方之间，不能有任何具有约束性质的协议存在，也就是说，参与博弈的各方既不能私下协定，更不能公开合作。

法国数学家波雷尔（Borel）早在 20 世纪 20 年代，便开始使用"最佳策略"理论对下棋以及其他类似游戏和问题进行了深入研究。他把这些游戏和问题统统归为应用数学的一支，并在研究的过程中有着许多重要发展和成果。虽然波雷尔终其一生也没有将博弈理论的体系搭建成功，但是他进行的探索却是极为有用的，正是他的探索促进了博弈理论的诞生。在 20 世纪 40 年代爆发的第二次世界大战期间，军事领域、战时决策、战法战术等都开始运用博弈的思维，许多与博弈有关的思维模式和研究方法流传开来，不仅显示出博弈的重要作用，也让人们看到它的巨大威力。1944 年，由美籍匈牙利数学家约翰·冯·诺伊曼和美籍奥地利经济学家奥斯卡·摩根斯特恩（John von Neumann & Oskar Morgenstern，1944）联合著作的《博弈论和经济行为》一书出版。在该书中，对博弈理论进行了深入研究和系统阐述，成为博弈理论的问世之作，约翰·冯·诺伊曼也因此被称为"博弈论之父"。从此之后，学者们对博弈理论的研究全面开花，一些重要理论被提出，一些重点概念被运用，博弈理论也在许多领域得到广泛而深入的应用。1994 年，美国数学家约翰·纳什、约翰·豪尔绍尼和德国数学家赖因哈德·泽尔腾（John Nash，John C. Harsanyi & Reinhard Selten，1944）因在非合作博弈领域的均衡分析理论方面作出了开创性贡献，共同获得了诺贝尔经济学奖，充分肯定了博弈理论对世界经济学发挥的重要作用，它作为经济学科重要分支的地位也因此确立。

博弈理论受重视的程度之所以越来越深，最主要的原因便是博弈理论弥补了传统经济学研究的诸多缺憾。它将研究重心放在传统经济学研究往往容易忽略的领域；或者是经济活动中为了简化流程避而不谈的问题，如进行行为和决策时发生的相互作用和反作用；或者是个体在制订策略时，这些策略之间所发生的相互制约及其所具有的依存关系。正因如此，博弈理论没有传统经济理论在研究过程中由于无意疏忽、刻意回避而造成的经济模型和实际状况严重脱节的缺陷，它既符合实际情况，又没有造成理论塌方，从而显得实用性更强、应用性更为广泛，尤其对经济活动的参与者和国家政策的制定者所从事的经济活动和进行的政策制定，具有高屋建瓴的指导意义，这正是博弈理论最为人所称道之处。

　　在研究博弈问题时，通常会按照参与博弈的人数将博弈分成三种不同的形式，即单人博弈、双人博弈以及多人博弈。单人博弈，顾名思义，即一个人的博弈，也就是说，在没有其他博弈方的前提下，如何使问题最优化、利益最大化。与双人博弈和多人博弈相比，单人博弈涉及的问题较为简单，一般以研究资源的优化配置问题较多，因此在研究博弈理论时，学者们较少研究单人博弈。双人博弈，即两个人的博弈，也就是说，两个人对立进行决策，但无论是他们所运用的策略还是所获取的利益之间，都有着相互依存的关联。在博弈问题之中，双人博弈是最为常见的一种形式。多人博弈是指有两个以上的人参与的博弈，在多人博弈中，参与博弈的各方已经知晓有其他博弈方存在，并意识到这些博弈方可能会对自己的决策做出不同的反应并对该决策产生一定的影响，但仍会最大限度地追求自己的利益。多人博弈的性质其实和双人博弈较为相似，因此，学者们通常会按照双人博弈的思路解决三人博弈出现的诸多问题。综上所述，博弈问题的实质就是，每一个个体从自身利益出发，争取自身利益最大化，然后经过通盘考虑和左右权衡，将自身利益放置于总体利益之中，在争取总体利益最大化的同时，局部实现自身利益最大化。这不仅是参与博弈的各方斗智斗勇进行博弈的过程，也是不同利益主体进行利益分配、谋求利益均衡的过程。

　　博弈理论当然也适用于大遗址的保护和利用领域，相关利益主体进行博弈的过程如图 2.1 所示。

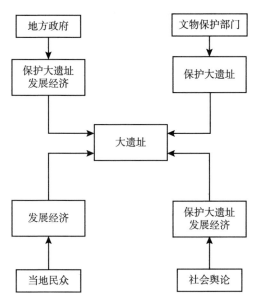

图 2.1　大遗址保护与利用的博弈方及博弈关系

四、公地悲剧及外部论

1968 年，美国经济学家加勒特·哈丁（Garrett Hardin，1968）发表了一篇名为《公地悲剧》（*The Tragedy of the Commons*）的论文。在该文中，哈丁教授提到了一座牧场，这座牧场归公共所有，向所有前来放牧的牧民开放。然而，在牧场吃草的羊群则归牧民自己所有，也就是说它们是私有的。牧民们出于将自己利益最大化的考虑，认为自己养的羊越多越好，然而，对于牧场来说，草资源是有限的，对羊群的承载能力也是有限的。[①] 站在牧民的角度上来看，出于对自身利益的考虑，只有无限制、尽可能多地养更多的羊，才能保证自己的利益达到最大，所以他每增加一只羊，就能增加一只羊的财富，对他来说，肯定是乐意为之的。如果站在牧场的角度上来看，牧场内每多一只羊，就对牧场多一份损伤，然而，多出来的这份损伤是要由全体

---

① 谢康. 信息经济学原理［M］. 长沙：中南工业大学出版社，2015.

牧民共同承担的。站在第三方的角度来看，牧民和牧场的利益是相互冲突的，因为牧民只考虑如何使自己所养的羊的数量增长，从而使自己拥有的财富不断增加，根本不会考虑如果牧场被破坏甚至消亡后，自己的羊再也没有可吃的草时该怎么办。简而言之，牧民通过增加养羊数量获得更多的个人利益，这是出于内部经济性的考虑，然而，养羊数量的增加会使牧场的危险系数也增大，牧民不会考虑这种外部不经济性，但其却不会消失，而是转移给了其他牧民。当所有牧民都这样做，就会造成羊的数量越来越多，牧场破坏越来越严重，加速了牧场的退化。长此以往，只有一个结果，那便是牧场退化废弃，所有牧民只能退出这座牧场，另寻他法，这便是公地悲剧。

公地悲剧也叫公有地的悲剧或者公有性的悲剧，哈丁用这个通俗易懂的案例说明了一个道理：对公共资源、公有环境的自由利用，会让人们出于个人利益的考虑将公有转化为私有或者据为己有，最终导致所有人的长远利益都遭到损害甚至荡然无存。正因如此，也有学者将经济活动外部论称为现代版的"公地悲剧"。

外部论认为，无论是消费者还是生产者，其经济行为都会影响到社会上其他群体的福利。这种影响在价格机制之外进行传递。还有一种观点认为，外部论其实是企业或者个人强加给市场之外其余人的成本或者收益。如果强加成本，则外部性为负数；如果强加收益，则外部性为正数。甚至有学者认为，外部性是除不完全竞争之外市场非效率的另一种类型。如今的现实世界是一个普遍联系的世界，就像地球都越来越像一个村落，称为地球村，因此，几乎每个组织或者每个人的每一种行为都具备外部性，并且，层次越高的行为，其外部性就越大。就像我们在生活中经常所说的"信息不对称""力量不均衡"，导致我们购买商品的过程，都是不平等交易的过程。事实上，这也就代表着这些交易对进行交易的双方来说都具有外部性。这种外部性的存在意味着优势一方进行力量积累，劣势一方的力量被削弱。对于每一笔交易来说，虽然优势一方积累的力量微乎其微，但经过无数次交易以后，优势一方的力量会被大幅积累，弱势一方的力量就会严重削弱，从而导致社会食物链出现弱肉强食的局面。从社会层面来看，便是贫富差距进一步被拉大，贫者愈加贫困，富人更加富裕。

在经济学中，外部论出现的时间较晚，但由于其具有代表性，又很能说明一些社会问题，因此一经出现，便成为新古典经济学的重要论据。在协助政府进行政策干预时，外部论也成为极有说服力的理论指导。1890 年，英国剑桥学派创始人、新古典经济学派代表人物马歇尔（Alfred Marshall，1890）在其出版的《经济学原理》一书中，便提到了"外部经济"这一概念，成为外部论的滥觞。在马歇尔看来，人们把土地、资本和劳动称为生产三要素，其实，在此之外还有第四生产要素，这便是工业组织。其涵盖内容极为丰富，如改良机器、工人分工、集中相关产业、大规模生产和企业管理等都是工业组织的有机组成部分。由此，他提出在内部经济之外，还要有"外部经济"。工业组织的变化如何导致产量增减，便是外部经济研究的主要命题。20 世纪 20 年代时，师从马歇尔的英国经济学家、同时也是剑桥学派代表人物的庇古（Arthur Cecil Pigou，1912），出版了古典经济学名著《福利经济学》。在其中，庇古延伸了马歇尔外部经济的概念，归纳出"内部不经济"以及"外部不经济"两种定义。他站在最优配置社会资源的视角，运用边际分析进行研究，在得出相关结论的同时，提出"边际私人净产值"和"边际社会净产值"的概念，最终充实了外部论，使该理论得以形成。在庇古看来，在从事经济活动时，如果某位厂商给整个社会或者其他厂商造成损失，但这种损失又不用付出代价，便为"外部不经济"，与此同时，这位厂商的边际私人成本是要比边际社会成本更小的。出现这种情况时，单纯依靠市场调解远远不能解决问题，需要政府出面进行积极干预才能解决，这便是"市场失灵"。也就是说，如果边际私人收益明显背离边际社会收益，边际私人成本也明显背离边际社会成本，只依靠自由竞争难以达到社会福利的最大值。这时，就要考虑政府干预，通过制定相应的经济政策，将这种背离消除掉，否则会陷入两难境地。庇古认为，政府可以采取以下的经济政策：对那些边际私人成本明显小于边际社会成本的企业，要进行征税，即当外部不经济效应存在时，企业要缴纳税金；对那些边际私人收益明显小于边际社会收益的企业，要进行奖励，给予补贴，即当外部经济效应存在时，企业可以得到一些奖励或者津贴。庇古的这一理论后来被英国政府采纳，为了表彰庇古的伟大贡献，政府向企业征收的该部分税收，便以庇古的名字来命名，这便是"庇古税"。

不过，庇古的论点也并非尽善尽美。1960年，英国经济学家罗纳德·哈里·科斯（Ronald H. Coase, 1960）出版了《社会成本问题》（*The Problem of Social Cost*），在此书中，科斯直言不讳地指出庇古论点的不足之处。在他看来，庇古的思路是错误的，以错误的思路对外部性问题进行论证，终究只是徒劳无功。他举了一个例子，如果交易费用等于零的时候，庇古的观点就完全站不住脚，因为不管初始权利怎么进行分配，人们最终都会将资源的使用价值最优化，即理性主体总是会把外溢成本以及收益计算在内，这样一来，社会成本问题便不复存在。科斯认为，生产要素也是一种权利，当然，外部性权利也是一种生产要素。[①] 所以，完全可以从社会总效应的视角来考虑外部性问题。即科斯解决外部性问题的思路，是将外部性问题作为产权问题来看待，然后通过对能达到效率的财产权是什么样的这一问题进行分析和研究，使外部性问题得以解决。在科斯看来，外部性问题其实并非是市场制度的必然产物，主要是因为产权没有清楚地界定所导致。只要产权是有效的，就能使产生外部性问题的可能性降低甚至消除。最终，科斯通过进一步研究总结，归纳出了科斯定理——只要产权明晰，即便是私人之间达成的契约，照样可以消除外部性问题，并能够实现资源最为优化的配置。

然而，如果我们站在交易费用的视角来看待出现的外部效应问题，就会进一步发现需重新解释外部性和效率准则之间产生的矛盾。之所以出现外部性问题，并不是市场失灵造成的，而是由于在交易过程中，对溢出效应定

---

① ［美］N. Greoory Mankiw. 经济学原理［M］. 梁小民译. 北京：机械工业出版社，2013.

价测度不够和监督费用过高造成的，这样一来，就显得外部性的内化效果不佳，激励难以达到理想状态。外部效应指的是选择者应该完全承担进行某种选择时的成本，但事实上其并没有完全承担，于是便出现了外部效应。即如果在均衡状态下，当事人本该承担那一部分外部成本，然而，在现实状态下，他并没有意愿承担这部分成本，更不想消除，这就意味着如果要消除这部分成本，对当事人来说，付出的代价可能会更高。在这样的情形下，通过所谓的"内在化外部成本"显然难以提高经济效率，因为如果产权是在均衡竞争的结果下诞生的，任何"内在化"手段都无济于事，只能导致成本更高。① 因此，所谓的外部性问题，只是在新古典经济学所说的交易费用等于零的均衡状态下，对经济效率进行比较时，才能是经济无效率。如果在均衡状态下，交易费用不是零，外部性就只能作为一种概念存在，没有任何的经济学意义。

其实，从方法论的角度上来说，运用新古典经济学分析外部性问题，只是以局部均衡为前提进行的分析。而新制度经济学则不同，其对一般均衡思想加以运用，从社会剩余价值最大化的角度来看待这一问题，顿时就使外部性问题的解决思路变得明朗起来。通过新制度经济学对外部性问题的分析，我们能够更加清晰地看待诸多外部性问题。事实上，解决外部性问题并不一定非要政府出面进行干预，市场交易也是可以的。而且，政府的主要职责是对产权进行界定和保护，而非一而再再而三地进行干预，这并不利于市场的发展与成长。就像目前，环境污染日益严重，生态恶化日益加剧，在很大程度上便是因为政府没有明确界定自然资源的产权造成的，就像上文所谈到的"公地悲剧"，公地私用，欲壑难平，最终牧场沦为废墟。环境生态问题也是这样造成的，无论是自然资源还是生态资源，在产权不明晰的情况下，就是公共性质的，归公众所有，无论进行开发利用的是企业组织还是个人，都只是想方设法将其自身利益最大化，对这些资源进行过度开发、超限利用就

---

① 蒋自强，史晋川. 当代西方经济学流派（第四版）[M]. 上海：复旦大学出版社，2020.

是顺理成章的事情，而承担的成本只是其中的一小部分，大部分成本都转嫁到了其他开发者身上。这样一来，过度使用公共资源的状况便在所难免，导致生态恶化严重、环境污染加剧，最终还得由政府出面来收拾烂摊子，这才是产生生态环境问题的最主要原因。新制度经济学的出现，让我们看到了从根本上解决这些问题的曙光。新制度经济学认为，要把产权界定清楚，与此同时，允许市场运作这些权利，经济主体之间也可以对这些权利进行交易。由此可见，一个国家或者地区在社会进步、经济发展、技术创新的同时，还需要一套安全有效、切实可行的知识产权体系。不过，并不是所有外部性问题的解决都能靠市场交易，这要视市场交易费用的数目而定。只要市场交易费用比外部性问题造成的损失更小，就可以通过市场交易对外部性问题进行解决。

外部性问题和人们的行动密切相关。这些行动是人与人之间产生的交互行动，当行动发生交互时，人们之间的利害冲突也就自然而然地产生了。这样一来，某人或者某一群体便有可能获得或者承担另一人或者另一群体在行动时所产生的收益或者成本。所以说，外部性问题事实上是人与人之间具有利害冲突的互动关系的反映。研究这类互动关系，既是古典政治经济学一直所秉承的传统，也是现代制度经济学一直所侧重的方向。为了追求自身利益最大化，人们往往会选择完全不同的行动方式及千差万别的交易方式。这些完全不同的行动方式或者千差万别的交易方式，便可称为"策略"，甚至可以说，不行动也可被视为一种行动方式，或者称作一种策略，这便是对策，也可称作"博弈"。博弈理论认为，人与人之间所产生的交互行动、所进行的交易行动，其特征很明确，即一个人在行动中所得到的收益，不仅和行动者自身的努力有关，更与发生交互、产生交易的博弈参与者有关。因此，研究外部性问题时照样可以使用博弈理论。

外部性问题通常分成三类：第一类，经济制度的变革问题；第二类，人与人之间发生冲突的问题；第三类，人与自然之间发生联系的问题。

第一类，经济制度的变革问题。通俗来讲，就是社会成员如何对变革所带来的新增利益部分进行分配的问题。这类问题可分为两种典型的方式，第一种叫"搭便车"方式，即那些为改革付出巨大努力的社会成员可能难以获取与之相对应的所有收益，有人"搭了便车"；第二种叫"牺牲者"方式，即在进行改革的过程中，某些社会成员承担着一些本该让别人来承担的成本，有人做出了牺牲。前一种情况可能会造成改革动力日益削减；后一种情况可能会造成改革阻力有所增加。在改革过程中，新的制度代替旧的制度，新的技术代替旧的技术，这样一来，便会使社会总福利做出相应的增长，然而，对于这些新增利益如果难以做到合理分配，改革的目标就难以实现，改革也很难长久地持续下去。因此，对新增收益进行合理化分配，既是实现改革目标的有效方式，也是促进制度推进的有力手段。即再完美的制度，要想推行下去、要想成功实现，都需要一个结构合理、内部健康的利益分配形式来支撑，否则，迟早会走向危险边缘，堕入万劫不复的深渊。

第二类，人与人之间发生冲突的问题。发生冲突便是外部性问题的直接展现，一个人或一些人的某些行为会将自身成本转嫁到另一些无辜的人身上，这反映了人与人之间的相关利益互动关系。通常认为，由于人都是理性的经济人，在实践过程中都会追求自身利益的最大化，这种行为会影响另一方人所采取的行为策略，从而导致双方产生冲突和对抗，造成社会资源过度消耗，从而破坏了全社会的公共利益，最终也会导致个人或者团体的利益受到损失，甚至无法实现。通过在制度上进行创新，不但有利于解决上述人际冲突问题，促进经济学发展，而且可以为现实生活中的人们提供理论帮助。

第三类，人与自然之间发生联系的问题。通俗来讲，便是在人与自然相处的过程中，因为人类与自然之间没有合作共赢，而只有人类的自我生存、自我发展、自我盈利，导致生态恶化、环境污染、自然损伤，这样一来，便会危及人类的生存，限制人类的发展。这类问题在当今社会尤为突出，如全球气候变暖、臭氧层空洞、温室效应、乱砍滥伐、大肆捕捞和疯狂猎杀野生动物等。这类问题可被视为外部性问题的典型，因为人类之间在成本承担和收益承担方面发生的交叉，最终导致人类置身其中的自然状态反而比外部性问题不存在时更差，即某个人从大自然中获得的潜在利益，已经发生了外部作用，转嫁到了整个人类的身上。

第三节　大遗址保护的特质内涵界定

一、大遗址保护理念

理念（idea）作为旧有哲学名词，有看法、思想和信念的含义，是思维活动的概括，它所传达的是一种相对较为理性的观念。以哲学意义而言，理念是指将人们通过观察个别事物而从中提取的广泛概念进行的高度概括，使之绝对化，从而得到的一种特定概念，它又可以反过来对事物原型进行定义。这些理念以一种永恒不变、亘古长存的方式组成理念世界。与此同时，理念也是理性的想法、理性的思维、理性的看法、理性的见解等，它不仅能够反映客观事物的本质，也是对事物内部特性所进行的外在表达。总而言之，理念的形成过程可以说是人们对事物的认识从感性上升到理性的过程，也是人们对世界的认识从浅显进化到深刻的过程，更是人们对问题的认识从狭窄扩展到宽广的过程。

大遗址保护理念是指人们对保护大遗址这项工作的内容形式、方式方法、思想内涵等方面所持有的理性观念和客观看法。大遗址保护理念既然作为一种理念形式，它也是一种观点、一类思想认识，就会受到一些客观因素的影响，如社会舆论、经济基础、技术水平等，都会影响对大遗址保护理念的形成与发展。与此同时，既然持有理念的主体是人，难免会受到认知水平的限制以及历史阶段的影响。因此可以说，大遗址保护理念不是一成不变的，它是不断发展、不断变化的，不仅会随着环境的变化而变化，还会随着认知的变化而变化。

　　具体来说，大遗址保护具有三大特征，即动态特征、共性特征和个性特征。其动态特征表现为在不同的历史时期和不同的发展阶段，对一个大遗址所持有的保护理念会有所不同。在本质上来说，是人们的认知水平会随着社会的进步、经济的繁荣、科技的创新、环境条件的变迁而发生变化，从而使大遗址保护理念也呈现出不同的特点。从横向看，在整体时间轴上，大遗址保护理念就像奔腾到海的河流，源源不断、绵绵不绝、永远奔流、动感十足，同时又千变万化、气象万千。其共性特征表现在，虽然在不同的历史时期和不同的发展阶段，大遗址保护理念的内容不尽相同，但都会遵循一定的客观规律，也会满足一些基本的规范与要求。如对于人类来说，大遗址是祖先留下来的珍贵财富，它们的稀缺性和高价值性，就决定了它们必须要得到很好的保护。与此同时，它们一旦遭到破坏、受到损伤，就难以再恢复原状，因为这种破坏和损伤是不可逆的，这也就决定了它们必须要得到有效的保护，这也是任何时期和任何阶段都要遵循的原则。其个性特征，具体而言便是因大遗址本身有其独有的特征、有其独特的历史文化，所处环境不尽相同、所在区域也有所不同，所在区域的社会经济千差万别，这也就造成不同的大遗址会具有不同的内质，体现出不同的特点。

　　如果再进行细分，大遗址保护的个性特征可分成两个方面，即区域性特征和分类性特征。其区域性特征具体表现在，尽管是同属于一种类型的大遗址，由于其所处区域的地理位置不同、周边环境不同，其保护理念便会有所不同，保护内容自然也不会一样，如汉魏洛阳故城和隋唐洛阳城遗址尽管同属朝代都城遗址，但因为汉魏洛阳故城地处远离洛阳城中心的孟津区和偃师区，而隋唐洛阳城遗址地处洛阳市中心的西工区和老城区，对它们的保护在形式和内容上自然有所不同。其分类性特征具体表现在因为类型不同，大遗址保护理念无论从内涵上来说还是从表达上来说都是不同的。就像二里头遗址和邙山陵墓群，一个是都城遗址，另一个是陵墓集群，其保护理念的内涵便会不同；三杨庄遗址和清凉寺汝官窑遗址，一个是汉代聚落遗址，另一个是瓷器官窑遗址，其保护理念的表达自然也就不同。

对大遗址保护的理念问题，学术界进行过多次讨论，也产生过不少争议，至今仍是众说纷纭、莫衷一是。然而，现实状况是我国目前对多数大遗址的保护理念还较为单一、传统，过分强调保护在一定程度上已经影响到其利用，限制了其发展。这样一来，便很难做到对大遗址进行长期、健康、有效的可持续性保护，从短期看有一定效果，从长期看却有诸多弊端，这常常会让大遗址保护工作走入尴尬的境地，陷入被动的局面，对大遗址保护工作极为不利。2003 年 9 月 27 日，时任浙江省委书记的习近平在考察杭州西湖综合保护工程时曾对文物保护工作做出指示："我们强调保护，并不是将这些自然景观和人文景观捂得严严实实的，一动也不能动，而是要在坚持保护的前提下进行适度合理的开发和建设，通过适度合理的开发和建设来实现更好的保护。不能把保护和发展对立起来，要坚持与时俱进，用改革的思路、创新的意识，把保护与开发、建设有机结合起来，不断开拓保护与发展'双赢'的新路子，最终实现生态效益、环境效益、经济效益和社会效益的辩证统一。"①

正因如此，在国内外，领域专家、业界学者、行业顾问、政府从业人员等各领域人员都纷纷呼吁，希望对大遗址的保护和利用，出现适应新时代和新发展的新理念。故宫学院院长、国家文物局原局长、故宫博物院原院长单霁翔强调，我国的大遗址保护理念是有中国特色的文化遗产保护新理念，它不仅突出了我国文化遗产的独特特征，还将其视为一种独特的文化资源。这种对大型文化遗产实施整体性保护的策略，是我国的首创，同时也满足了新时代和新发展的要求。陕西省文物局将新时代对大遗址保护的理念归纳为"四个结合"，即大遗址保护"要与当地社会经济发展相结合""要与提高当地居民生活水平相结合""要与城乡基础设施建设相结合""要与改善当地环境相结合"。大遗址保护要追求"保护遗址、弘扬文化、传承文明、改善

① 习近平．习近平保护文物简史［EB/OL］．新华网，2015－01－11．

民生"四者的完美结合。①

河南省洛阳市是我国最早开展大遗址保护工作的地级市，也是为数不多在大遗址保护工作中做得较好的区域之一。由于洛阳市长久以来深耕于文物保护领域，积累了丰富经验，以及这些年在大遗址保护工作方面进行的积极探索和有益尝试，使洛阳市创造出集保护与开发于一体的"洛阳模式"。由于洛阳市作为古都的历史有 1500 多年之久，而今在洛河两岸有着众多的文化遗存，其中被列入国家大遗址的便有二里头遗址、偃师商城遗址、汉魏洛阳故城、隋唐洛阳城遗址和邙山陵墓群五个，如果算上跨省区的丝绸之路、大运河、黄河等国家大遗址②，洛阳就有八个之多，再加上区域之内的西周成周城遗址、东周王城遗址和宜阳韩都故城遗址，都是洛阳大遗址保护的重要组成部分。与此同时，洛阳还是国家大遗址保护四大片区之一，大遗址分布密集、形势复杂、规格高、跨度大。不过，洛阳市注重因地制宜，积极探索、勇于创新，从而摸索出了一条适合自身的发展模式，之后被其他省市作为先进经验引用学习，因此该模式也称为"洛阳模式"③。洛阳模式事实上是一条大遗址保护与区域发展并行之路，可简单归纳为以下几点：走"规划先行，政府主导"之路；走"互利共赢，统筹兼顾"之路；走"考古为先，基础夯实"之路；走"坚持原则，创新务实"之路；走"以人为本，改善民生"之路，可被视为大遗址保护的"洛阳理念"。

综上所述，不同专家学者对大遗址保护理念的观点不尽相同，但从中可以看到，大遗址保护理念其核心便在于要妥善处理好大遗址保护和区域发展之间的关系，不能因为要保护大遗址就故步自封。大遗址所在区域的社会进步、经济振兴、旅游发展、民生改善、环境优化，诸如此类的因素都要与大遗址保护联系起来，力争做到协调联动、和谐共荣，这样才能保证将大遗址

---

① 保护大遗址——维系中华文明历史与未来的精神家园［EB/OL］. 国家文物局网，2011 – 01 – 10.

② 国家文物局. 关于印发《大遗址保护"十三五"专项规划》的通知［S］. 2016 – 11 – 22.

③ 李伯谦等. 解读大遗址保护的洛阳模式［N］. 光明日报，2014 – 06 – 18 (4).

永远置于有效保护之下，并且使整个区域也处于可持续发展之中。

二、大遗址保护方式

"方式"（method）意为人们在说话或者做事时所采用的方法与形式。方法通常是指人们为获得某样东西或者达到某种目的而采用的手段、行为及方式；形式是指某件物品的样子以及构造，和该件物品的构成材料即其外形有一定的区别。所谓大遗址的保护方式，指的便是在进行大遗址保护时，所采用的方法和采取的形式。

2010 年 10 月中旬，"良渚论坛·2010 大遗址考古与大遗址保护学术研讨会"在浙江省杭州市召开，北京故宫博物院原院长、知名考古专家张忠培先生担当论坛主持，他希望通过交流和探讨的形式，对典型遗址在实践中获得的经验进行分析和总结，并将大遗址的考古工作融入大遗址保护中，对大遗址的考古与保护两者之间的辩证关系进行进一步的深入认识，并进行积极而妥善的处理，使大遗址的考古和保护都能得到很好的开展。在时任国家文物局文物与考古司司长关强看来，我国的大遗址保护工作已经取得了丰硕的成果，第一，大遗址保护管理体系已经初步建立；第二，大遗址保护的基础工作平稳向前，大遗址保护规划编制稳扎稳打；第三，一批大遗址保护展示工程建设已经实施，虽是无章可循地摸着石头过河，但其示范作用明显。与此同时，关强也指出，考古遗址公园建设是大遗址保护的典范之作，因此要下大力度稳步推进，在进行考古遗址公园建设时，务必要做好可持续发展，并以将遗址本体及其景观环境纳入有效保护范围之内作为要义。他认为，考古工作持续开展、保护工作分步进行、展示工作稳步实施，不断挖掘大遗址的文化价值，丰富其所携带的文化信息，使其为区域社会进步、经济振兴、旅游发展、民生改善等添砖加瓦，发挥更大的价值，产生更重要的作用。

从专家学者的理论观点可以看出，考古遗址公园是现阶段国内公认的最适合大遗址保护、最有利于大遗址应用的方式。在这样的大形势下，保护大遗址的主要手段便是构建大遗址保护管理体制，夯实大遗址保护相关基础工作，做好大遗址保护的规划和编制，抓好大遗址保护展示工程的建设与实施。即目前大遗址保护的最佳方式，便是在将大遗址本体及其景观环境纳入有效保护范围之内并使之产生长期可持续性保护的同时，不遗余力地开展大遗址考古工作，坚持不懈地推进大遗址保护与展示工作。

三、大遗址保护内容

通过上述分析可知，目前我国大遗址保护工作的内容主要包含以下八项：第一，全民参与进行保护，全民自觉聚焦保护；第二，大遗址本体和周边环境不打折扣、一体保护；第三，有效保护、科学利用，促进大遗址保护和区域旅游经济协调和谐，并保证其可持续性；第四，投融资模式多元化，政府主导、多方参与；第五，既强调对不可移动的文物的保护，又注重无形的文化民俗保护，软硬兼施、多措并举，确保保护形式的多样性和有效性；第六，倡导考古遗址公园式模式，既能使大遗址得到更好的保护，又能对大遗址进行一定程度的利用；第七，真实性保护、沉浸式体验，保护与开发并举、利用与发展并行；第八，搭建平台，共同治理，合作共赢。

第三章 大遗址保护与区域旅游 经济发展关系分析

第一节 大遗址的属性特征

一、大遗址的属性：资源

资源是一种经济学概念，它是生产的自然条件，是实践的物质基础。《辞海》将资源解释为资财的来源，并专门指出其具有天然属性。通常认为，资源指的是能让人类在一定经济、技术条件下，对其进行利用的所有物质、信息和能量的统称，是人类创造财富和价值的源泉。资源又可分为两种，已开发资源和未开发资源，前者过去曾被人类所使用或者现在正在被人类所使用，后者虽然还没有被人类使用，但却有被人类使用的潜力，未来有可能被人类使用。

马克思在其名著《资本论》中强调，资源是人类进行社会财富积累的源泉，自然资源和劳动力其实都是一种资源。恩格斯在其名著《自然辩证法》中明确指出，劳动和自然加在一起才组成创造所有财富的源泉，自然为劳动提供原材料，劳动把材料变成财富，两者缺一不可。

　　通过马克思和恩格斯的论述，我们可以发现，资源是在人类的劳动需求、生产需要的相关要求下才形成的。随着人类认知的不断深化、科学技术的不断创新，与人类的需求及能力紧密联系的资源在范畴上也在不断拓展。由此可见，资源是人类、自然界与文化相互结合的产物。在人类发展的历史上，只要是对人类社会发展有过影响、曾作出过贡献的元素，统统都能称作资源。根据其属性不同，资源可分为自然资源与社会资源两种形式。自然资源是指那些在一定条件下，可以产生经济价值，使人类当前以及未来的福利得到提高的自然要素、环境因素；社会资源是指在社会系统中，能够被人类利用，使生产力水平得到提高的社会因素。

　　对于大遗址来说，它的属性首先是一类文物。就文物而言，是人类在社会活动中因种种原因遗留下来的遗址、遗迹、遗物和遗存的统称。文物不仅具有历史文化价值，还具有科学艺术价值；不仅是物质层面的文化形式，更是精神层面的文化内容。因此可以说，大遗址既是一种独特的文物，也是一类文化遗产，同时还是一种文化资源。

　　大遗址可被视为一种较为独特的文物资源。它拥有文物资源与其他资源相区别的主要特征，即不可再生性，如果损伤便是永远的损伤，如果消失便是永远的消失。所以，对于大遗址保护来说，需要持之以恒，更需要安全有效。不仅如此，和其他文物资源一样，它是由人类创造的资源、是不可多得的稀缺资源、是异常珍贵的独特资源、是祖先留给我们的宝贵财富，正因如此，我们才要细心呵护、用心保护，使其能够代代相传。此外，大遗址本身还有一些独有的特征，如难以移动性、不可复制性和无法替代性。它不像其他文物那样，可以收藏在博物馆，实行异地保护；在进行区域经济振兴和旅游发展时，不能绕过它、无法跳过它，因为它已经是这片区域的有机组成部分；无论是对它的保护还是开发利用，都要在原地原址进行。

　　不过，进行大遗址保护的目的，不是为了保护而进行保护，更不是进行盲目的保护，而是要为社会进步、经济发展服务，要为人类自身的发展与人类文明的进步服务。不仅如此,大遗址所发挥的作用不是短暂的而是长久的,不是暂时的而是永久的,不是短期的而是长期的。在物质文明建设不断发展、精神文明建设不断加强、文化自信越发重要的今天,它的地位会越来越重要,它的作用也会越来越大,就让我们拭目以待。此外,在物质生活极度丰富、精神需求大幅增加的当今社会,观光游、文化游、深度游、自驾游、体验游、沉浸式旅游等旅游形式方兴未艾,大遗址所在区域社会要进步、经济要振兴、旅游要发展、民生要改善,作为一种极富吸引力和观赏价值的独特文物资源,大遗址"堪当大用",并在区域发展过程中,扮演着越来越重要的角色。

二、大遗址的特性

在经济学中,使人类欲望得到满足的物品有两种,一种叫自由物品,另一种叫经济物品。自由物品,顾名思义即取用自由的物品,人们往往不费吹灰之力便能得到这类物品,像阳光、空气、土、水等,它们无处不在、应有尽有、数量无限;经济物品指的是人类必须要付出某种努力才能得到的物品,即人类要利用生产资源并对其进行加工才能生产出这类物品,它们虽多多益善,但不可多得、数量有限。不过,这只是以往人们对事物的看法,具有一定的局限性。就像过去人们认为阳光和空气、水和土,都是取之不尽、用之不竭的,事实上并非如此。现如今,随着工业化、城市化的推进,阳光不再明媚,空气污染严重,水土流失加剧,可用水资源减少,我们也逐渐意识到,这些所谓的自由物品也不是数量无限、随意可取的。所以,只要作为一种资源存在,它就是有限的,尤其是那些稀缺性资源,更是极为珍贵的。正因为资源的稀缺性,才导致人类不得不考虑如何更好地利用这些数量有限、不可多得的资源来为人类社会的前行、人类文明的进步服务,并满足人类不断发展的各种各样的需求。

从资源的稀缺性方面来看,当一个国家、一个地区或者一个企业使用一定的资源生产一种或者几种一定数量的产品时，这些资源便难以同时被用于其他生产用途。即这一国家、这一地区或者这一企业在售出这一种或者几种产品从而获取一定数量的收入时，通常是以自动放弃使用同样的资源进行其他产品生产并能取得这些产品售出的收益为代价的，简而言之，某种获取便意味着某种放弃。正因如此，机会成本这一概念才得以产生。所谓机会成本，指的是产品制造方在放弃使用相同资源用于其他方面生产时所能获得的收入最高值。[①]

西方经济学在研究人和社会如何作出最终抉择时，认为无论使用货币还是不使用货币，都可以使用能够用于其他产品生产的稀缺性生产资源来进行产品生产，不管现在正在使用还是将来准备使用都是成立的。不仅如此，生产出来的产品可以分配给每个社会成员，以满足其消费需求。此外，西方经济学还会对如何改进资源配置形式、可能付出的代价以及获得的收益等问题进行分析，可谓是系统深入、面面俱到。

（一）大遗址的稀缺性

研究经济社会如何公平合理地配置稀缺性资源，是经济学的重要命题。事实上，也正是因为稀缺性的存在才导致经济学的产生。如果稀缺性不存在，那么经济学也就没有了存在的必要。经济学这一学科，其存在的意义便是让稀缺性问题得到解决，因此，经济学所研究的对象，尽管千差万别，但都由稀缺性决定，无一例外。

如果按照稀缺的程度来划分，稀缺性可分为相对稀缺和绝对稀缺两种类型。从一方面来说，所谓的稀缺是相对存在的。人类拥有无限的欲望，往往欲壑难平，与人类欲望的无穷无尽、无休无止相比，人类生产的产品以及人类生产这些产品所要消耗的资源再怎么多也显得并不富足。因此，资源的多与少、富与贫，只能是相对而言的，这是人类欲望的毫无限制与

---

① ［美］N. Gregory Mankiw. 经济学原理［M］. 梁小民译. 北京：机械工业出版社，2013.

资源产品的永远有限所产生的矛盾冲突，并且达到难以调和程度的产物，这便是相对稀缺的概念。从另一方面来说，所谓的稀缺广泛存在于社会的方方面面。从横向看，在人类社会发展的每一个时期都存在稀缺性资源；从纵向看，如今的每个国家和地区、任何一种社会形式，也都存在稀缺性资源。因此来说，稀缺性又是绝对存在的，它广泛存在于人类发展历史进程中的每一个时期，也存在于每一种社会形式之中。甚至可以说，稀缺性是和人类同时存在的，只不过在不同的历史时期，在不同的国家、不同的社会，其表现形式并不相同。

大遗址也是一种稀缺性资源，自有其相对稀缺性和绝对稀缺性。首先，大遗址是人类在各个历史时期进行各种活动时留下的痕迹，这些痕迹虽然已经存在了很长时间，并且历经雨雪风霜的侵袭还能残存至今，不得不说是一种奇迹，也是一种幸福，但是它们之中的大多数都已经遭到破坏，只有极少一部分得以留存，并且随着人类历史不断向前推移，这些痕迹只会越来越少，其价值极为珍贵却数量极其有限；其次，与人类无限度、无休止的欲望相比，大遗址是极其有限的，并且是一种静态存在；最后，时间在慢慢向前推移，自然环境在不断侵袭，在其周边的人类活动越来越频繁，大遗址也会被一点一点地侵蚀和破坏，逐渐消逝直至消亡殆尽，因此大遗址的数量是在不断减少的，即大遗址的稀缺性是动态的，它的稀缺程度将会越来越高。

（二）大遗址的有用性

文物资源是历史给我们的丰硕馈赠、是祖先留给后代的丰厚文化遗产、是国家的文化瑰宝、是民族的文化财富。我们对文物资源进行合理利用，不仅能够使中华民族的优秀文化得到弘扬，也能够使古老的中华文明得以展现，更能使民族凝聚力进一步加强、国人的拼搏精神进一步激发。不仅如此，还能为文化产业贡献活力、为旅游发展注入灵魂，并能为经济发展提供支撑。对文物资源的使用要突出重点，尤其是要对它们的独特性及无法替代性进行掌握和发扬，只有这样才能集中优势兵力，将文化资源转化为经济发展的动力，让文物资源成为旅游发展的能量。

大遗址既是一种优秀的文化资源，又是一种独特的文物资源，它们不仅携带着人类丰富的文化基因，还承载着人类文明众多的历史信息，可以说，大遗址是人类历史的见证者、是人类文明的经历者，具有重大的文化价值。大遗址是文化价值的体现，从总体表现来看，包含其内在的历史价值、科学价值、艺术价值和教育价值等，即大遗址不仅能够用来考古、艺术鉴赏和科学研究，还能满足我们在精神层面上的文化需求；从主要表现形式看，其所蕴含的历史信息能够和史书相互印证，并能起到还原历史真相、弥补历史缺憾的作用；从具体表现来看，大遗址的美学价值、宗教价值、思想价值、历史价值、人类学价值、民族学价值、科技价值、符号价值、文字学价值等，通通可以称为文化价值。不过，当大遗址的这些文化价值通过观赏、游览、娱乐、休憩、体验以及沉浸等形式得以体现，并被人们以消费的方式进行体验时，就形成了经济价值。因此来说，大遗址的价值体现可以分成两种类型，即文化价值和经济价值，并且经济价值事实上可被看作大遗址经济价值的延伸，是其发生外化作用的结果。

1. 大遗址的旅游价值

大遗址是人类在某一历史时期建造的文化遗存，是当时历史文化的代表，也是当时社会政治的反映。如今的人们如果想要了解某一段历史，除了查阅记载当时历史的史书和翻看其他资料文献外，最直观的方式便是参观这一历史时期的文化遗存，这样不仅能够亲临现场对历史进行缅怀、对文化进行感悟，还能获得对历史记忆更丰富、更立体的感受。因此来说，游览历史遗迹、参观文化遗存，不仅是我们获得历史知识、直观感受历史的重要路径，也是人类文明能够延续至今的重要凭依。这种对历史遗迹和文化遗存进行参观游览的方式便是旅游。

在我国，旅游的历史可谓源远流长，旅游的文化可谓博大精深。无论是历朝历代帝王远赴江南塞北的巡游，还是官员走马上任不远千里艰难跋涉的宦游；无论是诗人文士走遍名山大川、泛舟江海湖泊的漫游，还是道士和尚闲云野鹤、处处江海的云游；无论是一般民众的野外游，还是闺阁少女的春日游，都将古代中国的旅游形式装扮得丰富多彩、精彩纷呈。这些都是旅游最为古老的形式，但却能让今天的我们通过诗词歌赋借以领略祖国的大好河山，感受山川风物、世俗民风。古往今来，"读万卷书，行万里路"，都被无数学识渊博、见识广博的文士儒生当作人生座右铭，也成为几千年来中国人增长阅历、丰富人生的格言。在浩如烟海的古代卷册中、在广博丰富的经史子集中，有许多描绘山川大美的诗词，有许多记录行路旅途的华章，更有许多描述山河风貌的游记以及见证沧海桑田的专著，都栩栩如生地向我们诉说着祖国的秀美山川，讲述着大自然的辽阔壮美。《山海经》《穆天子传》《淮南子》《水经注》《徐霞客游记》等都是令我们怦然心动的名字，它们承载着中华民族有关旅游的丰富记忆，携带着中华文明有关旅游的有用信息。

旅游和文化，相互包容、相互成就，从而互惠互利。我国对旅游业的认识在逐渐加深，新中国成立之初，旅游业对于人们来说就是购买门票、参观景区，相对简单而浅显；改革开放以后，随着物质条件逐渐丰富，旅游业的内涵也逐渐丰富起来。如今，旅游业作为国民经济的重要产业而存在，已经成为我国社会和民众的一种共识。随着节日游、假日游、自驾游、深度游等旅游形式的兴起，如今几乎所有的城市都把旅游作为一项极为重要的经济指标，并且把接待游客人次和实现旅游消费等旅游指标，当成经济复苏与否的重要标准。与此同时，旅游作为传达社会主义核心价值观、进行爱国主义教育、倡导精神文明建设、树立文化自信、提升国民素质的重要途径，越来越为我国政府所重视，越来越被我国人民所喜爱。随着爱国游、教育游、红色旅游等旅游形式的逐渐复兴，旅游业正悄然发生着翻天覆地的变化，这也正说明我国旅游业所具有的文化功能正在稳步提升，而且会随着我国对历史文化的日益重视，成为新的经济增长点。即如今的旅游业，是经济产业，更是文化产业。大遗址作为独特的旅游资源、优秀的文化资源，既是物质文明的呈现，也是精神文明的象征，其中蕴含着巨大的商业价值和无限的发展潜力。

文化是旅游的灵魂，没有文化血液的注入，旅游只是游山玩水、漫步散心，有了文化的加持，旅游才能领略山河的壮美、品味历史的厚重、感受文明的力量；旅游是文化的媒介，没有旅游的加持，文化只是书本上的想象、典籍里的词汇，有了旅游的助力，文化更加生动、更加立体、更加绚烂多姿。说到底，旅游景区的竞争最终都是文化在深度和广度上的竞争，旅游形式的竞争最终都是文化表现的竞争，旅游的竞争最终都是文化的竞争。因此，在一定程度上来说，各旅游要素都是对文化运用的体现和反映，旅游产品的优劣、旅游景区的好坏，其实都是参与规划、策划、开发和组建的团队对文化理解和表达的反映。正因如此，旅游只有和文化有机结合、紧密联系、融为一体、互为表里，才能让旅游景区更有看点、更有内涵，才能让旅游产品更加富有朝气、更加富含生命力。这一客观道理对大遗址的利用和开发而言，表现更为突出，更具有代表性和典型意义。比如，北京的故宫、山西的平遥古城、云南丽江的大理古城、甘肃敦煌的莫高窟、河南洛阳的龙门石窟、河南登封的少林寺等都是如此。如果缺少文化，故宫只是古代建筑，平遥古城和大理古城只是古代城池，莫高窟和龙门石窟只是古代石刻，少林寺只是古代庙宇，它们也许只能以平平无奇的形象"泯然众人"，但有了文化，它们在瞬间便与众不同起来，表现出出类拔萃的气质和江河万古的精神。因此，对我国大部分地区，尤其是广大中西部地区来说，大遗址作为一种旅游资源是否能够被成功开发，在很大程度上决定了该区域的旅游业是否具有市场竞争力、该区域的旅游经济是否能够腾飞崛起，对河南、陕西、山西等这些大遗址资源极为丰富的省份来说更是如此。

对大遗址进行利用和开发，是大遗址保护工作难以绕开的环节，更是大遗址保护工作的必由之路。无视区域发展、无视百姓疾苦、无视环境变化、无视时代变迁，封闭文化遗址，走绝对保护之路，无论在国际上还是在我国，都没有成功案例可以借鉴，以后恐怕也不会有，毕竟这种做法，不仅违背了事物发展的客观规律，还缺乏用发展的眼光去看待问题。要想使大遗址得到有效保护、使文化得到永远传承，就必须走科学利用、合理开发之路，走可持续发展之路，通过大遗址开发和利用、旅游经济发展，获得经济效益，取得社会效益，使当地的社会发展、经济振兴、民生改善。这样一来，便能唤起民众对大遗址的关爱之心，唤醒人们对大遗址的重视，然后使他们自发行动起来，对大遗址进行保护、对大遗址所蕴含的文化进行传承、对大遗址所代表的精神进行弘扬。因此，进行大遗址保护、发展旅游经济是一条康庄大路。在这方面，国内外成功的例子不胜枚举，积累的丰富经验也可以避免后来者走弯路。与此同时，旅游还属于一种消费经济，大量游客接踵而来，对当地民众的生产生活、思想观念以及行为方式等都产生着重大的影响，给大遗址保护工作也带来一定的压力。不过，只要前期有思维预判、中期有制度保障、后期有宣传引导，确保旅游经济的平稳发展和旅游环境的健康和谐，还是完全可以规避这些风险，对大遗址进行科学开发和合理利用的。这样一来，大遗址在有充足的资金支持、有充分的人员保障、有强大的科技支撑下也能得到更为有效的保护。

事实上，在进行旅游开发的资源利用过程中，大遗址也具备显而易见的优势，这能够确保其在众多旅游资源中脱颖而出、出奇制胜。首先，大遗址具有独特性和代表性，它们通常是独一无二的历史遗存，反映着某一历史时期的景观风貌，这样的优势旅游资源一旦被开发成旅游产品，定会显现出相当强劲的市场竞争力；其次，大遗址通常面积大、涵盖广，涉及领域多样化，风格独特、风情无限，文化价值极高、艺术魅力极强，这正是评价旅游产品是否具有竞争力的几类关键指标；最后，大遗址往往内涵丰富、看点十足，展示性好、参与性高，一旦被开发成旅游产品，或对其历史情景进行再造、或对其文化艺术进行再现、或组织文化活动供游客参与、或模拟当时风情风貌让游客体验，对于前来观光的游客来说，所具有的吸引力是极强的，所带来的旅游体验也将是美妙至极，甚至是前所未有的。

因此，对大遗址进行旅游开发，不仅能够获取经济效益，还能够进行历史文化宣传和爱国主义教育。这两方面的成功，反过来又会促进对大遗址进行更为有效的保护，最终出现共赢的局面。不仅如此，以大遗址为创作源泉，根据历史记载、神话传说，抑或是稗官野史、宫廷秘闻，丰富内涵、扩大外延、增加文学性、增强趣味性、增添传奇性色彩，创作出专家赞不绝口、百姓喜闻乐见的经典佳作。通过诗词、散文、歌曲、话剧、舞剧、情景剧、曲艺、评书、书籍、画册、电视剧、电影、纪录片、短视频等众多表现手法，对大遗址进行宣传，扩大知名度、提升美誉度，将其发展成支柱性文化产业，转化为优势性旅游资源，从而吸引国内海外、大江南北的游客络绎不绝、纷至沓来，从而促进大遗址所在区域的社会进步、经济发展、民生改善，不失为稳妥且有效的做法。

2. 大遗址和文化产业

文化是一个国家和地区软实力的象征，代表着这个国家和地区的底蕴和内涵。文化能够起到教育人民、引领风尚、推动发展、服务社会的重要作用。在西方文化大行其道，美国好莱坞影视作品"狂轰滥炸"的今天，守护好中华民族的传统文化，便是守护我们的根与魂，护卫我们的精神家园。正因如此，习近平总书记才适时提出要坚定"四个自信"，而"文化自信"便是其中最为重要的有机组成。正如习近平总书记所言："要坚定文化自信，推动中华优秀传统文化创造性转化、创新性发展，继承革命文化，发展社会主义先进文化，不断铸就中华文化新辉煌，建设社会主义文化强国。"①

作为文化的有机载体，文化产业不仅是我国社会主义文化建设的重要构成，同时也是国民经济的重要支柱产业。多年来，我国对文化产业的发展尤为重视，聚焦文化产业的快速发展，先后制定完善政策、重点扶持、加强管理、促进振兴等系列政策。文化产业指的是生产文化产品、提供文

---

① 胡和平. 不断推动文化和旅游发展迈上新台阶［N］. 人民日报，2021 - 02 - 08（9）.

化咨询、进行文化服务的经营型行业。实际上，文化产业和公共文化事业是有明显区别的。公共文化事业主要依靠政府主导，并以财政拨款、社会赞助等形式进行运作，为民众提供公共文化服务，以公益性质占据大多数；文化产业要遵照市场发展的规律，自主经营，还要遵照党和国家的大政方针，依法经营，在进行自我积累的同时，实现自我发展。总而言之，文化产业的概念并非完全固定的，它是发展变化的，并且，随着我国各项改革进入深水区，经济高质量发展，文化产业的概念也在不断延伸，其范围也在不断拓展。

党的十九大报告中强调，"健全现代文化产业体系和市场体系，创新生产经营机制，完善文化经济政策，培育新型文化业态"，为文化产业体系化、现代化、创新化铺开了道路，指明了方向。① 在党的十九届五中全会上，党中央提出，要在 2035 年"建成社会主义文化强国"的伟大目标，在对"十四五"期间社会经济发展任务的部署中，也着重强调，"繁荣发展文化事业和文化产业，提高国家文化软实力"，公共文化事业与文化产业双核驱动、全面铺开、协调发展、共同进步，才能促进社会主义文化事业的繁荣以及社会主义文化强国的建成。无论是文化事业还是文化产业的发展，都要以社会主义核心价值观为指引，自始至终都要把追求一定的社会效益当成发展的一大目标。在市场经济条件下，发展文化产业是繁荣社会主义核心文化的主要路径，也是建成社会主义文化强国的重要举措。因此，只有制定翔实而完善的文化产业政策，支持并扶植文化产业发展，增强社会主义文化产业的整体实力，提升文化产业的竞争力，才能做大做强文化产业，使之成为我国社会主义经济、文化事业发展的重要推动力。

大遗址既是文物资源，也是文化遗产，是文化具体形态的展现，并蕴含着丰富多彩、绚丽多姿的文化形式。因此，在发展文化产业的过程中，要对大遗址进行科学开发、合理利用，使之成为一种优秀的文化资源，在推动文

---

① 范周. 推进文化事业和文化产业全面发展 [J]. 红旗文稿，2021（9）：3.

化产品求新求变、促进文化产业又快又好发展的道路上，成为一支能够攻坚克难、出奇制胜的生力军。

3. 大遗址和城市品牌

城市品牌，顾名思义即让城市本身成为一个品牌。当然，品牌之所以建立，不仅是因为有了营业执照、有了商品名称、有了注册商标，还必须拥有过硬的产品质量、良好的售后服务、广受好评的服务评价以及广泛而深远的影响力，城市品牌亦是如此。所谓城市品牌是指城市通过进行自我功能定位，找到核心价值，从历史文化、传统观念、民风民俗、市民素质、城市标识、城市特色、支柱产业、餐饮美食等诸多要素入手对城市形象进行塑造，从而使城市整体与核心价值合二为一，由此带来的影响总和。城市品牌是城市生态环境的表征、是经济活动的体现、是文化底蕴的象征、是精神品格的表达，更是价值导向的凸显，总之，它是一系列综合功能所进行的结构性呈现。与此同时，城市品牌又是城市名称、性质体制、历史文化、声望信誉等无形状态的汇集。通过城市品牌，广大群众可以对城市得出明确而清晰的印象，产生丰富而美妙的联想。因此，城市品牌既是和竞争对手进行区分的标识，也是城市自我特征的体现。不仅如此，城市品牌也关系到经济和精神两个层面，它是城市经济活力的体现，同时也是城市精神的孕育。如果城市经济充满活力，城市精神昂扬勃发，那么城市品牌自然便会与众不同、魅力四射。因此，城市品牌建设的主要目标，便是所有相关要素都要跟上直至达到最优水平，要素之间的组合也要协调融洽直至达到最佳状态。总之，城市品牌建设是以精神文明为导向的艺术表达，不仅工程量庞大，还要面面俱到、一丝不苟，因此，是一项复杂、系统的文化工程。

如果城市能够成为品牌，形成品牌效应，在吸引投资、拉动经济增长、推动旅游发展、提升区域竞争力、改善当地民众生活水平等方面都能起到巨大的推动作用。具体来说便是，对资本市场而言，城市品牌的建立能够使工商领域的投资者对工商业投资的信心大为增强，还能使投资导向得到明确，建设资金大为增长；对人才市场而言，城市品牌的建立能够使城市更值得人才为之艰苦奋斗、安居乐业，从而使更多、更优秀的人才聚集在城市中，扩充城市人才市场，丰富城市人才资源；对消费市场而言，城市品牌的确立能够使城市的知名度大大提高，成为更多游客的心中向往之地，从而吸引他们前来城市旅游并产生消费，企业生产的产品因此能够增加销路，增加销售额，从而使消费市场出现更加繁荣的局面；对政治市场而言，城市品牌的确立能够让城市拥有更多亮相的机会，对城市的经济、文化、旅游、产品等进行推介，为城市争取到更多的发展空间，让城市获得更加有利的市场地位，从而争取到更优惠的融资条件和政策扶持。与此同时，随着城市的发展前景越来越好，民众对政府的好感度也大幅增加，有利于增加民众对政府的信任度，在政治主张上获得更多支持；对社会公众价值而言，城市品牌的确立更容易获得游客的好评度以及媒体的美誉度，使公众的认同度更高，这样一来，便能给城市创造出更好的发展环境，让城市的发展越来越好；对城市居民而言，城市品牌的确立能够使城市的发展越来越好、城市的营商环境越来越好、城市的就业条件越来越好、城市的旅游市场越来越好，一切都在逐渐变好，这当然是城市居民乐于看到的。在城市发展越来越好的同时，政府必然会在改善民生上下足功夫，如增加居民的福利、提高居民的生活水平等，这样一来，便会使居民对城市的认同感和归属感更加强烈。因此，如果城市能够形成品牌，无论对城市发展还是民生改善都是极为有利的事情。

不过，城市品牌的形成绝非易事，不是一朝一夕之功，是一个需要长期坚持并且任务艰巨的过程。对城市品牌进行建设时需遵循四大法则。第一法则是差异法则，即和其他城市进行差异化竞争，挖掘城市独特的优势和优秀的资源，寻找城市的核心竞争力，尤其是与其他城市的不同之处，且与其他城市相比，更加出类拔萃，这样一来，便能发挥城市的优势，使之成为公众心目中某一个领域的代名词，或者是公众过目难忘的一个闪光点，即对公众来说，在某一方面、某一个点上，城市是特立独行、独一无二的，通过这样的差异化使城市品种最终得以确定。第二法则是系统法则，所有事情组合成一个系统，集中优势兵力攻破一处，这样便能百战不殆。在城市品牌的建立过程中，对照城市的核心优势，对城市品牌进行定位，是集中一点还是分散几点，是正面对垒还是出奇制胜都要慎重考虑、谨慎选择。不过，一旦确定好定位之后，便要将城市的所有资源聚焦起来，对其进行整合，想方设法、不遗余力地实现这一定位。即在进行城市品牌建设时，几乎所有的资源、精力都要用在一处，那就是极力实现品牌定位，完成品牌建设，和这一主要目标相比，其他都是次要的，甚至可以说是无关紧要的。事实上，在建设城市品牌之时，事务繁杂、千头万绪，难以理清。这时，一定要抽丝剥茧，找到核心，切勿不分主次，眉毛胡子一把抓，头痛医头，脚痛医脚，结果顾此失彼，每一件事情都干了，但每一件事情都没干好，所有的资源都利用了，但资源整合却不到位，最终走向失败的边缘，这是极为可惜的，也是较为可悲的。第三法则是传播法则，即要做好品牌的传播与推广。所谓"酒香也怕巷子深"，品牌定位、品牌规划固然重要，但如果没有经过积极的传播、有效的推广，所谓的城市品牌建设也只是纸上谈兵。即城市品牌建设是分步骤进行实施的，是层层递进的，首先是品牌规划，其次是品牌定位，最后是品牌推广，其中，哪一步走不好，都会让城市品牌建设走向失败，即每一步都不可或缺，每一个决定都至关重要。到了品牌推广阶段，就要集中各种资源、运用各种手段、调动各种力量、应用各种方法，对城市品牌加以宣传。宣传片、商业广告、节日活动、公关事件、会议会展、直播等各种营销方式都可以进行使用，无论是传统的电视台、报纸、映前广告，还是新兴的网站、自媒体、公众服务平台、短视频平台等都可以加以利用，将城市品牌宣传从广度上扩展，从深度上挖掘，以达到传播和推广的预期。第四法则是持续法则，即保持城市品牌建设的长期性和持续性。城市要想有知名度、有美誉度、创下金字招牌，自然也不是一蹴而就的事情，不仅需要几十年如一日持之以恒，更需要有坚定的信心和前行的勇气。要看到，城市品牌建设不像大型工程那样，多日辛苦，一朝功成；也不像一场马拉松一样，千辛万苦，咬牙坚持，只要顺利到达终点，便是胜利。它更像一场旷日持久的战斗，不仅需要提前谋划、运筹帷幄，也需要两军对垒，狭路相逢勇者胜，更需要在胜利归来时，戒骄戒躁迎接下一次更猛烈的战斗。此外，城市品牌建设只有起点没有终点，永远都在战斗、永远不能懈怠，否则，一着不慎，满盘皆输，需时时防范"千里之堤，溃于蚁穴"①。所以，建设城市品牌要有耐心，要沉得住气，耐得住寂寞，有时可能需要几代人的接力，进行总体规划、重点突破、分步实施、长期坚持、长久维护。

需要重点强调的是，在进行城市品牌定位时，还要遵循五大基本原则。第一大原则是真实性原则，即在对城市品牌定位时一定要从城市的实际情况出发，最终的定位也一定要符合城市的真实情况。第二大原则是独占性原则，即在定位城市品牌时，这一定位是城市独有的、特殊的，只适合自己，不适合别的城市，更不能和其他城市共享共有，否则，就是失败的定位。第三大原则是导向性原则，即对城市品牌的定位一定要进行综合考虑，尤其要确保对城市经济的振兴和旅游的发展有利，这样一来，在城市未来的发展道路上，城市品牌便会像一盏指路明灯，促进城市的健康发展，有助于城市的经济繁荣。第四大原则是美誉性原则，即在进行城市品牌定位时，一定要确保定位具有艺术感，蕴含着高尚的审美情趣，让人们在想到城市品牌时，脑海里浮现的是美好的画面，能够让人们停下忙碌的脚步，前往城市观光旅游、休闲度假、购物消费，如果能做到这些，才会是成功的品牌定位。第五大原则是认同性原则，即在定位城市品牌时，可以有夸张的成分，但其前提是一定要实事求是，确保这样的定位是城市内居民认可的，是城市外公众肯定的，不能肆意夸大。

总而言之，每一座城市都有自己的特色和优势，都有自己的象征和标志，也都有独特的历史表达和文化符号。只有进行精准定位，恰如其分地表达城市的内涵，恰到好处地表现城市的特质，城市品牌才能立起来，城市形象也会光鲜亮丽，城市优势会越来越明显，城市的未来也会越来越好。而城

---

① ［先秦］韩非. 韩非子［M］. 北京：中华书局，2007.

市悠久的历史、独特的文化，恰恰最能表达城市的内涵、表现城市的特质。将城市的历史和文化与城市品牌融会贯通，让城市形象鲜明、魅力四射，便更容易显示出城市的竞争优势，并表现出与其他城市的与众不同、出类拔萃之处，这样一来，便更容易使城市在激烈的社会竞争中脱颖而出，占据有利地位，立于不败之地。

对于拥有大遗址的城市来说，其在城市品牌塑造时无疑是幸运的，因为大遗址作为一种独特的、优秀的文化资源，往往代表着悠久的历史、厚重的文化、源远流长的文明，这无疑能够让城市品牌建设锦上添花、如虎添翼，与其他城市相比，拥有更多的资源优势、更有利的文化优势和更明显的定位优势。就像洛阳市，正因为二里头遗址、偃师商城遗址、汉魏洛阳故城、隋唐洛阳城以及东周王城遗址等大遗址分布于洛河两岸不足 30 千米范围内，从东往西一字排开，形成"五都贯洛"的格局，才被称作"千年帝都"或者"十三朝古都"。如果没有这些大遗址，不仅洛阳市在我国璀璨的历史星空里会黯淡许多，就连"千年帝都"之名、"十三朝古都"一说，也会成为名不副实的空中楼阁。

第二节　作为发展资源的大遗址利用

一、大遗址保护与利用的意义

（一）理论意义

大遗址是一种文物资源，在进行保护时可将其视为文物，甚至比文物还要重要。如果单纯从理论意义来谈论大遗址保护，其实很简单也很纯粹，那便是不惜一切代价进行保护。然而，当市场经济发展之后，追求致富创收、经济效益和利润最大化已经成为社会的主流价值观。只要是诚实劳动、合法经营、勤劳致富，追求经济利益并无不可，就连贵为圣人的孔子也曾说过："富而可求也，虽执鞭之士，吾亦为之"。① 然而，一部分人利欲熏心，把对财富、利益的渴求展现在文物领域，妄图通过盗卖盗掘文物资源、贩卖文化遗产发家致富。这种冲动如果不抑制，他们就会把对文物的幻想付诸实际行动，成为盗墓分子和文物贩子，成为破坏大遗址的元凶。而大遗址一旦受到破坏，便是难以修理和复原的，其将成为永久的破坏和永远的残缺。也有一部分人出于对经济利益的追求，对大遗址不知节制地过度开发，造成大遗址承担着振兴经济、发展旅游的重负，一旦有朝一日难以承受，便会遭受破坏，不仅会导致其完整性受到损伤，还会造成其真实性受到破坏，从而再难复原。如果稍有不慎，导致大遗址完全被破坏，那将会是中华民族的损失，更会是全人类的损失，因此不可不慎重对待。

我国政府在保护文物方面不遗余力，制定"保护为主，抢救第一"的基本方针，在长期的实践中，逐渐形成了"有效保护，加强管理，合理利用"的指导思想，即在我国政府看来，"保护"是应该放在首位的，主要原因为无论是可移动的文物还是难以移动的古迹，都难以再生、难以复制、不可替代，它们是历史的产物，是许多年前建造形成，经过漫长岁月沉淀下来的，一旦破坏便是永远的破坏，是难以恢复原状的。大遗址作为核心的文物资源和优秀的文化遗产更是如此，其"保护为主"的基本方针不能变，其"有效保护"的指导思想也不能变，这是利用的基础、是开发的前提、是做事情的原则、是处理问题的底线，不能逾越，更不能突破。

（二）现实意义

在现实中，我国政府对大遗址始终采取绝对保护的策略，即在大遗址这一区域，严禁进行所有可能对大遗址造成破坏和损伤的生产行动和生活活

---

① ［先秦］孔子. 论语［M］. 北京：中华书局，2006.

动。然而，哪些是有可能对大遗址造成破坏和损伤的生产行动和生活活动？哪些是没有可能对大遗址造成破坏和损伤的生产行动和生活活动？无论是在中央政府的政策法规中还是在地方政府的管理条例中，均没有具体的要求，也没有明确的说明。这在一定程度上造成了文物保护部门的无所适从，如果过宽，可能会对一些行为形成纵容；如果过严，可能会让这一区域的发展失去活力，从而变得死气沉沉，因此这个尺度是很难精准把握的。所以，文物保护部门在进行文物保护管理时，有法难依、有规难循，操作起来较为困难，再加上保护大遗址的手段较为单一，甚至缺乏，于是便本着宁严毋宽、宁缺毋滥的原则，几乎完全照着绝对保护的标准去实施，因此，在大遗址保护区域之内，除了耕作农业、种植农业、牧业、渔业等传统农林副牧渔业之外，所有的生产形式、所有的经营方式、所有的生活活动、所有的商业模式几乎都是被禁止的，这便造成当地群众几乎摒弃了除服务农业以外的所有从业模式，这使得他们的生产方式极为落后，他们的经营与发展也差不多完全陷入停滞。对比大遗址保护区域内外的情况，一边是经济落后、发展缓慢、生活水平低下，另一边是经济发达、发展迅猛、生活越来越好，更有甚者，因为文物保护范围线这一线之隔，线内死气沉沉、愁云惨淡，线外热火朝天、喜笑颜开。以偃师商城遗址为例，遗址保护区外居民的平均收入要比遗址保护区内居民高2~3倍，甚至比某些遗址区还要高出更多。长此以往，会造成大遗址管理者与当地群众的冲突，也会造成大遗址保护与区域发展之间的矛盾，如果冲突一再加剧，矛盾日益激化，后果不堪设想，因此一定要慎之又慎。

在大遗址保护区域内生活的群众看来，经济落后难以进行很好的发展、旅游不强难以形成创收、生活水平低下难以改变现状，眼看着保护区域外发展形势一片大好，这些现状虽然与当地的历史原因和现实状况不无关系，但他们会主观地认为，产生这一切问题的根源便是大遗址的存在。如果大遗址不在本地区，不再存在于世间，这一切可能会大为改观，甚至会完全改变。再加上在进行大遗址保护的过程中，当地政府和文物保护部门将更多的精力放在如何对大遗址进行有效保护上，制定什么样的保护措施、采取什么样的保护手段、怎样进行操作、如何分步实施等，这些是他们的主要工作内容和重要课题，但是很少对当地群众进行与保护大遗址相关的政策宣传和普法教育，更有甚者完全缺失。两种要素叠加在一起，就会造成当地群众缺乏对大遗址的正确认识，不仅不知晓大遗址的重要性，而且对大遗址的保护也是一知半解，对于大遗址能够进行开发利用，使之成为经济振兴、旅游发展、生活改善的利器更是半信半疑。认知的缺失、观念的落后、思想的固化，造成了他们对大遗址产生偏见，积怨愈深之下，可能就会发起破坏甚至损毁大遗址的行动。前些年，破坏文物遗址、损毁文化古迹的新闻报道屡见不鲜，其主要原因便归结于此。

随着社会的进步、旅游经济的发展，人们的文化素养、道德水平以及综合素质也会相应提高，对大遗址的认识也会随之增长。在进行有效保护的同时，对大遗址进行合理利用，使其为当地旅游发展和经济振兴服务，也不失为一条妥当之计。随着积极利用大遗址、开发文物资源的浪潮越来越高，由于大遗址自身的特殊性以及保护形势复杂多变的原因，人们在对大遗址进行开发利用的时候，难免会出现和大遗址保护相冲突的局面，是要发展旅游、振兴经济，还是要保护大遗址、守护民族精神家园？这的确很难作出选择。事实上，如果对区域旅游经济发展以及大遗址保护难以协调发展的矛盾进行系统分析，并进行详细归纳总结，可以得出以下四个方面的结论：第一，在文物保护部门内部，体制不明、权责不清，造成对涉及大遗址开发利用的诸多管理问题鞭长莫及、无从下手；第二，文物行政执法力度不够主要是由于没有一支训练有素、令行禁止、雷厉风行的专门进行文物行政执法的队伍造成的；第三，文物保护经费不足，造成许多事情在办理时都是捉襟见肘、难以为继；第四，"商人重利"，许多涉及大遗址开发的项目都交给开发商去做，然而，这些商人只追求利润最大化，并不在意大遗址是否能够得到有效保护，这造成开发利用过度的现象时有发生，导致过犹不及。还有一种情况是开发商并不了解大遗址的真正价值，对大遗址的开发往往只是浅尝辄止，这样便会造成大遗址开发利用不足的状况出现，这两个问题其实可以同等看待。

二、大遗址利用现状

（一）利用不足

作为一种优秀的文物资源，大遗址蕴含着丰富的价值，像历史文化价值、考古价值、经济价值、旅游价值、艺术价值、研究价值以及科教价值等。如果对其深入挖掘、充分利用，便能在许多方面都进行开发和利用。然而，在目前诸多大遗址区域，对大遗址的开发与利用乏善可陈，甚至可以称得上"不足为道"，不仅许多大遗址的开发利用效果不佳，大多还存在着开发不力、效果不佳等问题。通过笔者的广泛调查研究发现，我国从东部到西部，越往西，对大遗址的开发与利用做得越不够好，越是经济落后的地区，对大遗址的开发与利用的模式越固化、手段越单一。如今，在中西部的广阔区域内，坐落着成百上千处大遗址，然而，真正进行开发利用的占比极少，开发利用相对成功的更是寥寥无几。即广大中西部地区的大部分大遗址都"待字闺中"，尚未进行开发利用。这对于我们来说是喜忧参半的事情，喜的是有如此之多的大遗址可以进行开发利用，对于中西部地区的旅游发展、经济振兴来说，不啻为好事一桩，而且，当地政府对大遗址保护问题较为重视，说明他们能够看到大遗址蕴藏着的巨大价值；忧的是有如此之多的大遗址还没有进行开发利用，这也从侧面说明对它们的保护措施是缺失的，它们极有可能还处于自然状态，不仅要受到风霜雨雪等自然灾害的侵蚀，更会受到或有意或无意的人为破坏，长此以往，随着它们被破坏程度的日益加深，极有可能有一天会不复存在，这对于大遗址来说是极为危险的信号，不可不重视，不可不慎重。

总而言之，对于广大中西部地区来说，对大遗址的开发和利用是严重不足的，这就造成作为一种发展资源存在的大遗址本来能够在推动所在区域社会进步、经济振兴、旅游发展、民生改善等诸多方面，贡献出它们的巨大价值，发挥出它们的应有功效，然而，却因为利用不足成为阻碍，导致大遗址无法为当地发展作出应有的贡献，这是极为可惜的。不仅如此，在大遗址保护的诸多政策法规中，虽然对保护的要求有所不同，但因为有效保护这一红线不能突破，导致大遗址在开发与利用过程中出现诸多限制，造成开发者难以放开手脚去做。此外，当地居民因为大遗址保护政策，不仅难以利用大遗址盘活经济、促进发展、改善生活，就连正常的发展也严重受限，因此对大遗址产生疏离感，甚至出现恼怒、愤恨的情绪，他们一旦忍不住怒火，将心中块垒转化为行动力量，对大遗址进行破坏，大遗址受到损伤甚至出现灭亡的危险，便也在预料之中了。

（二）效率低下

正如上文所言，目前，我国大遗址在进行开发和保护时，不仅是开发不足的问题，那些已经被开发的大遗址，状况也不尽如人意、利用不足、顾此失彼，导致利用效率极其低下。对于多数已经被开发的大遗址而言，开发的程度较低、开发的手段较为单一，通常只是作为旅游景区被开发，铺设一些防护设施，安装一套识别系统，建立游客中心进行门票售卖，开发方式相对较为低级，不仅难以凸显大遗址的优势，就连自负盈亏都很勉强，更不用说产生盈利为大遗址的有效保护提供更为充裕的资金财力了。即这种将大遗址作为旅游景区进行运营的方式，追求利润、获得利益最大化是其主要目的，而对大遗址进行有效保护并不是景区运营者的主要考虑因素。此外，追求利润的方式也较为单一，只是依靠门票收入，并且多数还停留在"靠天收"的阶段，每逢节假日、"五一""十一"黄金周或者旅游旺季，就大赚一笔，其他时段惨淡经营，甚至入不敷出。像这样单纯依靠门票经济的经营方式是较为危险的，如果不改变现状，寻找一些高附加值的经营项目进行多元化经营，或者优化旅游产品，使其在内容上更丰富多彩、在手段上更推陈出新、在形式上更吸引眼球，是难以长久运营下去的。稍有不慎，便会走向倒闭、清算、破产的边缘，这对于经营者来说，可能只是损失一些资金，然而，对于大遗址来说，就有可能造成损伤破坏，让其永远消失。

三、成因分析

无论是国外还是国内，大遗址保护都是近些年才达成的共识，对其利用也是实践多于理论。事实上，世界各国都在摸着石头过河，很难有现成的经验可以遵循，即便是有，也并不一定符合本国国情、适合本区域的实际状况。我国近些年尽管对部分大遗址进行了一些开发与利用，也取得了较为辉煌的成就，但许多现实状况难以尽如人意，暴露出来的问题更是普遍而深刻。究其主要原因，便是当地政府、文物保护部门以及当地群众对大遗址的认识不够全面，一方面，虽然具有强烈的保护意识这本身无可厚非，但一旦保护过度便会损伤开发和利用的积极性；另一方面，保护过度说明利用意识不够，因此很难做到科学开发和合理利用。

（一）利用开发意识薄弱

无论进行开发利用，还是进行保护，其主体都是人。是人便具有主观意识。因此，在大遗址开发和利用的过程中，出现的诸多问题事实上都是主观意识造成的，使大遗址利用不足，难以对区域发展作出其应有的贡献，很大程度上要归结于利用意识的薄弱和利用动力的缺失。在我国许多区域的政府、文物保护部门看来，从根本上来说，大遗址在本质上还是文物，不仅需要很好的保护，而且，怎样保护都不为过，否则，上对不起祖先，下对不起后代。即他们只具备强烈的保护意识，却没有看到大遗址有推动当地旅游发展、促进当地经济腾飞的巨大潜力。再加上现有对大遗址的开发和利用，大多都不尽人意，勉强维持，经济效益差，可发展潜力不足。这让他们更为确定，大遗址虽然是一座座宝库，但进行开发与利用的价值并不大，甚至可以说任何的开发与利用都是徒劳，不开发、不利用，反而是及时止损。

（二）保护意识过于强烈

保护意识过于强烈是造成大遗址被限制利用和消极开发的另外一个重要原因。和其他文物一样，大遗址是难以再生的文化旅游资源。将大遗址保护好，才能对得起列祖列宗、对得起子孙后代，否则，不仅是国家和民族的罪人，同时也是全人类的罪人，甚至是历史的罪人。因此，大遗址保护不仅是文物管理部门的工作职责，也是每个中华儿女都要承担的使命和应尽的义务。几乎所有人提起大遗址都会想到保护，对大遗址进行有效保护毋庸置疑、责无旁贷，这不仅是文物保护相关法律的规定与要求，也是社会舆论对文物保护工作的导向与呼声，事关千秋万代，是一件神圣的事情。正是在这样的时代大背景下，只要是对大遗址的开发和利用被提上日程，就要面对各种各样的压力，也会遭到方方面面的指责。从短期来看，出现这样的局面对大遗址保护工作固然有利，尤其对大遗址所在区域的群众保护认识的加深、保护意识的加强方面能起到极大的推动作用。但是，从长远来看，如果不能进行很好的开发与利用，便不能为保护提供资金保证和经验支持，仅仅靠国家拨款对大遗址进行保护是走不远的，不仅如此，对当地社会进步、经济振兴、旅游发展和民生改善都是不利的。如今，过于强烈的保护意识已经对大遗址的开发与利用以及经济效益的提升产生了负面影响，并且影响到了大遗址所在区域的社会进步、经济振兴、旅游发展和民生改善，这并不是我们所有人都乐于见到的。

四、有效保护和过度保护

（一）大遗址保护与博弈理论

对我们人类而言，大遗址见证了人类文明的苦难与辉煌，同时也能印证和修正历史，堪称历史的活化石，与此同时，它们也是难以再生的文物资源，因此，对大遗址进行保护对于我们这一代人来说责无旁贷，也义不容辞。然而，正如俗语所言，"过犹不及"，做任何事情都要把握尺度，否则，一旦做过了头，就会适得其反，造成另一种伤害。像大遗址保护工作便是如此，许多地方、许多大遗址如今都有过度保护的势头。

其实，如果以博弈理论的观点来看，导致保护过度的出现，正是由于多方进行博弈的结果。在博弈的"棋局"中，共有四方参与博弈，如前文所言，即当地政府、文物保护部门、当地民众以及社会舆论。

第一，作为政府一级行政机构，当地政府的责任是重大的，不仅要承担起对大遗址进行保护的重任，还要促进当地发展，提高民众的生活水平，让老百姓过上好日子。有国家的相关法律法规和政策指令作为行动指导和行为指南，对大遗址进行保护并不难，只需要听从指令、服从命令，按照这些法律法规的要求执行就行了，并且，在执行时的操作性较强。然而，国家有关大遗址的政策法规大多着眼于文物保护，对如何进行开发与利用涉及的并不多，对如何利用大遗址促进区域发展当然考虑的就更少了。这时，就很考验当地政府的功力，如果严格执行国家有关大遗址保护的法规政策，对大遗址进行绝对保护，对当地经济发展来说肯定是极为不利的。然而，如果对国家有关大遗址保护的政策法规不去执行，甚至阳奉阴违，那么不仅会违反相关法律，还是对大遗址保护精神的背叛。因此，要在执行与不执行之间寻找能够操作的空间，把握好尺度，当然，这是极不容易的事情。对于当地政府来说，如果要在大遗址保护和促进区域发展之间进行二选一的话，他们多半会选择后者，因为作为人民的公仆，他们自然要更关心民间疾苦与百姓生活，只有老百姓的生活水平提高了，他们才能安居乐业；只有老百姓安居乐业了，社会才能安定繁荣。尤其是当今社会，全球一体化步伐正在逐渐加快，由此带来的是我国社会日新月异，经济发展突飞猛进，人民群众对生活水平提高的呼声日益高涨。在这样的情形之下，不仅中央政府要以经济建设为中心，就连各级政府的主要精力也都放到振兴经济上，经济发展水平的高低、各项经济指标的升降，不仅是政府工作的具体体现，也是老百姓对政府满意度进行衡量的重要指标。正因如此，大遗址所在区域政府在大遗址保护问题上，往往会采取极力协调配合的态度，但这种协调配合又会以是否对区域发展有利为准则，如果对区域发展是有利的，肯定会全力配合；如果不利于区域发展，便不会那么主动，更有甚者，如果大遗址保护政策阻碍了区域发展，便放松对保护工作的要求，哪怕暂停大遗址保护工作也在所不惜。

第二，作为大遗址保护的主要责任机构，文物保护部门代表国家承担对大遗址进行有效保护的责任。上级部门对其考核主要也是围绕以大遗址保护为代表的文物保护工作来进行，对文物保护的力度、方式、效果等都是考核的重点内容。因此，对文物保护部门来说，只要能够保护文物不受损伤、不被破坏，区域经济振不振兴、旅游发不发展、民生改不改善，和他们关系不大，也不是他们关心的内容。即在进行大遗址保护时，为了达到更好的保护效果、为了大遗址免遭破坏，文物保护部门在执行相关法律条款的过程中，是会宁严毋宽、宁缺毋滥的，毕竟站位不同、思维不同，做法自然也就不同。

第三，当地民众，即在大遗址区域居住、生活的人民群众。这些群众可能祖祖辈辈都在这里生活，他们生在这里、长在这里、死后可能还要埋葬在这里，他们的子孙后代可能还要继续在这片土地上生活。对于大遗址，他们的心理多半是矛盾的。毕竟，也许还没有他们的时候，大遗址便已经在这里，他们长期在大遗址周边生活，习惯了它的存在，对它有着相当深厚的感情，当然希望它能够得到有效保护，永世长存下去。然而，与此同时，他们也不想一辈子受穷受贫，更不想让自己的子孙后代也像自己一样永远在贫困线上挣扎，因此，他们希望这片区域能够发展进步，最好能与时代的发展同步，自己的生活水平得到提高，自己和子孙后代的命运得以改变。尤其是全国经济形势一片大好，周边区域的经济得到不断发展，旅游市场一片繁荣，商业气息越来越浓时，他们守着祖先留下来的大遗址"这块珍宝",却因为国家政策法规的限制而无法振兴经济、发展旅游,只能眼睁睁看着周边区域经济越来越繁荣,市场越来越发达,居民越来越富裕,自己却难以大展拳脚。在这样的局面下,当地许多民众便会生出不满情绪,开始对大遗址的存在价值表示怀疑,更有甚者,会将产生这一切的根源直指大遗址,他们会偏执地认为,当地之所以不发展,完全是因为大遗址的存在;当地之所以发展缓慢,完全是因为国家的大遗址保护政策。即如果没有大遗址,当地无论振兴经济还是发展旅游,无论经营商业还是运营企业,都不会有那么多的限制,这样一来,便可以随心所欲地搞经济、轰轰烈烈地发展旅游,顺顺当当地搞商业开发,那么他们的命运也会因此而改变,生活水平也能得到大幅提高。这时,如果当地民众中有偏执狂,就会把心中的不满发泄到大遗址身上,对大遗址进行破坏,使其受到损伤,甚至完全消亡。出现这种情况之后,当地政府和文物保护部门为了不使大遗址遭到破坏,就会制定更加严厉的政策,甚至对破坏大遗址的违法行为持高压态度,这便造成当地民众的逆反心理会更加强烈,他们对大遗址的破坏行为会更加隐蔽。长此以往,在大遗址的保护和破坏之间,便会形成诸如此类的恶性循环。如果这样的不良状况变成现实,不仅会使大遗址保护工作的难度加大,还会使国家拨给大遗址保护的经费增加,与此同时,也使大遗址所在区域发展的难度加大,造成当地民众的生活越来越贫困,心中的不满情绪也会越来越严重,他们会采取更极端的方式,以更出格的行为来破坏大遗址。如果这样的话,大遗址越进行保护,其被破坏的危险系数便越升高,不遗余力地保护,其结果往往会适得其反。如果出现这样的局面,那么是较为难堪的。

第四,社会舆论。当今社会是一个信息社会,信息传播速度快、途径多、波及人群更是极为广泛,尤其是现今,不仅有电视、报纸等传统媒体,更有互联网、客户端、微博、微信、公众号和短视频等形式多样的新媒体。哪怕是一件不经意间发生的小事,经过网络发酵,也很容易成为全国性话题,受到全国人民的热议。不仅如此,随着社会的进步与经济的繁荣,不仅是我国，世界上几乎所有的国家和地区对保护文物的问题都极为重视；不仅国内媒体和网民会关注文物保护事件，就连国外媒体和网友也会通过互联网对这些事件形成较大范围的关注。大遗址是"历史活化石"，是不可再生的文物资源，一旦被破坏便是永久的破坏。因此，全人类都清楚大遗址的重要性，对破坏大遗址的行为几乎都是义愤填膺、怒目而视的零容忍态度。所以，一旦有文物或者大遗址遭到破坏的新闻通过媒体或者互联网报道出来，就会引起社会舆论的强烈关注。在全国人民看来，正因为破坏文物或者大遗址的事情不断发生，政府才要花大力气，下大功夫对文物和大遗址进行保护，甚至政策越严厉越好，策划越周全越好，行事越周密越好，保护越严格越好。不过，在媒体和公众看来，经济落后地区也应该发展起来，促进经济振兴、旅游发展，使当地老百姓的钱袋子鼓起来。就像电视剧《老农民》全景式地呈现了中国北方农村 1948～2008 年 60 年的发展与变革，吸引了公众对农村的关注，并获得了第十二届精神文明建设"文艺精品工程"电视剧优秀作品奖。由此可见，社会舆论常常是多角度的，有时难免会相互矛盾，就像是进行文物或者大遗址保护还是促进当地发展，一方面，社会舆论希望能够守护好民族的精神家园，保护好祖国的文物瑰宝，使文物和大遗址永远都能够传承下去，对子孙后代也能够形成教育意义；另一方面，自然也希望大遗址所在区域能够快速发展，使当地经济得到振兴，使当地老百姓的生活稳步提高。然而，社会舆论又无法调和它们之间存在的矛盾，难以提供能够调和两者矛盾的方式方法，只好跟着节奏走，在媒体报道有大遗址被破坏时呼吁修正与大遗址保护有关的政策和制度，在媒体曝光广大中西部地区是何等贫困时呼吁尽快发展当地经济，让老百姓尽早富裕起来。

　　总之，保护大遗址和促进当地发展之间的关系，是契合博弈理论的。这种博弈关系如图 3.1 所示。

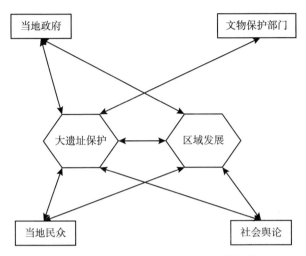

图 3.1 大遗址保护和区域发展四方博弈关系

（二）有效保护

综上所述，在大遗址保护过程中，由于多方参与，且各方的利益诉求不同，造成博弈关系复杂。然而，即便如此，难道就不能在大遗址保护和区域发展之间找到一条两者能够协调融洽、并行不悖的和谐之路吗？既能使区域发展快速推进，又能使大遗址得到有效保护？得到的答案当然是肯定的。

1. 有效保护的定义

有效保护是和名义保护相对应存在的。在贸易学中，为了使本国或者本地区生产的产品获取超额的利润以及更多的增值价值，一个国家或地区会通过对其他国家或地区的产品增收进口税等手段进行贸易，这便是有效保护。

对大遗址进行有效保护指的是在进行大遗址保护时，大遗址的保护、社会效益以及经济效益应该能够同时体现，并力争做到三者的有机统一。即应该将对大遗址的保护看作一项系统性、综合性的社会工程，不光要对大遗址进行保护，还要考虑其总体有效性，尤为重要的一项因素便是能够使大遗址得到长期、健康、稳定的可持续性保护。

从大遗址保护方面来说，对大遗址进行有效保护，应该包含两个方面，一是将大遗址本身纳入有效保护范围之内，即大遗址本身应该具备完整的形态，能体现较为完整的历史痕迹，其所蕴含的历史文化元素也是相对完整的，并且，能够保证这三者的完整度不被破坏；二是把大遗址的周边环境纳入有效保护范围之内，因为大遗址的历史文化价值、科学研究价值等往往是与其所处环境相依存的，就连其周边环境也极有可能具有极大的历史文化价值，如果大遗址的周边环境被破坏，或者大遗址与周边环境脱钩，不仅大遗址的整体性会受到破坏甚至不复存在，就连大遗址本身可能也再难使用原来的名字，其本身蕴含的巨大价值有可能因此降低甚至消失。

从大遗址保护的经济效益方面来说，对大遗址进行有效保护，应该让大遗址保护这项工作产生经济效益，带动大遗址所在区域经济发展，让当地老百姓富裕起来。即所谓的有效保护，应该在使大遗址本身的完整性得到体现、大遗址周边环境保持不变状态的同时，也能够通过对大遗址进行开发和利用，发挥其价值优势和资源优势，使当地经济得以振兴、旅游经济得以发展、当地民生得以改善。

从大遗址保护的社会效益方面来说，需要充分考虑大遗址存在的可持续性。大遗址是从先辈那里传承到我们这代人手中的，我们可以对大遗址进行开发和利用，享受大遗址给我们带来的收益。然而，我们只是暂时的拥有者，终究还是要传承给子孙后代，因此我们在开发利用大遗址时，应担负起对其进行保护的职责，确保大遗址及其周边环境的完整性，将其完好无损地交到后辈手中。

简而言之，既然保护大遗址的接力棒传到我们这代人手中，就要让它们既能在可靠的保护之内完整存在，又要让它们发挥作用，使之产生经济效益和社会效益。

2. 有效保护的策略

既然大遗址作为一种文物资源而存在，同时又在历史、文化、经济和社会等方面蕴含着巨大的价值，在研究如何对其进行有效保护的时候，也必然会涉及对其所能进行的有效利用。即所谓大遗址的有效保护，其实是一分为二的，既要有效保护，又要有效利用。不仅如此，这两者又能合二为一来看待，即有效保护和有效利用有机结合、协调统一。

正如凡事都有正反两面一样，任何事物都要用辩证唯物主义的观点来看待，对大遗址的保护和利用这两者的关系也是如此，它们是辩证存在的。甚至来说，即便是占地面积广阔，且艺术美感低下，观赏效果并不好的大遗址，其保护与利用的关系也要辩证来看，既要保护，也要利用，两者不可厚此薄彼，更不可偏废。因为如果大遗址长期得不到公众的认识，其价值也不被公众利用，仅仅依靠文物保护部门那少数几个人的保护，很难长期维持下去。即如果辩证来看，无用的东西常常被抛弃，有用的东西总是受珍视，科学的开发、合理的利用，使得大遗址能够发挥经济效益和社会效益，这样一来，便有可能在资金和技术方面对大遗址保护给予支持，从而使大遗址得到更为有效的保护。具体而言，可分成下列三部分实施。

（1）制订切实可行的大遗址长期保护计划。

大遗址作为一种独特的文物形式、一种优秀的文物资源，对其保护是一项复杂、系统的大型工程。因此，在实施大遗址保护战略之初，就应该组织相关研究机构、召集专家学者对大遗址的形态、特性、价值、意义等进行系统研究，在进行细致分析和认真总结之后，制订内容翔实的工作计划，并对大遗址本身、周边环境、自然因素以及人为因素等进行综合考虑，从而制订出科学有效、切实可行的大遗址长期保护计划，并上报上级部门，经他们审查通过后，成为大遗址保护工作的指导性文件。

大遗址长期保护计划既是大遗址保护工作的指导方针，也是其行动纲领，不仅具备法律效力，更具有操作意义。因此，在大遗址保护工作具体实施阶段以及所有后续阶段，都要按照该计划严格执行。如果大遗址所在区域的城市规划、土地使用规划、旅游发展规划以及乡镇振兴规划等各级各类规划在涉及大遗址及其周边环境，并且与大遗址长期保护规划发生冲突时，就要及时与有关部门沟通协调，毕竟由国家有关部门审核通过，并经省市两级政府认定的大遗址长期保护规划具有权威性，其他各级各类规划要对其做出让步。

可以说，大遗址长期保护计划是大遗址的超级防护罩，能够使大遗址得到全方位的立体防护。事实上，大遗址的主要价值体现在保证其整体性上，就像长城，若只是保留关键性的几个关口如山海关、居庸关、雁门关和嘉峪关等，而因为整体长度过长、涉及区域过多，导致难以有效管理而对其余部分尤其是断墙残垣放弃治理的话，那么不仅长城的震撼效果会减弱，就连整体价值也会丧失，以后只能叫长城关隘而无法称为长城了。因此，对于大遗址而言，一定要进行全方位保护，不仅要对残缺破损的部分进行维修，还要对其整体和所处环境、所代表的历史文化内涵进行保护。因此，不仅需要采取科学有效的管理制度，还要制订内容翔实的维护方案，更要采用技术先进的防护手段。于是，一个多学科交叉、多领域参与、能够体现多名专家集体智慧的庞大而科学的规划呼之欲出。

此外，在制订大遗址长期保护计划时，一定要科学规划、分步实施、有序施行。就像大遗址的修复，大遗址通常以面积大为主要特征，面积大，涉及的分布点就会比较多，涵盖面就会比较广，范围就会比较大，在短时间内是不可能对破损的点线面全部进行修复的。这样的话，就需要以其价值和现状为基础，做出可操作性较强的翔实计划。先抢救哪些区域？后抢救哪些区域？哪些区域需要核心保护？哪些区域需要重点保护？哪些区域需要一般性防护？短期有多少预算，准备在哪些区域、哪些地方使用？中期有多少预算，准备在哪些区域、哪些地方使用？长期有多少预算，准备在哪些区域、哪些地方使用？都需要在规划中写清楚、列明白，只有这样，才能避免出力不讨好、治标不治本、随意实施、盲目补救，最终走向失败的边缘。总之，好钢要用在刀刃上，要重拳出击，还要各个击破，利用现有的人力物力，采用有限的财力资源，将能效发挥到最大。

（2）成立机动灵活的文物保护协调组织。

对于大遗址保护工作，具体事项有专门的部门来执行，这便是文物管理与保护部门。对文物进行保护是该部门的一项重要职能，然而，在具体执行时，该部门以"保护为主"或者"保护第一"为最高行事准则对大遗址进行保护。由于缺乏主动沟通意识，思想站位也不同，因此，文物管理与保护部门在开展工作时，时常会忠实执行国家有关大遗址保护的法律理念，而对大遗址的开发与利用以及当地旅游经济发展等方面缺乏更多的关注。因此，如果既想把大遗址保护好，又想把大遗址开发利用好和把当地旅游经济发展好，就要转变旧的保护观念，不仅要对大遗址实行科学、健康、长期、稳定的具有可持续性的有效保护，还要将现有的文物管理与保护部门改组，使其成为机动性更强、灵活性更高的文物保护协调组织。

具体而言，文物保护协调组织可由大遗址所在区域政府进行直接领导，负责协调和处理大遗址保护工作中遭遇的各种问题。与之前的文物管理保护部门不同，新组织不必全由文物保护工作者组成，它是在当地政府领导下的行政机构，具备一定的行政管理职能，在对以大遗址为代表的文物进行保护和管理的同时，也负责统筹协调工作，对公安局、消防大队、旅游发展委员会、旅游局、规划局等与社会生活关联密切并与文物保护工作息息相关的部门进行广泛沟通、积极协调，这样的话，对大遗址的保护可能会更有效。不仅如此，新成立的文物保护协调组织在人员构成上应该全面多元、合理搭配，在以文物工作者为主的前提下，经济管理、城市策划、环境保护、社会治理等与文物保护密切相关的专业人员也要占据一定比例。这样一来，在大遗址保护过程中，遇到重大决策或者日常管理涉及相关专业时，能够避免因工作人员对相关专业的隔阂，从而造成决策失误和管理失常，使大遗址难以纳入有效保护范围之内，致使该项工作走入危险的境地。

（3）有效保护、科学开发、合理利用。

大遗址是祖先留给我们的文化财富，也是我们要留给子孙后代的文化承载者和精神传递体，因此，对其怎么保护都不为过。然而，如果想要对大遗址进行有效保护，使其长期处于稳定可控的状态，科学开发、合理利用是一种极为必要的行动方式。

目前，我国的大遗址保护工作最令人头疼的问题便是经费短缺，最核心的矛盾是大遗址保护与区域发展之间的矛盾，最主要的阻力便来自当地群众。事实上，一言以蔽之，还是在保护的前提下如何进行发展的问题。区域发展好了、社会进步了、经济振兴了、旅游发达了、群众富裕了，一切都将迎刃而解。

由于保护经费短缺，在许多大遗址所在区域对大遗址进行保护时，甚至连基本的安防设备都安装不上，使得大遗址只能暴露在自然状态下，任其风化瓦解甚至逐渐消失，从而使大遗址的历史研究价值和文化传承价值大为降低，这样一来，文物部门对该处大遗址的经费投入将会进一步减少，这会进一步加速大遗址受风霜雨雪等自然环境的侵袭而导致破坏更加严重，进而使得文物管理者对大遗址进行保护的信心进一步降低，以至于形成一种恶性循环，最终导致大遗址处于零保护状态。在大遗址遭受天然风化的同时，还要被不法分子频频光顾。还有一种情况是，为了对大遗址尤其是濒临消亡的大遗址进行更好的保护，文物管理者便采取绝对保护的办法，无视大遗址的经济效益，更无视当地旅游的经济发展，对当地群众处于落后、贫困的生活境地不管不问、听之任之。这样的政策从短期看十分有效，但从长远来看，无疑是短视和急功近利的，缺乏可持续性，甚至难以维持现状。因为虽然大遗址处于绝对保护状态而受到很好的保护，但是大遗址所在区域的经济生活、社会发展等都受到极为严重的影响，最直观的表现便是经济发展停滞或者出现倒退，旅游开发模式单一导致旅游发展滞后，当地群众生活水平处在一个相对贫困的阶段，整体上很难有大的改观。这就造成当地群众对大遗址的不满情绪增加，随着积怨愈深，一旦有冲动行为，便会暗地里采取一些偷偷摸摸的手段对大遗址进行破坏。当破坏行为发生时，文物管理者出于保护大遗址的考虑，必然会制订更加严厉的保护措施，采取更加严格的保护手段，使得当地群众对大遗址及其保护政策的不满进一步加剧。这样一来，也会陷入一个恶性循环，造成大遗址保护政策与区域旅游经济发展的矛盾逐步加深恶化，直到矛盾不可调和，冲突爆发，恐怕将会带来更加严重的社会性事件。不仅如此，随着矛盾的加深恶化，当地群众对大遗址保护工作的不信任甚至反对态度愈加明显，更有甚者会对其敌视、仇恨，这就使得大遗址保护工作在当地更加难以开展，阻力进一步增加。与此同时，经费也会更加短缺，从而形成又一个恶性循环。要想跳出这一个又一个恶性循环，出现一个又一个良性发展，别无他途，唯有坚持走科学开发、合理利用的可持续发展道路。

对大遗址的利用与开发，带来的不仅是经济效益，还有更为重要的社会效益。放眼历史长河，纵观世界风云，金戈铁马的征战杀伐之下，多少财富云集，然而很快又淹没于历史长河，突厥人、鲜卑人、契丹人、蒙古人等许多民族终究逃脱不出"其兴也勃焉，其亡也忽焉"[1]的历史命运。由此可见，民族的兴亡成败、国家的兴衰荣辱，终究不在于一时一地的财富积累，也不在于一朝一夕的经济贫富，而在于文化特质和文明品质。尤其是当今世界，风云变幻，各种势力此消彼长、各种学说层出不穷，在世界一体化，地球村的号角吹响之时，与之相伴随的是许多语言消逝、许多文化消亡、许多文明消失，因此，树立文化自信，建成社会主义文化强国，既是任务重大、意义深远的国家战略，也是中华文化走到今天的迫切要求。

事实上，对大遗址进行开发和利用，很大程度上在于思想文化方面的开发和利用，主要表现在三个方面。第一，能够进行考古挖掘和科学研究。由考古人员对大遗址进行田野考察、现场挖掘，然后对其现状进行分析总结，深挖其文化内涵，细寻其科学信息，以出版科普读物和科学专著的方式普及民族历史，弘扬民族文化，推动国民树立文化自信，建立民族骄傲。第二，能够推行历史文化教育。作为一种优秀的文化资源，大遗址也是一种至关重要的科普教育资源。如今，许多大遗址都是研学旅游基地、爱国主义教育基地。一方面，中小学生可以到大遗址参观，现场领略大遗址带来的震撼，并借以了解我们的历史和文化；另一方面，大遗址也可进入教材，编入课外读本，这样不仅能够拓展青少年的历史文化，还能促使青少年对祖国悠久的历史、古老的文化产生浓厚的兴趣。第三，能够成为人民群众的精神食粮。对

---

[1]　［先秦］左丘明. 春秋左传［M］. 北京：中华书局，2007.

大遗址的开发与利用应该是多元化的，如编撰公众读物、拍摄宣传片和纪录片、制作 3D 模型、建设国家考古遗址公园、策划综艺节目、组织展会活动、举办灯光秀等形式，以此对大遗址进行宣传展示，不仅能够让民众深入了解我国古老的历史和文化，还能激发他们热爱祖国、报效祖国的热情和为国争光、干事创业的激情。

随着我国经济近些年的高质量发展，社会不断进步，各项事业都稳步向前推进，文化事业也开始突飞猛进地发展，国民的生活水平不断提高、生活质量不断提升，由此带来旅游产业的蓬勃发展。节日游、假期游、休闲游等旅游形式已经常态化，深度游、体验游、自驾游、野游等个性化旅游形式也受到青年人的喜爱。上班工作、下班休息、周末休闲、假期旅游，旅游已经成为人们生活的有机组成部分。事实上，在如今的人们看来，旅游并非仅仅是游山玩水、赏景观光，同时它还具有放松身体、愉悦精神、释放压力、排遣烦恼等诸多功能。更重要的是，旅游还能收获知识、增长见识，表达着"读万卷书，行万里路"[1] 的独特内涵。大遗址作为优质文化资源和核心文物资源，蕴含着丰富的历史信息和文化密码，如果对其进行旅游开发，不仅是我国文化建设的一条有力途径，还能成为广大游客进行学习从而收获知识、增长见识的一条快速通道。不过，对大遗址进行旅游开发要小心谨慎，以稳妥为主，在坚持保护第一的前提下，将服务社会、追求社会效益最大化作为主要开发目标，与此同时，科学规划、稳步推进、加强管理、执行到位，对开放的程度和形式进行严格控制。因此可以说，将大遗址开发成旅游景区，是一条复杂多变之路，是一条千难万难之策。不能为了追求经济利益最大化而降低门槛，将好端端的大遗址弄成乌龙杂耍的场所，也不能让观众在面对断壁残垣、土基石阶时一脸茫然，要做好历史信息的收集工作，也要做好文化内涵的挖掘工作，对大遗址蕴含的历史文化、科学艺术等价值认真进行整理。要以通俗易懂的文字、图文结合的画面、抓人眼球的效果、引

---

① ［明］董其昌. 画旨［M］. 宁波：西泠印社出版社，2008.

人人胜的叙述以及声光电一体化的宣传，再融入现代科技，使游客流连忘返，醉在其中，从而在欣赏观看之余，产生思想共鸣、获得情操陶冶、增长见闻见识。更重要的是，让游客在获得精神享受、身心愉悦的同时，也深刻地认识到大遗址的巨大价值，从而生出自觉保护之心，并自发行动起来对大遗址进行保护。只有人人有保护意识，人人存在爱护大遗址之心，全民动员、主动出击，才能将大遗址保护好。这才是一条有关大遗址保护的最光明的道路。

第三节　大遗址保护与区域发展关系评价

我国认定的大遗址主要包含能够反映我国古代各个历史时期在政治、军事、宗教、工业、农业、科技、建筑、水利和交通等方面的历史信息和文化成就，并具有规模宏大、影响深远、价值重大等特点的大型城址、宫室、聚落、陵寝以及墓葬等遗址、遗址群以及文化景观。

事实上，对大遗址进行界定主要依靠以下两条来判断：一是面积大，二是影响大。一般而言，大遗址的面积较大、分布广、占地多，因此在区域之内有着举足轻重的地位，并在社会、经济、文化、旅游以及环境等方面具有明显的区域效应。这些带有较为明显区域效应的大遗址，历史意义一般也较为重大，文化内涵更是极为丰富，因此成为区域的重要组成部分，也成为区域发展不可或缺的一个重要环节。

一、大遗址是区域重要组成部分

（一）战略性非均衡协调发展

区域发展的主要目标是这一区域在未来很长一段时间内所能达到的总体

性奋斗目标，是未来发展所能达到的总水平和总要求，同时也是这段时间的总任务。它虽然是发展规划阶段所设置的目标，之后却会成为前进的总方向和奋斗的总纲领。

在新中国成立之初，由于内忧外患、战争频繁，导致各种生产几近停滞。在百废待举、百业待兴之际，摆在我国人民面前的首要问题便是生存，先生存后发展，如果连生存都难以保障，就更不用奢谈其他了。根据当时的社会状况，为解决老百姓的温饱问题，由中国共产党领导的中央人民政府先后制定了一系列政策措施来恢复生产，主抓工业、复兴农业、大力扶持工商业。这些政策措施都是为了振兴经济、发展生产而开展的，其中涉及大遗址保护的政策措施几乎没有，反倒是在开垦荒山荒地的运动如火如荼开展之时，使大遗址遭受了很大程度的人为破坏。

进入改革开放以后，邓小平同志指出："我们讲要共同富裕，但同时也允许有所差别。"① 在他看来，如果同时富裕、同步富裕，大搞平均主义，是不科学的，不按照客观规律办事，也不符合社会主义所倡导的按劳分配原则。只是空想社会主义，不仅不可能实现，到最后还可能造成绝对贫困、共同贫困。我们国家不同地区发展同一种产业的效率不同，或者说发展同一种产业的投入与产出比不尽相同，这就造成国家在掌握着十分有限的资源的情况下，为优化资源配置，提高资源利用率，确保国民经济在短时期内得到较快速度的增长，只能优先集中一定的人力、财力和物力，采取集中优势兵力重点突击的方式发展重点地区的重点行业。不仅如此，国家还在财政投入以及资源分配方面向重点地区、重点产业进行必要的倾斜，通过这种优先发展、重点带动、先进帮助后进的方式，最终让广大中西部地区与东部地区一道，达到共同富裕，这便是战略性非均衡协调发展。而在新古典经济学派看来，区域二元结构反映出市场的不完善性以及市场机制的失灵性。不过，这只是暂时的，伴随着市场机制的逐步完善，区域经济趋向于一体化，市场力

---

① 邓小平. 邓小平文选 [M]. 北京：北京人民出版社，1993.

量自由运转将会使要素收益趋向于均等化。即尽管在发展的起步阶段，区域发展会出现不均衡，经济也会出现不均衡增长，这样一来，便导致区域与区域之间的人均收入水平差异会进一步拉大。然而，从长远来看，随着经济的平稳发展以及发展的日益深入，无论是区域经济增长速度还是区域与区域之间的人均收入水平，都会趋向于均衡和同等。这一观点和邓小平同志有关区域经济发展的战略思想不谋而合，从不均衡到均衡，从优先发展到共同发展，从局部富裕到共同富裕。其中，有邓小平同志高瞻远瞩的功劳，体现出了中国共产党实事求是的工作作风，同时也蕴含着新中国这一路走来，以"实践是检验真理的唯一标准"作为行动指南的指导思想。

区域发展战略既是实现经济目标的需要，也是达到社会目标的要求。不过，区域发展也并非是一蹴而就的，它需要分步实施，先后推进。首先，开启高速发展经济的闸门，实施非均衡式发展战略；其次，使经济发展进一步加速，实施全局相对均衡但局部区域不均衡式发展战略；最后，保持发展协调同步，达到共同富裕，协调发展战略开始实施。

区域发展战略是实现共同富裕的必然选择。发展社会主义生产的主要目的便是使人民群众不断增长的物质精神文化需求逐步得到满足，达到共同富裕，这是中国共产党的使命，也是中国发展社会主义的本质。事实上，区域发展战略的实质便是"允许一部分人先富起来，先富带动后富，最终达到共同富裕"。这正如邓小平同志所说："我们提倡一部分地区先富起来，便是为了激励和带动其他地区也富裕起来，并且先富起来的地区要帮助落后的地区更好地发展。"在南方谈话时，邓小平同志再次着重强调："走社会主义道路，就是要逐步实现共同富裕。"与此同时，他也指出，不能出现两极分化的局面，"如果富的愈来愈富，穷的愈来愈穷，两极分化就会产生，而社会主义制度就应该而且能够避免两极分化"①。即所谓区域发展战略，其实就是要顺应事物发展的客观规律，顺应经济发展的基本规律，允许一部分

---

① 邓小平. 邓小平文选［M］. 北京：人民出版社，1993.

地区先富起来，而不是为了保持步调一致就限制局部地区的发展，也并非当一部分地区先富起来之后，导致先富地区越来越富，落后地区越来越穷，其终极目标还是促进共同发展，达到共同富裕。

同样来说，在区域发展过程中，大遗址所在区域可以因为大遗址有被有效保护的需要而暂时对其经济效益做出牺牲，然而，在区域发展整体战略的实施过程中，却不应该完全忽略大遗址区内的发展，而应该实施战略性非均衡协调发展，从非均衡发展走向均衡发展，从局部发展走向整体发展。此外，考虑到大遗址区的先天优势，还是要对大遗址进行开发与利用，让其成为带动整片区域发展的领头雁。

对大遗址进行有效保护，不仅仅是保护大遗址不被破坏，它也能带来综合效益，让大遗址所在区域社会得到进步、经济得到振兴、旅游得到发展、民生得到改善，无论城市还是乡村，面貌都能为之一新。这正如中国文物学会会长、故宫博物院原院长单霁翔所说："人们感受到考古遗址对现实生活的意义，它才有尊严，才能成为促进社会发展的积极力量，从而惠及更多的民众；民众享受文化遗产带来的品质生活，就有动力加入文化遗产保护的行列，最终形成一个良性的循环。"①

（二）区域发展应具备文化内涵

经济基础决定上层建筑，区域经济是区域社会形成的基础，是区域发展的必要前提。然而，由于区域位置、资源环境、地理气候、交通运输以及历史人文等诸多因素的影响和制约，导致区域与区域之间，其经济结构并不尽相同，其发展水平也是参差不齐。与此同时，经过长期的发展，形成特质不同、个性各异的地域文化。即区域发展会因自然因素与人文因素的双重影响，从而呈现出不同的区域特色。不同区域孕育出不同的地域文化，区域发

---

① 姜慧梓．"被网红"的院长单霁翔：用申遗弥补"历史上的遗憾"［N］．新京报，2021－08－09（9）.

展状况支撑着地域文化发展，同时也对地域文化发展水平高低起到决定性作用。进一步来说，区域发展的过程对地域文化发展的类型、结构以及性质等也都起到决定性作用。

大遗址不仅是人类极为重要的历史文化遗存，同时也是地域文化的一部分，是地域文化的凝聚和集结，是体现地方特色、表达地方传统的最好方式。不过，文化并非完全依附于经济，随着经济的发展而发展，它独立存在、独立表达，而且，一旦形成就具备相对稳定性，不会轻易做出改变。除受经济的一定影响外，文化还受到历史沉淀、传统演化等诸多因素影响。文化是长期持久性的，某个区域之前经济发达，之后因种种原因，导致经济落后的局面出现，然而，其文化影响力并不会减弱或者消亡，反而能够因为惯性的存在而持续很长一段时间。就像如今河南的洛阳和开封，在历史上曾是全世界最繁华的城市之一，但随后由于经济中心的转移和地位因素的影响，导致辉煌难再。其目前的经济发展水平明显不如东南沿海城市，但其文化影响力、科教价值等在国内都属于佼佼者。与此同时，较之经济振兴和商业复苏，文化复兴之路是较为缓慢的，具有一定的滞后性。因此可以看到，一个区域在经济上崭露头角，在商业上蓬勃发展时，与之相伴随的往往却是文化捉襟见肘、知识严重贬值。在明清时期，晋商的名头叫响全国，银庄票号开遍全国，然而，在当时的山西实施的却是重商轻文策略，就连通过科举考试取得功名的山西人都不是很多。

然而，即便如此，也要看到地域文化的重要性。它是促进区域经济全面发展、区域整体发展不可或缺的必要前提。在区域发展过程中，每一个活动个体都能感受到来自文化那种厚重无比而又绵绵不断的深沉力量。尤其是当经济发展到一定程度，财富积累进行到一定程度的时候，在区域整体前进与发展的过程中，文化发挥的作用便会更加明显。一方面，文化可以给人们带来诸多创作灵感，使许多事业能够因此而前进；另一方面，人们在对来得快、去得也快的快餐文化感到厌倦的时候，就会对厚重的文化肃然起敬，并心生怀念。一般而言，先进的文化会成就发达的经济，落后的文化只能与贫困的经济相伴相生。就目前而言，位于长三角地区的上海、浙江、江苏等省份是我国经济最为发达，也是经济体量最大的区域之一。如果深究其经济快速发展的原因，其区位因素固然重要，但历史传统、文化积累以及人文精神等地域文化也是推动江浙地区经济增长的重要原因。自南宋以来，江浙地区便是我国经济最富庶、人口最稠密、文化最发达、人文气息最浓厚的区域之一。该地区文化水平高，民众素质高，再加上接触西方外来文化较早，养成了浓厚的商品意识，并且又有着较为丰富的工商业经营经验。总之，所有因素叠加在一起，为该地区自改革开放以来的经济腾飞、区域提升、整体发展提供了燃料充足、后劲十足的文化能量。

目前，我国经济已经进入新的发展阶段，不仅需要快速发展，更需要高质量发展；不仅追求速度，还更加注重质量。经济高质量发展不仅需要发展的效率，更需要对其他产业形成带动作用，让经济和其他产业协调发展、同步发展。事实上，当经济发展进入新的发展阶段时，也需要和其他产业同步发展，只有这样，才能为经济发展提供更多的机会、输送更多的资源、注入更多的能量。就像经济与文化，它们本来就是相互制约、相互促进的关系。在现代市场经济体制普遍推行的大环境下，促使经济自由运行的主体既不是市场，也不是体制，而是人，尤其是具有完善的经济思维以及良好道德约束的人，他们主导着市场的繁荣和经济的发展。即经济的发展和人们素质文化的提升关系密切，有什么样的经济土壤便会生长出什么样的文化。作为当代产业结构的有机组成部分，文化产业虽然只是一种第三产业，但却与第一产业和第二产业相互依存、唇亡齿寒，因此不仅具有极大的经济价值，还具有巨大的发展潜力。此外，它还具有重要的社会价值，对丰富民众的业余文化生活、促进公民综合素质的提升，都具有重大的意义。

（三）曾经的繁荣不代表今日的辉煌

对区域发展来说，悠久的历史、厚重的文化、久远的文明具有巨大的推动作用。然而，某一区域在历史上曾经出现过繁荣昌盛，并不意味着这一区域如今就发展得很好，即曾经的繁荣不代表今日的辉煌，顶多只是"我们家先前比你阔多了"（《狂人日记》中阿Q语录），这在我国区域发展的差异化中也得以体现。如今，我国经济发达的省份和城市大多集中于东部沿海，而广大中西部地区的经济发展状况难如人意。事实上，我国发展最早的便是中西部地区，尤其是黄河流域的河南、陕西等省份，在历史上曾长期居于全国经济中心的地位。随着历史向前推进，淮河流域、长江流域在唐宋之时慢慢赶上来，东南沿海地区发展最晚，在明清时期才随着国内外贸易的增长进一步缩小与中原地区以及江浙地区的差距。然而，在新中国推行改革开放以后，东南沿海地区在国家政策的支持下，依靠临港靠海的区位优势，通过发展国际贸易迅速崛起，成为继长江三角洲地区之外的又一大经济增长引擎，并创造出"深圳模式""珠江三角洲模式"等区域发展模式，为世人津津乐道。历史经验告诉我们，悠久的历史、厚重的文化，只能代表过去的成绩，无法证明现状优势，更无法说明未来的发展。如果怀抱着悠久厚重的历史文化沾沾自喜、自得其乐，而不去努力、不去奋斗，反而躺在功劳簿上睡大觉，只能让懒惰滋生，只能让自己封闭起来，从而错过许多发展的机会，最终的命运只能是积贫积弱，沦为死要面子活受罪的阿Q。

造成现状不佳、经济落后的原因固然是多种多样的，但思想固化、意识落后显然是其中最重要的原因之一。忘记过去意味着背叛，但铭记历史却不仅是为了回顾历史上发生的那些往事，更重要的是承前启后、继往开来。要看到，一个区域的文化灿烂并不意味着意识先进；相反，还有可能对思想意识形成某种形式的禁锢。纵观古代中国，近万年的文明历程，创造出了灿烂多姿、绚丽多彩的中华文化，并且大多数集中在历史上曾作为都城的城市周边区域，如以洛阳为核心的河洛地区、以西安为核心的关中地区、以北京为核心的华北地区、以南京为核心的长江下游地区和以杭州为核心的浙东地区。这些地区如果以地理来划分，则呈现北方多、南方少的布局，这也是由我国漫长曲折的历史造成的。毕竟，我国大多数朝代都在北方建都。与此同时，广大北方地区虽然地下文物众多，大遗址分布广泛，但是，由于长久以来都位居统治中心，统治中国两千余年的封建政权对北方地区的思想钳制较为严重，我国传统主流思想——儒家思想在被封建政权利用后，成为统治民众的一种工具，并在民众中产生了诸多消极影响。因此，较之南方地区，北方地区民众的思想更保守，守成思想远高于开拓精神。广大南方地区则不同，尤其是东南沿海地区，虽然受中原文化的影响较晚，导致开化较晚，但是从另一方面来说，这些地区并没有北方地区受传统思想的影响那么深，受传统观念的束缚那么大，再加上长久以来都在皇权统治的边缘地带，山高皇帝远，统治者鞭长莫及，造成统治思想相对弱化，思想钳制相对较少。正因如此，像主张"义利双行""义利并立"等理念的永嘉事功学派便在位于南方地区的浙江永嘉（即现今的浙江省温州市）诞生并蓬勃发展起来，以趋利、重商等为主要特色的闽粤海商文化也在东南沿海地区形成并广泛流传开来，使东南沿海开启海运先河，大兴经商之风。也正是在这样的历史背景下，虽然与其他地区处在同一片蓝天之下，处在同一个改革开放即将兴起的时代，同样享受国家的改革开放政策，东南沿海地区都能拔得头筹、抢占先机，在发展速度和发展效率上走在全国前列。尤其像深圳，40多年间，竟然能够从一个小渔村发展成一座与北京、上海、中国香港齐名的国际大都市，这代表着中国速度，上演着深圳奇迹，真是令人刮目相看。这样的情景，与其说是国家选择东南沿海地区作为改革开放的试点，倒不如说是东南沿海地区主动选择了改革开放。综上所述，文化的灿烂只能代表过去的辉煌，如果现在不努力，就难以推动现在的发展，如果将来不努力，再灿烂的文化对未来也是于事无补的。因此，无论是历史悠久的地区还是历史短暂的地区，无论是文化灿烂的地区还是文化落后的地区，都要从此刻出发，从当下开始努力，扎扎实实过好现在，才能搏出一个光明灿烂的未来。尤其是历史悠久、文化灿烂的地区，更应该加倍努力。毕竟，我们的祖先曾经在这片土地上灿烂辉煌过，我们要再现当年的辉煌，复制当年的灿烂，只有这样才对得起远祖先人，才对得起后世子孙。

值得鼓励的是，如今我国中西部不少地区开始"知耻而后勇"，以"后知后觉、干在实处，走在前列"① 的精神，扎扎实实利用好本地优秀文旅资源，通过举办旅游节、文化节等具有自身特色的活动来发展旅游、振兴经济。尤为可喜的是，许多地区都已经开始注重大遗址，对其进行开发利用，通过形式多样、内容丰富的文化活动吸引游人对大遗址产生浓厚兴趣，从而扩大其知名度，增加其经济效益和社会效益，并收到不错的效果。所谓的"政府做东，旅游买单，文旅搭台，经济唱戏"正以各种形式，通过各种活动叫响全国，不仅极大地丰富了我国的旅游形式和当地群众的业余文化生活，也让当地的旅游经济得到了很大程度的发展。

然而，如果对这些"文旅搭台"的活动进行认真分析和系统研究便可以看到，搭建舞台的文旅形式基本上是千篇一律的，以当地民风民俗为主，像当地民族服饰、当地特色美食、当地民俗活动以及茶酒文化等，极少有涉及深层次历史文化以及传统观念的民俗活动或者旅游产品出现。正因如此，这些地区的民俗活动尽管搞得有声有色，文化旅游尽管看起来红红火火，旅游市场也是熙熙攘攘、人头攒动，但这些地区的经济增长速度却略显不足，区域整体发展更是难以尽如人意，无论经济实力还是整体发展，和东部地区相比仍然有较大差距。由此可见，广大中西部地区如果想得到快速发展、经济迅速复兴、旅游收入大幅增长，就必须认真反思本地区长久以来所形成的传统文化观念，并分步骤对其梳理分析，以进行再利用。首先，要留存精华、去除糟粕，即继承传统文化中的优势部分，发扬符合社会主义核心价值观的精神，并对其中的封建残余思想进行批判，其中不利影响要坚决去除。其次，要学习先进，自立自强，既要学习先进地区尤其是东南沿海地区的先进发展理念，向先进地区看齐，也要学习他们的精神，如要学习温州商人那种敢为天下先的创业精神、敢闯敢拼的经商理念、不怕脏累的吃苦精神，更要学习他们能大能小、能屈能伸、善于取舍、不离不弃的经营之道。一方面

---

① 习近平. 干在实处 走在前列 推进浙江新发展的思考与实践［M］. 北京：中共中央党校出版社，2006.

勤于学习，另一方面勤练内功，通过实践摸索，最终探索出一条适合自我发展的道路，树立适应市场要求的经营理念，塑造既符合时代要求又继承祖辈传统的奋斗精神。只有这样，广大中西部地区才能充分发挥自我发展潜能，将资源优势转化成经济优势，将与东部地区的经济和发展差距进一步缩小，最终和东部地区一道，走向共同富裕，达到共同富裕。

（四）大遗址区发展滞后对区域整体发展不利

我国的大遗址大多是夯土建筑，不仅涉及区域广，而且其周边生态环境极为复杂，稍有不慎，不仅会破坏其周边环境，就连大遗址可能也会被波及。再加上投资大、周期长，导致大遗址保护起来难度非常大。不像西方国家的建筑以山石为主，我国传统建筑多为土木结构，虽然在当初建造时颇花费了一番心血，建成时看上去富丽堂皇、美轮美奂，但其缺点便是容易损毁。在改朝换代、家国兴替之时，或毁于战火，或焚于硝烟，很容易遭到人为破坏，或年深日久风吹日晒之后，被自然一点点侵袭而坍塌损毁，最终变成断壁残垣。经过时间的洗礼之后，这些土木建筑的地上部分大多消失殆尽，或者仅仅残留高于地面不多的夯土遗迹，有的甚至连夯土遗迹也被人为毁坏或者在风霜雨雪等自然的侵袭中消失不见。即能够留存至今的大遗址，都是经历千难万险，在极为不易的状态下侥幸残存的，因此为保护工作增加了相当大的难度。不仅如此，我国国土面积较为辽阔，不仅跨越多个气候带，还穿越几个不同的地理带，这就使不同地区的气候环境和地理形势不尽相同，有些甚至差异较大，这样一来，保护程度和保护技术便很难做到标准化，只能因地制宜、量体裁衣、实事求是、量力而行，这使得大遗址保护工作难上加难。

在对保护难度极大的大遗址进行保护时，如果区域发展状况不佳、经济情况不好、缺乏充足的资金支撑，就会使得大遗址保护工作捉襟见肘。一方面，由于资金缺乏，无法使用更加科学的保护技术、更为先进的保护设备，造成对大遗址难以进行有效保护；另一方面，在没有成熟的保护技术和科学的保护手段作为支撑的情况下，为了保护大遗址不被破坏，只能限制可能对大遗址造成损伤的产业发展，只能阻止可能对大遗址造成损坏的商业行为出现，只能避免一切有可能对大遗址造成破坏的开发和利用，这便很容易造成绝对保护，从而使遗址区不仅经济难以增长，就连旅游业也难以大规模开展，甚至整体发展都要受到制约甚至阻碍。这样一来，就会造成大遗址区内经济相对落后、发展相对滞后，当地群众生活水平难以快速提高。然而，在大遗址区外，经济却在振兴，发展已经提速，当地群众的生活水平也在稳步提高。于是，在大遗址区内外，无论经济还是社会，无论旅游还是其他产业，都形成巨大的反差。如果出现这样的反差只是暂时性的，大遗址区内的民众倒还可以接受，当地政府也可以非均衡发展的论点做出强行解释。然而，如果长期都是这样，不仅大遗址区内的民众难以接受，心中的不满甚至怨恨情绪会逐渐加深，就连当地政府也难以自圆其说，造成政府公信力进一步受损。更严重的情况在于，如果长此以往，大遗址区的发展问题将会成为整个区域的发展短板，从而像木桶理论所提到的那样，整个区域的发展成果也会因为大遗址区所出现的缺口慢慢流失掉，最终导致发展不均衡乃至出现局部塌陷，使得区域发展难以整体提升，让大遗址区成为整个区域发展的一大顽疾。

随着我国城市化进程的加快，城乡建设速度也越来越快，无论是处于城市中心的大遗址，还是远离城市的大遗址，事实上都面临着越来越大的冲击。如何处理大遗址保护与城乡建设、区域发展之间的关系，不仅是当地政府的疑难杂症，也是文物保护部门的一大难题，更是当地百姓关心的重点和社会舆论关注的焦点。一方面，保护处于危险边缘的大遗址，抢救那些岌岌可危、行将消失的遗迹遗存，加大保护力度，加大资金投入，尤其要尽快从法律层面对大遗址进行保护，对破坏大遗址的行为进行严惩，不仅是文物保护部门的强烈呼声，也是社会舆论的热议话题；另一方面，虽然大遗址应该保护，但大遗址区内的老百姓也有生存和发展的权利，他们希望通过诚实劳动和合法经营让自己的腰包鼓起来、让自己的腰杆挺起来的诉求更是无可厚非。因此，在两难之际，能否找到一条希望之路，既让大遗址得到很好的保护，又让区域发展越来越好，让当地老百姓过上好日子，是我国在大遗址保护这项事业中亟待攻克也必须攻克的一大难题。

二、区域发展为大遗址保护保驾护航

（一）大遗址保护需要经费支撑

作为大型文化遗址，大遗址占地面积多、涉及区域广、牵涉人员多，再加上历史文化价值巨大，因此，进行保护的难度就比较大，需要的保护经费相应就比较多。2022年5月，财政部发布《文物保护资金预算》，预算金额高达63.83亿元。其中，提前下达57.9亿元，此次下达的5.94亿元，主要用于文物保护单位、大遗址、世界文化遗产、可移动文物等类型的文物保护、考古工作。① 其中，大遗址前期的考古、测绘、规划以及方案编制、工程保护、展示以及三防工程等方面是其中的重点。不仅如此，像长城、丝绸之路、大运河等线性大遗址也被列入重点保护对象。② 从2005年开始，财政部、文物局启动了《大遗址保护项目》，每年投入专项经费2.5亿元，对影响重大、意义深远的大遗址进行专项、重点保护。专项经费指的是由中央财政直接拨款，直接用于大遗址保护和围绕大遗址保护开展的一系列工作，重点支持项目便是对由国家文物局认定的大遗址本体保护示范工程。按照"中央主导、地方配合，统筹规划、确保重点，集中投入、规划先行，侧重本体、展示优先"③ 的指示精神，专项经费重点考虑、优先安排迫切需要本体保护、考古勘查工作基础良好、规划纲要或规划已经编制、宣传展示工程可操作性强以及受到当地政府重视并且已经具有一定配套经费的大遗址项目。作为文物资源大省、文化大省和考古大省，河南省的大遗址保护工作向来受到国家的高度重视。2022年，国家发改委下达文化保护传承利用工程

---

①② 关于下达2022年国家文物保护资金预算的通知［EB/OL］. 中华人民共和国财政部网，2022-04-08.

③ 大遗址保护专项经费管理办法［EB/OL］. 中华人民共和国商务部，2005-10-09.

2022 年第二批中央预算内投资 3.0605 亿元，支持河南省进行重点文物保护和考古发掘等工作，其中殷墟博物馆等大遗址工程以及中华文明探源工程研究等是该预算投资的重点支持对象。①

　　洛阳市不仅是河南省副中心城市，在历史文化方面即便放在全国，也占据了举足轻重的地位，因为在我国历史上有十三个朝代在此建都，我国大遗址保护工程还将洛阳市列入六大片区之一，洛阳市更是有多处大遗址被列入国家大遗址保护项目。近年来，洛阳市先后投入近 20 亿元用于大遗址保护工作的开展，共划拨、协调大遗址保护用地近 3000 亩，用于几个大型国家考古遗址公园的建设。② 洛阳市以政府为主导，逐步建立和健全了文化遗产保护体制机制，不仅通过地方立法，分别制定各处大遗址的保护条例，还编著完成了列入国家大遗址保护项目的 7 处大遗址的相关专项保护规划，尤为重要的是，给文物保护划定"紫线"（和市政规划所说"红线"、园林规划所说"绿线"相似，是文化保护不可逾越的一条线），总体规划、多方协调、重点突出、和谐发展，积极实现大遗址保护与地方旅游经济发展、城乡规划建设等相关规划的有机统一。积极争取国家和河南省的文物保护专项经费，再加上洛阳市自身的重点资金投入，通过整体把握、合理规划、重点突出、稳步实施，不仅使大遗址本体得到绝对安全的保护，还建成了一批示范性重点项目，如隋唐洛阳城明堂天堂、应天门遗址和九州池等重要保护展示工程相继落成，目前已经成为洛阳旅游最佳目的地之一，并成为网红打卡地；二里头考古遗址公园及二里头夏都遗址博物馆对外开放后，已成为洛阳市文化旅游的一大亮点；汉魏洛阳故城国家考古遗址公园对外开放，成为游客缅怀历史、追慕先贤的好去处；隋唐大运河国家文化公园项目建设全面启动，先期建成的隋唐大运河文化博物馆正式开馆营业，多种展示形式并用，让游客流连忘返。不仅如此，洛阳市还在积极谋划隋唐洛阳城历史中轴线复

①　逯彦萃. 国家 3 亿多元投资支持河南省文物保护 [N]. 河南日报，2022 – 06 – 24（3）.
②　郭歌，张路路. 洛阳：大运河文化遗产保护传承利用的新探索 [N]. 河南日报，2022 – 05 – 18（3）.

原展示工作，打造隋唐洛阳城3.0版大遗址保护利用示范样板，这些都需要充足的资金保证，未来洛阳市仍任重而道远。

（二）大遗址保护需要群众配合

大遗址保护是一个系统庞大的工程，也是一项需要更多资金投入、更多人员参与、更多技术支持的社会事业。因此，不仅需要雄厚的资金支持，也需要得到群众的支持与配合才能完成。然而，群众是否支持和配合与社会发展水平的高低有着紧密的联系。

大遗址受风霜雨雪的侵袭，面积不断缩小，地面建筑越来越小，这是自然使然。如果只是自然损坏，那么保护起来便要方便许多，对大遗址来说，更大更多的损坏其实还是来自人类，是人为因素造成的。事实上，不管在历史上还是在现实中，对大遗址造成的最严重的破坏几乎都是人为因素。像秦朝末年，楚霸王项羽火烧皇家宫殿阿房宫；东汉末年，军阀董卓火烧都城洛阳；清朝末年，八国联军占领北京城，到皇家园林圆明园大肆劫掠，最终纵火将其焚烧等。还有一种常见的情况便是改朝换代之时，新上位者为了展现新朝新气象，便会将前朝宫殿弃之不用甚至完全毁掉。根据历史记载，商汤在打败夏桀之后，便在夏朝都城斟鄩附近另建新都，旧都便被毁掉。斟鄩便是如今位列国家大遗址项目的二里头遗址，商汤建立的新都便是如今位于洛阳市偃师区尸乡沟村的偃师商城遗址。此外，大遗址由于无人问津被当地群众以盗掘盗挖、开荒种田、筑基建房等原因毁掉的也不在少数。

正因如此，才要在群众中做好科学普及和知识宣传，让群众认识到大遗址的重要价值、大遗址对当地和当地老百姓的重大意义，要让他们明白，大遗址不仅仅存在于当代，存在于我们的生活中，它还是历史的见证、文化的聚集，是祖先留给我们的文化财富和精神力量。不仅如此，大遗址也是我们要完好无损交给子孙后代的文化财富。如果破坏大遗址，我们就是历史的罪人、民族的不肖子孙。鼓励他们自发自觉地保护大遗址，守护我们中华民族的精神家园；要与一切破坏大遗址的行为作斗争，一旦发现破坏大遗址的不法行为，就要进行制止和举报，并配合公安机关对违法分子和犯罪嫌疑人进行抓捕。总之，只有做好群众工作，才能做好大遗址保护工作；只有争取到更多的群众支持，才能更好地保护大遗址。不过，与此同时也应看到，对人民群众尤其是当地群众来说，大遗址保护并非他们生活的主要目的，勇敢扛起生活的担子，好好活着，过上好日子，全家齐心奔小康，有滋有味过日子才是他们的梦想。正如邓小平同志所说："搞社会主义，一定要使生产力发达，贫穷不是社会主义。"① 只有先把日子过好，获得更好的生活条件，才有可能去考虑大遗址怎样保护的问题，如果连日子都过不好，生活还处于贫困状态，不仅不会考虑怎么保护大遗址，可能还要打大遗址的主意，想着怎么利用大遗址获得更好的生活。而要想老百姓过上更好的生活，就要积极促进区域发展。一方面，通过区域发展促进民生改善；另一方面，通过区域发展提供更多创业或者就业的机会，使老百姓或通过工作增加收入，或通过创业实现财富自由。总而言之，要想办法把区域经济搞起来，把区域发展搞上去。区域经济越发展，区域发展越成功，老百姓的生活水平越高，对大遗址保护也就越重视，对大遗址保护工作的支持率也就越高。

（三）大遗址保护需要产业发展

目前，我国尤其是中西部地区在大遗址保护过程中遇到诸多难题，主要原因还是区域发展状况难以尽如人意。当区域发展情况不佳，在区域之内，人民群众收入普遍比区域之外低，生活普遍不如区域之外好，区域之内的人民群众就会普遍产生不满情绪，对大遗址保护工作不支持、不配合，甚至敌视、仇视，给大遗址保护带来极大的压力。说到底，目前，大遗址所在区域所面临的主要矛盾便是当地群众对经济发展的需求与大遗址保护的要求不相协调从而产生的矛盾。造成矛盾产生的原因有很多种，但最直接的原因便是中西部地区许多大遗址所在区域实施对大遗址进行绝对保护的政策。文物保

---

① 邓小平 . 邓小平文选（第三卷）［M］. 北京：人民出版社，2001.

护部门为了更好地保护大遗址，便对大遗址进行绝对保护，这样一来，大遗址看似安全无虞，实则危机四伏。因为对大遗址实施绝对保护政策以后，就会将对大遗址可能造成伤害的风险降到最低，许多有可能对大遗址造成伤害的产业难以发展，许多有可能对大遗址造成伤害的商业活动难以开展，许多有可能对大遗址造成伤害的企业只能迁往他处，这样就会造成大遗址区产业链条缺失、产业结构不合理、产业模式不健全。

如果按照产业结构的相关理论，就要根据区域所秉持的特质和区域经济发展的状况，对大遗址区的产业结构不断进行调整，使其逐渐合理并日臻完善。反而言之，结构合理、模式健康的产业链条对区域发展也有着极为重要的推动意义。毕竟，良好的产业结构、健康的产业发展，既符合现阶段区域发展的要求，又能凸显区域优势；既能让区域之内的产业分工更为合理，又能最大限度地节约资源、最大限度地提高产能，这对于区域保持长期健康快速的发展是极为有利的。不仅如此，根据区域发展阶段理论以及区域动态优势比较原理，合理选择符合各个阶段区域优势的主导产业、专业化产业以及一般产业，并围绕这几类产业发展能够与之相适应的配套产业，从而形成相互协调、相互适应、主次分明、优势明显的产业关系，不失为较为明智的做法，这样既能建立合理的产业结构，又能促进区域发展。

区域产业结构是指以区域优势为基础，从而建立起来的具有相互联系的有机整体，产业的功能不同、发挥的效用不同，它们彼此协调、互为表里，从而共同承担着区域发展的任务，并促进区域经济得到长期、稳定、健康的发展。因此，要不断协调区域专门化产业与辅助产业、配套产业之间的关系，从而确保专门化产业，尤其是占据主导地位的专门化产业健康发展，从而提升对辅助产业的影响力，并推动专门化产业科技的稳步提升，以形成对辅助配套产业更为强劲的带动能力。区域发展的主要目的在于促进当地居民整体福利的增长，因此，在对专门化产业的发展进行重点关注的同时，也要照顾到能够满足区域之内需要的非专业化产业，促进它们的健康发展。即区域产业结构的合理性具有十分重要的意义，只有不断调整产业结构，使之趋向合理、日臻完善，才能促进区域发展的平稳前行，才能使区域居民人均收入不断增长，生活水平不断提高。

以广大中西部地区而言，在其管辖范围之内，大遗址众多且分布广泛，并且这些大遗址大多数都是夯土遗址，容易遭受自然风化，也容易遭到人为破坏，保护难度比较大，需要的保护经费也比较多。由于广大中西部地区经济相对落后、财政相对困难、经费相对不足，在经费投入难以保证、保护手段较为单一的情况下，大遗址所在区域政府大多在万般无奈之下，才对大遗址实施绝对保护的策略，即一些有可能破坏大遗址的产业不被允许在当地落地，被许可在当地实施的产业基本上都是与农业相关的产业，并以农产品加工产业居多。然而，在目前这个市场经济时代，信息发达、运输便利，已经达到万物互联的程度，依靠产出小、收入少、利润低的传统农业产业，当地群众基本上只能维持生活、勉强糊口，就不用说脱贫奔小康、发家致富了。广大西部地区经济社会本来底子就很薄、生态环境又极为脆弱，在这样的情形下，如果再对相关产业的发展进行限制，无疑是釜底抽薪、雪上加霜，会使遗址区内社会落后、经济滞后、民生艰难的状况进一步恶化。现状本来就已经很艰难，未来又无可指望，遗址区内的老百姓在生活水平难以提高、心理落差越来越大的情况下，对大遗址的不满情绪就会加剧，最终将由不满转为敌视，进而有可能转化为行动以发泄不满，不断以各种形式，采取各种方法对大遗址进行破坏，这对大遗址保护来说显然是弊端丛生的。因此，优化大遗址区产业结构，合理配置并不断完善，使其既有利于区域长期、健康、稳定地发展，又有利于当地居民收入的不断增长、生活水平的不断提高，这才是对大遗址进行保护的必要前提，才是大遗址保护工作得以顺利开展的有力保证。

（四）大遗址保护需要政府支持

大遗址保护是一项系统复杂的工程，需要全民参与。在此期间，需要群众尤其是当地群众的密切配合，更需要政府的广泛参与；在其中，既需要中央政府的大力主导，又需要当地政府的有力支持。

对于中央政府来说，作为被人民选出来、代表人民行使权力的当家人，是中华文明的传承人，同时也是中华民族文化资源、精神财富的守护人，保护大遗址重担在肩、责无旁贷。因此，无论是大遗址项目的认定还是大遗址工程的实施，无论是大遗址保护相关法律法规的制定还是大遗址保护相关政策规划的施行，一般都会由中央政府来主导。只有这样，才能将文物保护事业尤其是大遗址保护事业置于一个相当高的高度，以保证其合法性、权威性和严肃性。

对于大遗址所在区域政府来说，一方面，作为中央政府设立的一级行政机构，要承担着大遗址保护的重大责任；另一方面，作为人民公仆，也要为一方百姓负责，考虑区域发展、民生改善等问题。并且，在目前"稳定压倒一切"的大形势下，对于当地政府来说，保持区域安定繁荣才是他们的基本工作目标，确保当地经济平稳发展才是他们的主要工作任务。即当地群众收入的增长、生活水平的提高才是当地政府最为关心的问题，因为只有当地人民群众的收入增长了、生活水平提高了，老百姓才能安居乐业，社会才能保持安定繁荣。所以，当大遗址保护与区域发展产生冲突的时候，如果必须要二选一的话，当地政府只能选择区域发展，而将大遗址保护放在次要的位置，这是在万般无奈之下作出的一种选择。这和国际上的情形极为类似，发达国家普遍对大遗址保护得比较好，而与发达国家相比，广大发展中国家对大遗址进行保护就显得比较吃力，尤其是频遭战火的国家，可能连大遗址都难以保住。毕竟，发达国家的经济水平已经处于高位，它们有能力、有技术也有财力对大遗址进行保护，广大发展中国家则不然，它们要在确保生存的前提下谋求发展，如果连自身温饱问题都难以解决，大遗址保护便无从谈起了，甚至连自身都难保之时，更遑论大遗址保护了。

这样的情形，如果放在一国之内，就是发达地区和欠发达地区的区别，就是东部地区和中西部地区的区别。越是发展滞后的地区，其生存压力就越大、发展压力就越大。因此，在大遗址保护和区域发展进行两难选择时，当地政府往往会选择后者，即对区域发展、民生改善优先考虑。目前而言，尽管我国经济得以快速发展，社会状况有了一定程度的改善，但更要看到，我国仍是发展中国家，与发达国家相比，人均经济发展水平和人均收入还有较大差距。确保经济持续发展，确保民众收入持续增长，仍然是各级政府不得不面对、不得不解答的一个重要课题，大遗址所在区域政府自然也是如此。怎样还清以往经济发展的欠债，怎样促进当地经济的振兴，怎样促进人民收入的提高，是当地政府工作的重中之重，从而大遗址保护工作只能靠后了。因此，在广大中西部地区，许多大遗址所在区域政府对大遗址保护工作往往采取雷声大、雨点小的态度，表面工作还在做，但所有的决心仅停留在口头上，难以付诸行动。只要有利于区域发展、经济振兴和民生改善，大遗址保护工作可以缓一缓、停一停，甚至放松要求，总之，召集一切力量，集中所有资源来进行区域发展和民生改善。而在广大东部地区以及一些发展较好的中西部地区，由于社会进步、民生改善，人们的生活水平相对比较富裕，物质生活水平已经达到一定高度，就开始将更多的精力放在精神追求上，从而追求精神生活的富足与文化生活的丰富。这样一来，当地政府便可以将更多的时间和精力转移到精神文化层面，投入更大的人力、物力和财力对大遗址进行保护，一些有社会责任感的当地企业和民众，也会对大遗址保护工作进行大力支持，使政府在进行大遗址保护工作时更加得心应手。

近年来，随着地方经济不断发展，区域实力不断增强，洛阳市政府也开始以更高站位、更高层次看待洛阳市的城市发展问题。洛阳市委市政府深入贯彻习近平新时代中国特色社会主义思想，以决胜全面建成小康社会为目标，提出以人民为中心的发展思想，形成以文化为统领，社会、产业、生态、城市等多方面战略合力，通过提升文化特质、创新能力和区位优势三大核心竞争力，融入发展新格局，推动城市高质量发展。值得一提的是，洛阳市对大遗址保护和区域发展、城市规划等之间错综复杂的关系有了更加深刻的认识，力争将大遗址保护与大遗址周边生态环境改善、人居环境优化、当地发展水平提升、当地居民生活质量提高等方面结合起来，确保历史文化与现代文明交相辉映、现实生活与未来前景有机统一的和谐画面徐徐展现。在洛阳市看来，如果城市发展以失去大遗址、破坏大遗址甚至隔离大遗址为代价，那么这样的发展无疑是一种破坏性发展，是杀鸡取卵、竭泽而渔的做法，同样来说，如果大遗址保护不以区域发展作为支撑，不以民生改善作为策略，必将使中华文明的生机渐渐丧失，华夏民族的活力日渐衰竭，那么这样的保护无疑是一种不尊重客观事实的保护，是故步自封、墨守成规的做法。因此，必须要实事求是地看问题，尊重事物发展的客观规律，从实际状况出发，找到保护与发展的契合点，寻求大遗址保护与区域发展的有机协调、和谐统一，使经济、社会、旅游、文化等事业齐头并进，才是一条能够保持长期健康稳定发展的正确道路。据报道，仅 2022 年下半年，洛阳市就投入 8.5 亿元，从兴文化、促产业和惠民生三个维度对历史文化遗产、大遗址、苏式建筑等遗址遗迹进行保护，其中的重点项目便是天街遗址和永泰门遗址的保护，天街是隋唐洛阳城中轴线的一部分，永泰门则是隋代宫城正门则天门（应天门，见图 3.2）北侧的一座门址，它们共同属于国家大遗址——隋唐洛阳城的重要组成部分。①

图 3.2　应天门

资料来源：由本书课题组成员韩雷拍摄。

---

①　洛阳市人民政府办公室关于印发洛阳市城市更新试点工作实施方案的通知［EB/OL］. 洛阳市人民政府网，2022 – 05 – 11.

　　总之，大遗址保护不仅是文物保护部门的分内之事，也是当地政府的应尽职责，它必须是由政府主导、民众参与、企业支持、舆论关注的一项伟大事业，全民动员，人人有责。在大遗址保护的过程中，中央政府是主导，地方政府是主角，在其中扮演着举足轻重的角色。无论是政策倾斜还是行政干预，无论是财力投入还是工程筹建，当地政府都发挥着至关重要的作用。如果没有地方政府的积极参与、主动出击，所谓的大遗址保护只会是一纸空谈。

第四章　后发优势学说与区域
旅游经济发展

出于对大遗址进行有效保护的目的，我国大遗址保护相关政策通常较为严格，当地政府和文物保护部门遵照国家有关政策，通常本着宁严勿宽的态度对大遗址进行严格甚至绝对保护，这就造成在我国诸多地区，尤其是广大中西部地区，大遗址所在区域社会状况不佳，经济发展较为滞后，当地群众生活难以得到根本改善。与其他区域相比，这些大遗址区域由于需要肩负保护大遗址的重任，无论其社会进步还是经济发展，都受到很大程度的限制，因此，当其他区域经济快速发展、社会稳步向前时，这些大遗址区域由于受到制约和阻碍，经济发展缓慢、社会难以进步。随着时间的推移、岁月的变幻，这些大遗址区域与其他区域的差距越来越大，最终沦为发展落后、经济欠发达区域。然而，这些大遗址区域一直都在努力，希望能够促进社会进步、推动经济发展、提高区域民众生活水平，缩小与其他区域的差距。可是诸多历史原因造成大遗址区域与其他区域之间的差距悬殊，使得这些大遗址区域在推动社会进步、经济振兴和旅游发展时面临较多问题，如经验缺乏、资金短缺、产业优势不明显等，正因如此，亟须一种有说服力、针对性强的学说对这些大遗址区域旅游经济的发展提供指导，一种切实可行、操作性强的方法对这些大遗址区域社会文化事业的进步提供帮助。后发优势学说便是最合适不过的一种学说。

第一节　后发优势

一、资本回报率与后发优势

一般而言，先发国家和地区拥有雄厚的资本；相反，后发国家和地区资本相对缺乏。追求更多的报酬和利润是资本的本质，正因如此，如果从发达国家和地区输出资本，并向后发国家和地区转移，会促进后发国家和地区的经济出现较快速度的增长。

发达国家资本雄厚，发展中国家资本短缺。即如果资本放在发展中国家，其收益将比放在发达国家要高。如果国家资本以流动的形式存在，那么从发达国家流向发展中国家将是必然趋势，并能因此带动发展中国家经济快速增长，经济规模迅速扩大。由于在发展中国家能够获得更高的利润，以绝对量而言，发达国家向发展中国家注入的资金会源源不断、绵绵不绝，呈快速递增状态。如果以发达国家和发展中国家相互流入资金的状况而言，发达国家对发展中国家的投资要比发展中国家对发达国家的投资规模大、增长比率高。此外，以世界各国的投资率和储蓄率而言，大多数发达国家的储蓄率比投资率要高，大部分发展中国家的投资率比储蓄率要高。即这些证据都表明，资本大多数会从发达国家流向发展中国家，而资本回报率，发展中国家要远远高于发达国家。

二、科技管理与后发优势

前沿的科学、先进的技术，通常是先发国家和地区发明创造的，不仅具有公共属性，还具有溢出效应。这样一来，后发国家和地区便不用耗费巨资进行研究，只需将这些科学技术引入并应用到生产中，即只需要付出极小的代价便能完成。这样的话，一来让后进国家和地区的资源得到节约，二来也使它们与先发国家和地区的科技差距进一步缩小，促使后发国家和地区表现出比先发国家和地区更高的发展速度、更快的发展效率。

事实上，除可以进行模仿创新外，后发国家和地区还有一个至关重要的后发优势，那便是促进科技跨越式发展。即以一定条件为基础，直接跨越科技发展的爬坡阶段，从而进入这一科技的前沿领域，和先发国家和地区站在同一个起跑线上竞争，可能才有弯道超车的机会。就像日本，它并没有经历西方国家所经历的蒸汽动力阶段，而是越过这个阶段，从而直接进入规模较大的电气、水力阶段，让日本在现代化的道路上走了一条捷径，从而能够利用50年左右的时间就完成西方国家在现代化道路上200年才走完的历程。信息化、智能化、现代化已经成为当今社会最为重要的特征，后发国家和地区能够对先发国家和地区所创造的现代信息技术进行充分利用，从而刺激经济发展，使其工业化进程加快，从而缩小与先发国家和地区的优势，最终实现反超。这是新时代、新的发展阶段在科技方面具有后发优势的重要原因。

其实，无论是科技后发优势还是资本后发优势，它们在本质上是一样的，在对外资进行引进来的同时，也要将先进科技引进来，都是先发国家和地区向后发国家和地区进行的一种资源流动。先发国家和地区对后发国家和地区的许多投资，不仅是资本的注入，还是科技的引进、技术的转移。对后发国家和地区来说，更为重要的其实是后者，通过技术的引入，不仅能够带动当地企业在科技上更上一层楼，还能通过管理制度的引入，使当地企业的经营和管理进行改进和提升，从而使它们不仅科技实力得到提升，整体实力也会进一步增强。

三、产业结构调整与后发优势

后发国家和地区之所以落后贫穷，主要是因为它们的产业结构过于单一，基本上以见效慢、收益低、靠天收的传统农业为主。促进后发国家和地区发展的过程，就是调整经济结构，使其以农业为主的经济结构调整为以工业为主的经济结构，最终通过工业化实现现代化的过程。农业生产效率低，劳动力充足；工业生产效率高，劳动力需求大。因此，如果将农业所消耗的资源、资金、劳动力向工业转移，不仅能够使整个社会资源配置达到更优的标准，还能使劳动效率和生产效率得到进一步提高，从而显示出后发国家和地区的后发优势。

第二节　后发劣势

任何事物都有两面性，与先发国家和地区相比，后发国家和地区不仅具有后发优势，还会有后发劣势，甚至有些时候，这些后发劣势比后发优势表现得还要明显。正因如此，许多发展中国家贫穷落后、艰难求生，并与发达国家的差距越来越大，便主要是其后发劣势所致。

"后发劣势"这一概念，最早由美国经济学家沃森（Watson）提出，原意为"后进者的诅咒"（curse to the late comer），后来由澳大利亚籍华人经济学家杨小凯意译为"后发劣势"，并对该概念进行了补充和完善。后发劣势学说认为，后发国家和地区因为经济落后、发展滞后，所以，为了缩小与先发国家和地区的发展差距，可以对先发国家和地区进行直接模仿。模仿的形式主要分为两种，一种是制度的模仿；另一种是科学技术和工业化模式的模仿。由于后发国家和地区的落后性，几乎是一张白纸，甚至一无所有，因此其模仿有很大的操作空间。没有好的科学技术、管理模式和制度，可以直接向先发国家和地区模仿，从而达到先发国家和地区摸索了很长时间、具备了一定条件才取得的惊人成就。然而，对这些后发国家和地区来说，模仿科学技术较为容易，图纸资料实行拿来主义，几乎就可以实现，但模仿制度相对比较困难。一方面，民众可能没有达到实现这些制度的素质；另一方面，制度的引入，其实是将旧的制度替换掉，以新的制度取而代之，这就会触犯某些既得利益者的利益，使他们产生抵触情绪。因此，多数后发国家和地区，往往只会对先发国家和地区的科学技术进行模仿，而不去模仿其制度。虽然先进的科学技术引入以后，使后发国家和地区在短时间内便取得了不错的发展成绩，然而，从长远来看，这些因先进科学技术引发的变革由于没有制度作为保障，通常会埋下诸多隐患，可能就会为其长期发展以后的失败埋下伏笔。因此，所谓的先发优势，也可能只是失败的预言，就像是对后进者的一种诅咒，后发国家和地区的"后发劣势"就此产生。

后发劣势主要体现在以下几个方面。第一，对后发国家和地区来说，所谓后发便意味着经济落后、社会发展滞后，本身便代表着处于劣势，就像两军对垒，实力悬殊，情况对后发国家和地区便非常不利。这种实力上的差距并非短时间内形成的，而是长年累月累积叠加的结果。由于长期处于不利、弱势的后发地位，造成后发国家和地区在思维模式、发展思路、技术应用、方法运用等方面都要弱于先发国家和地区，对其发展形成了较大程度的制约。第二，后发国家和地区的工业基础薄弱、经济规模较小、科学技术落后、市场份额较低。并且，其域内大多数地方还以农业为经济命脉，传统农业无论在生产技术还是生产工具上都难以适应当今社会的现代化生产与科技发展，更难以推动社会进步和民生改善，因此对后发国家和地区的整体发展形成一定程度的制约，成为一种无形的障碍。第三，后发国家和地区所具有的后发优势所形成的后发潜力，与其说是与生俱来，倒不如说是先发国家和地区使然。后发国家和地区几乎所有的后发优势都依赖于外借，依靠先发国家和地区进行帮助和扶持。"打铁还需自身硬"，如果自身动能不足，这种依赖性较强的发展模式便很难做到长期健康、持续高效地发展。第四，后发国家和地区在推动工业化进程、推进现代化的时候，虽然具有诸多后发优势，然而，在其追赶的过程中，先发国家和地区也没有在原地等待，同样也在拼命向前，唯恐落后。第五，后发国家和地区虽然可以对先发国家和地区进行模仿和学习，但某些核心、顶尖的科技却往往被封锁，甚至形成了专利壁垒，只能通过努力钻研、自我创新才能有所突破，因此后发国家和地区需付出更多的努力才能掌握这些高科技技术。总而言之，后发国家和地区虽然具有诸多后发优势，并且能够将这些后发优势转化为前行动力和发展动能。然而，一路走来，并非顺风顺水，而是要翻山越岭、跋山涉水、披荆斩棘，会面临诸多困难、遭遇许多问题，最终导致在其发展前进的道路上，艰难不断、险象环生、困难重重。

第三节　后发优势与后发劣势的关系

一、优劣共存，互补共生

其实，后发优势和后发劣势并非对立关系，更非水火不容。它们不仅不矛盾，也不应该将两者分开来看。通常而言，它们是共存共生的关系，宛如我国传统文化中的太极图案，你中有我，我中有你。

所谓后发优势，即后发国家和地区通过模仿先发国家和地区的技术以及制度，以推动经济快速向前发展，社会稳步向前进步。只有先通过技术模仿实现经济发展，之后通过制度模仿实现社会进步，才能实现后发国家和地区社会面貌的整体改变。然而，由于制约因素过多、反对阻力过大，最终导致后发国家和地区往往只是对先发国家和地区的科学技术进行引进模仿，而对其制度模式或视而不见，或避而不谈。这种只是引进科学技术，一味追求科学技术发展的做法，如果没有先进制度的引进作为支撑，便会导致科学技术创新前行加速，但制度模式调整停滞不前，使得两者难以协调发展、共同进步，最终的结果便是后发优势难以完全发挥，并极有可能转化成后发劣势。

由此可见，技术和制度也是共生共存的关系，技术为先导，制度能够平稳实现；制度做支撑，技术能够大步向前。技术和制度也给后发优势和后发劣势造成重大影响，使它们之间共生共存的关系得以形成。如果没有先进的制度作为支撑，无论是技术方面的后发优势还是经济方面的后发优势，均难以得到完全发挥，甚至直接转化为后发劣势。

因此，后发国家和地区如果想要让后发优势得到根本性发挥，由此获取后发利益，就必须进行通盘考虑，尤其是后发劣势可能造成的影响、可能带来的后果，一定要进行慎重考虑。虽然后发优势和后发劣势看似是一种两难的选择，但如果前期考虑清楚，并做到尽量避免，便有可能将后发优势进行更大程度的发挥。毕竟，果断理清后发优势和后发劣势之间的关系，妥善处理后发优势与后发劣势之间的矛盾，解决好它们之间的冲突，才能在后发国家和地区促进经济发展和社会进步的道路上走得更稳、行得更远。因此，后发国家和地区在引入先进设备、引进先进科技的同时，一定要对现有经济体制进行调整和改造，使之为技术革新、经济发展提供必要的前提和坚实的基础。我国自实施改革开放以来，不仅经济得到了较快速度的发展，社会也取得了长足的进步，就连老百姓的生活也发生着翻天覆地的变化，生活质量有了显著提高，生活水平有了明显改善。究其原因，主要是两个方面，一方面，引进国外资本，对国外的先进科技进行大力引进，对国外的企业经营模式、管理经验也进行学习和吸收，使之转化为自己的营养；另一方面，对现有经济制度进行调整，从计划经济积极向市场经济转变，从而形成有中国特色的市场经济，并成为我国经济发展的巨大动力、社会进步的巨大潜能。不过，与此同时也应看到，在进口国外设备、引入国外技术的过程中，也踩了不少坑、交了许多学费，要深刻明白，被人卡着脖子会永远落于人后，走独立发展的道路无比重要；在调整经济制度的时候，也暴露出不少问题。因此，再好的模式、再先进的制度，都不能照搬照抄，不仅要以批判的眼光来看，还要学会分析和鉴别，去芜存菁，去伪存真。

二、反思

后发优势和后发劣势同时存在，即既然后发国家和地区拥有在经济和技术上进行模仿、创新继而可能实现超越的后发优势，也就会存在相对应的后发劣势，尤其是如果没有与之相应的制度安排，那么这种后发劣势就会表现得愈加突出。当然，如果有一种制度，能够让后发优势发挥效用，使后发劣势加以避免，那就再好不过了。如此说来，到底什么样的制度能够避免后发劣势的出现，使后发优势发挥到最大化，从而实现后发利益最大化呢？

在新制度经济学看来，对任何国家和地区来说，制度安排都能深刻影响到其资源配置、经济绩效、激励机制等。当然，制度具有内生性，在经济发展过程中，它作为内生变量而存在，对经济发展当中的诸多因素都产生着持续而决定的作用。并且，会随着经济发展的变化而变化。奥地利经济学家、哲学家哈耶克创造出自发社会秩序原理，在哈耶克看来，所有对市场进行控制的手段都是不必要的。事实上，在市场内部本身就存在着一种自发秩序——所有人都在这只"看不见的手"的指引下自发地完成自己的工作，并实现自我利益的最大化。按照自发社会秩序原理，在我国社会体系内部，也会初步生成市场机制，并且，市场秩序孕育内在力量，从而自发产生"自愈机制"，在一定时期内能够形成与自我运行相协调、相匹配的制度安排。即如果进行仔细分析就会发现，其中包含以下三方面含义。

首先，制度具有内生性。即如果这种内生制度和从外面引进的制度发生冲突，就会导致激烈、巨大、难以调和的矛盾出现，更有甚者，会使现有经济秩序在加速衰落以后导致坍塌。

其次，内生制度是在社会产生互动过程中内生出来的，它的产生是一个不断演化、循序渐进的过程。即内生制度最终能够得以确立，不仅受其所处发展阶段的深刻影响，还与其历史文化等有着较为紧密的关系，这也说明它的确立过程是漫长的。北京大学新结构经济学研究院院长、南南合作与发展学院院长林毅夫教授在《关于制度变迁的经济学理论：诱致性变迁与强制性变迁》中便曾指出："通过借用其他社会制度安排来完成社会制度变迁的可能性，极大地降低了在基础社会科学研究方面的投资费用。然而，制度移植可能比技术移植更困难，因为一个制度安排的效率极大地依赖于其他有关制度安排的存在。"[1] 通过林教授这段话我们可以看到，对制度的模仿和借鉴意义重大，其成功也是具有可能性的。然而，制度变迁是一项长期性工作，不可能一蹴而就，并且，制度移植困难较大。在该篇文章中，林教授也强调："制度安排选择集合受到社会科学知识储备的束缚。"[2] 这就说明，如果社会科学知识储备不足、文化认知受限，就会严重影响制度迁移和制度创新的进程，进而可以认为，社会科学知识储备充足、文化认知水平很高的制度安排，其成功的可能性更大，但它的成功也要遵循循序渐进的客观规律。

最后，制度具有较强的稳定性，因此，制度变迁往往会依赖于路径。这也就是说，在制度变迁的进程中会出现类似于物理学"自增强机制"那样的自我增强体系。一旦制度变迁对某一路径作出选择，就会按照既定方向行进，并会在前行过程中不断进行自我强化。一种新制度代替一种旧制度所面临的困难，可能比历史上的改朝换代还要多，新技术的应用、新产业的推广，不仅需要思维的更新、方法的转变，更需要组织的调整和环境的优化。然而，根据路径依赖理论，新技术和老技术、新产业和老产业，大家会挤在同一条道路上，这就造成老技术、老产业往往会成为新技术、新产业的阻碍，阻止它们把自己替换掉，所以，也就注定新技术替代老技术、新产业替代老产业，这一过程是艰难的，可以说是荆棘遍布、举步维艰。

---

①② 林毅夫. 关于制度变迁的经济学理论：诱致性变迁与强制性变迁 [J]. 经济学理论，1994 (13).

第四节　大遗址区域后发优势的形成与应用

一、大遗址区域后发优势的形成

作为古人发明创造、繁衍生息、居住生活、产生文化和创建文明的地方，大遗址区域不仅延续着人类文明的发展，更曾创造出许多灿烂与辉煌，因此具有丰富的表达内涵和较高的保存价值。在人类文明的进程中，对大遗址这类独特的文物资源和优秀的文化资源，人类曾经进行过许多次破坏，然而，如今的人们越来越认识到大遗址的独特价值，并表现在实际行动中，越来越多的人投身到大遗址保护队伍中去，关心它们的安全、保护它们不被破坏。不过，即便如此，我们也应该看到，尊重大遗址的存在、重视大遗址的价值、强调大遗址的重要性、呼吁要加强大遗址保护工作，并不意味着要对大遗址进行绝对保护，也不意味着要以牺牲当地社会经济的发展和民众生活水平的提高作为代价。

但是，由于大多数大遗址所在区域的当地政府和文物保护部门长期实行绝对保护政策，使得这些区域与其他非大遗址区域相比，不仅在经济上发展相对落后，而且社会进步也受到一定阻碍、旅游发展也受到一定制约、文化复兴也受到一定伤害，最终导致这些区域的民众生活质量难以提升、生活水平难以提高。凡事有一利就有一弊，大遗址区域相对落后的情况便是如此，按照后发优势学说的相关观点，正是这种相对落后使大遗址区域形成了巨大的发展潜力，同时具备显著的后发优势。

（一）历史人文宝库

大遗址不仅是活着的历史，还是一个王朝兴衰荣辱的见证，更是一个时代的具体体现、一种文明的实物表达。尤其是当这个时代成为过往、这种文明成为历史之时，大遗址以一种实实在在的状态让我们看到过往的辉煌，以一种真真切切的形象让我们看到历史的厚重。就目前而言，我们已经习惯了通过文物、文化遗迹、历史遗存来对历史进行认识、对文化进行感知、对过往进行追溯。大遗址作为一种优秀的文物资源、一种面积更大的文化遗迹、一种价值更高的历史遗存，既包含历史、文化、科学、考古、艺术、社会、民俗等重大的综合价值，又因历史久远，大多数长期深埋地下而充满未知。因此，对当今的我们而言，大遗址既能让我们生出崇敬之心、肃穆之情，同时又充满神秘色彩。它们就像是一座座历史人文宝库，深深地吸引着我们去勘探、去了解、去认识。

一般而言，大遗址不只是一段时期的历史、一个朝代的文明的集中反映，或者换个角度说不仅只是被一个朝代建立、使用过，也不仅只是在一段时期灿烂辉煌过。许多大遗址常常因为其地势地形、政治地位、战略位置、文化价值的重要性，被许多朝代在多个历史时期使用过。因此，在这些大遗址身上，就会出现不同时代、不同文化、不同文明的特征。以汉魏洛阳故城为例，它始建于西周，先后经历东周、西汉、东汉、曹魏、西晋和北魏等多个朝代，至初唐时废止。其作为城市使用前后延续近 1600 年，作为一国之都使用的历史超过半个世纪，从而显现出诸多综合型特征，被我国考古界视若珍宝。历经多个朝代或者多个历史时期的大遗址，由于蕴含不同时期、不同朝代的历史文化，从而形成历史堆积、文化叠加的奇观，这是令人称奇的，因为特征迥异的历史和丰富多样的文化从而产生神秘悠远的魅力。即便是这些神秘面纱随着考古发现的不断深入而慢慢被揭开，但作为取之不尽、用之不竭的文化宝藏，大遗址还有新的神秘面纱等待人们去揭晓。

人类追求新知识、学习新文化、探索新精神的好奇心是无止境的，而大遗址身上所蕴含的诸多神秘特征，不仅可以满足人类现有的好奇心，还能长久激发人类的探索精神。这时，以文物为主题的文化旅游便应运而生。从本质上来说，文物是人类在生产生活中、在与自然抗争中、在人类内部斗争中遗留至今，具有历史、文化、艺术和科学等方面综合价值的遗物、遗址和遗迹，不仅见证着人类的奋斗史，还是人类精神追求的凝聚。正因如此，文物才成为各个民族的重要象征、各种文化的重要标志，像我国的长城、埃及的金字塔、印度的泰姬陵、法国的巴黎圣母院等都是如此。而文化遗址则是各个民族进取精神的实物展示，也是现阶段考古挖掘的重大成果。其在很大程度上代表着这一时期我们对祖先、对历史的认知，像仰韶文化遗址、良渚文化遗址、红山文化遗址和二里头遗址等便是如此。大遗址不仅是面积大、意义大的文化遗址，在进行考古挖掘的过程中，通常会有众多珍贵的文物出土，因此会具有文物和文化遗址的双重优点。正因如此，对大遗址进行旅游开发和综合利用，不仅会吸引来自天南地北的游客，让他们获得知识、受到教育，满足他们的求知欲和探索欲，还会对我们的历史文化进行大力弘扬，使游客增强文化自信、提升民族自豪感，更重要的是，能够促进区域发展，推动当地群众经济收入的增长和生活质量的提高。总而言之，对大遗址进行开发和利用是利大于弊的，这几乎已经成为既定事实，为我国和世界各国所证明。

（二）大遗址区域对自身发展的强烈要求

从某种程度而言，先发区域对后发区域形成了强烈的激励和鼓舞，对后发区域的发展起到了巨大的推动作用，从而成为后发区域的榜样。而榜样的力量是无比强大的，它作为一种社会资源，是人类文明的巨大精神财富，在推动人类文明不断向前的进程中，发挥着至关重要的积极能效。不过，虽说任何榜样都能激发人类的潜在能力，但榜样的激励效用却有大有小，能够实现的程度也各不相同，模仿便是榜样产生激励作用的一种较为普通的回应方式。从本质上来说，榜样是一种具有重大价值的载体，是某种典型的理性代表。后发大遗址区域将已经取得成功的先发区域作为榜样，而先发区域对后发大遗址区域产生了强大的推动、激励作用。

由于许多大遗址区域出于保护大遗址安全的考虑，实施绝对保护政策，这在一定程度上限制了区域发展，造成这些大遗址区域的经济相对落后，发展相对滞后。然而，在我们国家的经济水平得到大幅增长，发展水平得到较大提高，全国人民的收入有了较大程度的增长、生活质量也在不断攀升之时，大遗址所在区域无论是在经济发展还是社会发展上都相对较为缓慢，甚至还赶不上全国平均水平。在这样的大背景下，大遗址区域人民对经济振兴、社会进步、旅游发展、民生改善等提出一定要求也是可以理解的。甚至进一步来说，由于长期得不到发展，居民的生活质量一直难以提高，大遗址区域的民众对经济发展和生活改善的呼声无疑更高，要求也更强烈。

（三）有成功经验可以借鉴

由于我国进行改革开放的时间较晚，经济进入高速增长期以后，随着人民物质生活的日益丰富，对精神需求的进一步增长，我国的旅游事业才出现较快的发展，对大遗址的开发和利用作为我国旅游形式的有益补充才被提上日程。这说明，我国对大遗址的开发与利用起步较晚。由于没有较多的现成经验可以遵循，我国大遗址的开发与利用基本上还处于摸着石头过河阶段，各方面条件不太成熟，发展也不够好。然而，即便如此，还是有一些大遗址的开发和利用为我们提供了可以参考和借鉴的经验。像北京的八达岭长城、河南安阳的殷墟、宁夏银川的西夏王陵等都是很好的案例。无论是成功的案例还是失败的案例，对后续大遗址开发与利用工作来说，都是无比宝贵的财富，因为有成功的案例可以借鉴，有失败的案例可以引以为戒，这样就可以少走一些弯路，在黑暗中摸索的时间就会缩短，从而就能以更少的代价来成就更大的事业。

像殷墟等这些做到成功开发利用，从而取得可观经济效益和社会效益的大遗址区域，对大遗址进行开发和利用的诸多丰富经验也值得其他大遗址区域进行学习借鉴。毕竟，对大遗址进行科学挖掘以及对出土文物进行有效保

护，不仅需要正确的方法，还需要足够先进的技术。如果没有先进的技术手
段作为支撑，贸然对大遗址进行挖掘，可能会造成对大遗址以及相关文物的
破坏，终究是一件得不偿失的事情。充分的技术条件、先进的技术手段，不
仅能确保大遗址的安全得到保障，还会使文物保护的成本降低，并且会使文
物利用的时间延长，此外，还能使文物的附加值得到提升。总之，在对大遗
址进行发掘时，技术是前提、是基础、是保障、是不可或缺的。在先发大遗
址区域使用过并且证明可行的技术手段，在后发大遗址区域都可以实行拿
来主义，直接进行运用，这样便会节约试错的成本；在先发大遗址区域已
经认定不可行的技术手段，在后发大遗址区便可弃之不用，这样便会减少
出错的机会。因此，对后发大遗址区域来说，可以对先发大遗址区域的成
功经验进行学习，尤其是可以借鉴和使用考古发掘的技术条件以及保护利
用的技术手段。

（四）联合开发具有优势

无论对大遗址进行保护还是开发利用，都不应该只是将其作为一些零散
的个体，更应该将其视为一个整体，如此不仅能够进行整体性保护，还能对
其进行整体开发。这样一来，无论是大规模的保护还是大规模的开发都会使
其更壮观、更引人注目，从而为其成功提高可能性。

对大遗址来说，虽然涵盖面积较大，但由于历史太过久远，显然已经难
以大面积存在，只能成片存在或者呈点状分布，相对来说较为零散。以隋唐
洛阳城遗址为例，当年的隋唐洛阳城横跨洛河两岸，占地面积巨大，并且目
前又分布于洛阳中心城区的老城、西工、洛龙等区，经过考古发掘，已经发
现部分遗址，但要么成片存在，像明堂、天堂、应天门以及九州池，基本分
布在中州路和定鼎路交叉口附近；要么呈点状，像定鼎门等，隋唐洛阳城遗
址的状态可以说是我国大遗址目前典型的状态。不过，虽然分布零散，但也
并非无迹可寻。根据史书记载和目前的考古发掘，是能够发现这些大遗址虽
然呈片状、点状分布，但还是有规律可循的。这样一来，便能基本摸清大遗

址的占地面积，厘清其历史发展的脉络，让所有的相关景观联系在一起，这样便会更有看点、更为壮观。

不仅如此，在大遗址和小遗址之间、在大遗址和大遗址之间，也是具有历史关联性的，是相互联系的。如果能够找到它们的契合点，加强它们之间的联系，对其进行联合开发，则开发的成功率就会更高。比如，将大遗址和小遗址，或者大遗址和大遗址串联起来，便能组成某段历史或者某种文化的深度游路线，从而吸引更多游客的兴趣。以洛阳市为例，如果把二里头遗址、偃师商城遗址、汉魏洛阳故城、隋唐洛阳城遗址以及东周王城遗址等这些大遗址进行联合开发，组成"五都荟洛"的文化奇观，那么将会让洛阳市的文化旅游事业再攀高峰。

因此，对于后发大遗址区域而言，实行联合开发意义重大，不仅能够将竞争优势不明显的遗址遗迹和竞争优势较为显著的大遗址区捆绑在一起进行营销，还能让大遗址如虎添翼，增加其观赏性、思想性和艺术性。联合开发的意义在于，1 加 1 可能会大于 2，甚至有可能等于无限大，毕竟，集中集体优势，确保其优势最大化，真的可以创造无限大的价值。

二、大遗址区域后发优势的应用

作为一种优秀的文物资源，大遗址同样也是一种难以再生的资源，具有丰富的历史价值、重要的文化机制和较高的艺术价值等。因此，作为中华文明的传承者和中华文化的守护者，我们有责任也有义务保护好中华文明的精神财富。"保护第一""保护为主"，也就是说，保护永远要排在首位，因为如果保护不好这些大遗址，使之受到破坏，甚至完全消失，那么所有蕴藏在这些大遗址里面的内涵、依附在这些大遗址身上的价值，都将不复存在。如果这样的话，不仅是中华民族的损失，更是人类文明的损失。而且，对这些大遗址不仅要保护好，还要永远保护好，使之世代传承、万世长存。不仅让我们这代人能看到，还要让我们的后代能看到，以及让后世千百代都能看到，即要保护好大遗址，使之不受损伤、永远存在，否则，就是我们这代人没有尽到责任，既对不起远祖先人，也对不起后世子孙。

但是，保护并不等于不进行发掘和利用，也不等于对它们进行绝对保护，使它们或深藏在暗无天日的地下，或置于高墙大院封闭起来。如果不对大遗址进行有效利用，那么这些大遗址蕴藏的内涵、体现的价值便难以起到它们应有的作用，这不仅阻隔了人们对它们的认识，也不会给我们产生多大的经济效益和社会效益。从而使人们在对它们进行保护时，不会有太大的积极性。这不仅会给大遗址保护带来诸多不便和难题，也不会为大遗址保护提供更多的资金支撑。当大遗址的保护既得不到更多民众的助力，又缺乏充足的资金作为后盾时，大遗址保护便难以保证其可持续性。如果因为保护不力而使大遗址遭到破坏，那么大遗址身上形成的历史文化艺术价值也就灰飞烟灭了，这将是令人极为痛惜的事情。

从另一角度来看，保护不等于不进行开发利用，开发利用也不等于不进行保护，两者之间不是绝对对立、非对即错的关系，而是相互依存、彼此共生的关系。我们要清醒地认识到保护不是什么都不做。对于这些大遗址，如果我们什么都不做，它们就会逐渐消失。尤其是夯土大遗址，受炎炎烈日的照射、受风霜雨雪的侵袭，在经过一段时间之后，它们就会慢慢消失，而附着在它们身上那些重要的意义、重大的价值，就会逐渐降低甚至完全消失不见。还有许多从大遗址出土的文物，在出土的时候就已经被损坏，有的和泥土混合在一起无法分离，尤其是纸质文物和丝绸文物，经过漫长岁月的侵蚀，已经严重腐朽；还有一些其他文物，大多也处于或腐朽或半腐朽状态，也就是说，对于文物而言，历经的时间越长，可能预示着腐朽毁坏的程度越高。因此，在对这些文物以及大遗址进行有效保护的同时，将其加以利用，不仅能够发挥其经济效益，还能使对其的保护程度加深、保护能力加强。尤其是后发大遗址区域，更应该认识到大遗址之于区域的后发优势，并加以利用，积极探索发展旅游经济、促进区域发展的有效路径，则不失为一条捷径。

不过，所谓后发优势，只是为后发大遗址区域提供一些能够摆脱自身困境、促进区域发展的可能性，要想把这种可能性转化为活生生的现实，还需要后发大遗址区域花大力气、下大功夫，多方面着手、全方位努力。只要措施有力、方法得当，大遗址区域完全有可能趋利避害、扬长避短，瞅准机会、抓住机遇，使其后发优势得到充分发挥，从而实现整个区域的跨越式发展，甚至后来居上、一举超越。

大遗址区域要结合自身实际，充分发挥优势，产生后发效益，实现后发利益，进行突破超越，应该从以下四个方面着手。

（一）应用新技术

进入 21 世纪以来，生物工程、电子技术、信息工程、人工智能、新材料、新能源等领域的发展日新月异、一日千里，正在让我们的生活发生着翻天覆地的改变，并对我们身边的一切都产生着重要影响。不仅如此，这些影响还不断渗透到各个行业、各个领域，推动着这些行业和领域持续向前，其中便有文物保护领域。事实上，进入 21 世纪以后，文物保护技术不仅产生了诸多重大变革，还带来了突飞猛进的发展。如纳米材料、有机氟材料、微生物制剂、信息技术、荧光光谱技术、红外分析技术、3D 成像技术、高清摄像技术等材料和技术，在文物保护工作中便发挥着重大作用。就像人们之前较为担心的丝绸文物被腐蚀，纸质文物受潮、被虫蛀等疑难杂症，近些年，通过多学科交叉的科学研究与技术试验，我国已经取得多项喜人的成果。不仅如此，有些成果还达到了国际先进水平，对丝绸文物、纸质文物的保护、保存以及修复都具有较为显著的效果。例如，法门寺地宫的丝绸文物在出土时已经变成团状，经过陕西省考古所的刻苦钻研，终于能够将其成功地一层层揭开；湖北省博物院等单位成功研究出可以对丝绸文物以及纸质文物进行保护的生物技术，这项技术在全世界也是领先的；西北大学文化遗产学院的副教授刘成和他的团队研究出"恒湿洁净高气密展柜系统"，从而避免纸质文物因空气湿度过大或者颗粒物浓度而产生波动，从而延缓其老化速度，并能避免病虫害。因此，我国目前的文物保护技术已经达到了一定水准，有些甚至已经达到了国际先进水平，为大遗址区域挖掘出的地下文物的保护和修复打下了坚实基础，并为大遗址区域内地面文化遗存的有效保护提供了必要的前提。

下面就以位于陕西省咸阳市的西汉汉阳陵外藏坑保护地下展示厅的建造进行详细说明。

汉阳陵是汉景帝刘启和其皇后王氏同茔异穴的合葬陵园，是国家认定的大遗址——西汉帝陵的一部分，其占地面积很大，横跨咸阳市渭城区、泾阳县、高陵区三县区。外藏坑是汉阳陵陵园的有机组成部分，分布在帝陵封土四周，一共有 81 座之多。帝陵外藏坑保护展示厅是建立在帝陵封土东北方向 10 条外藏坑上的全地下建筑，也是世界上首座采用最为先进的文物保护技术而建造的全地下遗址博物馆。[①] 不仅如此，作为我国文物保护示范工程，汉阳陵外藏坑保护地下展示厅还是我国第一座完全按照《世界文化遗产保护管理办法》建造的地下文物展示厅。此外，它还是陕西省第一座由多个国家的专家参与、多领域技术专家合作设计的文化遗址博物馆。正因为它的建造意义重大，才使得专家们在进行方案设计时极为慎重。这座博物馆的方案设计从 2000 年 3 月便正式启动，由上百名来自不同国家、不同专业的著名专家经过数十次论证，上百次修改，于 2003 年 7 月才得以最终确定，前后耗时 3 年有余，该方案可谓浸润了专家们的巨大心血。

为达到有效保护的目的，汉阳陵外藏坑保护地下展示厅只能采用全地下形式，这不仅能够不破坏地面上的历史格局和陵园风貌，还能将地下遗址和文物纳入完全保护的范围之内。然而，这样的做法虽然能够使文物和遗址得到有效保护，却给设计带来了不小的难度。首当其冲的便是防火问题，展示厅完全处于地下，让防火方面的设计方案出现诸多不能回避却又难以解决的

---

① 帝陵外藏坑遗址保护展示厅［EB/OL］. 汉景帝阳陵博物院网，2018 – 08 – 14.

难题。比如，由于我国目前颁布的现行防火条例中，并没有专门针对地下博物馆制定的有关条款，因此，在进行防火设计时，只能参考其他建筑形式的相关规定；出于对保护文物以及展厅陈列文物遗址的需要，设计出来的建筑内部空间面积较大，防火分区只能采用玻璃进行分割，这样便能更大程度地保留文物遗址的完整性，最大限度地还原历史风貌。但是，如果这样的话，便要考虑玻璃的承重以及坚固程度，在设计时便增加了更多难度和工作量。因为，展示厅和汉阳陵封土紧邻，无论出于对地形条件还是对遗址风貌的考虑，都要符合国际文物保护公约的要求，以大遗址保护为原则，所以，展示厅的地面出口和入口的数量和形式在设计时就要受到很大程度的制约。由于展示厅完全坐落于地下，地基是四级湿陷性黄土，文物又是土质的遗址，如果设计成水量很大、喷射度较高的消防设施不仅有可能破坏遗址，还会给地基造成诸多负面影响；由于展示厅建在地下，地面部分还原成之前的自然地貌，并不进行建设，这样的话，是否还要保留室外消防系统，也是无法可依，无规可循的。

不过，在进行具体建造施工时，将许多新技术应用其中，便逐一解决了这些问题。该展示厅整体采用钢筋混凝土结构，在展示厅内部，部分装修工程、墙面、屋顶等内部结构以及门窗、装修材料、固定材料等都采用非燃烧材料，用来陈列的家具等也采用非燃烧材料制作而成。由于展示厅里面的文物展品主要是由陶土烧制的文物，还有一些土质文物，这样一来，整个展厅很少有能够燃烧的物件，容纳可燃性物品的空间也有限，防火问题便得到了完美解决。不仅如此，展厅内部结构所使用的材料大多已经超过相关规定中的耐火极限，如钢筋混凝土承重墙的耐火极限在 5.5 小时以上，钢筋混凝土柱的耐火极限在 5 小时以上，形成简单支撑的钢筋混凝土梁预应力钢筋保护层，其耐火极限在 2 小时以上；形成承重作用的钢结构构件，都采用 LY 防火隔热涂料，其耐火极限达到 2.3 小时；楼板整体保护层采用现浇式，其耐火极限达到 2.1 小时①。不仅如此，在展示厅内部，还安装有技术先进的安检、报警以及监控等系统，即使出现火灾的预兆，也会在第一时间发现并及时预警，将火灾的苗头掐灭在萌芽之中。

（二）重视非物质文化遗产

大遗址是一类影响深远、意义重大的历史遗存。它们之所以会被建造，使用许多年，并历经许多代的修复和完善，主要原因便是它们在历史上具有举足轻重的地位，曾发挥着至关重要的作用。在大遗址被建造之初，被建成之时，这种显赫的历史地位和重要的历史意义便已经凸显出来，随着历史进程不断向前推进，人类文明不断向前发展，大遗址被赋予的历史、人文、文明、文化、艺术、工艺、科技等价值不断堆积、不断叠加，从而让大遗址的历史地位得到巩固、历史意义得到加强。所以，我们应该怎么看待大遗址呢？我们不能仅仅看到大遗址现状的好坏，仅去关注有形大遗址完好程度如何，仅去重视大遗址研究价值的高低，而忽视它们的形成原因、文化传承以及环境演变。总而言之，对大遗址进行保护，不能只关注发掘多少面积、多大程度，发现多少件文物，它们哪些是陶器、哪些是瓷器、哪些是青铜器，更重要的是要关注有多少信息能够帮助我们解读历史、分析文化，有多少非物质文化遗产被发掘，其保护利用程度如何等。

非物质文化指的是并不以物质形式存在和传承的文化。非物质文化不仅存在于人们的口头表达、口头传述中，还存在于不同类型的艺术表演中，更存在于民风民俗、节气节庆、民间礼仪、宗法制度等之中，甚至就连传统工艺、传统技能、传统实践和传统操作都蕴含着非物质文化。与有形的物质文化比起来，非物质文化更加不稳定、更加脆弱，一旦其特定环境改变，或者传承人故去，或者被异化、被替代，这种非物质文化形式便会消亡。

---

① 汉阳陵博物馆编著. 汉阳陵［M］. 北京：文物出版社，2016.

　　非物质文化遗产作为自然经济背景下农耕文明的产物，它遵循大自然的规律而产生、传承和表现，对其创作主体的民族、地区、文化、环境等都有着较强的依附性。如果农耕文明赖以生存的环境生态遭到根本性破坏，在农耕文明状态下的原有文化形态及方式便会加速瓦解甚至消亡。

　　对于非物质文化遗产来说，无论传承还是表现，无论主体还是形式，无论外在还是内涵，都和人有着难以割舍的关系。因而，从学理上来说，非物质文化遗产是一种活着的文化。然而，这种"活态"特征就注定了非物质文化遗产的脆弱性。在其传承过程中，如果传承人出现意外，非物质文化遗产进行传承的生命线便会因此中断。就像某种特殊的工艺技能，如果找不到人学习，无人来传承，等到这一代传承人去世，这种由许多代创造、累积、传承的技能宝库可能就要消失了。

　　文化遗址所产生的最大价值，便是在其长期形成与发展的过程中积淀而来的深厚、独特、悠久的文化，尤其是那些有着悠久历史，代表着朝代兴衰、家国兴亡的大都城遗址、大帝陵王墓等，让我们看到气势磅礴、君临天下的历史风貌以及美轮美奂、富丽堂皇的传统建筑。更引人注目的应该是灿烂辉煌的文化，它让我们感受到神秘而悠远的艺术魅力和无与伦比的文化厚重。所以，我们应该跳出大遗址保护的传统思维模式，从单纯的保护文物到文物保护与文化传承并重，以文物保护带动文化传承，以文化传承促进文物保护，从而实现对大遗址所进行的全方位保护以及综合性利用。位于洛阳市洛龙区王城大道旁的隋唐城遗址植物园（见图4.1），便是在隋唐洛阳城里坊区遗址上修建的，以宣传隋唐洛阳城遗址文化和牡丹文化为重点的园林景观。自2006年8月开园迎宾以来，以其集文化性与娱乐性于一身，科普性与观赏性于一体的显著特点，受到来自天南海北的游客的喜爱，尤其是每年4月举行的中国洛阳牡丹文化节期间，更是游人如织、车水马龙，不仅成为隋唐洛阳城遗址区域首个产生巨大经济效益和显著社会效益的景观，更是为洛阳旅游积攒了人气、扩大了名气。不仅如此，作为一座遗址公园，它本身便为隋唐都城文化的弘扬、唐宋牡丹文化的推广作出了不可磨灭的贡献。

图 4.1　隋唐城遗址植物园

资料来源：由本书课题组成员韩雷拍摄。

（三）进行集群发展

　　一般来说，大遗址都以面积巨大为主要特征，然而，这些大遗址区域并不是完整存在的，经过漫长的岁月变迁，已经被非大遗址区域分割成诸多分散存在的块状区域或孤立景观。因此，许多大遗址区域虽然称为区域，但并非连在一起的，有时候甚至包含那些在历史方面有延续、在文化方面有传承的区域。这也就预示着，在进行大遗址的开发和利用时，可以对这些有历史关联和文化传承的大遗址区域进行综合考虑，挖掘其历史关联价值和文化传承价值，将它们有机联合起来，变零散为整块，变孤立为整合，从而推动联合开发和集群发展，使其整体优势得到充分发挥，使其孤立资源综合成整体资源，却又不遮盖孤立资源的光辉，这样一来，便会使总体吸引力得到增加，使大遗址区域的后发优势得到最大程度的发挥。

　　不过，有一点需要加以重视的是，在进行资源整合，促进大遗址空间联合、集群发展的过程中，一定要注意其内部资源有可能产生的同质化竞争。

通常而言，那些知名度较大、历史地位较高的大遗址区域的资源优势要比那些知名度相对较小、历史地位相对较低的文化遗址区域更加明显。因此，在进行联合开发、集群发展时，务必要充分考虑集群联合体的内部协调性，综合分析大遗址区域与文化遗址区域各自的特点和优势，从而对其进行不同定位，确保其各自优势得到充分显著的发挥。

在整合这些遗址区域的过程中，要以市场需求为导向，尊重市场运行的客观规律，按照市场法则来运行，但是，也要对政府所能发挥的作用做出充分重视。只要以对文物进行有效保护为前提，所有的开发模式和利用形式都可以进行大胆探索，如果可行，就可以积极推广，如两权分离等便可以进行积极尝试。即要对经营机制和管理体制进行发展和创新，遵照政企分开、事企并行的原则，进行企业化运营，推动市场化运作，确保其健康发展。

（四）建设遗址公园

大遗址作为一种独特的文物资源，具有不可移动性和难以替代性。它们不仅是人类文明在某一特定历史阶段或者历史环境下所结的硕果、所创造辉煌的承载，还是人类发展在某一特定历史阶段或者历史环境的真实记录。不仅如此，作为一种优秀的文化资源，大遗址也能发挥与其他文化资源相同的作用，即能够促进当地区域发展、社会进步、经济振兴、旅游复苏以及民生改善，这对大遗址所在区域来说是至关重要的。

在我国，大多数大遗址都是因土而建、化土而制的夯土遗址。这些夯土遗址虽然谈不上风景秀美、也谈不上富丽堂皇，然而，却以其磅礴的气势、让人叹为观止的规模成为我们民族的瑰丽宝库。针对这些夯土遗址的开发和利用，主要表现在思想文化建设、科学知识普及方面，详细来说可以分为三部分。第一部分是进行科学研究。通过各类专家学者对其进行考察分析，收集其科学信息，挖掘其思想内涵，触摸其文化血脉，或就其整体进行探讨，或对其细节作出研究，从而对历史文化遗产进行更好的继承，对我们的民族文化进行大力弘扬。第二部分是进行青少年教育。文物是教育资源的有机组成部分，许多大遗址都是爱国文化教育基地和研学旅游示范基地，可定期组织中小学生进行参观，还可把大遗址的辉煌历史和灿烂文化编进课本教材、编入课外读本，使青少年增进对历史的了解和对文化的传承。第三部分是能够不断满足人民群众日益增长的文化生活、精神生活的需要。可以编撰科普读物、通俗读本，拍摄宣传片、纪录片、微电影、电影、电视剧，建设遗址公园、考古公园、对其进行开发成为旅游景点等形式，对大遗址的文物价值、历史背景、文化内涵、科学艺术形式等进行展示，从而使游客增加对祖国悠久历史、厚重文化的了解，并使人民群众的文化自信、爱国热情得到增强。

尤其是进入 21 世纪之后，国家提出"西部大开发"和"中部崛起"等大战略，近些年又倡导"一带一路"倡议，其实都是以先发的东部地区带动后发的中西部地区，通过连接广大发展中国家，共同发展、共同进步，构建人类命运共同体以此实现共同富裕。然而，对于广大中西部地区来说，虽然国家已经做出许多政策倾斜，但中西部地区生态环境较为脆弱，基础建设较为落后，经济区位优势不明显，发展工业、商业、金融业等有诸多较为不利的因素，大多数中西部省份便将区域发展的重点放在旅游开发上来。不过，多数中西部省份的自然条件恶劣，环境有待改善。在进行旅游开发时，想开发的自然景观受限较多，考虑到人文资源相对丰富，便将开发重点放在文物和大遗址的开发与利用上，而建设遗址公园、发展大遗址旅游，是其中最常见的一种形式。

我国很早就认识到遗址之于当代文化建设的重大作用，同时也认识到遗址之于后代子孙的重要意义，因此，早在新中国成立之初，就开始尝试在遗址之上建设遗址公园的做法。我国第一座遗址公园的建设可以追溯到 1955年，地点便在文物遗址、文化遗存较为丰富的洛阳市。在当时，为了对全国重点文物保护单位，同时也是我国极为重要的历史文化遗存的东周王城遗址进行更好的保护，便在其上建立王城公园（见图 4.2）。一方面，弘扬先秦文化尤其是东周文化，在其内有"韶乐钟声""凤阙映毂""三礼广场"

"悟道长廊"以及"丹凤桥"等以东周文化为特色的仿古建筑群;另一方面,借助"洛阳地脉花最宜,牡丹尤为天下奇"①的独特优势,开辟牡丹观赏区,宣传牡丹文化,并因此成为洛阳历届牡丹花会(后来改称中国洛阳牡丹文化节)的主会场。不仅如此,王城公园还建有动物园,华南虎、金钱豹、非洲狮等应有尽有,还开辟大型游乐场,成为少年儿童最喜爱的游玩之地。时至今日,王城公园无论春夏秋冬,都有市民在此晨练休闲,都有游客在此参观赏玩,已经成为洛阳市历史最悠久、文化最丰富、观赏价值最高、娱乐性最强的景区之一。

图 4.2　王城公园

资料来源:由本书课题组拍摄。

遗址公园是依托文化遗址而建立的游乐场所,是由人类所创造的以文化普及、休闲娱乐为主题的活动空间,因此,它既属于文化产业,也属于娱乐休闲产业。遗址公园的所有内容,无论实体景物还是虚拟空间,都是在对文

---

① [宋]欧阳修. 洛阳牡丹图 [M]. 南京:江苏凤凰文艺出版社,2020.

化遗址进行有效保护的前提下设立构建的。

　　对大遗址来说，以大遗址本身为依托建立遗址公园是利用大遗址的后发优势对大遗址进行开发的重要途径。依托大遗址建设的遗址公园，不仅要突出我国优秀的传统文化和极富特色的民族文化，更要对大遗址丰富的历史文化进行充分挖掘，使之成为历史文化独特、民族风情迷人、风景风物宜人的特色公园。因此，建设遗址公园不仅能够广泛传播大遗址区域优势明显、风格突出的历史文化，还能增强人民群众对大遗址的了解和认识，提高他们对大遗址进行保护的积极性，与此同时，还能以此为契机，带动大遗址区域的经济发展、旅游振兴，使当地民众的经济收入提高、生活质量提升。即在大遗址区域建设遗址公园，无论是对大遗址保护还是对当地区域发展来说，都是极为有利的，可以说是一条双赢之路。

　　目前，我国遗址公园的最高形式是国家考古遗址公园。国家考古遗址公园指的是将在全国具有重大影响的重要考古遗址和其背景环境作为主体进行建设，具有科普、科研、游览、休闲和教育等功能，以考古遗址的保护和展示作为主要表现形式，富有全国示范性特色的某种特定公共空间。国家考古遗址公园的评选、认定以及管理工作由国家文物局负责。在进行国家考古遗址公园建设时，一般要先经过国家文物局批准，立项之后才能投入建设，等到建设规模符合国家文物局规定的若干条件之后，再由国家文物局进行评定。评定成绩合格者才被国家文物局授予"国家考古遗址公园"称号，并面向全社会进行公布。截至 2022 年 9 月，我国共公布了三批国家考古遗址公园名单，分别是 2010 年公布的 12 处第一批国家考古遗址公园名单、2013 年公布的 12 处第二批国家考古遗址公园名单和 2017 年公布的 12 处第三批国家考古遗址公园名单，收录国家考古遗址公园共计 36 处。此 36 处国家考古遗址公园的详细信息如表 4.1 所示，其中河南和陕西拥有的国家考古遗址公园数量最多（见图 4.3）。此外，还有三批次 67 处考古遗址公园进入立项名单，目前多数正处于验收评定阶段。

表 4.1   国家考古遗址公园

省份	名称	公布批次	国宝批次	时代	地理位置	其他	
						世界文化遗产	5A景区
北京 （2处）	周口店国家考古遗址公园	第一批	第一批	旧石器时代	北京市房山区	√	
	圆明园国家考古遗址公园	第一批	第三批	清	北京市海淀区		√
河北 （1处）	元中都国家考古遗址公园	第三批	第五批	元	张北县馒头营乡		
辽宁 （1处）	牛河梁国家考古遗址公园	第二批	第三批	新石器时代	朝阳市凌源市		
吉林 （2处）	集安高句丽国家考古遗址公园	第一批	第二批	高句丽	通化市集安市	√	√
	渤海中京国家考古遗址公园	第二批	第四批	渤海	和龙市西城镇		
黑龙江 （1处）	渤海上京国家考古遗址公园	第二批	第一批	渤海	宁安市 东京城镇		
山东 （3处）	曲阜鲁国故城国家考古遗址公园	第二批	第一批	周至汉	曲阜市		
	京杭大运河南旺枢纽国家考古遗址公园	第二批	第六批	春秋—清	汶上县南旺镇	√	
	城子崖国家考古遗址公园	第三批	第一批	新石器时代	济南市章丘区		
江苏 （1处）	鸿山国家考古遗址公园	第一批	第六批	周	无锡市		
安徽 （1处）	明中都皇故城国家考古遗址公园	第三批	第二批	明	滁州市凤阳县		

续表

省份	名称	公布批次	国宝批次	时代	地理位置	其他	
						世界文化遗产	5A景区
浙江（3处）	良渚国家考古遗址公园	第一批	第四批	新石器时代	杭州市余杭区湖州市德清县	√	
	大窑龙泉窑国家考古遗址公园	第三批	第三批	宋至明	龙泉市小梅镇查田镇		
	上林湖越窑国家考古遗址公园	第三批	第三批	东汉至宋	慈溪市桥头镇匡堰镇		
江西（2处）	御窑厂国家考古遗址公园	第二批	第六批	明至清	景德镇市	√	
	吉州窑国家考古遗址公园	第三批	第五批	宋、元	吉安县永和镇		
福建（1处）	万寿岩国家考古遗址公园	第三批	第五批	旧石器时代	三明市岩前镇		
河南（4处）	殷墟国家考古遗址公园	第一批	第一批	商	安阳市殷都区	√	√
	隋唐洛阳城国家考古遗址公园	第一批	第三批	隋唐	洛阳市老城区	√	
	汉魏洛阳故城国家考古遗址公园	第二批	第一批	东汉至北魏	洛阳市孟津区平乐镇	√	
	郑韩故城国家考古遗址公园	第三批	第一批	东周	新郑市		
湖北（2处）	熊家冢国家考古遗址公园	第二批	第七批	春秋战国	荆州市川店镇		
	盘龙城国家考古遗址公园	第三批	第三批	商	武汉市黄陂区		

续表

省份	名称	公布批次	国宝批次	时代	地理位置	其他	
						世界文化遗产	5A景区
湖南 (2处)	长沙铜官窑国家考古遗址公园	第二批	第三批	唐至宋	长沙市望城区		
	城头山国家考古遗址公园	第三批	第四批	新石器时代	澧县车溪乡		
四川 (2处)	三星堆国家考古遗址公园	第一批	第三批	商周	广汉市		
	金沙国家考古遗址公园	第一批	第六批	商至周	成都市		
重庆 (1处)	钓鱼城国家考古遗址公园	第二批	第四批	宋、元	合川区		
广西 (1处)	甑皮岩国家考古遗址公园	第二批	第五批	新石器时代	桂林市		
陕西 (4处)	汉阳陵国家考古遗址公园	第一批	第五批	西汉	咸阳市渭城区		
	秦始皇陵国家考古遗址公园	第一批	第一批	秦	临潼区	√	√
	大明宫国家考古遗址公园	第一批	第一批	唐	西安市	√	√
	汉长安城未央宫国家考古遗址公园	第三批	第一批	西汉	西安市	√	
宁夏 (1处)	西夏陵国家考古遗址公园	第三批	第三批	西夏	银川市		
新疆 (1处)	北庭故城国家考古遗址公园	第二批	第三批	唐	吉木萨尔县北庭乡		

资料来源：国家文物局。

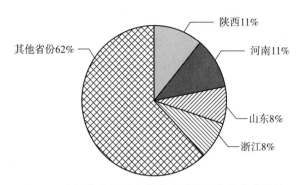

图 4.3　我国各省份国家考古遗址公园数量占比统计

资料来源：国家文物局。

在进行遗址公园建设时，要注重表现大遗址的文化底蕴，注重挖掘旅游产品的文化属性，注重推广我国传统文化，并与当地民俗文化相结合，要注重举办独具特色的文化活动，这样才能取得较好的效果。风味独特的地方文化，尤其是精彩纷呈的非物质文化，是极具生命力、极富表现力的特色文化。大量事实证明，如果把地方文化、非物质文化和文物遗址、文化遗存相结合，使其相互补充、相互成就，就能产生珠联璧合、相得益彰的良好效果，让游客感受到实实在在的文化内容、获得妙不可言的休闲享受，并因此创造巨大的经济效益和无限的社会效益。

随着我国经济的高质量发展以及人们对精神文化生活的内容越来越重视、对旅游的要求也会越来越高，这就将导致旅游市场之间的竞争越来越残酷，旅游行业也会从形式的竞争转变为内容的竞争，从层次较低的价格竞争转变为层次更高的文化竞争。即谁更有看点、谁更有亮点、谁更有内容、谁更有内涵、便将在未来越来越激烈的旅游竞争之中立于不败之地。这时，历史悠久、文化厚重、内涵丰富、内容多样、意义重要、价值重大的大遗址，便会为以其为主的文化旅游景区的发展提供必要的前提和充分的素材，甚至可以说，提供了更为广阔的表现舞台和更加有利的发展机遇。因此，只要我们能够清晰地厘清大遗址的历史文化发展脉络，精准地把握大遗址景区的本质特征，深刻地认识到文化旅游发展的内在规律，就会通过物质表现手段和精神表现手法，将传统文化和现代科技融合，将民族文化和世界文化融合，将本土文化和当代文化融合，使之转化为特色明显、优势突出的文化旅游形式，使以大遗址为主的文化旅游景区准确运用大遗址的文化内涵，精准把握当今世界的时代特征，从而提升其核心竞争力，迎来更大的发展。

尽管某一文明曾戛然而止，但人类文明从来都是绵延不绝的；尽管某一文明曾中途断裂，但人类文明从来都是长久持续的。人类文明有其开端、有其发展、有其延续、有其继承，大遗址作为人类文明存在的"物证"，自然也不例外。因此，以大遗址为基础建立的遗址公园同时应该是一处个性鲜明、主题突出的爱国教育基地或者研学旅游基地。对大遗址的丰富文化内涵进行充分挖掘和深入研究，通过文字、图片、视频、雕塑、3D 模型、建筑等形式，向广大游客介绍大遗址的历史背景、文化内涵、重要意义、重大价值，通过清晰的历史脉络增强游客对大遗址历史和中国历史的了解，增加广大民众对祖国、对民族、对中华文明的热爱，从而增强人民群众的爱国热情、民族自豪以及文化自信，将大遗址在文化传承方面的效用发挥到无限大。与此同时，还要结合遗址公园建设，以知识培训、文化宣传、科学普及以及文明推广等形式，对大遗址区域的群众宣传推广大遗址，使他们正确认识大遗址的重要性，鼓励他们自觉行动起来，以积极的心态去保护祖先留给我们的这些文化遗产，从而减少大遗址因人为因素造成的破坏。

下面，笔者就以隋唐洛阳城国家考古遗址公园的重要组成部分——定鼎门遗址片区（见图 4.4）为例，对遗址公园建设所带来的综合效益进行阐述。

遗址公园建设，以园林绿化为主，同时具备生态效用、社会效用和经济效用等。园林绿化是对大遗址进行保护的重要手段，也是优化城市环境生态的客观要求。对大遗址进行园林绿化的方案制定，要以考古发掘作为最主要的依据，并以大遗址保护为基本前提，以有效协调、科学配置为首要原则。首先，要对大遗址进行覆盖土层保护；其次，栽种浅根植被进行绿化，需要

图4.4 定鼎门外景

资料来源：由本书课题组成员祖恩厚拍摄。

注意的是，设置绿化设施要以隐蔽化、小型化为重点，要绝对避让开大遗址，将大遗址置于最大限度的保护之内。总之，在建设遗址公园时，要妥善处理大遗址保护和开发利用之间的关系，力争做到保护和利用的有序协调、有机统一。隋唐洛阳城定鼎门遗址片区建设便秉持这一原则，在有效保护大遗址的基础上，对大遗址进行有序开发、合理利用，对大遗址区域发展、经济振兴、旅游复苏、民生改善和环境优化等都具有良好的推动作用。

作为隋唐洛阳城的"南大门"，定鼎门遗址片区不仅是洛阳作为丝绸之路东方起点的重要证明，还是隋唐洛阳城中轴线的重要组成部分。该遗址片区不仅包含世界文化遗产定鼎门门址、定鼎门前广场，还包括统称为"两坊一街"的两坊（宁人坊遗址、明教坊遗址）和天街遗址。定鼎门是隋唐时期和女皇武则天统治的武周时期都城洛阳城的外郭城正门，先后经历隋、唐、武周、后梁、后唐、后周以及北宋等多个朝代，至北宋末年才被废弃，沿用时间长达530年之久，是我国沿用时间最长的古代都城城门之一。天街是隋唐洛阳城中轴线上的"七天建筑"，即天堂、天宫（即明堂）、天门（即应天门）、天枢、天津（即天津桥）、天街、天阙（即伊阙）之一。宁人坊和明教坊也蕴含着丰富的历史人文，根据历史记载，明教坊内建有龙兴观，另外还有唐代名相、辅助唐玄宗开创开元盛世的功臣宋璟和初唐"文章四友"之一、大文学家崔融的宅邸，宁人坊内建有龙兴寺，寺内墙壁上所绘《八国王分舍利图》为隋代绘画大师展子虔所作，另外还有唐朝宰相、文学家崔日用以及东都留守韦虚心的宅邸。[①]

如今定鼎门遗址坐落在洛阳市洛龙区下辖的关林镇曹屯村与安乐镇赵村之间，现已建成定鼎门遗址博物院。该博物馆分地下一层和地上两层，地下一层是原址展示部分，主要展示内容为考古发掘出土的定鼎门遗址门道、城墙及柱础石等；地面两层是博物馆部分，主要将定鼎门遗址的变迁历史以图文、模型、视频等形式进行展示性介绍，还对考古发掘中出土的部分文物进行展览。定鼎门遗址在 2007 年时便被国家文物局认定为我国大遗址保护的首批重点项目。

定鼎门前广场即丝绸之路文化广场，广场下方有丝绸之路的重要遗迹，已经遵照国家文物局的指示进行回填保护。

天街是贯穿隋唐洛阳城外郭城、皇城以及宫城的南北纵向主干道，其南起定鼎门，向北经天津桥，横跨洛河，直达宫城端门。天街南段保护展示工程坐落于洛河南岸，最南端紧邻定鼎门遗址博物馆，东西宽度为 140 米，南北长度为 500 多米，由绿植、御道、排水沟等构成。其中，御道在中间，宽度为 34 米，铺设绿色草坪，在当时，御道专供皇帝行走，其他人不得踏足；在御道两侧，铺设两条林荫道，分别为 3 米宽的电瓶车道和 1.5 米宽的人行道。[②] 御道、电瓶车道、人行道用石榴、樱桃、柳树和国槐等树木隔开，以衬托天街的威严和景观的壮阔。在修建林荫道时，考虑到树木根系有可能对位于地下的大遗址形成损坏，因此用浅蓝色透水混凝土铺设，树木的根系下

---

① 常书香. 隋唐洛阳城"两坊一街"保护展示工程（一期）即将完工 [N]. 洛阳日报，2019 - 01 - 19（4）.

② 隋唐洛阳城"两坊一街"保护展示工程（一期）即将完工 [EB/OL]. 洛阳网，2019 - 01 - 19.

面还建造了防根穿结构层。

宁人坊和明教坊两坊保护展示工程通过坊门、坊墙以及坊内十字街等重要遗址来对坊内格局进行模拟展示。据《全唐文》记述："垣高不可及肩，板筑何妨当面。"① 也就是说，里坊的坊墙并不高，站在墙外面，能够将坊内景物看得一清二楚。两坊保护展示工程模拟展示的坊墙有两种，即夯土坊墙以及桧柏修剪坊墙。两者相互交替、高低起伏，形成围合，使坊内空间产生封闭效果。夯土坊墙使用全人工打夯筑成，每 10 厘米一夯实，坚固厚实。如今，为方便对坊墙进行参观，坊墙以木栈道和天街进行连接。

隋唐洛阳城定鼎门遗址片区的初步建成及初具规模，使隋唐洛阳城国家考古遗址公园再添标志性景观，不仅对地下遗址形成了有效保护，还产生了巨大的经济效益、社会效益和生态效益，更使洛阳市作为十三朝古都的城市品位再度提升，给洛阳市创造了巨大的发展潜力，现详述如下。

1. 推动大遗址保护

伴随着经济发展速度的加快，城市化进程在不断加快，城市规模也在逐步扩大，这对国计民生自然是有好处的。然而，这却将大遗址置于不利地位，使大遗址保护出现了许多新问题、面临更多新难题，从而造成极为严峻的形势。如大规模的城市开发与扩张使有一部分大遗址被破坏、被侵占；土地开发与利用的不合理，使大遗址周边景观极不协调；许多颇具规模的基础设施建设在前期没有经过科学认真的选址研究和严格周密的论证审批，在中后期施工过程中由于保护措施极为不力使大遗址遭受人为破坏；在大遗址区域，当地老百姓在生产生活过程中，开荒、取土、占地、建房、修路等行为使许多大遗址的重要部位甚至核心区域受到严重危害等。一边是"鲸吞"，另一边是"蚕食"，无论是城市大规模建设还是当地民众生活的点点滴滴，对大遗址的破坏程度都是触目惊心的，这是令人极度痛心的，因为对大遗址所产生的破坏都是不可逆的，一旦破坏就难以恢复原状，这是对长达几百年

---

① ［清］董诰. 全唐文［M］. 北京：中华书局，1983.

甚至上千年才形成的大遗址的永久损伤，也是中华民族精神财富和瑰丽宝库永远的损失。

隋唐洛阳城遗址由于横跨洛河两岸，区域面积过大，同样在这样的鲸吞蚕食中逐渐被破坏。仅以定鼎门遗址片区来看，这里之前是郊区，后来成为洛阳市的新区——洛龙区，不过，这里的状况在许多年里并没有得到根本性改变，不仅分布着不少城中心，还夹杂了一些建筑低矮丑陋的棚户区；不仅居住在这里的人口极为稠密，许多进城人员、外来务工人员居住在这里，使这里治安混乱、鱼龙混杂，而且，当年农民为了牟取更多私利，不惜以毁坏遗址、损坏遗迹为代价，大肆进行私搭乱建，不仅使大遗址本体受到了不同程度的损坏，还让大遗址周边环境进一步恶化。正因如此，以定鼎门遗址、两坊一街遗址为保护对象，开辟隋唐洛阳城定鼎门遗址保护片区，并先后建立定鼎门遗址博物馆，启动天街保护展示工程和宁人坊、明教坊保护展示工程，不仅对隋唐洛阳城大遗址的整体保护工作进行了许多有益的尝试，积累了丰富的宝贵经验，还使定鼎门遗址保护片区的地下文物和遗址免遭劫难，实在是一件功在当代、利在千秋的事情。

2. 社会效益巨大

如今，依托世界文化遗产定鼎门遗址建设的定鼎门遗址保护片区，不仅成为游客参观游览的最佳旅游目的地之一，还成为市民休闲度假、散心怡情的好去处，这里每逢节假日游人如织，即便平时，游玩、晨练的人们也络绎不绝。首先，遗址公园的兴建，是当代城市文明发展与进步的标志，尤其是国家考古遗址公园的落成，更使城市的品位进一步提升，城市的核心竞争力进一步增强。现代城市正处于不断扩大规模、不断进行建设、不断调整结构的发展阶段，正完成着从大到美，从强到优的转变，并向着文明城市、生态城市、森林城市等理想型宜居之城稳步迈进。尤其是一线城市在迈向超一线城市、二线城市在迈向一线城市、三线城市在迈向二线城市的进程中，其生产、运输、流通、科技、教育、信息、服务等功能将会逐步优化、逐渐完善，其城市生态环境、综合治理水平以及市民生活质量等不仅为当地群众所

关注，更会成为国内外投资商最为关心的焦点问题。其次，遗址公园的兴
建，不仅使城市居住环境得到美化，更使城市居民在精神文化领域的全方位
需求得到一定程度的满足。当今城市居民的日常生活，一方面，由于生产力
的大幅提高和国家对劳动者权益的重视，使得城市居民的节假日增多、休息
时间更充分，与此同时，人们的收入水平也在稳步提高，生活质量更是节节
攀升，这就为城市居民的休闲度假提供了更多的可能性；另一方面，由于城
市人口大幅增长，环境质量大不如前，与此同时，人们的生活节奏在加快，
工作压力在增加，无论是工作区域还是生活空间，都显得过于狭小，往往会
给人们制造紧张的情绪，使人们产生极大的心理负担。正因如此，人们追求
绿色生态的美丽环境、向往山水田园的自然景观、希望呼吸新鲜空气、面对
树绿草青的自然的心理需求也逐渐增加，而城市居民更是希望能够以休闲度
假、散心娱乐的方式来丰富精神文化生活，达到缓解疲劳、愉悦身心、放松
休息的目的。具体而言，有以下几方面的表现。

（1）市民的求知欲和爱国心得到满足。

作为我国古代使用时间最长的都城城门，定鼎门不仅是世界文化遗产，
还是很多历史事件的发生地。在这里，可以一窥历史的厚重，并可以发思古
之忧情，感受盛唐文化的绚丽多姿和中华文化的恢宏壮丽。无论是对定鼎门
城墙、城门的保护性展示，还是对宁人坊坊墙的模拟性复建，都是在对文物
进行有效保护的同时，对大唐盛世的"留住"与"再现"，不仅能给市民带
来强烈的震撼冲击，还能激发他们的爱国精神，激起他们的民族自豪感和文
化自信心，从而能够以更坚定的信心和更顽强的斗志投入创造美好生活的干
劲中。此外，无论对大学生来说还是对中小学生而言，这里都是感受历史、
领略文化、感悟人生的好去处，能够让他们受到更好的历史文化教育。

（2）市民散心休闲的好去处。

由于工作压力普遍过大、生活节奏普遍过快，与世世代代生活在乡村山
野的农民相比，大城市的居民更容易向往自然、回归田园，更希望以天人合
一的方式返璞归真。然而，节假日旅游高峰的到来，使部分市民外出观光赏

景的信心指数大大降低。即由于时间、精力、费用等因素的影响，远距离出游甚至长途旅行对许多市民来说并非经常能够做到的。于是，下班之余、休息日内，能够到附近的公园转一转，锻炼锻炼身体，看看花、赏赏景，也不失为一种简单而方便的选择。定鼎门遗址博物馆以及"两坊一街"的建成，不仅可以满足附近市民的晨练晚跑、散心休闲的需求，即便是洛阳市内其他区域的居民，也可以在闲暇时邀上三五好友，带着配偶、孩子前来度假赏玩。在收获历史知识、激发爱国热情之余，也能缓解焦虑、放松心情、解放心灵、陶冶情操，使自然之美、生活之美以及艺术之美都能得到不同程度的满足。不仅如此，定鼎门遗址保护片区向北紧邻洛浦公园和中国国花园，再向北便是洛阳的母亲河——洛河，西向紧邻大同坊、从政坊两座游园，再往西便是隋唐城遗址植物园，西北方是洛阳博物馆和文博体育公园。各类公园应有尽有，各种功能一应俱全，尤其是广场集中、公园群聚，可以满足市民不同层次、不同需求的休闲与出游。因此，每逢周末、节庆、假日，定鼎门遗址保护片区及其周边区域便是一派车水马龙、游人如织的繁盛景象。这还有一个好处便是市民不再集中到一处公园、一个景点或者一片区域，而是分散开来，各取所需、各求所好，从而避免对知名景观的过度消耗，而使其环境质量遭到破坏，也使市民的周末出游、假日休闲收到很好的效果，获得更高的质量。

（3）市民沟通交流的目的地。

定鼎门遗址保护片区有广场、博物馆、草坪、步道，和定鼎门博物馆隔古城路相望的有帝都国际城、龙泰小区、保利建业香槟国际等居民区。因此，定鼎门遗址保护片区成为附近居民以及本市市民进行参观游览、组织社会活动、进行文化交流、组织亲朋聚会等活动的场所，从而为居民开阔视野、增进友情、巩固亲情、发展关系等提供交流的舞台和沟通的机会。与此同时，许多社会团体、民间组织也将活动会议的举办场所放在定鼎门遗址保护片区，不仅能够为他们提供免费场地，也对民间艺术文化活动的开展起到不小的推动作用。

（4）优化城市形象。

定鼎门遗址保护片区的开辟，使洛阳的旅游景观得到优化、城市形象得到提升。目前，在同质化竞争极为严重的今天，几乎所有的城市都以鳞次栉比的高楼大厦、霓虹闪烁的 CBD、时尚现代的购物广场而著称，导致不少城市缺少标志性景观而落入俗套。如何改善城市形象也成为区域发展、对外宣传、开展旅游、招商引资的极为重要的难题。因此，良好城市形象的塑造，不仅可以使洛阳市的投资环境得到改善、自然环境质量得到提高、城市核心竞争力得到增强、城市旅游吸引力得到提升，更可以通过改造城市环境、改善市民居住环境来增强市民对洛阳的归属感、增加民众对古都的认同感，从而使他们的主人翁意识得到提升，激发他们热爱洛阳、建设洛阳的无限热情。而在城市形象提升的过程中，风景秀美、风格独特的文化景观自然能够让城市增光添彩，从而对城市形象的提升具有重要推动作用。定鼎门文化广场的建设、定鼎门遗址博物馆的落成、天街保护展示工程的竣工、宁人坊和明教坊保护展示工程的完成，定鼎门遗址保护片区的这一套组合拳打出来，在使遗址的历史风貌得以恢复、遗址得到有效保护的同时，无论是广场颇具气势的喷泉石柱还是博物馆古香古色的仿古建筑，无论是气势磅礴的天街还是精巧构思的坊间墙壁，不仅让洛阳市又增添一处标志性景观，还让古城路变成一条风情无限、风景迷人的旅游大道，给往来于古城快速路上的市民游客带来美的愉悦和精神上的享受，从而对洛阳市城市文明程度和城市生态环境表示认可和赞赏。这样一来，便增强了他们在洛阳市从事经贸活动和进行投资行为的信心。

在历史上，洛阳曾多次成为在人口数量和城市知名度方面都在全世界名列前茅的国际大都市。如今，随着岁月的变迁以及历史地位的下降，洛阳虽然只是一个非省会地级市，但仍是国际历史文化名城和闻名遐迩、蜚声世界的知名古都，不仅是国内游客心向往之的旅游胜地，更是国外游客尤其是日韩游客心目中的最佳旅游目的地之一。洛阳市的旅游资源以文化旅游资源为主，约占 80% 以上。① 然而，这些文化旅游资源，除人们常说的龙门石窟、白马寺和关林这"老三篇"之外，鲜有观赏价值较高的资源。洛阳作为古都的历史止于五代时期的后晋，经历北宋时期的文化兴盛之后，无论地位还是影响力都急转直下、迅速衰落。因此，在经历一千多年的岁月沧桑之后，在地面上留存下来，能作为古都身份象征的文化资源少之又少。像二里头遗址、汉魏洛阳故城、隋唐洛阳城遗址等这些面积大、名气大、价值大的大遗址，其观赏性是较差的，如果单纯以文化旅游和文物观光而论，洛阳市的旅游产品虽然大量存在但是并不丰富，甚至还显得较为单一。在当前游客希望旅游景区集观赏性、娱乐性、体验性等于一身，对其综合价值较为注重的今天，单纯的文物古迹、孤立的文化遗存，已经远远难以满足游客的游玩需求。洛阳市周边县区虽有白云山、老君山、鸡冠洞、龙潭大峡谷等自然景观，但大多远离市区，且需要乘坐交通工具，因此并非市民在休息日或者节假日出游的首选。定鼎门遗址保护片区相关景观的建成，不仅集观赏性和文化性于一体，还对广场、博物馆、步道、绿地等功能区加以综合，既实现了洛阳市区内自然风景和文化景观的合理搭配，还使不同类别的旅游资源得到优化配置，从而能够不断满足不同层次游客的不同心理需求，这样一来，便极大地适应了当前旅游产业发展的要求，从而使洛阳市的旅游竞争力得到增强。

（5）推动社会进步。

定鼎门遗址保护片区相关建设的持续推进，将原属洛阳市郊区洛龙区的相关城中村和棚户区拆除，通过安置再就业的方式，使城中村的农民迅速转换身份成为城市居民，并以上班、创业、经商等形式开始在城市谋生，大大转变了原属农村的落后生产方式和郊区农民的落后生活方式。博物馆的兴建、道路的拓宽、旅游业的发展、居住环境的改变，使大遗址区域及其周边

---

① 刘祥顺. 洛阳旅游业发展的形势及对策研究 [J]. 洛阳工学院学报（社会科学版），2000（1）：50 – 53.

的经济得到快速发展，社会前进的步伐加快，居民收入不断增长，推动洛龙区走园林化、景观化、生态化的新型发展之路，从而成为洛阳市发展速度最快、发展潜力最大的城区之一。与此同时，当地农民从第一产业迅速向第二产业、第三产业转移，使大遗址区域的社会结构得到调整，劳动力结构更加丰富，从而给他们带来公平竞争、平等发展的机会，并享受到和城市居民一样的工资待遇和社会福利。这可以促进保护片区及其周边地区的社会进步，从而推动洛阳市整体的社会发展和文明进步。

3. 生态效益良好

一个城市的文明程度不仅取决于这个城市的综合治理水平和城市居民的综合素质高低，还取决于城市的生态文明程度。如果我们把社会看作一个生态系统，那么城市无疑是关系复杂、规模庞大、目标多元、层次多变、功能多样的综合型生态系统。而在城市这个生态系统之内，是否具备高规格、高标准和高质量的绿地系统，是检验城市生态是否健康、城市生态文明是否进步、城市是否文明的重要标准。不仅是我国，在国际社会看来，一个城市的绿地面积也是这个城市文明程度的重要标志。近年来，洛阳市以创建国家园林城市为契机，将增加城市的绿地面积和绿化量作为城市绿化工作的重点，逐步形成带状环城防护林、网状城市道路绿化、片状广场绿地和社区绿地、点状企事业单位以及居民院落生态等带、网、片、点相互结合、相互融合的绿化系统。定鼎门遗址保护片区所进行的以绿化树木和绿化草坪相结合的大规模绿地建设，使洛河南岸又增加了一大片区域的绿地，不仅使当地人民群众的生活舒适度得到改善，也使洛阳市的绿化程度得到进一步提高。

不仅如此，"两坊一街"保护展示工程的建成，使城市生态系统的结构更加完善、功能更加健全、作用能够得到更好的发挥。城市不只是简简单单的生态系统，它是由社会、经济以及自然三者共同构成的综合生态系统。在这个生态系统内，产生主导作用的是社会系统，作为命脉的是经济系统，而充当基础和前提的则是自然系统。而在城市生态系统中，往往社会系统强大、经济系统充足、自然系统却常常严重不足，尤其是绿色植被这种生产者相对缺乏。定鼎门遗址保护片区开辟之后,尤其是"两坊一街"保护展示工程建成以后,洛阳市城市生态系统的呼出功能和吸入功能便会更加完善。作为天然氧吧,它能够给洛阳市城市生态系统提供更多的新鲜空气和生态能量;作为城市之肺,它能够吸收粉尘、汽车尾气以及其他有毒有害物质,使洛阳市城市生态系统新陈代谢能力增强。总而言之,在定鼎门遗址保护片区的一吸一呼之间,城市更加清洁干净,人们的心情更加顺畅,洛阳市的面貌也焕然一新,城市生态系统基础越来越厚实、结构越来越完善、功能越来越强大。

此外,在完善、充实城市生态系统的同时,也使边缘效应得以增加。边缘地带指的是因两个不同生态系统相互交叉从而形成的狭长窄小的地带。在边缘地带,物种组成和生态系统内部有所不同,与之相比更加丰富,从而形成边缘效应。定鼎门遗址保护片区西和大同坊、从政坊游园相接,北与中国国花园毗邻,东部、南部分别和王城大道、古城快速路的绿化带和绿化林相交,其内部形成一个小的生态系统,四周形成边缘效应。尽管对于城市景观来说,定鼎门遗址保护片区的自然景观相对较少,物种多样性相对较低,但是其边缘效应还是存在的,从而使洛阳市的物种多样性和自然景观的丰富度得以增加。

4. 推动旅游发展

事实上,作为隋唐洛阳城国家考古遗址公园的重要组成部分,定鼎门遗址保护片区初具规模,能够促进洛阳市旅游产业效益增加,促进洛阳市旅游产业发展潜力增长。作为远近闻名、中外驰名的国际历史文化名城,洛阳市一直致力于旅游行业的发展,使其成为一大支柱产业。然而,近年来,受诸多因素的制约,洛阳市旅游发展一直有待提高,国内外游客在洛阳市停留的时间已经从 21 世纪初的平均 2.5 天下降至如今的平均 2 天①。根据针对来洛

① 中华人民共和国文化和旅游部. 旅游抽样调查资料 2020 [M]. 北京: 中国旅游出版社, 2020.

游客所作的问卷调查发现，旅游资源过于单一、旅游体验度不高等已经成为制约洛阳市旅游发展的主要因素。究其原因，洛阳市以文物丰富、文化旅游资源聚集而闻名于世。然而，这只能吸引那些有文化品位、有历史情怀的游客，满足其增长阅历见闻的需求，能够满足游客休闲度假、体验参与的旅游景区相对较少。因此，在旅游形式越来越多变、旅游内容越来越丰富、旅游宣传越来越吸引人眼球的现今，以文化旅游为主的洛阳市，自然对游客，尤其是年轻游客的吸引力是略呈下降趋势的。此外，洛阳市给人的旅游体验度不高，前来旅游的人们往往在参观完龙门石窟等主要景区后便急匆匆离去，向东前往少林寺，向西前往西安，从而导致游客在洛阳停留的时间越来越短。

以世界文化遗产——定鼎门遗址博物馆为代表的定鼎门遗址保护片区的建成，不仅使洛阳市城市环境质量得到了一定改善，也使洛阳市以文化旅游为主要形式的旅游产业得到不同形式的助力，更能增加游客的参与度与体验度，使得中外游客前来洛阳旅游的体验感得到增强，给洛阳市旅游带来重要影响。具体表现在以下三大方面：一是使游客前来洛阳旅游时，停留时间有所延长，从而能够使洛阳市的旅游收入得到增长；二是使游客产生更大的旅游兴趣，吸引他们前来洛阳旅游，从而推动洛阳市旅游产业平稳发展；三是在前面两大表现形式的带动下，洛阳市的旅游服务业、餐饮酒店业等也会快速发展，从而促进区域经济的发展。

5. 周边土地增值

虽然在定鼎门遗址保护片区，无论是博物馆、保护工程等文物保护用地，还是广场、步道和草坪等基础设施建设用地都是公益性质的，因此对这一区域的土地来说不会产生任何利润。然而，世界文化遗产的属性、文物保护的性质、景观景区的绿化等，都决定其周边区域的土地增值以及商业价值的提升。现如今，定鼎门遗址保护片区所在的洛龙区，是洛阳市房价和地价最高的区域，而定鼎门遗址保护片区周边，又因为定鼎门遗址博物馆、"两坊一街"保护展示工程、隋唐城遗址植物园等景观园区的存在，导致商业价值猛增，不仅工商业用地的效益大大提高，就连住宅用地的价格也大幅增长。也就是说，定鼎门遗址保护片区的建设使周边区域的环境质量大为改善，无形之中也让周边土地的价值得到较大幅度的增长。

6. 促进城市景观多样化

定鼎门遗址保护片区的建成，不仅使隋唐洛阳城国家考古遗址公园的建设向前迈出更为坚实的一步，也使洛阳市城市景观异质性得到较大程度的提高。在景观生态学中，景观异质性是一个颇为重要的概念，空间异质性也是一个极为重要的内容。异质性指的是在一个特定区域或者景观或者生态系统之内，对一个物种或者更为高级生物组织的存在起到决定性作用的资源或者某种状态在一定时间或者空间所进行变异的程度或者强度。一种是时间异质性，另一种是空间异质性，两种异质性相互交汇、相互作用，从而使空间系统发生演化发展，出现动态平衡。景观系统在功能、结构、地位和性质方面出现的调整、产生的变化，都和时间与空间两种异质性发生交互关系有关。定鼎门遗址保护片区的建成，使洛阳市景观异质性得到提高、景区多样性得到增加。通过将城镇聚集部落景观转变成城市景观，将农业景观复合体转化成园林景观复合体。与此同时，不同树种进行组合、不同林相搭配使用、不同季节的树木综合种植。这样一来，便让定鼎门遗址保护片区既有时间异质性，又有空间异质性，从而使景观更为丰富，对景观视觉效果的提升大有裨益。

不仅如此，定鼎门遗址保护片区的出现，使洛阳市城市景观连接度也得到一定幅度的提升。在景观生态学中，景观连接度作为一种主要研究内容，主要针对景观生态过程进行测定，是描述景观之中的廊道或者基质在一定空间之中的连接方式以及延续过程。在景观生态过程中，景观内部的一些生物亚群体，通过相互作用、相互影响，从而形成有机整体。因此，景观连接度是对亚景观单元进行相互作用、相互联系做出描述的景观现象，在景观之内，各种元素在功能上相互作用、在生态上相互联系，这就产生了景观连接度。事实上，景观连接度与景观之内的空间结构有着较为紧密的联系，尤其是廊道，对景观连接产生着极为重要的影响，其组成物质、长度、宽度以及形状等都将对景观连接度产生重要影响。从景观生态学方面来看，定鼎门遗址保护片区尤其是"两坊一街"便充当了廊道的作用，在景观中产生联通、交汇，其和周边其他区域如大同坊、从政坊游园、隋唐城遗址植物园、中国国花园以及文博体育公园等园林绿化区，相互连接、相互沟通、相互作用、相互交汇，从而使洛龙区甚至整个洛阳市的景观连接水平得到较大幅度的提升。

此外，定鼎门遗址保护片区的落成，对现代城市风貌是一种改变，也是一种创造；对城市景观视觉效果是一种提升，也是一种开创。定鼎门遗址保护片区与环城绿化、城市公园、专用绿地等绿化片区，以及社区、企事业单位、街角公园等绿化点一起，共同组成洛阳市点线面有机组合、相得益彰的完整绿化体系，再加上城市周边有邙山、青要山、紫荆山、周山、万安山等山脉环绕，将洛阳市置于山青水绿的绿色生态环境之中。有均匀分布的绿地，有道路和建筑物等硬质景观旁边的小区绿化、街边绿化以及道路绿化等软质景观相互包容、山水相依、城林相映、天人合一、宜商宜居，从而为市民创造众多天然氧吧，使他们能够自由呼吸，并有更多走进园林、亲近自然的机会，也让洛阳市的城市景观更富自然气息，更有人情味，这对洛阳市景观视觉效果的提升大有帮助，从而让洛阳市连续多年被国家林业和草原局评为国家森林城市。

第五章　近城区大遗址保护
与区域旅游经济发展

　　城市，是人类赖以生存的家园，是人类文明的集中展示场所，也是自然风光和人文情怀相互辉映的聚落。对于城市发展来说，经济是表象，文化才是灵魂。一座城市的文化遗迹、历史遗存，不仅代表着过去，也昭示着未来，它是城市影响力的基础、发展力的前提、延续力的动力。纵观历史，许多蜚声世界的国际大都市，无不因为具备悠久的历史和丰富的文化而散发着独特的魅力、拥有着迷人的气质，从而产生着长久持续的影响力，并因此保持长盛不衰。

　　因此，对一座城市来说，拥有丰富的文化资源，不仅是极为珍稀的精神财富，更是核心竞争力的有机组成部分，使城市拥有厚积薄发、喷薄欲出的巨大能力，从而能够不断推动城市走得更稳、行出更远。在如今这个知识化、信息化、智能化的互联网时代，各种思想层出不穷、各种知识花样百出、各种学说精彩纷呈，在快餐文化、娱乐文化、嘻哈文化等大行其道时，人们也越来越清醒地认识到，文化底蕴之于经济振兴的重要性、文化内涵之于区域进步的重要性、文化资源之于旅游发展的重要性。并且，随着经济向前快速发展，文化产品越多样，能够进行开发利用的文化资源就越丰富，这座城市的发展潜力也就越大。不仅如此，一座城市的历史文化价值，不仅蕴含在有形有物的文化实体中，也深藏在无形无状的文化内涵中。此外，城市的历史沉淀、人文积淀，是城市居民奋斗力量的源泉、是城市居民对城市认同感的重要凭依，能够使他们增强文化自信心、激发民族自豪感，从而以更坚定的信心、更坚实的力量、更充分的热情，投入城市建设和祖国建设中去。因此，对一座城市来说，文化在凝聚人心、集结民力方面，起到的作用无疑是巨大的。一座历史悠久、文化深厚的城市，要想成为一座具有国际影响力的现代化城市，就要对浓烈的历史情怀、厚重的文化底蕴进行深挖细耕，准确把握城市特色独具的文化内涵，并进行精准定位，使其促进城市发展的独特精神内涵，从而成功塑造城市耀眼闪亮的城市品牌。

如果有历史提供必要的前提、有文化打下坚实的基础，城市在保持长久、健康的可持续发展道路上便会走得顺遂、走得平稳。城市的发展，尤其是大城市以及特大城市的发展，对人类赖以生存的环境产生着至关重要的影响，不仅是推动可持续发展的主要场所，更是构建人类命运共同体的重要基地。从世界各大城市的发展轨迹来看，随着生产力的发展、生产方式的创新以及生产工具的更新换代，人类在从农业社会走向工业社会，继而走向信息社会的过程中，无论城市的功能还是城市的性质，都在发生着巨大的变化。在以往的工商业城市之中，表现出技术化、商业化及功利化的特点。如今，越来越向文化城市转变，以人文化、情怀化、人本化等作为主要特征。即在城市未来的发展道路上，文化将继续发挥着重要作用，继续充当着发展动能和储备力量。

一座城市驱动发展的内生动因便是这座城市的文化底蕴。城市不仅是一个固定的地理概念，如在洛水之北，便为洛阳，事实上，它更是一种变化多端的文化形态，如洛阳在历史上也叫洛邑、雒阳、洛城、神都、东都、西京等，拥有多个称谓，一个历史称谓便是一种文化形态。一座城市在历史长河之中，经受过许多曲折和磨难，岁月沧桑、兴衰荣辱、繁华落寞、苦难辉煌，在前进中曲折、在曲折中前进，一路走来持续发展，除自然景观在经历岁月变迁后，已经"风景暗换"之外，在漫长的历史进程中，坎坎坷坷、反反复复，也逐渐形成与众不同、独具特色的文化。这种文化的独特性，不仅表现在古老的历史遗存、独特的建造风格以及标志性景观等有形的实物上，还表现在城市居民的生活方式、价值观念、风俗习惯、行为规范以及精神气质等无形的内涵上。

这样看来，一座城市驱动发展的内生动力便是这座城市的文化精神。在长期的发展过程中，在漫长的历史演进历程中，一座城市所累积的文化资源，不只是出土文物、文化遗址以及历史遗存等这些物化形式，更会表现为一种凝结其中、凝聚其间的精神气质，这便是文化精神。文化精神包含生活在同一座城市的人民群众，在共同的生活环境之中，经过同样的习惯风俗，培养出来的文化素养和价值观念。这不仅是一座城市之所以能够形成凝聚力和向心力的精神源泉，也是能够维系城市形式、推动城市发展的文化力量。尤其是传统文化精神，是这座城市普世价值观以及共同行为方式的主要构成部分，也是推动城市不断前进、不断发展的内生动力。因此，对传统文化精神进行正确引导和合理利用，去芜存菁、去伪存真，将其融入社会主义核心价值观中，便能够陶冶人民群众的道德情操，提升城市居民的文明素养，从而促进城市整体文明形象的提升。

第一节　城　市　化

一、城市的定义

作为人类文明的标志，城市是规模型人类聚居地，它具有永久性、人口稠密性的特征，并且一般具有行政划定的边界，居住其内的人们往往从事着非农业性质的生产活动。现代城市是人类在进行工业革命的综合产物，可以说是现代文明的象征。城市拥有相对集中的人口和相对发达的工商业，居民以非农业人口居多，是整片区域的政治经济中心、文化教育中心以及科教信息中心，是一个国家综合国力的集中体现、政府管理能力的综合象征，并且是国际竞争力的有力代表。城市具有规模、集聚以及组织辐射等综合功能效应。

城市文明可以说源远流长，随着人类社会的进步，城市内涵也在不断拓展和延伸。作为一个涵盖内容众多、元素复杂多变的综合体，城市有着千姿百态的表现形式，如从政治、社会、经济、地理、建筑以及统计等层面，城市都有其精彩多变的一面。正因如此，人们对城市的认识也是多种多样的。在经济学家看来，城市的诞生、发展、成熟等和劳动分工的产生以及深化有着密切的关联；社会学家认为，城市就像是具有生态系统的社区，城市不仅随着社会化的发展而产生，还是一个功能俱全的小型社会；在统计学家看来，城市是人口大规模集中之后，形成的一定的组织制度和独特的生活方式，因此产生的集合体。城市产生有两大基本条件，一是居民人数达到一定数量，二是居住区形成一定规模；建筑学家认为，城市主要由形式多样、类型丰富的建筑构成，在形成一定空间组合的基础上，主要能够为居住在其中的民众提供设施完好的生活环境，创造优美舒适的工作条件。

饶会林在撰写《城市经济学》这本专著时，便站在经济学的角度对城市进行如下定义："城市是社会生产力发展到一定阶段的必然产物，是经济较为密集的社会有机体，是区域发展的核心"。[①] 该定义道出了城市形成的原因、发展的特点，阐明了城市与经济之间的紧密关系，并且把城市和经济、发展等联系起来，可以说是极为精准的。如果对我国 70 多年来城市发展的历程进行回顾，便会清晰明确地看到，没有经济的发展就没有城市的发展，而区域经济的发展又必须靠城市经济的发展来带动。

二、城市化的定义

作为社会经济进行转化的过程，城市化和城市一样同样拥有涉及领域广

---

① 饶会林. 城市经济学 [M]. 大连：东北财经出版社，1999.

泛、涵盖内容丰富的内涵，如人口产生的流动、地域景观的变迁、经济领域的变化以及社会文化的发展等。不仅如此，随着社会进程的推进、经济发展的加速，城市化的内涵也在不断发生变化，并且有越来越丰富的趋势。不过，由于各学科、各领域的专家学者站立的视角不同，其对城市化的理解也不尽相同，概括而言，主要有以下三种不同观点。

（1）由人口导致的城市化。

持这种观点的专家学者一般认为城市化是由农村人口演化成城市人口（或城镇人口）带来的，或者说城市化的进程便是农业人口向非农业人口进行转化的一种过程。英国经济学家克拉克（C. G. Clark，1940）认为，城市化进程其实是从事第一产业的人口在不断减少，从事第二产业以及第三产业的人口在不断增加的过程。在英国著名社会学家埃尔德里奇（Hope Tisdale Eldriage，1942）看来，人口从分散到集中的这一过程，便可称为城市化。

（2）由空间变化造成的城市化。

持这种观点的专家学者一般认为所谓城市化的进程，是在一定区域之内的人口规模不断扩大、产业结构不断调整、管理手段不断变化、服务设施不断完善、环境条件不断优化，生活在这片区域的人们的生活水平不断提高、生活方式不断发展的一种在动态中前进的过程，城市通常要经历从小到大、从粗犷到精致、从零散到集中、从单一化到复杂化等过程。引起城市化发生的主要原因便是社会生产力的发展所带来的人类生产方式的变化、生活方式的调整以及居住方式的改变。在城市化过程中，其发生的空间变化通常体现在四个方面，即人口规模增长所引发的居住空间增大；非农产业的发展与进步所引发的商业、服务业空间格局变大；地域范围的扩大所引发的城市空间的剧增；生活方式的改变所引发的生活空间的增长等。日本社会学家矶村英一在对城市化问题进行分析时，便将城市化分为三种，即动态城市化、社会结构城市化以及思想感情城市化，便是对由空间变化造成的城市化这一论点的深入和延伸。

（3）乡村发展带来的城市化。

持这种观点的专家学者通常认为乡村和城市或者城镇是对立而言的，不过，城市也可被视为乡村的延续，是乡村发展到一定阶段必然出现的结果。同时也应看到，乡村和城市之间也存在较大差距。在他们看来，所谓的城市化其实是落后传统的乡村社会在向前发展的过程中，逐步以先进的生产方式、先进的生产技术取代原有的生产方式和生产技术，并由此带来思想和行为上的变革，从而转变成先进、现代的城市社会或者城镇社会。这一结果的出现，是历史演进的结果，也是自然发展的结果。美国芝加哥学派代表人物、世所公认的城市社会学创始人路易斯·沃思（Louis Wirth，1938）便是这种观点的代表，他认为，城市化进程主要是人们在从落后的农村生活方式向先进的城市生活方式、城镇生活方式转变的过程中，引起质变的必然结果。这一说法虽然较为抽象，但并不复杂，更像是以上几种观点的综合。

三、城市化阶段

美国社会学家约翰·弗里德曼（John Friedmann，1966）通过长期研究，对城市化的认识逐步深化，不仅提出了著名的核心—边缘理论，还致力于对发展中国家的城市化进行研究。在他看来，在国家或者区域空间系统之中，城市化是一种复杂、综合的变化过程，它不仅包含人口及非农业活动在规模不同的城市环境中的地域集中过程，也包括非城市景观逐步演变成城市景观这种地域推进的过程，更包括城市文化、城市生活方式、城市价值观念等在农村进行地域扩张的过程。在西方学者看来，欧美国家的城市化一般要经历四个阶段，即城市化阶段、郊区化阶段、逆城市化阶段以及再城市化阶段。随着城市化速度的加快以及城市化进程的向前推进，从长期来看，目前大部分的城市近郊区都会进化成完完全全的城市区。在这一过程中，由于城市所处的发展阶段不同，便会带来城市人口规模的变化、土地使用的变化、景观建筑的变化、城乡文化的变化以及社会结构的调整，这样一来，处于城市近郊区域的乡村，其旅游形式以及旅游内涵自然便会有所不同。

对于城市化的发展阶段，我国多数学者一般只划分成两个层次，即集中城市化和扩散城市化。

（一）集中城市化

集中城市化阶段也叫向心城市化阶段，该阶段是城市发展的初级阶段，即以集中优势建设城市为主要手段，将农村、郊区的人口向城市大量迁移，这样一来，城市化的进程便会加快，城市化水平也会稳步提高。在这期间，城市的区域扩张也会向郊区慢慢延伸。不过，这时的城市用地与乡村用地在构成上并没有太大的变化，出现的主要变化还是在城市内部。由于人口的迅速聚集，造成城市在土地利用上出现较多变化，许多闲置土地投入建设，许多农业用地转化成工业用地和商业用地。这样一来，在城市的中心区域，土地利用率便得到较大幅度的提高，尤其是高楼大厦的出现，使得城市土地的利用密度快速增高，城市的体量在迅速变大，城市的内涵也在稳步充实。

（二）扩散城市化

扩散城市化阶段也叫离心城市化阶段，该阶段是城市发展的高级阶段。发展到这一阶段，城市已经日臻成熟，经济更加发达、社会更加进步、生产要素更加密集。许多产业，尤其是以制造业、化工业等为主的工业，开始向城郊转移，人口也慢慢向郊区扩散。这样一来，城市中心城区的人口便会逐步下降，郊区的人口反而在快速增长。这时，城市和郊区的差距进一步缩小，经济渐渐趋向于一体化，城市郊区也开始向城市转变，成为城市城区的有机组成部分，并成为城市的真正一员。与此同时，之前郊区附近的乡镇村落也就变成如今的城市郊区，城市的规模正在加速扩张。在扩散城市化阶段，城市近郊区发生了翻天覆地的变化，其主要表现在以下四个方面。

（1）在土地利用方面，城市迅速向近郊区扩张。这种扩张几乎就像在地图上延伸，呈现出摊大饼的模式，向东南西北四面八方散开，或者是以交通轴线为先导，交通轴线延伸到哪里，城市便扩张到哪里，尤其像地铁线、快速路、高铁线这种至关重要的交通轴线的铺设，基本上都会伴随着城市阶段性向近郊区扩张。与此同时，城市的工厂逐步从城市中心区域迁出，落户近郊区，城市所规划的工业区、科技城、产业聚集区等也会重点放在近郊区，由此带来商业、服务业的发展，郊区的商店和快递点数量增加，医院开始建设，学校迅速落成，住宅楼也如雨后春笋般出现，车行道、人行道、路灯、绿化带、公共厕所、公园、锻炼场馆等基础设施、公共设施也在一步步建设中不断完善。

（2）在文化影响方面，城市文化和乡村文化不断发生碰撞，最终造成城市文化在近郊区不断加强，乡村文化不断削弱。当城市人口随着工厂、企业及工业区大量转移到近郊区以后，其行为习惯、思维方式、思想素质等也对近郊区产生着潜移默化的影响，城市的生活方式、价值观念、时尚元素、流行文化等会对近郊区固有的家庭观、宗族观、传统思想、传统手艺、传统文化以及乡土文化等都带来不小的冲击。事实上，城市文化和乡村文化所发生的激烈碰撞，是强势文化和弱势文化的碰撞，其结果只能是弱势文化式微，乡土文化慢慢被渗透，乡村情结逐渐被侵蚀，并迅速走向终结。

（3）在心理状态方面，城市居民和近郊农民相互矛盾。城市居民久居城市，生活节奏快、生活压力大，无论基于生理需要还是心理需要，都会对自然产生向往，也会对乡村抱有一定程度的期待。然而，当城市扩张波及城市近郊，城市居民和近郊农民频繁进行交流的过程中，不仅近郊在逐步转变成城市，就连近郊的农民也在衣食住行等生活的方方面面向城市居民靠拢。于是，乡土文化渐渐消融，乡村的民风民俗、服饰穿戴、耕作种植、饲养放牧等生活方式和文化形式也日渐削弱，这就会造成城市居民的心理落差。相应的，原本生活在城市近郊的农民在生活方式转变之后，思想落差也是较大的，毕竟要经历从不习惯到习惯，从不适应到适应再到喜欢的心路历程。这样的思想转变和心理变化有时候不是一代人所能完成的，要经历两代、三代甚至更多代才能完成。

（4）在生态环境方面，难免会出现一些如生态破坏、环境污染等负面影响。在扩散城市化阶段，城市迅速扩张，城市产业向郊区转移，城市人口向郊区移动，由于速度过快、扩张弧度过大，便会产生一系列难以迅速解决的问题。根据我国目前城市化发展情况来看，城市的发展规划虽然要经过国家有关部门的审批才能实施，但在现实情况中，许多城市往往先实施后规划，或者实施的进度远远大于规划的进展，这就造成一些城市郊区出现非法城市化或者隐形城市化的现象。这样一来，便会产生很强的副作用，即盲目扩张、规划不合理、管理不科学、监督不到位给城市近郊造成环境污染、生态破坏、有毒有害物质非法排放等，有些污染和破坏是难以再修复的，这给后续的生态环境治理工作增添了更多的困难。

四、城市化与城市生态

2018 年 5 月 18 日召开的全国生态环境保护大会上，习近平总书记指出："生态环境问题归根结底是发展方式和生活方式问题，要从根本上解决生态环境问题，必须贯彻创新、协调、绿色、开放、共享的新发展理念，加快形成节约资源和保护环境的空间格局、产业结构、生产方式、生活方式，把经济结构、人的行为限制在自然资源和生态环境能够承受的限度内，给自然生态留下休养生息的时间和空间。"[1] 在另一场重要会议上，习近平总书记又强调："当前，重污染天气、黑臭水体、垃圾围城、农村环境已成为民心之痛、民生之患，严重影响人民群众生产生活，老百姓意见大、怨言多，甚至成为诱发社会不稳定的重要因素，必须下大气力解决好这样的问题。要集中优势兵力，动员各方力量，群策群力，群防群治，一个战役一个战役打，

---

① 习近平. 习近平谈治国理政（第三卷）[M]. 北京：外文出版社，2020.

打一场污染防治攻坚的人民战争。"① 可见，党和国家已经将污染防治、生态治理上升到和精神文明建设一样的高度，称为生态文明建设。并且，要"打一场污染防治攻坚的人民战争"，不仅要打好，还要坚决打赢。早在1987年，世界环境与发展委员会基于控制人口增长、加强资源保护、开发再生能源等状况考虑，出版发布《我们共同的未来》报告，在其中，明确提出"可持续发展"概念，并将其定义为"既满足当代人的需要，又不损害后代人满足其需求能力的发展"②。我国是较早把可持续发展当作国家发展战略的国家，20世纪末，我国在出版《中国21世纪人口、资源、环境与发展白皮书》时，便首次将可持续发展战略纳入我国经济社会发展长远规划。在1997年召开的党的十五大上，可持续发展战略被确定成为我国"现代化建设中必须实施"的重大战略。在2002年召开的党的十六大上，"可持续发展能力不断增强"被当作全面建设小康社会需要实现的主要目标。③ 如今，可持续发展战略已经成为我国国家发展战略的主导思想，对党和国家来说，可持续发展不仅是生态环境的可持续发展、资源的可持续发展，更是经济的可持续发展、整个社会的可持续发展。我国人民也越来越认识到，所谓发展是硬道理，与此同时，发展也务必是可持续发展，所谓快速发展、飞速发展，其前提都要保证发展的可持续性，否则，一切都将是空谈。

一方面，城市不仅是整片区域的政治经济中心，也是科教文化中心。城市不仅是人类智慧的凝聚点，更是人类文化的闪光点。正因如此，无产阶级革命家、思想家卡尔·马克思才在《资本论》中强调，城市发展，"造成新的活力和新的理念，造成新的社交方式，新的需求以及新的语言"④。然而，从另一方面来看，城市又是各种矛盾集中的火药桶和各种冲突爆发的导火

---

① 习近平. 习近平谈治国理政（第三卷）[M]. 北京：外文出版社，2020.
② 世界环境与发展委员会. 我们共同的未来 [M]. 长春：吉林人民出版社，1997.
③ 奚洁人. 科学发展观百科词典 [M]. 上海：上海辞书出版社，2007.
④ ［德］卡尔·马克思. 资本论 [M]. 何小禾编译. 重庆：重庆出版社，2014.

索。在人口增长、资源短缺、环境恶化、社会治理难度加大以及经济发展与人民需求不相适应等方面，存在大量的矛盾，往往都会在城市集中出现、扎堆爆发，尤其是在城市化进程不断向前推进的过程之中，这些矛盾会此起彼伏、层出不穷。如何妥善处理这些矛盾，使它们大而化小、小而化无，又能以见微知著、防微杜渐之心，防患于未然，将诸多矛盾消弭于无形，这考验的不仅是当地政府的执政能力，还证明着一座城市是否具有向心力和凝聚力。事实上，这些矛盾、冲突需要综合来看，需要站在一个更高的高度统筹化解。事物是普遍联系的，城市也是如此，它是相互联系、相互协调、相互妥协、相互制约的综合体，只有把居民、资源、生态、环境与经济振兴、社会进步、旅游发展、民生改善等综合起来、统筹起来，做到广泛联系、紧密结合，才能推动城市的整体进步和全面发展，促进工业化、现代化、信息化、智能化城市的全方位实现。当然，如果想要做到这些，就必须坚持高质量发展，就必须秉持可持续发展的原则。

城市生态环境既是城市生态文明建设的主体，也是城市发展进步的基础。这里所说的"生态环境"，并不只是指城市绿化率、城市森林覆盖率、城市物种多样性等自然生态环境及街道、社区、公园、广场等城市建设环境。除了这些硬环境之外，还包括软环境，即城市综合治理环境、社会文化环境、历史人文环境等。如果硬环境达不到相关要求，城市发展、社会进步、经济振兴、旅游发展以及民生改善等方面就要受到严重影响；如果软环境不合格或者不出彩，也会成为城市发展、社会进步、经济振兴、旅游发展以及民生改善等方面的制约因素。在城市化进程中，一切都要向前，经济要振兴、社会要进步、旅游要发展、居民的物质生活水平要提高，精神文化需求也要满足。但要清醒地看到，这一切的发展进步，都离不开文化的推动，甚至可以说，其动力源泉便在于文化。文化是城市发展的前提，是经济增长的内生因素。因此，在推动城市化、进行现代化的过程之中，城市必须建设城市生态文明，促进城市文化生态的改善和精神文明的提升，并彰显高层次、高水准、高规格的文化特色，营造自然风光与人文情怀并重的文化生态，建设绿意盎然与青春活泼共存的人文环境。

五、城市化与城市人文

自改革开放以来，我国一直都在实行以经济建设为中心的基本战略，以经济建设为中心也被视为立国之本、兴国之要和强国大计。然而，许多城市在执行这项战略的过程中，看法却有些片面，这也就造成对经济功能的过度重视，从而对城市的人文功能以及文化底蕴有所忽视。事实上，城市不能没有文化，城市化进程离不开文化，城市建设必须全面发挥文化的强大功能，塑造城市人文品牌、文化形象。在其中，既包括物质文化与制度文化，也包括精神文化和生态文化；既需要对公共文化设施进行建设，也需要对人文景观进行塑造；既需要对城市人文环境进行营造和升华，又需要对城市居民思想素养、精神气质、人文情怀进行培育和提升。未来的城市一定会是物质高度富裕、资源综合利用、科技高度发展、信息高度畅通、文化高度丰富、精神文明高度发达的现代化、信息化、智能化城市。这才是未来城市的发展目标，才是能够实现可持续发展的必由之路。在其中，城市的历史人文、精神文明至关重要，它不仅关系到城市是否有发展的动力，还关系到城市能否顺利实现可持续发展。

作为城市现代化建设的有机组成部分，城市人文建设意义重大，不仅能够使城市奔向现代化的进程加快，还能使城市居民的整体素质得以提高，更有助于城市整体形象的提升以及城市品牌的尽快形成。此外，它对城市社会、经济、旅游等协调发展还起到至关重要的作用。

第一，城市人文建设是建设现代化城市的重要内容。就现今而言，城市化的进程便是城市从传统社会转变为现代社会的过程，说到底，其本质便是城市人文的改变，即城市人文与现代化接轨的过程。从一方面来说，城市化进程带来物质生活的丰裕和社会财富的增加，如何在物质生活充足之时，满足精神世界的需求，对城市价值导向和市民消费理念是一个极大的考验，从另一方面来说，城市化进程的加快、现代生活方式的转变，对城市居民思想的解放和观念的更新也具有极大促进作用。

第二，城市人文建设对城市经济发展具有重要促进作用。事实上，对于城市经济发展来说，城市人文发展也是其中的重要内容。第一方面，城市人文建设能够满足城市居民对精神生活的追求，从而让他们以更饱满的精神、更坚定的信心投入经济建设中去建功立业；第二方面，城市人文建设能够促进文化产业的发展和旅游产业的复兴，并因此成为促进经济发展的新的增长点；第三方面，城市人文，尤其是独具民族风情和地方特色的历史文化是推动城市经济向前发展的重要推手。城市特色历史文化是城市在漫长的历史时期、经过多次文化变迁最终形成的由物质生活、地方美食、文化传统、民族服饰、风俗风情、地方风貌、社会风气、气候环境、地理位置等许多因素综合而成的产物。作为一种独具优势的旅游资源，特色历史文化不仅能够促进城市旅游业的发展和旅游收入的增长，还能带动相关产业如餐饮业、住宿业、服务业及文化产业的发展。不仅如此，特色鲜明、风格显著的城市文化还能对外来人才以及金融资本形成强有力的吸引。以浙江省杭州市为例，该市不仅是历史有名的古都，还是世界知名的旅游城市，以美丽的西湖风景闻名于世，以"上有天堂，下有苏杭"而著称。在带动旅游产业发展的同时，杭州市还以创新经济、数字经济推动经济发展，并通过营造创新创业的浓厚氛围，吸引外来人才的流入，不仅人才总数、海外人才数、互联网人才数净流入率连续多年保持全国第一，还连续 11 年入选"外籍人才眼中最具吸引力的中国城市"。① 经过多年的厚积薄发，如今的杭州已成为我国的新一线城市。

第三，城市人文建设能够推动社会进步。城市在进行人文建设的过程中，社会交往增多，人际关系更加协调，城市凝聚力得以提升。因为人文建设必将促进人文交流，增加城市居民之间的接触与交往，而在交往之时，会形成更加和谐稳定的人际关系，无形之中也会增强城市的凝聚力和向心力。

---

① 杭州十年：创新成为"城市范儿"［EB/OL］. 中国新闻网，2022 - 08 - 25.

第二节 我国的城市化

在城市化进程中，社会生产力发生变革，从而推动人口不断向城市聚集，生产活动也不断向城市集中。这样一来，城市规模便会逐渐扩大，城市的结构与功能也会不断发生重组，从而导致生产方式和生活方式与以前相比出现很大不同，人们的价值思维、思想观念等也在不断发生变化，使城市文明得以不断扩散、城市文化得以不断普及。这也就说明，城市化的进程，是由于社会经济发生变化而导致的地域空间转换的过程，并以农村人口向城市集中生活和非农业经济在城市发展壮大为主要表现形式。根据国际上的惯例以及世界诸国尤其是欧美发达国家进行城市化的历史经验来看，当一个国家或者地区，其人均国内生产总值超过 1000 美元、城市化标准超过 30% 的时候，这个国家或者地区的城市化进程将会不断加快，其经济发展也将加速。[1] 早在 2002 年，我国国内生产总值达到 10.217 万亿元，首次突破 10 万亿元[2]，人均国内生产总值超过 1000 美元，与此同时，我国城市化标准也已经超过 30%。[3] 显而易见，从那时开始，我国城市化进程便进入加速前进、飞速发展阶段。

城市化水平不断提高，也就代表着城市人口规模不断扩大、城市经济规模不断增加。然而，不论扩大人口规模还是增加经济规模，事实上意味着要不断增加城市用地面积。相对而言，便是要不断满足城市建设用地增长的需求。由此可见，城市化进程其实是城市地域面积不断增长、城市空间不断拓展的过程，也是城市的建设用地需要不断增加的过程。要充足供应城市建设所用土地，在城区土地日渐饱和的情况下，唯有向郊区征地、向农村要地，

---

① 王秀玲. 关于加快河北省城市化进程的思考 [J]. 河北学刊，2006，26（4）：3.

② 2002 年我国国内生产总值突破 10 万亿元 [EB/OL]. 央视网，2008 - 10 - 09.

③ 发展回顾系列报告之一：大开放 大发展 大跨越 [EB/OL]. 国家统计局，2007 - 09 - 18.

这样一来，势必会占用大量农村土地，尤其是耕地。在我们这个人口超过 14 亿人，耕地面积仅占国土面积的 16.13% 的国度里①，既要吃饭，又要建设；既要生存，又要发展。不断增长的城市建设用地需求、不断推进的城市化进程，无疑给我们这个压力大、困难多的国家增添了更多的压力，也增加了更多的困难。

　　经过改革开放 40 余年的经济增长与社会进步，我国城市化建设也取得了世界瞩目的惊人成就，尤其是进入 21 世纪以来，我国城市化进程明显加快。2021 年，我国国内生产总值突破 110 万亿元，达到 114.4 万亿元；人均国内生产总值也突破 8 万元，达到 80976 元，如果按照年平均汇率折算的话，为 12551 美元，不仅与 19 年前相比增长了 10 多倍，还超过全球生产总值的人均水平，成为具有里程碑意义的事件②；同年，我国常住人口城镇化率即城市化标准超过 60%，达到 64.72%，与 19 年前相比翻了 1 倍，是 1978 年的 17.92% 的近 4 倍。③ 综上所述，1978 ~ 2021 年，我国城市化率以每年提高超过 1 个百分点的速度在增长④；从 21 世纪初至今，我国城市化率更是以每年超过 1.3 个百分点在增长，呈现出飞速发展、高速增长的态势。⑤ 由此可见，我国城市化已经处于一个较高的水平。然而，按照国际惯例和世界诸国尤其是欧美发达国家进行城市化的历史经验分析，城市人口占总人口的比例低于 30%，称作城市化缓慢推进期；城市人口占总人口的比例介于 30% ~ 70%，称作城市化加速发展期；城市人口占总人口的比例高于 70%，将会重新进入城市化缓慢推进期。按照目前的情况来看，我国城市化进程已经走过城市化加速发展期，重新进入城市化缓慢推进期。即在今

---

　　① 中国的粮食安全 [EB/OL]. 新华社，2019 - 10 - 14.

　　② 2021 年中国全年 GDP 破 110 万亿　人均 GDP 突破 8 万元超世界人均水平 [EB/OL]. 中国网，2022 - 02 - 28.

　　③ 新型城镇化今年的任务举措（经济新方位）[EB/OL]. 中华人民共和国国家发展和改革委员会，2022 - 03 - 22.

　　④ 当前农村宅基地制度改革的思路探析 [EB/OL]. 光明网，2021 - 06 - 20.

　　⑤ 改革开放 40 年：统筹人口发展战略　实现人口均衡发展 [EB/OL]. 国际在线，2018 - 09 - 25.

后相当长一段时间内，我国城市化进程将会重新保持平缓发展的速度。这种平缓发展的城市化进程也对城市建设提出更高要求。高速发展有高速发展的好处，平稳发展有平稳发展的好处，高速发展将伴随投资的高要求与消费的高需求，平稳发展将更加注重投资的质量、更加重视消费的品质。在高速发展转向平稳发展之后，城市与城市之间、城市与郊区之间、城市与乡村之间、城市内部之间，都会发生新的关系、产生新的问题；而城市与资源、城市与生态、城市与环境、城市与文化、城市与居民以及城市与产业，也会有新的变化，伴之而生、随之而来的，也会有新的要求。

一、我国城市化阶段

对于我国城市化进程问题，相关研究可谓汗牛充栋、恒河沙数；对于我国城市化阶段的划分，专家学者的观点可谓众说纷纭、莫衷一是。不过，虽然各阶段划分不同、起始时间不同、命名称谓不同，但大致可分为五个阶段。

第一个阶段是正常发展时期，时间跨度约为 1949～1957 年，即从中华人民共和国成立到第一个五年计划完成。1949 年 10 月 1 日，新中国成立，中国人民开始当家作主。当时，百废待举、百业待兴。在这样的局面下，我国政府提出发展经济的号召，并根据自身实际，实事求是地制定经济振兴政策，以使国民经济得到快速恢复。1952 年，我国第一个五年计划开始实施，在此期间，要在全国重点城市发展重点工业项目。于是，在大规模进行经济建设的同时，规模化城市建设也由此展开，在苏联专家的指导和帮助下，我国对重点城市的重点区域进行规划设计，西安、兰州、太原、洛阳、包头、大同、成都和武汉等城市由于重点工业项目的实施而投入如火如荼的建设，不仅城市化进程加快，而且取得了显著成效。1953～1957 年，由于"一五"计划在全国轰轰烈烈地展开，大量农民走进城市到厂矿上班，成为吃商品粮的工人，也有一些农民在进城后进入商业和服务业，我国城市化进程大大加快。洛阳市在新中国成立以后首次进行大规模城市建设，便是在"一五"

期间。当时，国家把苏联援建的首批 73 个大型厂矿中的 4 个放在洛阳，即拖拉机厂（中国一拖）、轴承厂（洛阳轴承厂）、矿山机器厂（今中信重工）和热电厂（大唐电厂），后来又把两个苏联援助的重点工程铜加工厂（今中铝洛铜）和高速柴油机厂（今河柴重工）给了洛阳，再加上为洛阳工业做服务配套的玻璃厂（洛玻）、耐火材料厂（洛阳耐火材料厂）、水泥厂和棉纺织厂，使洛阳一举成为河南省重点工业建设中的重点，为洛阳工业打下了雄厚的基础，一直哺育洛阳工业发展至今。洛阳市涧西区便是因为当时这些大型厂矿大多选址在涧河以西而成立并命名的。

第二个阶段是大起大落时期，时间跨度约为 1958～1965 年，即从"大跃进"开始到我国国民经济调整基本完成这一阶段。受"大跃进"及"左"倾思想的影响，在 1958 年和 1959 年这两年间，我国城市人口便猛增 2000多万人。于是，我国政府于 1960 年及时调整政策方针，对经济发展进行恢复，并号召这 2000 多万名城市人口返乡务农，参加农业劳动、接受农村锻炼。与此同时，对城市设置进行调整，从而使全国城市总人口从 1960 年时的最高峰 13073 万人下降至 1962 年时的 11659 万人。通过对 1960 年经济调整方针的贯彻与执行，我国的国民经济得以恢复，并呈现出快速增长的势头，到 1965 年时，我国城市总人口已经达到 13045 万人，基本恢复到 1960年时的水平。[①]

第三个阶段是停滞不前时期，时间跨度约为 1966～1978 年，即"文化大革命"开始至党的十一届三中全会召开这一阶段。在"文化大革命"期间，国民经济处于崩溃边缘，工业生产基本停滞，粮食生产勉强维持，许多小城市凋敝衰败，更有一些乡镇重新变成农村，城市人口难以增长，基本在1 亿～1.1 亿人这一区间长期徘徊。在这 12 年里，我国非农业城市人口仅增长了 180 万人，也就是基本完全是由新生儿的出生所带来的自然人口增长。受"文化大革命"的影响，其中几年城市人口甚至出现负增长，城市化进

---

① 我国城镇化发展的历史与未来趋势［EB/OL］. 国家信息中心，2016 - 04 - 08.

程受阻，几乎完全停滞。①

　　第四个阶段是复苏时期，时间跨度约为 1979～1991 年，即我国开始推行改革开放和经济体制改革，开始推行市场经济体制。我国在党的十一届三中全会召开以后，将主要精力转移到经济建设上来，对内改革、对外开放，农业生产较快发展，农村经济逐渐转变为商品经济。这时，乡镇企业快速发展，工业产值迅速提高。1978 年时，我国的工农业生产总值仅为 5634 亿元，到 1990 年时，已经增至 16770 亿元，是 1978 年的 3 倍。这一阶段，我国经济飞速发展，国民经济年递增率达到新中国成立以来的最高水平。由于我国坚持对内发展经济、对外开放市场，使中心城市的作用得到充分发挥，推动我国城市化进程不断加速。在 1991 年这一阶段结束时，我国非农业的城市人口达到了 31203 万人，占总人口的 26.94%。

　　第五个阶段是活跃时期，时间跨度约为 1992 年至今，即推行市场经济体制至今。随着 1992 年邓小平同志视察广东，发表南方谈话，我国改革开放的范围进一步扩大、力度进一步加深，并由此开启社会主义市场经济体制，我国城市化进入活跃期。1998 年，我国以市为单位的城市从 1993 年时的 552 个增加至 666 个，城市人口达到 36699.4 万人，城市化率已经接近 30%，达到 29.92%。2003 年时，我国共有 660 个建制市，其中 4 个直辖市，15 个副省级市（中央计划单列市），260 个地级市 381 个县级市，城市人口达到 52376 万人，城市化率首次超过 40%，达到 40.53%。2011 年时，我国共有 657 个设市城市，其中，全国有 30 个城市常住人口超过 800 万人，13 个城市人口超过 1000 万人。城市人口首次超过农村人口，达到 6.9 亿人，城市化水平首次超过 50%，达到 51.27%。2019 年时，我国有 4 个直辖市，293 个地级市，387 个县级市，有 30 个城市城区人口超过 300 万人，其中超过 1000 万人的超大城市有 6 个，城市人口达到 84843 万人，城市化率首次超过 60%，达到 60.60%。至 2021 年末，我国的常住城市人口达到

---

① 沈祖良. 中国城市化发展的现状和趋势［J］. 武汉：咨询与决策，1995（11）：23－26.

91425 万人，城镇化率达到 64. 72%。①

按照我国的相关发展规划，至 2030 年时，我国城市人口将超过 10 亿人，城市化水平将达到 75%。② 如果以此来计算，未来十年之内，我国城市化水平的年增长率还要超过 1%，也就是说在保持现有增长水平的基础上，还需更进一步。事实上，为了照顾到地域发展的均衡性、区域发展的协调性，如今我国已经叫停了许多各大型、特大型城市为了扩大规模而实施的都市圈发展。在进行城市化之时，不仅要追求速度，还要追求质量，更要注重与周边其他城市发展的协调性，不能形成竞争态势，要互补互助，更要互惠互利（见表 5.1 和表 5.2）。

表 5. 1　　　　　我国历年城市化水平（1949～2021 年）　　　单位：%

年份	1949	1950	1951	1952	1953	1954	1955	1956	1957	1958
城市化水平	10. 64	11. 18	11. 78	12. 46	13. 31	13. 69	13. 48	14. 62	15. 39	16. 25
年份	1959	1960	1961	1962	1963	1964	1965	1966	1967	1968
城市化水平	18. 41	19. 75	19. 29	17. 33	16. 84	18. 37	17. 98	17. 86	17. 74	17. 62
年份	1969	1970	1971	1972	1973	1974	1975	1976	1977	1978
城市化水平	17. 50	17. 38	17. 26	17. 13	17. 20	17. 16	17. 34	17. 44	17. 55	17. 92
年份	1979	1980	1981	1982	1983	1984	1985	1986	1987	1988
城市化水平	19. 99	19. 39	20. 16	21. 13	21. 62	23. 01	23. 71	24. 52	25. 32	25. 81
年份	1989	1990	1991	1992	1993	1994	1995	1996	1997	1998
城市化水平	26. 21	26. 41	26. 37	27. 63	28. 14	28. 62	29. 04	29. 37	29. 92	30. 40
年份	1999	2000	2001	2002	2003	2004	2005	2006	2007	2008
城市化水平	30. 89	36. 22	37. 66	39. 09	40. 53	41. 76	42. 99	43. 90	44. 94	45. 68
年份	2009	2010	2011	2012	2013	2014	2015	2016	2017	2018
城市化水平	46. 59	47. 50	51. 27	52. 57	53. 73	54. 77	56. 10	57. 35	58. 52	59. 58
年份	2019	2020	2021							
城市化水平	60. 60	63. 89	64. 72							

---

① 我国城镇化发展的历史与未来趋势 ［EB/OL］. 国家信息中心，2016 – 04 – 08.
② 到 2030 年中国城市化率将达 75% 增加 2. 2 亿 "新市民" ［EB/OL］. 央广网，2019 – 10 – 12.

表 5.2　　　　　　　　我国城市化进程阶段划分及其主要特征

所处阶段	所处时期	起止时间	起止历史事件	主要特征
第一个阶段	正常发展时期	1949～1957 年	从中华人民共和国成立到第一个五年计划完成	新中国成立，我国政府提出发展经济的号召。1952 年，我国第一个五年计划开始实施，在此期间，要在全国重点城市发展重点工业项目。1953～1957 年，由于"一五"计划在全国轰轰烈烈地展开，大量农民走进城市到厂矿上班，成为吃商品粮的工人，也有一些农民在进城后进入商业和服务业，我国城市化进程大大加快
第二个阶段	大起大落时期	1958～1965 年	从"大跃进"开始到我国国民经济调整基本完成	受"大跃进"以及"左"倾思想的影响，1958 年、1959 年，我国城市人口猛增2000 多万人。我国政府于1960 年及时调整政策方针，对经济发展进行恢复。通过对1960 年经济调整方针的贯彻与执行，我国的国民经济得以恢复，并呈现出快速增长的势头。到 1965 年时，我国城市总人口已经达到13045 万人，基本恢复到1960 年时的水平
第三个阶段	停滞不前时期	1966～1978 年	"文化大革命"开始至党的十一届三中全会召开	在"文化大革命"期间，国民经济处于崩溃边缘，工业生产基本停滞，粮食生产勉强维持，许多小城市凋敝衰败，更有一些乡镇重新变成农村，城市人口难以增长，基本在1 亿～1.1 亿人这一区间长期徘徊。在这 12 年里，我国非农业城市人口仅增长了 180 万人。受"十年动乱"的影响，其中几年城市人口甚至出现负增长，城市化进程受阻，几乎完全停滞

续表

所处阶段	所处时期	起止时间	起止历史事件	主要特征
第四个阶段	复苏时期	1979～1991年	我国开始推行改革开放到开始推行市场经济体制	在党的十一届三中全会召开以后，将主要精力转移到经济建设上来，对内改革，对外开放，农业生产较快发展，农村经济逐渐转变为商品经济。这时，乡镇企业快速发展，工业产值迅速提高。1978年时，我国的工农业生产总值仅为5634亿元，到1990年时，已经增至16770亿元，是1978年时的3倍。这一阶段，我国经济飞速发展，国民经济年递增率达到新中国成立以来的最高水平。由于我国坚持对内发展经济，对外开放市场，使中心城市的作用得到充分发挥，推动我国城市化进程不断加速。在1991年这一阶段结束时，我国非农业的城市人口达到了31203万人，占总人口的26.94%
第五个阶段	活跃时期	1992年至今	推行市场经济体制至今	随着1992年邓小平同志视察广东，发表南方谈话，我国改革开放的范围进一步扩大、力度进一步加深，并由此开启社会主义市场经济体制，我国城市化进入活跃期。1998年，我国城市人口达到36699.4万人，城市化率已经接近30%，达到29.92%。2003年时，我国城市人口达到52376万人，城市化率首次超过40%，达到40.53%。2011年时，我国城市人口首次超过农村人口，达到6.9亿人，城市化水平首次超过50%，达到51.27%。2019年时，城市人口达到84843万人，城市化率首次超过60%，达到60.60%。至2021年末，我国的常住城市人口达到91425万人，城镇化率达到64.72%

资料来源：国家信息中心。

二、我国城市化的意义

（一）奠定发展基础

在我国经济发展和社会进步的过程中，城市具有强劲的集聚功能，能够将多种资源集中起来加以利用，因此扮演着至关重要的角色。城市是区域的主要组成部分，区域发展的主导便是城市发展。只有城市，特别是特大城市或者中心城市得到较为快速的发展，才能带动区域出现全面发展。就像深圳的强势崛起带动珠江三角洲地区成为我国经济增长的一大引擎，上海市的发展推动长江三角洲地区实现全面发展，成为我国经济最为活跃的区域之一便是如此。城市，尤其是特大城市和区域中心城市，因其产业发达、经济效益明显，交通运输、信息物流等基础设施完整齐备、技术人才密集、产业工人集中、创新能力显著等优势，在区域发展中发挥着协调资源配置、组织经济活动等主导作用，不仅会成为区域发展的管理中心、信息中心和决策中心，还会成为能够供应整片区域的人才培养基地。

（二）集聚资源要素

区域发展的核心要素是推动资金、人才、技术等资源流向城市，在城市聚集，从而促进城市发展。通过城市发展来带动整片区域经济结构的调整使其趋于合理，促进区域整体效益的增长。城市经济的主要特征是规模经济，规模经济的内涵决定城市要在技术、信息、人才以及物流等方面具有强大的吸引力。在现代市场经济条件下，资金、人才、技术等资源会从低效能地区流向高效能地区，以期发挥更大的效用。城市不仅具备能够聚集各种资源，并进行有效利用的有利条件，而且还拥有对各种资源进行强有力吸引使之产生集聚的强大功能，因此理所当然成为发展规模经济的基地。从我国的实际情况来看，由于城市具备显著的集聚能力和强劲的集聚经济效益，因此，我国各区域的发展都要以城市为主导来展开，采取以点带面的发展模式，通过城市发展引领区域发展。

第三节　城市化与大遗址保护利用

城市是区域发展的动力，是区域经济增长的引擎。在城市化如火如荼进行的过程之中，城区地域迅速向外扩展、空间迅速向外延伸，这样一来，区域也在城市的带动下，不断向外扩展和延伸。

城市郊区是城市边缘地区、周边地区的统称。以地域而言，它是城市结构的有机组成部分；以生态环境而言，它是城市生态环境向农村生态环境进行演化的过渡地带；以功能而言，它是城市功能与农村功能相互渗透的地区，因此，在功能上既有城市的表现，也有农村的特质；以发展而言，它是社会经济发展相对特殊却又较为活跃的地区。通常来说，城市郊区可分为城市近郊区、城市中郊区以及城市远郊区，或者采用更为简单的划分方式，只分为城市近郊区和城市远郊区，或者叫近城区和远城区这两种。近城区指的是靠近城市、紧邻市区的郊区，即我们日常生活中所说的城乡交错带、城乡接合部、城边村等。一般而言，近城区由于与城市和农村两者分别接壤，通常会具备两者的特性，即不仅有城市的特性，也有农村的特性。因此，近城区不仅有沿交通要道两边呈带状分布的建筑区，还有错综复杂的耕地山林，呈现出半城市半农村的景象，看起来就像是城市与农村的过渡地带。不过，近城区的地理区域不是一成不变的，而是呈现出动态变化的趋势，因此，近城区是一个特别不稳定的地区，受城市化进程的影响，它的某一部分随时都有可能变成城市城区的组成部分。即伴随城市化进程的不断加快，近城区将是首当其冲被城市城区"鲸吞蚕食"的区域，也是首当其冲接触城市文明，并受城感染熏陶从而导致"逐渐变质"的区域。更有甚者，随着城市扩区活动的开展以及建设都市圈的需要，有些近郊区有可能直接就变成城市的一个城区。

从城市的发展规律来看，近城区不可能永远只是近城区，总有一天，它会成为城市城区的一部分。即便出于保护的目的，将近城区"圈"起来，让城市在进行地域扩展或者空间延伸时绕过它，人为改变城市的发展方向以及土地的利用方向，甚至于在更远的郊区——远城区建立新的城市，其结果也只能是使近城区变成城市城区一部分的过程延长或者暂停，然而，这一天终究是无法避免的，有朝一日终会到来。

更进一步说，如果大遗址处于近城区，那么便预示着受区域发展以及城市化推进的影响，总有一天，大遗址的问题会被提上日程，或者将要拿出来讨论。是要对大遗址进行绝对保护而放弃近城区的发展，还是要不惜以破坏大遗址为代价，推动近城区发展，提高当地民众的生活水平，又或者是找到一条万全之策，既能有效保护大遗址，又能振兴当地经济，提高当地民众的生活水平？或早或晚，或速或迟，这一问题都要搬上台面，也终归要解决。然而，现实情况是残酷的，这一问题迟迟不被解决，在现实生活中，便有许多处于近城区的大遗址，因为区域发展的加速、城市扩张的推进，正一点点被蚕食、一点点被破坏，保护大遗址与发展区域之间的矛盾越来越突出，并随着时间的推移加剧恶化，这实在是令人极度痛心疾首的事情。

大遗址保护是一项任务艰巨、压力巨大的工作，大遗址开发利用更是一个形势复杂、内容繁多、工程庞大的系统，而处于近城区的大遗址，因为靠近城市，更容易受到城市发展以及城市化推进的影响，所以其保护和利用内容更加繁杂、系统更加庞大，并且困难重重、阻力多多。然而，它又是城市在地域扩散和空间拓展过程中永远绕不开的一个环节，因此不能不慎重对待、重点考虑。

一、近城区大遗址

实际上来讲，现代化区域经济是以城市为核心的经济形式。以特大城市或者区域中心城市为代表的城市群，已经成为推动世界经济增长的动力引擎。以国外为例，有以纽约为代表的美国东北部大西洋沿岸城市群、以芝加哥为代表的北美五大湖城市群、以洛杉矶为代表的美国西海岸太平洋沿岸城市群、以伦敦为代表的英国城市群、以巴黎为代表的欧洲西北部城市群和以东京为代表的日本太平洋沿岸城市群；以国内为例，有以上海为代表的长江三角洲城市群、以中国香港、深圳和广州为代表的珠江三角洲城市群和以北京为代表的京津冀城市群。这些城市群不仅是世界经济最为活跃的区域，也是中心城市全面发展强劲带动周边其他城市发展的代表性区域。当前，大城市、特大城市的郊区，以及中小城市的经济迅速转型、社会结构迅速调整、景观迅速改变，不仅使城乡界限越来越模糊，还使城乡迅速融入，一体化发展的趋势越来越明显。"一枝独秀不是春，百花齐放春满园"①，在我国未来城市化的发展道路上，不是特大城市、大城市越来越大，中小城市越来越萎缩，而是通过大城市、特大城市这些体量庞大、动能强劲的大型经济体带动中小城市这些有着巨大发展潜力和雄厚发展基础的中小型经济体协调发展、共同发展，从而实现共同进步、共同复兴。

　　处于近城区的大遗址，不仅是城市历史文化的重要组成部分，还由于其面积较大、价值重大、意义深远，再加上不可复制、无法移动的属性，从而成为城市化进程和区域发展过程中不可跳跃、不可忽视的重要环节。然而，正因为大遗址难以移动，从而使城市在不断扩张的进程中，与大遗址的距离逐渐缩短，甚至已经被城市包围。以洛阳市为例，隋唐洛阳城和如今的洛阳市主城区重叠，在西工区、老城区均有分布，后因洛河以南在2000年开辟的新区——洛龙区，使整个隋唐洛阳城都处于洛阳市的主城区。2021年，洛阳市扩区，将之前的偃师市和孟津县辟为偃师区和孟津区，使原本位于偃师的二里头遗址、偃师商城遗址以及原本地跨偃师市、孟津县以及洛龙区的

① ［明］张齐明.增广贤文［M］.北京：中华书局，1955.

汉魏洛阳故城都纳入洛阳市区管辖。但是，由于大遗址往往面积较大、历史文化厚重、区域特征明显，能够很好地反映人类在某一历史时期或者某一段历史内生活方式的改变、生存环境的变迁以及区位环境的变化，因此具有较高的历史文化价值和较为珍贵的考古研究价值。像大遗址这类的文物遗址，由于体量过大、价值过高，当地政府和文物保护部门只能慎重对待，最简单也最直接的办法便是对其实行绝对保护的政策，再加上保护手段相对单一落后，使大遗址保护区的经济难以快速发展，以至于与同区域其他地方相比差距悬殊。

由于我国经济发展水平还处于一个相对落后的阶段，使城市在实现自我发展的过程中，往往会以地域的扩张、空间的拓展来创造更大的发展空间，即我国城市的发展，往往采用一种较为机械的发展模式。正如前文所言，我国的城市化还处于快速推进的阶段，无论是各省市还是各地区都在想方设法通过城市发展带动区域经济，通过城市扩张达到区域逐步发展、全面发展的目的。然而，无法复制、难以移动是大遗址的主要特性，正因为它难以复制所以不能再造，正因为它难以移动所以只能在原地保存。这也就造成在城市化快速推进的过程中，占地面积往往极大的大遗址遭受城市迅猛发展的冲击在所难免，存在被侵占、被破坏的危险显而易见。因此，城市化进程越快，对大遗址保护来说，形势就越严峻、面临的困难就越多，受到的阻力和压力就会越大。

城市土地的价值，以城市核心区为中心向四周扩散，越靠近城市核心区，地价就越高，土地价值就越大。因为近城区靠近城市、临近城区，无论土地价格还是土地价值都在一个较高的区位，可以用寸土寸金来形容。以洛阳市洛龙区为例，该区原为洛阳市郊区，2000年，获批更名为洛龙区。为了推动洛阳市更好更快地发展，2005年5月，洛阳市委市政府搬迁至洛龙区，紧接着许多企事业单位也搬迁至此，为该区注入了强大的发展动力和绵绵不绝的发展源泉，使该区从此成为洛阳市最具发展活力、最富创新动力的城区，并一举成为洛阳市的政治、经济、文化中心。目前，受基础设施建设完善、道路笔直顺畅、自然环境优美、绿化设施好、发展潜力巨大等因素的影响，洛龙区成为整个洛阳市平均房价最高的区域，2022 年的房价即便有所下降，均价也在 1.1 万元左右。以洛阳市城区而言，在 2021 年扩入偃师和孟津之后，市区面积从原来的 803 平方千米拓展至 2229 平方千米，几乎增长了两倍；市区人口从原来的 230.95 万人增加至 342.15 万人，增长了近一半人口。[①] 偃师和孟津之前分别是洛阳下辖的县级市和县，和洛阳市区接壤，也可以说是洛阳市的郊区，如今变成城区之后，随之而来的便是土地价值和商业价值猛增。

在城市进行扩张的过程中，大遗址尤其是近城区大遗址往往会在城市进行建设开发的范围之内。这时，如果进行大规模的建设、大面积的开发，不但有可能会对大遗址周边的环境造成破坏和损伤，还有可能使大遗址也存在被破坏、被损伤的风险。因此，在城市进行开发建设的过程中，必须要正视这一问题，力争做到前无愧于古人，今无愧于当代，后对得起后人。

二、近城区大遗址特征

（一）环境脆弱

由于近郊区大遗址和城市距离较近，在城市化推进过程中，容易受到影响和冲击。一方面，城市不断向外进行地域扩张，有可能波及大遗址本身，使其受到破坏和损伤；另一方面，城市的拓展也会导致大遗址所处环境遭到破坏，从而造成大遗址的历史环境也一点点被侵蚀甚至彻底消失。这样一来，大遗址的历史文化价值便会不断被削弱，甚至消失，这对大遗址来说无

---

① 河南洛阳行政区划调整公布，市区面积扩增为原面积 2.8 倍［EB/OL］. 澎湃新闻，2021 - 03 - 18.

疑是严重的损失。目前，学术界已经对大遗址所处环境是大遗址的有机组成部分这一观点表示一致认可，并曾在世界古迹遗址理事会第十五届大会上通过，而且将其整理成文字写进《西安宣言——关于古建筑、古遗址和历史区域周边环境的保护》。

（二）保护成本较高

无论是城市发展还是城市开发建设，都需要大量土地资源。近郊区大遗址往往占地面积极大，在对其进行有效保护时，就要将这一大片土地"闲置"，而土地尤其是靠近城市城区的土地原本就是极其有限的，这就等于"占用"一大片原本可以用来进行城市建设的土地。在寸土寸金的近城区，这样的做法无疑使大遗址保护的成本大幅增加。不仅如此，在大遗址保护过程中，无论是建造还是修复，无论是实施保护工程还是完善相关设备设施，其人工成本、物料成本等都要相应增加。

（三）易受城市发展影响

大遗址作为历史的见证和文化的承载，不仅具有极高的历史文化价值，还具有考古、艺术、教育等方面的价值，综合价值巨大。大遗址不仅是优秀的文物资源，还是稀缺性文化资源，因此需要对其进行有效保护。然而，处于近城区的大遗址往往与城市有着错综复杂的关系，极易受到城市发展影响，并且，由于其处于靠近城市的近城区，其地理位置便决定大遗址是城市化推进过程中绕不开的一环。在进行城市整体规划时，应该将大遗址也纳入其中，将其当作城市的重要组成部分来考虑，并把其作为城市核心资源进行利用，对其进行科学规划和合理利用。如果这样做的话，就会收到很好的效果，使大遗址成为城市旅游的一大特色、城市发展的一大亮点。

三、我国近城区大遗址保护存在的问题

（一）受城市化影响较大

我国的大遗址主要为土遗址，不像西方的石遗址那样能够坚固持久地存在。据不完全统计，在我国所有大遗址之中，土遗址的所占比例超过90%。这些土遗址以占地面积大、数目众多为主要特征。在我国大遗址中，许多土遗址的面积都能达到百万平方米，尤其是都城遗址，面积还要更大，能达到上千万平方米。像隋唐洛阳城遗址便是如此，它横跨洛河两岸，东北向至白马寺镇唐寺门，东南向至李楼乡城角村，西北向至邙山镇苗湾，西南向至王城大道与古城路交叉口，占地面积约为4700万平方米。① 土遗址多采用粉土夯筑、生土挖造、湿土垛筑、土坯砌筑等方法建造，或对这些方法进行综合使用。因此，这些大遗址的材质为土质，无论是夯土还是砌坯，无论是生土还是湿土，都是由土构成，极易受到风霜雨雪等自然因素的影响，还容易受地质构造运动的影响。例如，因受挤压而变形。溶解、坍塌、崩解、削减等形式的破坏，都能让土遗址受到损伤甚至灰飞烟灭。由此可见，在众多形式的大遗址保护中，对土遗址的保护是难度系数最高的一个类型。

事实上，就短时间而言，自然损坏还是使大遗址破坏程度最小的一类，破坏程度最大的，当属城市化进程。在城市化进程中，土地都是作为最基础的生产资料被使用着。随着城市化进程的加快、城市发展的加速，城市规模必然要扩大、城区必然要建设，这时，处于近城区的大遗址自然而然就会受到影响。无论是城市基建还是道路铺设，无论是开园建厂还是开发房地产，都需要大量的土地。大遗址因为面积较大，自然难以"独善其身"，在城市化进程中，很容易或有意或无意地被忽略，或者直接列为开发对象，或者直

---

① 隋唐洛阳城［EB/OL］. 洛阳市文物局网，2022 – 03 – 22.

接成为取土对象，从而遭受不同程度的破坏。

（二）保护经费不足

改革开放以来，我国经济获得稳步增长，取得长足发展。然而，与此同时也要看到，我国人口基数大、经济基础差，底子薄、缺口多。因此，在极为有限的政府财政预算中，能投入各项社会文化事业中去的便少得可怜，投入大遗址保护领域的就更是少之又少。还有另外一个极为重要的原因是我国传统的大遗址保护往往只重保护，不重收益，或者传统的保护观念认为保护和收益无关，这就造成大遗址保护工作往往只大量投入，却没有多少产出，经济效益较差。这对于许多大遗址所在区域政府来说，便成了"老大难"问题，既拿不出更多的钱进行大遗址保护，也不想拿出更多的钱来填这个"无底洞"。

对于近城区大遗址来说，其保护力度可能还要更小一些。一方面，我国城市化推进较快，几乎所有城市都在快速扩张、积极建设，在城市化进程中，各种投资、花费、开销，已经让许多城市的政府焦头烂额、捉襟见肘，甚至已经入不敷出，实在是没有资金也没有精力投入近城区大遗址保护这种公益性事业之中；另一方面，在许多大遗址所在区域政府看来，进行大遗址保护固然重要，但推动区域发展、促进社会进步更重要。为长远计，进行大遗址保护，当然是一件功在当代、利在千秋的大好事，然而，为短期计，不发展经济、不改善民生，对上难以向国家交代，对下难以向百姓交代，这也是一件迫在眉睫、亟待解决的事情。因此，在大遗址保护和区域发展发生冲突、产生矛盾时，大遗址所在区域政府会更倾向于发展区域经济、促进民生改善。尤其对广大中西部地区来说，更是如此。中西部地区不仅与东部地区相比发展差距较大，就连中西部地区自身城市和乡村的发展也极为悬殊。对多数采取绝对保护政策的大遗址区域来说，和其他区域的发展更是具有明显的差距。因此，对迫切需要区域发展和经济腾飞的当地政府来说，势必要把更多的精力、资金放在区域发展、经济振兴上面，对大遗址保护的投入，能少便少，有些地方甚至为零。

（三）被破坏的危险系数高

其实，历朝历代的都城遗址、皇家园林、帝王陵墓、废弃城址等都会遭受不同程度的破坏，尤其是在社会动乱年代以及改朝换代之时，对这些文化遗址、历史遗迹的破坏更是惊人。在当代，由于社会的发展、城市化进程的加快，大遗址被破坏的危险系数可能更高。

我国由于底子薄、基础差、人口多，因此在新中国成立以来的很长一段时间里，我们其实都在与生存作斗争，以解决全国人民的温饱问题。只不过阶段不同目的有所不同，有的阶段是为了吃上饭，有的阶段是为了吃饱，有的阶段是为了吃好，现如今这一阶段，便是要吃得健康。因此，一直以来，我国都在致力于发展经济，以经济建设为中心，并将之作为一项长期的基本国策。的确，经济建设不仅能让全国人民吃饱吃好、吃出健康，还要让全国老百姓过上好日子，并且有尊严地活着，只有老百姓安居乐业，社会才能和谐安定，国家才能繁荣富强。因此，许多地方的政府都致力于发展经济，许多老百姓也致力于"勤劳致富奔小康"，相应地，对大遗址保护的关注就会减少，更有甚者，有些政府为了发展经济、有些老百姓为了发家致富，就去打大遗址的主意，对大遗址进行有意无意的破坏，使大遗址尤其是近城区大遗址被人类破坏的危险系数进一步升高。

不仅如此，发展经济还需要一个可以集聚资本、资源、技术以及人才的场所，而城市物流发达、交通便利，各种基础设施都很健全，无疑是较为理想的发展经济的场所。我国城市往往存在着不合理的结构、不科学的产业构成、较差的投资环境，使得许多城市在发展时往往受到极大制约，这就需要加速推进城市化进程，使更多的人口可以入驻、更多的企业可以落户、更多的资本可以进入。然而，这一切都需要大量土地作为必要前提。因为近城区大遗址拥有较大的面积和较好的区位优势，从而具备城市发展所急需的土地资源和空间。为了发展经济、推动城市化进程，当地政府往往会采取放任自流的态度，对开发商损毁或者破坏大遗址的行为不管不问，从而导致许多处于近城区的大遗址受到不同程度的破坏。因为大遗址是无法还原、无法复制的，一旦对大遗址造成破坏便是永远的破坏。

第四节　实证案例——以洛阳市为例说明

洛阳市是我国规模最大、人口最稠密以及一体化程度最高的国家级城市群——中原城市群的副中心城市，是河南省两大核心都市圈之一的洛阳都市圈的核心城市。无论是经济规模还是发展潜力，无论是历史声望还是现实地位，洛阳市都在我国广大中西部地区非省会城市中位列首位。洛阳市无论在中部崛起国家战略还是在文化复兴重大战略中，都起到关键性作用，并已经得到多数专家学者以及政府决策者的广泛认可和肯定。洛阳市城区范围迅速扩大、各类经济要素进行空间扩散的趋势日益明朗、对城乡流动形成长期制约的政策壁垒逐渐被打破，城市扩张成为促进城乡联系、加强城乡文化交流的主要因素，各种类型的开发区、产业园区建成并投入运营，使产业布局更加合理、产业发展更加健康。尤其是近些年，随着洛新工业园区、伊滨经济开发区等园区的兴建，中心城区的部分人口开始向近城区扩散，产业也逐渐向近城区迁移，洛阳开始出现郊区化的现象。与此同时，受古都历史文化以及巨大发展潜力吸引的外来人口大量向近城区聚集，近城区较为稠密的农村人口开始向非农业产业迁移，并开始向城市人口转化，这也就是说，近城区已经开始出现城市化的现象。一方面，城市向郊区扩展；另一方面，郊区逐渐变成城市，也就意味着洛阳市的发展，基本上是以从中心城区向四周郊区进行扩散的方式来为区域发展创造空间条件，提供更多可供开发的土地资源。

洛阳市不仅是有 13 个朝代先后在此建都的千年古都，还是和儒学、道学、佛学、玄学以及理学等学派渊源颇深的文化圣城，更是我国首批认定的国家历史文化名城，可谓历史悠久、文化厚重。正因如此，在洛阳市管辖范围之内有着数目众多的历史古迹和文化遗存，仅都城大遗址便有二里头遗址、偃师商城遗址、东周王城遗址、汉魏洛阳故城和隋唐洛阳城遗址五处，并且还有埋葬帝王将众多、有"东方金字塔"之称的邙山陵墓群。这些大遗址地域面积大、涵盖范围广，并且多数处于近城区，有的甚至处于中心城区（像隋唐洛阳城遗址和东周王城遗址），难免会受到城市发展的影响，成为城市化推进的辐射区。然而，这些大遗址是中华民族极为宝贵的文化遗产，是中华文明的代表与象征，因此要对它们进行保护，使它们不被破坏。这样一来，这些大遗址区域的经济发展、社会进步就要受到严重束缚。和城市其他区域相比，社会经济虽有所发展，但是难以同日而语，尤其是和没有大遗址存在的其他近城区相比，更是差距悬殊，一边是冷冷清清、悄无声息，另一边是热火朝天、干劲十足，这样的话，大遗址区就成为诸多近城区之中的"经济沦陷区"，发展停滞不前。不仅如此，这些大遗址通常都属于全国重点文物保护单位，根据文物保护、文化遗址保护相关法律要求，大遗址区域的历史风貌和原始地貌要维持现状，严禁挖沙掘土、挖池建塘，严禁进行和保护大遗址无关的工程项目建设，严禁进行其他有可能对大遗址造成破坏的活动。也就是说，大遗址区域基本和大型基础设施建设、大规模的建楼建厂无缘，这又造成对大遗址区域发展的进一步限制。因此，在洛阳市的诸多大遗址区域，当地群众只能依靠传统农业作为基本生活来源，农闲时节，可以进城打工或者到其他区域做些零活补贴家用。

一、近城区大遗址区域发展制约因素

（一）保护模式的限制

目前现有的保护模式，通常是由政府派出专门从事保护工作的机构，国家财政拨款，地方财政支持，遵照文物保护以及大遗址保护的相关法规，对大遗址进行合规合法的保护，对于任何形式的开发、任何用途的利用都是禁止的，即对大遗址实行绝对保护的策略。然而，这种模式虽然对大遗址保护起到不错的效果，但是，仅由隶属政府的专门机构进行保护，保护形式太过单一，保护力量太过薄弱。不仅如此，仅依靠极为有限的政府相关资金，只能使大遗址处于极为有限的保护之内，即便如此，政府相关资料还常常短缺，甚至被挪作他用。如果想要大遗址得到更好的保护，就要广泛筹集资金。此外，保护政策力度也不够，虽然相关法规已经明令禁止破坏大遗址等违法犯罪行为，并对之进行相关惩罚，追究相关人员的责任，但并没有制定相关奖励制度，也较少采取奖励措施，这造成民众对大遗址保护的积极性并不高。还有极为重要的一点需要注意的是，当地政府对大遗址保护这种只投入不产出或者说只输血不造血的模式只是勉强维持，尤其是目前受疫情影响经济形势极为严峻的情况下，当地政府也迫切希望大遗址能够实现自我造血以进行自我保护，对大遗址进行开发利用的愿望较为强烈。

（二）保护成本的增加

我国在实行社会主义市场经济体制之后，经济飞速发展，社会空前繁荣。有经济发展作为基础，我国的各项事业均取得长足进步，城市化进程在逐步加快，各项基础设施建设也稳步展开。洛阳市也是如此，无论是社会经济事业还是城市建设，都走入发展的快车道，城市规模逐步扩大、配套设施日益完善、经济结构日趋合理、社会功能稳步增强。然而，与之相对应的是，位于近城区的大遗址区域却因为大遗址保护政策成为洛阳市城市化进程和经济建设的"真空地带"，与洛阳市其他区域正在如火如荼地建设形成了鲜明的对比。以汉魏洛阳故城为例来进行说明，汉魏洛阳故城的前身是西周成周城，先后经历东周、西汉、东汉、曹魏、西晋和北魏等多个朝代，至初唐时废止，作为城市使用前后延续近 1600 年。作为一国之都使用的历史超过半个世纪，是我国规模最大、使用时间最久且保存较为完整的都城，从而被我国考古界视若珍宝。汉魏洛阳故城位于洛阳市东约 15 千米处，面积 100 平方千米，之前该区域属于洛阳东郊，如今分属洛龙区、偃师区和孟津区三区。为了对汉魏洛阳故城进行保护，在该大遗址区域内，不进行大规模建设，当地农民以种田种地为生。据《中国县域统计年鉴 2018（乡镇卷）》显示，在 2017 年时，该大遗址区域内的农民年人均收入便比其他相邻非大遗址区域少 800~1500 元，与洛阳市区居民相比要少 2000~3000 元。[①] 经过最近几年的发展，这一差距可能还要进一步增加。在居民收入难以增长、生活难以改善的情况下，大遗址区域的群众会对大遗址持敌对情绪，并对大遗址保护持消极态度，从而导致他们对大遗址的破坏时有发生，这在无形之中又会使大遗址保护的社会成本与经济成本增加，给大遗址保护工作造成极大的困扰。

二、近城区大遗址区域发展可行性分析

（一）经济价值大

大遗址不仅是优秀的文物资源，还是独特的文化资源，因此具有深远的历史意义和巨大的文化价值，是我国解读历史、学习文化的有力支撑。事实上，只要方法合适、措施得当，任何事物的价值都可以转化为经济价值，像大遗址这种综合价值高、文化价值大的文物遗址当然更能创造经济效益、产生经济价值。进一步来讲，必须做到科学开发、合理利用，不仅不会破坏大遗址，反而能够为大遗址保护提供充足的资金保证和先进的技术保障，这才能使大遗址得到更为有效的保护。最为典型的例证便是明堂天堂景区和应天门遗址博物馆，这两处景区都属于隋唐洛阳城遗址的有机组成部分，并且是隋唐洛阳城中轴线上核心建筑"七天建筑"的核心组成。明堂也叫天宫或

---

① 国家统计局农村社会经济调查司编. 中国县域统计年鉴 2018（乡镇卷）[M]. 北京：中国统计出版社，2019.

者"万象神宫"，在唐代和武周时期，是洛阳城宫城区——紫微宫的正殿，是武则天处理朝政的地方；天堂是武则天礼佛的地方；应天门也叫天门，或者则天门，是紫微宫的正南门，唐代和武周时期，许多国家重要活动都在这里举办。明堂天堂景区于 2015 年 4 月全面开放，一经问世，便成为洛阳市地标性建筑和标志性旅游景观，成为海内外游客来洛阳旅游必须要去的几大旅游目的地之一（见图 5.1）。应天门遗址博物馆于 2019 年 9 月正式开放，自开馆以来，便多次受到知名媒体的青睐，不仅 2020 年央视戏曲春晚和 2020 年央视中秋晚会都在这里举办，2020 年河南卫视元宵晚会也在这里举办。此外，河南卫视的大型文化节目如《端午奇妙游》和《重阳奇妙游》等多次将主要场景放在这里，使应天门在短短 3 年之内便成为备受青年青睐的"网红打卡地"。从明堂天堂景区和应天门遗址博物馆的"走红"可以看出，在有效保护的前提下，对大遗址进行开发和利用，不仅能够给当地旅游增光添彩，还有可能成为当地旅游的"亮点"，从而极大地推动当地旅游产业的复兴以及当地旅游经济的增长，不仅能够创造丰厚的经济效益，还能通过门票收入、旅游纪念品售卖等，为大遗址保护先进技术的引入和先进措施的实施提供更为充裕的资金，从而更有利于对大遗址的保护。

图 5.1　应天门

资料来源：由本书课题组成员韩雷拍摄。

（二）后发优势强

在后发优势学说看来，后发区域在技术、制度这两个层面具备后发优势。和其他区域相比，大遗址所在区域正是后发区域，因此具备技术优势和制度优势。大遗址区域的技术后发优势是指大遗址区域可以通过向其他先进区域学习、引进各种先进的技术手段，经过模仿创造、消化吸收以及改进提高等步骤，形成的追逐、赶超优势；大遗址区域的制度后发优势是指大遗址区域通过向其他先进区域学习、借鉴、效仿各种先进的制度策略，在结合自身实际进行本土化改造以后，所产生的追逐、赶超优势。对于洛阳市近城区诸多大遗址区域来说，无疑也具备后发技术优势和后发制度优势，因此具备追上甚至赶超的巨大潜力。

（三）开发潜力大

随着不断摸索向前，我国社会主义市场经济体制会不断完善，这对大遗址所在区域来说，也是一大利好。目前，我国正处于社会大变革时期，各项改革正稳步走向深水区，经济体制也处于转型阶段，之前求快求量，如今求质求好。随着我国社会变革的平稳推进和经济体制的快速转型，大遗址所在区域的社会进步和经济发展也将被纳入社会主义市场经济运行体系当中，不仅会将大遗址所在区域的社会经济纳入地区整体通盘考虑，还会将大遗址所在区域的独特优势加以挖掘，使其作用得到充分发挥，成为地区整体发展和进步的有生力量。与此同时，随着我国社会主义市场经济体制的日臻完善，各类企业会发展壮大、各种非政府组织也会走向成熟，公众的投资理念也会日渐科学化、多元化。当前大部分遗址尚未得到充分开发，因此具有巨大的发展潜力。洛阳市近城区大遗址地域面积大、文化价值高，不仅是中华文化圈的核心资源，更是推动洛阳社会经济平稳前行的巨大动力，无论是在各级政府层面，还是在国外以及民间资本层面，对其关注度已经越来越高，因此未来不可限量。

三、洛阳市近城区大遗址区域发展策略

（一）保护发展并举

要想使近城区大遗址所在区域得到发展，对大遗址进行开发利用势在必行，而要想做到对大遗址进行科学开发、合理利用，就必须妥善处理大遗址保护和大遗址开发利用这两者之间的关系。对大遗址进行有效保护，这是"金科玉律"，也是进行开发与利用的必要前提；对大遗址进行开发与利用，是为了将大遗址置于更加科学、更加有效的保护之下，具体来说便是将大遗址保护的公益价值和大遗址本身所具备的经济价值有机统一起来。一方面，要避免由于过度保护使大遗址的经济价值难以得到充分发挥，从而使大遗址所在区域发展受到极大限制；另一方面，也要避免由于破坏性开发和过度利用，使大遗址及其周边环境受到破坏，从而使大遗址自身价值被削弱甚至消失。正因如此，才要在文物第一的前提下，筑牢保护优先的思想。一方面，对大遗址进行科学开发、合理利用，发挥大遗址的经济价值，谋求经济效益、壮大经济力量；另一方面，在实践中摸索，在探索中前行，从而找到一条有效保护的开发路径，总结科学开发、合理利用的具体措施，走有效保护与科学开发、合理利用互助共赢、良性循环、有序发展之路。与此同时，以大遗址的开发与利用为起点，带动周边区域的产业调整、经济发展与社会进步，从而推动大遗址所在区域在整体上出现平稳快速向前发展。

大遗址首先作为一种优秀的文物资源，它凝结着人类智慧，凝聚着人类文明。因此，保护大遗址不仅是一项至关重要的国家文物保护工作，更是一种所有人都义不容辞的责任。保护大遗址就是保护人类文明的精髓，就是传承我们中华民族的精神力量。要充分认识到，作为一种优秀的文物资源，大遗址是难以再生的，是不可复制的。维护其难以再生性，保护其不可复制性，才能做到对大遗址进行有效保护。不过，同时也要看到，大遗址所在区

域有发展前行的需求、当地老百姓有追求幸福的权利，对大遗址进行保护，不能也不应该以牺牲大遗址所在区域老百姓的幸福生活和当地社会经济进步为代价。在对大遗址进行有效保护的同时，也要尽可能地发展当地社会经济、提高当地民众的生活水平。事实上，大遗址区域的经济发展、社会进步，不仅能够促进当地民众生活水平的提高和当地社会的安定团结，还能促进大遗址得到更有效的保护。

"若问古今兴废事，请君只看洛阳城"①，洛阳市在历史上便是天下名城，曾有十三个朝代在此建都，即便现今，也是闻名遐迩的国家历史文化名城和驰名中外的世界名都，各种文化遗址、文物古迹可以说是星罗棋布。这些历史遗迹的存在，不仅是洛阳市历史辉煌、文化厚重的明证，也为洛阳市现今的发展提供了充分而必要的前提。与此同时，洛阳市也是举世闻名的国际文化旅游名城，不仅自然风光秀美，人文旅游资源也极为丰富，并且，作为十三朝古都，人文旅游资源无疑是洛阳市旅游的重中之重。在其中，最具竞争力、最有代表性的自然便是这些大遗址。因为，它们都是无法复制的文物，都是难以移动的遗址，都是独一无二的文化资源，都是带有地域标志的历史遗存，总之都是洛阳市出类拔萃的文化地标。这些文化资源让洛阳文化群星璀璨，让洛阳旅游群英荟萃。如今的洛阳，正在受其哺育和滋养；未来的洛阳，也将依靠这些文化资源实现区域繁盛、文化复兴、经济腾飞、旅游振兴。

事实上，建设新城和改造旧城，从来就不是一对矛盾体，可以一边建设新城，一边改造旧城，而并不一定非要在推倒旧城的基础上建设新城不可。就像被列入世界文化遗产名录的山西晋中平遥古城，为了发展当地经济，提高当地民众生活水平，便在旧城边上建设了一座高楼林立、设施完善、现代化十足的新城，而旧城之内，尽管有些修修补补、搭搭建建，但旧日的风采依旧。其实，不仅平遥古城，放眼全国，几乎各大国家历史文化名城，其城

---

①　侯超英，黄素霞选注. 洛阳名胜诗选［M］. 北京：九州出版社，2003：19－20.

市规划建设都是以旧城为中心，向周边地区辐射发展。20 世纪 60 年代，法国首都，同时也是世界名城的巴黎，曾计划在古城的中心区域进行开发建设，但由于遭到许多市民的强烈反对而作罢，巴黎市政府只好调整开发建设方案，将开发区域放置在距离古城 5 千米开外的德方斯，建成举世闻名的现代化商务中心。这样一来，不仅使城市的历史风貌得到保护，又使经济发展得到促进，一举两得。

总而言之，对于洛阳市来说，实施大遗址保护和实现区域发展，并不是二选一的命题，而是要两者兼而有之，同时进行。只有发展才能促进更好地保护。因此，促进洛阳市的经济发展、区域进步，无论是对大遗址的保护，还是对中华文明的传承，都是一件好处多多的事情。

（二）挖掘旅游价值

大遗址既是宝贵的文化资源，也是优秀的文物资源，不仅具有历史文化价值，还具有学习观赏价值，并由此衍生出研究、教育以及旅游等诸多价值。因此，大遗址价值巨大，如果进行合理发掘利用，就会带来丰厚的经济效益和良好的社会效益。在社会主义初级阶段，我国以经济建设为中心，无论任何事业，如果不能直接带来经济效益，就很难被市场所接受，也会为社会所不容，即便是文物保护事业也不例外。然而，长期以来，对大遗址进行保护所秉持的思想便是以限制区域发展为代价的单一性保护，即这种保护模式基本上都是通过对农民利用土地的权利进行限制、对区域开发和利用进行制约来实现的，而对大遗址进行保护的管理经费和文保经费，只是单纯依靠国家和当地政府较为有限的财政拨款来维持的。因此，这种保护模式不仅使当地居民经济收入的增长受到限制，也使大遗址保护的资金来源受到制约，更使当地社会经济的发展受到遏制。尤其在当地政府需要集中精力发展经济、推动区域进步之时，大遗址保护需要投入一定资金，然而却看不到经济效益，这便会使当地政府保护大遗址的热情受到抑制，从而造成经费不充足乃至短缺，管理混乱散漫的局面。再加上当地居民因为区域发展受到限制，生活水平得不到改善而对大遗址保护工作产生不满甚至敌视情绪，就会使当地的大遗址保护工作更加艰难。一方面，经费紧张，无论是当地政府还是大遗址保护工作人员，都觉得入不敷出，难以为继；另一方面，开发价值巨大的大遗址由于没有得到很好的开发与利用导致难以产生良好的经济效益服务于大遗址保护事业。这种两难的局面，真可谓"捧着金饭碗讨饭吃"。

作为人类大型文化遗产，大遗址蕴含着巨大的历史文化价值。如果进行细分就会发现，大遗址具备思想价值、美学价值、宗教价值、历史价值、人类学价值、民族学价值、科学价值、技术价值、知识价值、符号价值以及原创性价值等，可以说是一座取之不尽、用之不竭的宝藏。如果把这些价值通过文字、图片、音乐、影像、3D模型、建筑及动画等形式展现出来，让人们在参观、旅游、体验、娱乐以及休憩之时进行了解、学习和吸收，就会产生消费经济学上所说的经济价值。当这些价值成为经济价值回馈给大遗址保护事业、当地政府以及当地人民群众时，大遗址便会得到管理方式上更加得当、保护措施上更加有效、保护手段上更加先进的全方位保护，当地政府便会将更多的精力、更大的热情投入大遗址保护与开发利用中去，促进当地经济得到更好的发展，当地人民群众也会因为经济收入的增长和生活水平的提高对大遗址拥有更多的感激之情，从而更加积极、更加主动地投入大遗址保护事业中去。这样一来，便能达到大遗址保护、区域发展与进步以及人民群众生活水平提高这三者的有机统一、互惠共赢。

龙门石窟是全世界范围内规模最大、造像最多的石刻艺术宝库，不仅被联合国教科文组织评定为"中国石刻艺术的最高峰"，还被列为我国石窟艺术之冠。不仅是全国重点文物保护单位，还是世界文化遗产，为洛阳市带来丰盈的经济收益和丰厚的旅游收入。因此，不仅成为洛阳旅游的地标，还成为河南旅游的名片（见图5.2）。而隋唐洛阳城的开发为洛阳旅游开辟了新的发展思路，给洛阳发展提供了新的经济增长点，明堂天堂景区、定鼎门遗址博物馆、应天门遗址博物馆、九州池等闪亮登场，给洛阳旅游增添了一个

图 5.2　龙门石窟

资料来源：由本书课题组成员王值拍摄。

又一个新亮点，带来了一个又一个新气象，而洛邑古城的建成并成为游人如织之地，再次证明文化遗址具有巨大的开发潜力和极高的旅游价值。正因如此，洛阳市才应该对其他文化遗址重视起来，对其旅游价值加以挖掘、经济价值加以利用，从而推动洛阳市的旅游形象提升、文化品牌叫响，并助推洛阳市经济腾飞和文化复兴。所以，在做好做优隋唐洛阳城遗址开发的同时，进一步做精做细二里头遗址的开发、做大做强汉魏洛阳古城的开发、加快偃师商城遗址和邙山陵墓群的开发，以此形成"五都贯洛"奇观，成就古都旅游环线，通过深挖洛阳市夏商周三代和汉唐宋文化，为洛阳市旅游事业出现大发展提供新的机遇，给洛阳市经济收入的迅猛增长创造新的条件。

与此同时，还要积极申报世界文化遗产，促进大遗址文化价值的提升和旅游声望的提高。就现今而言，世界文化遗产可以说是一块金字招牌，一旦申报成功，不但能够提升遗产所在地在世界范围内的影响，而且能够激发人们了解遗产价值、关注遗产保护、珍惜民族精神财富的热情，更能推动当地旅游收入出现大幅增长、社会经济得到快速发展、民众生活得到明显改善。不仅如此,文物古迹所在地也会因为文物古迹成为世界文化遗产而名扬世界,从而成为世界性文化品牌和国际性旅游热点。良渚古城遗址自 2019 年入选世界文化遗产名录之后,便吸引了来自世界各地的目光。良渚古城遗址公园自 2019 年 7 月开园后,不到一年时间,共接待游客 50 余万人次;良渚博物院在 2019 年之前,年接待游客量稳定在 40 万人左右,自良渚古城遗址申遗成功之后,当年累计接待游客量便超过百万人。① 不仅如此,像我国一南一北两大文化古城:云南丽江古城和山西平遥古城,在被列入世界文化遗产名录之后,两地的游客人数和旅游收入便呈现几何倍数增长。如今,几乎所有参与世界遗产预备项目的当地政府,都在积极推动世界遗产申报工作。像洛阳市,目前拥有 3 项 6 处世界文化遗产,即龙门石窟、大运河(该项目洛阳遗产点有 2 处,回洛仓遗址和含嘉仓遗址)和丝绸之路:长安—天山廊道的路网(该项目洛阳遗产点有 3 处,汉魏洛阳城遗址、隋唐洛阳城定鼎门遗址博物馆和新安汉函谷关遗址)。目前,洛阳市或主导或参与的二里头遗址、“万里茶道”以及“关圣文化史迹”等项目正在积极申报世界文化遗产,洛阳市参与的黄河流域文化项目也在积极筹备世界文化与自然双重遗产的申报。②

(三)调整产业结构

从广义上来讲,产业结构指的是产业之间的技术联系、经济联系以及其联系方式;从狭义上来讲,产业结构指的是在国民经济领域各产业之间、产业内部的结合状况以及比例关系。产业结构的变动能够促进区域资源得到合理配置和有效利用,从而形成推动区域发展和经济增长的有生力量。正因如此,许多地方政府便组织人员调研、邀请专家参与,在进行认真研究之后,

---

① 金晓榕. 良渚古城遗址开园至今共接待访客 50 余万人次 [N]. 余杭晨报, 2020 – 07 – 01 (1).
② 王访贤. 洛阳全面推进申报世界文化遗产 [N]. 河南商报, 2021 – 12 – 24 (3).

制订科学性高、可行性强的产业结构调整计划。如在近城区，大多政府会选择开发集种植采摘和旅游观赏于一身的城郊型农业。

不仅如此，在调整产业结构的同时，也会对当地人民群众从事行业的结构进行调整。以大遗址所在区域而言，当地人民群众大多世世代代居住在这片土地上，对大遗址怀有浓烈而深厚的感情，因此，可以对当地人民群众进行文物保护意识培训，一是可以增加他们的文化自豪感，二是可以增强他们对大遗址的保护意识；可以对当地人民群众进行大遗址保护技术培训，这样便可以让他们参与到大遗址保护工作的具体事务中来，为大遗址保护增添一支生力军；可以对当地人民群众进行产业知识和技能培训，提高他们的经济收入，提升他们的生活质量；可以对当地人民群众进行职业技能培训，也可以和用工单位合作，鼓励他们自力更生，积极走出去，出门打工，外出就业，在降低大遗址区域人口密度的同时，也能增加他们的经济收入。

（四）发挥示范作用

在进行大遗址开发与利用时，为了省时省力、快速打响知名度、形成品牌效应，应该以城市为中心，由近到远进行开发，并要选择重点，优先实施，积累宝贵经验，发挥示范作用，从而推动大遗址开发与利用的稳步向前、顺利实施、有序开展。以洛阳市为例，在入选国家大遗址名单的五处大遗址之中，隋唐洛阳城遗址无疑是要优先实施的其中之一，一是隋唐洛阳城名气大，容易形成品牌效应；二是隋唐洛阳城遗址处于洛阳市中心城区，涵盖区域广、商业价值大、交通便利，有利于项目实施和开发运营；三是隋唐洛阳城遗址和洛阳市的诸多城市建设发展规划重叠，对其开发与利用也是迫在眉睫。

隋唐洛阳城遗址位于洛阳市的中心城区及近城区，在西工区、洛龙区、老城区、瀍河区等核心城区均有分布，地跨洛河南北两岸。北依邙山，南望伊阙，西临涧水，东逾瀍河，洛水在其间贯穿，成为都城内河。该遗址区由宫城、皇城、里坊区以及郭城组成。宫城的应天门、皇城的端门、天津桥、天街及郭城的定鼎门串连起来，便构成了隋唐洛阳城的城市中轴线。根据资料和勘查结果来看，宫城和皇城在郭城的西北角地势较高之处，宫城在皇城的北边，宫城北面还有曜仪城和圆璧城，两者前后重叠，又有东西隔城列于左右两面。皇城东有东城，北有含嘉仓城。郭城东北部以及洛水南岸这一广阔区域为里坊区。现存遗址轮廓如下：东北方至瀍河回族区瀍河回族乡唐寺门村，东南方至洛龙区李楼镇城角村，西北方至老城区邙山街道办事处苗湾社区，西南方至洛龙区王城大道与古城路交叉口，面积约为47平方千米。

隋唐洛阳城是我国规模宏大、历史悠久、保存较为完整、保护较好的大型都城遗址。早在1963年，隋唐洛阳城遗址便被河南省人民政府列为河南省文物保护单位，1988年，更是入选由国务院文化和旅游部以及国家文物局确定的第三批全国重点文物保护单位。2021年10月，入选国家文物局公布的"百年百大考古发现"名单，并被国家文物局列入"十四五"时期大遗址。不仅如此，我国对隋唐洛阳城遗址的勘探发掘工作也进行得较早。早在1954年，中国科学院考古研究所便对隋唐洛阳城遗址进行勘查发掘，不仅对大遗址的基本现状进行了解掌握，还为后来大遗址保护计划的制定提供了科学可靠的基础资料。1959年，对宫城、皇城以及周围诸多小城的平面布局进行调查，对一些门址的位置进行确定，对皇城南墙的右掖门进行发掘；1960~1965年，继续调查了隋唐洛阳城各街道、里坊，并对市场的位置进行了后续调查，同时对宫城进行发掘；1963年，隋唐洛阳城遗址列入省级文保单位之后，划定重点保护区以及一般保护区，并成立文物保护小组；1969年，河南省博物馆与洛阳博物馆针对含嘉仓城进行联合调查、钻探以及发掘，随后，中国社会科学院考古研究所、洛阳市博物馆和洛阳市文物工作队又多次在隋唐洛阳城遗址内进行发掘；1982年以后，洛阳市人民政府发文规定，如果在保护区内进行建设，需要履行报批手续，并由文物部门进行钻探和发掘后方可进行，重点文物保护区一律不许进行基础设施建设，对发掘出土的重要遗迹，如石砌圆形建筑基址、大型石柱础等，修建保护房或者加设围栏以进行保护；1989年，在被评为全国重点文物保护单位之后，洛阳市重新确定隋唐洛阳城遗址保护范围，并在多处树立保护标志石碑加以明确。从 20 世纪 50 年代至今，我国各级考古工作者先后在隋唐洛阳城遗址区域内，发现或者发掘出天津桥、定鼎门、明堂、天堂、应天门、白居易所居的履道坊、九州池、明教坊、宁人坊等重要遗址。

定鼎门遗址保护展示工程是隋唐洛阳城大遗址保护工程的首个项目，2007 年，被国家文物局正式确定为大遗址保护首批重点项目。以该工程为基础，建成定鼎门遗址博物馆，并于 2009 年 10 月开馆迎客。2014 年 6 月，定鼎门遗址作为我国与吉尔吉斯斯坦、哈萨克斯坦三个国家跨国联合申报的"丝绸之路：长安—天山廊道的路网"项目其中一个重要遗址点入选《世界遗产名录》，成为一处世界文化遗产。

随后，洛阳市启动隋唐洛阳城国家考古遗址公园建设，作为隋唐洛阳城标志性建筑的明堂、天堂遗址保护展示工程被列入其中重点项目。天堂是武则天的御用礼佛堂，其遗址于 1977 年被发现；明堂是武则天皇宫核心礼制建筑，其遗址紧邻天堂遗址，于 1986 年被发现。从 2007 年起，洛阳市对隋唐洛阳城明堂遗址进行全面现场发掘，之后开始进行明堂遗址保护工程建设，该工程将在原位进行展示，经过无数专家数易其稿，展示工程的最终建筑，既有历史元素融入，又具有现代气息，一跃成为洛阳市的新地标。2008 年 12 月至 2010 年 7 月，洛阳市对天堂遗址进行全面考古发掘，对该遗址的形制布局与沿革变化基本摸清，之后进行保护展示工程建设。明堂、天堂遗址保护展示工程分别于 2012 年 4 月和 2013 年 4 月开馆迎宾，并迅速成为洛阳市的旅游热点。

九州池是隋唐洛阳城宫城——紫微城内最为重要的皇家池苑，是我国唐宋时期园林建筑艺术的精华荟萃，也是我国古代皇家园林的优秀代表（见图 5.3）。九州池遗址原来是洛阳浮法玻璃集团总部所在地，2009 年，为对九州池遗址群进行整体保护，洛阳市斥资 10 亿元将洛阳浮法玻璃集团整体搬迁；2013～2015 年，洛阳市对九州池进行全面发掘，北岸、东岸和西岸局部、引水渠、排水渠、池中岛屿等重要遗址得以确认；2014 年 5 月，其遗址保护展示工程展示方案获国家文物局批准,该遗址展示区将恢复九州池原有水体,以自然驳岸形式对九州池轮廓进行勾勒;2015年4月,九州池遗址保护展示工程开工,并于2016年7月实现工程主体完工;2019年4月,九州池景区开园迎宾,迅速成为中外游客和洛阳市民休闲旅游的好去处。

图 5.3 九州池

资料来源:由本书课题组成员韩雷拍摄。

应天门是隋唐洛阳城宫城——紫微城的正南门,俗称五凤楼,原名则天门,后因避武则天讳改称应天门。1960年秋天,中国科学院考古研究所洛阳工作队通过发掘找到应天门遗址;1990年,应天门东阙遗址被发现,经过数月挖掘清理,东阙遗址显露昔日神采,它由门楼、朵楼、阙楼及其相互之间的廊庑组成,连为一体后呈"门"字形,规模宏大、气势恢宏,是当时发现的隋唐洛阳城之中保存最好的一处遗址,也是隋唐两京考古发掘出的第一座宫阙遗址,因此被评为"1990年全国十大考古发现"。应天门遗址保护展示工程由我国建筑史学大师梁思成先生的高足、著名古建筑专家、清华

大学建筑学院教授郭黛姮女士主持设计，于 2016 年开工建设，并于 2019 年
9 月正式开园迎客。2020 年时，央视戏曲春节晚会和中秋晚会在应天门景区
举办，使其迅速成为闻名全国的"网红景点"。

"两坊一街"保持展示工程是隋唐洛阳城中轴线建筑的重要组成部分，
两坊即宁人坊和明教坊，一街即天街。宁人坊和明教坊历史人文丰富，典故
众多，名人云集。明教坊内曾有唐代名相、辅助唐玄宗开创开元盛世的功臣
宋璟和初唐"文章四友"之一、大文学家崔融的宅邸，宁人坊内曾有唐朝
宰相、文学家崔日用以及东都留守韦虚心的宅邸。天街是隋唐洛阳城中轴线
上的"七天建筑"之一。"两坊一街"道路保护展示工程于 2017 年 12 月全
面开工，占地面积 1300 余亩，投资约 8000 万元，以历史资料以及考古成果
作为设计依据，通过地面标识、露天明示以及模拟展示等方式，对隋唐洛阳
城天街、里坊的城市格局进行展现。该展示工程一期于 2019 年完工，成为
市民周末休闲、假日消遣的好去处。[①] 隋唐洛阳城遗址天街北延保护展示工
程也于 2021 年 11 月完工并投入使用。[②]

长夏门是隋唐洛阳城郭城南墙三座城门之一的东门。1959 年及 2002
年，中国社会科学院考古研究所洛阳唐城工作队先后对长夏门遗址进行钻探
以及局部发掘，经过证实，长夏门遗址被压在古洛渠之下，为"三门道"
过梁式建筑结构。自 2018 年以来，中国社会科学院考古研究所洛阳唐城工
作队以及洛阳市文物部门出于遗址保护展示的需要，对长夏门遗址进行全面
考古发掘以及本体保护。长夏门遗址保护展示工程采取原址覆土保护、地表
模拟展示的方式进行，该展示工程主体于 2022 年 3 月完工。

"十四五"期间，洛阳市将编制完成《隋唐洛阳城遗址保护总体规划》。
预计到 2023 年时，隋唐洛阳城宫城区玄武门遗址保护展示工程、九州池遗
址保护展示二期工程等项目将陆续竣工。预计到 2025 年时，隋唐洛阳城国

---

① "两坊一街"道路保护展示工程开工 [N].洛阳日报，2017 - 12 - 25.
② 隋唐洛阳城遗址天街北延保护展示工程（四期）项目完工并对外开放 [EB/OL].洛阳市人
民政府网，2021 - 11 - 24.

家考古遗址公园将全面建成并面向游客开放。届时，隋唐洛阳城国家考古遗址公园将形成以宫城区与天街片区为两大核心的隋唐历史文化风情展示区，对洛阳古都文化的展示和洛阳文化旅游的推进都将起到巨大的引领作用。

在隋唐洛阳城国家考古遗址公园建设如火如荼地开展之时，二里头夏都遗址博物馆和二里头考古遗址公园也于 2019 年 10 月建成，汉魏洛阳古城国家考古遗址公园、偃师商城考古遗址公园也在紧张实施建设之中。隋唐洛阳城国家考古遗址公园和汉魏洛阳故城国家考古遗址公园已经被列入国家文物局认定的国家考古遗址公园名单中，二里头考古遗址公园和偃师商城考古遗址公园也在国家考古遗址公园立项名单之列。随着这些考古遗址公园的建成并全部归入"国家队"，将极大推动洛阳市大遗址保护事业和大遗址所在区域社会经济的发展，与此同时，还将对洛阳市旅游经济和区域整体的发展产生巨大的助推力。而隋唐洛阳城国家考古遗址公园作为洛阳大遗址保护的"先行者"，洛阳文化遗址与文物古迹开发利用的"集大成者"，为其他考古遗址公园的建设与推进以及其他文物遗址与文物古迹的开发与利用无疑积累了丰富的经验、提供了很好的范例。

（五）进行征税补贴

对大遗址进行保护和利用，尤其是对近城区大遗址进行保护和利用，具有较为明显的外延性。

在城市发展过程中，近城区大遗址所在区域是难以忽视而又难以跳跃的环节，然而，同时也是不能像其他区域一样正常使用土地进行开发和利用的区域。因此，无论是城市化进程推进还是城市发展壮大，都会因为近城区大遗址的存在而受到严重影响。不过，即便如此，对城市来说，大遗址仍然是不可或缺的，因为它们是城市的文化底蕴和历史特色。纵观世界上城市发展的历史，没有哪一座城市可以不依靠文化而长长久久、顺风顺水地发展，也没有哪一座城市可以在没有历史的情况下保持长期、健康、稳定地发展。即每一座城市都有自己独特的文化优势，都有自己特定的历史印记。

近城区大遗址在对城市发展和城市化进程形成一定阻力、带来一定负面影响的同时，也为城市未来的发展提供了优秀的文化资源，并有可能成为城市化进程中的前进方向和文化精髓。由于大遗址的价值具有外延性，对大遗址的保护和利用也具有外延性，因此，只要在对大遗址进行有效保护的同时进行科学开发和合理利用，城市就有可能受惠于大遗址的存在，成为最大受益方。就像龙门石窟之于洛阳，龙门石窟在 2000 年成为河南省第一个世界遗产，使洛阳市从众多兄弟城市之中脱颖而出，一举成为河南旅游乃至中部旅游的品牌城市，不仅为洛阳市成为世界著名古都和国际文化旅游名城打下了坚实的基础，也为洛阳市的城市品牌建设与城市文化定位提供了必要的前提，让洛阳市受益颇丰。

1. 征收大遗址保护税

大遗址所在区域的人民群众以牺牲自我发展为代价，来换取大遗址的安全。然而，这种自我牺牲精神并不是仅让自己受惠，往小的说，受惠的是全国人民，他们能够享受到因为大遗址得到有效保护而带来的诸多方便和各种效益；往大的说，受惠的是全人类，还有我们的子孙后代，他们因为大遗址得到有效保护，从而得以实地查看大遗址，并从中获取知识、受到教育。因此，可以以大遗址保护为名目在全国征收一个特殊税种，让每个纳税人都能为大遗址保护事业贡献一份力量。当然，这一税种只能用于大遗址保护事业，或者是大遗址保护设施建设，或者是大遗址区域基础设施建设。税收的具体标准在经过广泛调研、认真分析、多方论证、各方听证之后方可执行。

2. 征收城市化补贴税

在现代经济发展过程中，城市化无疑是一种最优的表现形式。当农用土地转化为商用土地之后，由于土地性质的转变，经济效益便会呈几何倍数增长。然而，出于对大遗址保护的需要，大遗址所在区域的土地只能作为文物保护用地而存在，并不能转为其他用途的土地，尤其对于那些近城区大遗址所在区域来说，由于城市化进程的推进，周边土地快速增值，周边区域商业价值猛增，这种损失更大，表现得也更加明显。

正因如此，可以考虑在对城市建设用地买卖进行征税时，加收大遗址专项补贴税，以对那些因为大遗址的存在而无法进行区域发展和城市化开发的大遗址区域进行补贴。也可以在全国范围内征收这项税收，并成立专门机构对征收的税款进行管理和使用。

（六）发展观光农业

作为一种新型农业，观光农业将传统农业与旅游业相互结合，从而焕发出勃勃生机。其以发展绿色天然无公害农业为基础，以生产优、特、新、奇农副产品为主导，依托现代科技对现代农业旅游观光园区进行开发建设，因此成为农业产业化的新模式、农业现代化的新选择。事实上，在当今世界，农业已经不再仅是为解决人们的温饱问题而存在的一个产业，它与环境、教育、文化以及休闲等精神生活不断紧密连接，从而成为能够跨领域、跨产业、跨行业的产业综合体。对土地只能作为文物保护用地而存在的近城区大遗址区域来说，观光农业是一个不错的选择，既能做到对文物进行有效保护，又能适当地发展经济，推动区域社会进步，称得上是两全其美。

观光农业是一种融合度高、综合性强的现代化产业。和传统农业相比，它需要更多产业、更多服务与之相配套，除可以直接推动农业发展、促进农民增收以外，还可以促进交通、物流、运输、餐饮、邮政、电信、商业以及旅游纪念品制造等多个行业的发展，不仅为大遗址区域的社会进步、经济振兴、旅游发展以及民生改善打开一条新思路，还为大遗址区域富余劳动力的就业以及闲散人员的安置提供一种新方法。

观光农业的兴起，使农业的经营范围增加，使农业的经营规模扩大，使农业的生产结构得到改善，使农村的经济状况得到改观，使农民的经济收入得以增长。不仅如此，与传统农业具有明显区别的是，观光农业可以直接把农副产品销售给消费者，这样一来，便使许多农产品由于运销层级过多导致利润分散的问题得到很好的解决，既使农民收入得到增长，又使消费者拥有更多沉浸式体验的乐趣。此外，农民还可以为消费者提供餐饮、观光、采摘等休闲服务，从中获得合理报酬，从而达到为农民创收的目的。

除提供观赏、采摘、销售等休闲娱乐活动外，观光农业还能提供乡土风情、民风民俗等非物质文化活动体验以及乡村文物、民间遗迹等多类型文化资源参观，以寓教于乐的方式，满足游客崇尚自然、向往田园的心理，激发他们关爱自然、热爱生活、热爱劳动的极大热情，使他们更加珍惜农业自然资源和农村文化资源，与此同时，也能不断增强他们保护生态环境、保护自然和文化遗产，守护农村农业农民的强烈意识。

如果要在近城区大遗址区域推广观光农业，可以将观光农业视为当地旅游经济的重要组成部分，将农业生产、农业劳动、乡土风情、农产品销售融入旅游行业中去，和观光、度假、休闲及历史文化知识教育融为一体，为游客提供形式多样、内容丰富的旅游活动，带给他们更多观光休闲、沉浸体验的乐趣，在促使他们身心健康的同时，还能帮助他们增长见识、陶冶情操。总之，在近城区大遗址区域推行观光农业，一是可以使第一产业的经济地位得到提升，二是可以使大遗址保护与区域发展两者之间的矛盾得到缓解，三是可以使大遗址在有效保护和合理利用之间可持续发展，实在是一举三得。

第六章　远城区大遗址保护利用
与区域旅游经济发展

除了近城区一些占地面积大、文化价值高的大遗址急需保护外，还有许多大遗址或处于和城市距离较远的农村，或处于离城市稍远的城市郊区，这便是远城区大遗址。虽然远城区大遗址由于远离城市的原因，受城市快速发展的影响较小，被城市化进程波及的程度有所降低，但这并不表示这些远城区大遗址是绝对安全的，也不表示它们的保护和区域发展之间完全没有矛盾。如果进行深入研究就会发现，它们不仅存在众多安全隐患，而且与区域发展的矛盾也较为突出。

第一节　远城区大遗址保护利用特点

事实上，这些远城区大遗址无论是其存在现状还是保护状况都令人忧心忡忡，在其中，尤其以陵墓类大遗址的现实情况最令人担忧。总体来说，导致这种情况出现的原因主要有两种，即自然原因和人为原因。其中，自然原因中还包含着诸多人为因素，由于人类活动的日益频繁，尤其是挖山采矿、工厂排污、汽车尾气排放等活动，使环境越来越恶劣、生态逐渐被破坏，导致环境污染严重、生态失去平衡，给大遗址带来更为严重的威胁。在漫长的历史进程中，已经存在几百上千年甚至几千年之久的大遗址，受风吹日晒、霜打雨淋，加之狂风暴雨、地震泥石流等自然环境的侵袭，原本已经破坏严重，危机四伏。到了现代，在工业文明的影响下，水土流失、土壤沙化、酸雨侵蚀、碱性物质污染等生态环境恶化情况的出现，使或暴露于野外，或掩埋于土内的大遗址遭受更大程度的破坏、更深力度的伤害。事实上，现代工业文明的这种破坏程度比以往任何一个历史时期都要大，这种伤害力度比以往任何一个王朝时代都要深。如果听之任之，长此以往，有的大遗址恐怕会消失得无影无踪，在不远的将来，恐怕只能出现在视频、照片或者文字资料中了。如果出现这样的状况，不仅是区域长久的遗憾，也是民族和人类永远的遗憾。

即便如此，与人为因素相比，自然因素也只能算是小巫见大巫。首先，生活在远城区大遗址区域的人民群众在从事生产劳动和生活时，会对大遗址造成一定程度的破坏。在从事农业活动时，耕田犁地、平田整地，年深日久之后，许多坐落在地表上的大遗址被铲平了，许多深度较浅的大遗址被破坏掉了；用来进行农田浇灌的河渠也破坏了不少大遗址，许多灰坑完全被破坏；群众建房屋、挖池塘，都对大遗址进行着长期破坏。其次，经济发展对远城区大遗址也造成严重破坏。随着社会的进步、经济的发展，即便在远城区大遗址区域内，由于当地政府的不作为或者急功近利，在不注重大遗址保护的前提下所做出的开矿建厂、架桥修路、通水架电等行为也不可避免地对大遗址造成不同程度的破坏。像铺设交通设施、建设水利工程等大型项目的实施给大遗址造成大面积甚至毁灭性的伤害；许多建在大遗址之上的厂矿、作坊等也使大遗址遭受严重破坏。对大遗址来说，一旦造成伤害便是永久的，再难修复。因此，如果在发展区域经济的时候，不注重协调大遗址保护与区域发展之间的关系，没有可持续发展的思想理念，可能就会造成灾难性、难以弥补的后果。最后，不法之徒的盗掘使大遗址破坏严重，尤其是陵墓类大遗址。一方面，陵墓类大遗址较为分散，大多在荒郊野外，不但对看护工作极为不利，反而对盗墓分子极为有利，因此，尤其在远城区大遗址区域，盗墓活动极为猖獗；另一方面，陵墓类大遗址往往有其特殊构造，在进行发掘之前很难精准掌握其所有情况，这样的难题让陵墓类大遗址保护工作容易出现纰漏，使该项工作更是难上加难。不仅如此，从事盗墓活动的犯罪分子往往是团伙作案、里应外合，并且使用的盗墓工具、交通工具和通信工具等都颇为现代化，他们分工严密、手段毒辣，使当地人民群众即便在碰上他们的盗墓行为时既不敢阻拦，也不敢过问。由于害怕他们打击报复，往往连报警都不敢，这便给犯罪分子诸多可乘之机，导致公安机关对这类犯罪行为的打击难度加大。

一、现代文明冲击较少

与近城区大遗址相比，远城区大遗址大多远离城市，有些甚至处于荒郊野外，连农村都是远离的，既不容易被城市化进程的快速推进所波及，又不容易遭受现代文明的冲击，这样一来，更容易保持原状原貌。较为典型的便是唐恭陵和滑国故城遗址。

唐恭陵是唐高宗时期太子李弘的陵墓，因此在民间也叫"太子冢"。李弘是唐朝历史上首位被追封为皇帝的太子，在世期间颇得唐高宗和武则天宠爱，因此，唐恭陵建设得颇具规模，是洛阳市唐代陵墓之中规模最大的一座。陵区占地面积约 500 亩，仅神道便宽 50 米。神道两旁有一对望柱、一对天马、三对石翁仲，还有一对石立狮和三对石蹲狮，在东排第一和第二石翁仲之间，立有唐高宗李治亲书的"孝敬皇帝睿德记"碑。恭陵石刻精美绝伦、惟妙惟肖，制作时代早于乾陵石刻，因此显得弥足珍贵，是河南省境内仅存的一组盛唐时代的陵墓雕刻。正因为对研究唐代墓仪规制、陵寝制度、丧葬习俗等具有极为重要的意义，唐恭陵于 1963 年被河南省人民政府公布为河南省第一批重点文物保护单位，并于 2001 年被国务院列入第五批全国重点文物保护单位。唐恭陵坐落在洛阳市偃师区缑氏镇东北 2.5 千米的滹沱岭上，由于坐落在山岭之上，不仅远离城市，还远离农村，使得唐恭陵保存颇为完整，文物遗存也颇为丰富，不仅存有 18 件石像生和 1 通石碑，门前双阙以及四隅角楼遗址也还残存。

滑国故城遗址原为我国春秋时期滑国的都城，战国时期为秦所灭，之后荒废，位于洛阳市偃师区府店镇滑城河村附近的台地上，离洛阳市中心约有50千米。根据考古调查以及发掘报告可知，滑国故城坐落在一片平地之上，东北与东南环山，平地向西北延伸，与洛阳盆地相连接。其三面环绕深壑，酷似天然半岛的地形，城墙高筑，易守难攻，是古代小国建都的理想之地。城池地势南北长而东西窄，北部依地势而建向西北尤为突出。城垣屈曲略呈弧状，平面作长靴形，南北长约为 2000 米，东西宽约为 1000 米，中部约为700 米，南部约为 500 米，总面积有 14 万平方米。① 如今，可以看到夯土城墙残体断断续续、时隐时现。在滑国故城遗址附近出土的文物极为丰富，跨越年代较为久远，仰韶文化、龙山文化、商代、东周、西汉和唐代等时期的文物都有发现。这些文物对我国古代文化的发展研究具有极为重要的价值。正因如此，滑国故城于 1963 年便被河南省人民政府公布为河南省第一批重点文物保护单位，并于 2006 年被国务院认定为第六批全国重点文物保护单位。由于滑国故城地处偏远，才得以留下如此丰富的文物遗存，城基、城墙等遗址也能找到大致轮廓。

然而，由于远离城市，坐落位置较为偏僻，这些大遗址并没有进行较高程度的保护，大多只是树立"全国重点文物保护单位"的石碑进行说明，还有一些大遗址完全没有进行过任何形式的保护，只是任由其暴露荒野、搁置荒山。更有甚者，就连最基本的考古发掘、文物钻探工作也没有做过，对其进行保护更是无从谈起，利用更是天方夜谭了。

二、自然破坏严重

这里所说的自然破坏，主要说的是因自然之力造成的破坏与损伤，像

---

① 滑国故城［EB/OL］. 印象河南网，2013－05－23.

风霜雨雪侵蚀造成的损毁、地震泥石流造成的倒塌、温湿度变化造成的风化等。在自然破坏之中，虽然有些是因自然灾害带来的急剧性破坏，但大多数情况下，是日积月累、年深日久之下造成的渐变性破坏。首当其冲的是水破坏，许多大遗址处在荒山野岭、荒田野地之中，连接着各种自然形成的地形地貌，雨水的浇淋与击打、地表水的冲刷与渗透、地下水的流动与渗透、水温的升高与降低等，都有可能导致裸露于地表的大遗址本体出现裂缝，在风吹日晒之后成为粉尘，在遇到雨水浇淋冲刷之后剥落下来，日复一日、年复一年，天长日久之后，裸露在地表的大遗址便会在一点点被侵蚀、被削减之后最终荡然无存。更为严重的一种情况是，如果大遗址附近积水较多而又排水不畅，导致积水渗透到大遗址根基，造成根基不稳，会使大遗址出现部分塌陷甚至完全塌陷的情况。其次便是可溶盐破坏，如果地下水不断向大遗址渗透，在其挥发过程中，会把土壤之中的可溶盐带到土壤表层，时间一长，可溶盐沉淀堆积，在遇到季节变换时，温度和湿度会产生变化，这些可溶盐便会从溶解到结晶，再从结晶到溶解，如此反复多次地循环，便会加剧土质大遗址的风化，使其遭到严重破坏。还有一种是冻融侵蚀造成的破坏，许多大遗址为夯土制作而成，这些夯土中含有大量的方解石等化学物质，它们极易被冻住，天寒地冻之时，大遗址的夯土层表面冻住，形成冰冻层，春暖花开之时，冰冻虽然消融，却会让夯土表面出现孔洞、缝隙或者产生松动，让原本极为结实的夯土变得松软。在冰冻和融化的反复作用下，土质大遗址很快就会出现裂缝和空隙，风化得便会更加厉害。

三、人为破坏严重

远城区大遗址区域，由于和城市距离较远，往往处在深山荒野，不仅面积比较大，而且人口密度比较小，居民居住较为分散，再加上周围环境相对原始，地形地貌较为复杂等诸多原因，使文物保护部门与当地政府在对这些大遗址进行保护时，就显得力不从心，不仅能够采取的保护措施极为有限，而且看管难度也非常大。此外，这些区域往往经济相对落后，财政比较困难，当地政府不仅难以投入充足的人力对大遗址进行保护，而且也难以投入充裕的资金购买大遗址保护所需要的设施设备。因此，这些大遗址尤其是帝王陵墓或者陵墓群等，常常有被盗掘的事件发生。像曾出土远古时期彩陶的甘肃省古墓葬群、曾出土精美青铜器和瓷器的陕西省商周汉唐墓葬、内蒙古自治区赤峰市的辽代墓葬等，都因处于荒郊野外，无人看管，导致盗贼丛生。盗墓猖獗，不仅导致许多精美文物流落民间、流失海外，还导致许多墓室结构被破坏、室内壁画被污染、景观环境被损坏，令人痛心疾首。更有一些不法之徒，盯上作为大遗址重要组成部分的石刻石像，就连坐落于荒野的寺庙塑像也常遭洗劫。

在此，以金村大墓为例着重说明。属于国家大遗址邙山陵墓群有机组成部分的金村大墓，位于洛阳市孟津区平乐镇金村，这里是埋葬东周天子的三大陵区之一。相传这里的村民在盖房建屋之时经常能够挖到金银财宝，因此得名金村。这个传说在1928年似乎得到证实，那年突降一场暴雨，并且接连下了好几天，导致村东头塌陷出现一个巨大天坑，里面有许多精美的青铜器。于是，文物贩子闻风而动，涌入洛阳，1928～1932年，七座周天子墓中的大量文物被洗劫一空，几乎全部流失海外，如今在加拿大、美国、日本、英国、法国等国家的各大博物馆里，都收藏有金村大墓出土的文物。提起金村大墓，可以说是我国考古界之殇、中华民族之痛。值得欣慰的是，在90余年之后的2022年，洛阳市首次直接针对金村大墓开展全面考古调查，将分三个阶段共五年时间完成。这次调查不仅希望找到解决东周成周城布局、结构及都城性质等问题的突破口，还希望找到解决我国古代陵墓转型以及文化传承等重大问题的钥匙。不仅如此，还要对金村大墓出土文物的标尺进行确定，并制定切实可行的措施，将金村大墓文物置于有效保护之下，从而免于再次被盗。

四、当地群众保护意识淡薄

由于远城区大遗址地处较为偏远的荒郊野地，在这一区域以及周边区域之内，基本上以农业人口为主，他们大多依靠种粮种地为生，并视农业收成为主要收入来源。不仅如此，他们从事的农业生产活动，几乎还处于较为原始的阶段，这就使得他们的生产效率极为低下，许多还停留在靠天收的层面，收入来源单一、生活水平低下。在许多偏远山区，当地许多民众还只是能够解决温饱问题，在经济飞速发展、科技突飞猛进的当今社会，和其他较为发达的地区相比，他们的收入和生活水平是极不协调的。因此，对他们来说，首先便是要解决好自己的生存问题，能够有更好的收成、更多的收入，让一家人吃饱穿暖、衣食无忧，这才是他们关心的主要事情，至于大遗址保护，在当地许多民众眼中还很陌生。也许，他们从小把大遗址当成玩耍的游乐场，只知道它们比较古老，并不知道它们有什么意义、有什么价值，对现在意味着什么、对未来意味着什么。当然，对大遗址怎么去保护、怎么去利用，就更不在他们的考虑范围之内了。

因此，在广阔的大遗址区域，尤其是远城区大遗址区域，当地民众并没有意识到大遗址之于当地、之于当今的重要意义，或者对保护不置可否，或者对保护缺少积极性、缺乏主动性。由于自我认识不足、思想觉悟不高，许多地方的村镇政府在进行土地利用或者建设时，并没有考虑到要将大遗址置于有效保护之下，甚至视而不见，更有甚者，对大遗址或有意或无意地进行破坏。有些地方虽美其名曰保护大遗址，其实并无明确目标，也无具体范围，随意圈地规划，导致违规操作、违章建设、私搭乱建、垃圾随意倾倒等现象随处可见。

根据笔者和学生们对洛阳市部分远城区大遗址区域的居民所进行的调查来看，区域越偏远，大遗址保护的问题就越多，居民对大遗址保护的认识度就越低，保护意识也就越差（见图6.1）。

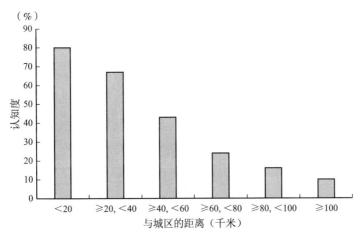

图6.1　洛阳市部分远城区居民对大遗址认识度分析

资料来源：由本书课题组通过调查分析所得。

五、日常破坏不容忽视

在远城区大遗址区域，由于群众对大遗址的认识较差、保护意识不足，使得他们日常在进行生产活动之时，在平时的生活之中，便对大遗址造成了破坏，一点一点地对大遗址形成"蚕食"，危害着大遗址的安全。像耕地种田、开荒垦土、挖塘建屋、植树造林等，都对大遗址造成了不同程度的危害，如果是在大遗址核心区域或者重要部分进行活动，那危害就会更大。像许多在地表之上的宫殿、门阙、城墙、陵墓以及高台等大遗址之中极为重要的建筑遗址，因为群众耕地种田被削减抹掉，从而夷为平地的事情屡屡发生，还有许多掩埋较浅的夯土遗址，在群众建屋、种树、深耕、取土的过程中逐渐消失的案例也普遍存在。对于大遗址来说，鲸吞很可怕，蚕食更可怕，日复一日、年复一年，年深日久，规模再庞大的遗址、气势再恢宏的建筑，都会消失得无影无踪，这是很可怕的一件事情。

六、基础设施条件较差

对于我国广大农村和偏远山区尤其是不少中西部地区来说，基础设施状况较差，虽然近些年已经大有改观，但只能算是差强人意。首先，交通状况较差，这是我国偏远农村山区的普遍状态，有其历史原因，也有其现实原因。对于远城区大遗址来说，情况可能就更加糟糕，它们所处的区域可能是交通更加不便的山野，也可能是经济极为落后的村寨。近些年，由于当地农民开荒种田，在无荒可开的情况下，便把道路从两边侵占，导致原本就不宽阔的道路越来越窄，甚至连农用拖拉机都难以通行，更不用说其他车辆了。这种状况，无论是对大遗址的管理还是维护来说，都是不小的障碍，这就使得本来便疏于管理的大遗址更加无人问津。其次，电力通信设施难以满足大遗址保护的相关要求，有些大遗址区域的电力设施不达标，许多地方连照明设施都没有，通信设备也没有达到要求，这就导致一旦出现文物被盗掘、遗址被破坏的情况，不仅消息很难进行及时传递，公安机关也难以迅速到达现场，这样一来，不仅助长了犯罪分子的破坏行为，还危及了政府的公信力，使当地群众对文物盗掘行为持不管不问的态度。不仅如此，由于交通不便利，导致信息传达不及时，一些全国重点文物保护单位尤其是易损易坏类文物的防护设备或者保护设施在被破坏或者被盗走之后，如果发现和反应不及时，便有可能给文物带来永久的伤害，这是极为可惜的事情。

第二节 远城区大遗址利用状况分析

正如前文所言，远城区由于远离城市，无论是经济开发还是城市化进程，都难以波及这些区域，造成这些区域经济往往较为落后，基础设施较差，再加上当地政府和当地群众的保护意识较为淡薄，这就使得这些区域的大遗址基本处于无人问津的状态，不为社会所重视，对其所进行的开发与利用更是不知从何处谈起了。

当然，由于这些大遗址涵盖区域比较大，难免会和农村与城镇相邻或者相交，自然也会受到群众的重视，并对其进行一些开发利用。然而，要么开发利用形式较为传统，要么是以破坏大遗址为代价进行开发。总之，远城区大遗址的开发利用状况并不容乐观。

一、利用形式汇总

根据笔者和学生们对洛阳及其周边远城区大遗址的调查情况来看，远城区大遗址有 18% 被当成取土场，当地群众建屋修房、当地政府修路架桥、当地企业开矿建厂，都要来此取土；有 12% 被当作坟场，当地群众将自己的坟茔建在大遗址上，大多是为了沾一沾大遗址的地气；有 40% 开荒种地；还有 30% 废弃不用（见图 6.2）。

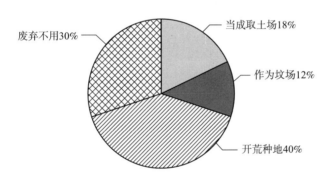

图 6.2　远城区大遗址利用形式

资料来源：由本书课题组通过调查分析所得。

（一）当成取土场

我国在改革开放以后，在广大农村实行包产到户、包干到户的家庭联产承包责任制，土地虽归国有，但依然分给每家每户进行经营，并从事相关生产活动。这样一来，农民对于自己的土地自然视若珍宝，对公用土地以及无人问津的"无主之地"，当然是能占就占、能用就用。因此，每当当地群众修建自家住宅、施工方建设或者修补道路、企业家开设砖窑瓦厂的时候，这些占地面积较大、长期无人管理，甚至就连具体用途也无人知晓的大遗址就成为他们首先想到的目标。事实上，这种肆意取土、随意挖方的行为对大遗址来说是极为致命的。

近年来，当地群众在大遗址区域挖方取土的案例在新闻报道中十分常见。位于陕西省咸阳市渭城区周陵街道办的渭陵，是西汉第十一位皇帝汉元帝刘奭的陵墓，同时也是国家大遗址——西汉帝陵的重要组成部分。据2015年12月13日《华商报》报道，咸阳当地一家始建于1976年，名为周陵新型建材有限公司的大型砖厂，便一直就地取材，使用陵墓封土烧砖，到2015年12月被媒体曝光后才被有关部门制止并进行处罚。无独有偶，这类事情也发生在河北沧州。位于河北省沧州市肃宁县县城东偏南方向7.8千米处的武垣城，始建于东周时期，具有两千多年的城市文明发展史，历史文物研究价值极为丰富，因此在2013年被国务院审定公布为第七批全国重点文物保护单位。据2021年10月27日《沧州晚报》报道，2021年10月，肃宁县文保所工作人员在对武垣城遗址进行巡查时发现，北城墙东段标志碑下城土被挖掘，导致城址被破坏。经过走访调查，发现是当地村民张某为了填补自家的耕地，非法在此取土导致的。最终，张某被处罚，并限期将遗址恢复原貌。不过，如果已经被破坏，恢复原貌已经是不可能了。

（二）作为坟场

还有一些大遗址因为地域面积较大，不仅被当地群众当成公共墓地，还被一些群众视为私人坟场。

在我国许多农村，因为人口较多、土地较少，为了满足农民的生产需求，让他们分得更多的土地，在实行联产承包责任制，进行包产到户时，并没有预留土地作为农民建坟造墓的场所。因为远城区大遗址区域要占据相当面积的土地，这就使当地农民的人均土地面积比邻近区域少，为了不占用属于农民自己或者同村人的耕地，当地农民便盯上了大遗址，在其附近建起坟茔。于是，一些大遗址区域便成为公共墓地，许多农民都在此建造坟墓。还有一种情况是，在实施土地承包的时候，原本为当地农民规划有公共墓地，还规划有其他发展用地。然而，由于我国人口在20世纪八九十年代有过一段快速增长的时期，许多新增人口难以分到土地，当地政府便将原来规划的墓地和其他发展用地用来养活这些新增人口。而且，在经济快速发展、经济形势渐渐好转以后，当地农民对居住条件的改善也有着较大的需求，于是，许多规划墓地和其他发展用地成了宅基地，让当地农民在其上造房建屋。在土地资源越来越缺乏的情况下，当地许多农民在选择墓地时，自然而然便想到大遗址区域。此外，将墓地选在大遗址区域还有一定的封建残余思想作祟。比如，许多村民会将自己的祖坟放在帝王陵墓区域，在他们看来，这里是埋葬帝王的，当然是风水宝地，于是便不顾当地文物保护部门的阻拦，偷偷将自己的亲人埋葬于此，希望后世子孙能够得到逝去亲人的护佑，从此顺风顺水、飞黄腾达。

元大都土城遗址是元世祖忽必烈时期所造，为全国重点文物保护单位，现已辟为元大都土城遗址公园。据2015年7月20日《北京日报》报道，接到市民举报，在土城墙垣临路一侧，竟发现许多坟墓，有的还立有石碑。经过《北京日报》记者向有关部门举报，这种违法行为被制止[①]。在洛阳市，这种在遗址区私自建坟的情况也较为常见，像在帝王陵众多、贵族陵墓密集分布的邙山，便有许多当地村民私自建起的坟茔，自古便有"生在苏杭，葬在北邙"之说，当地群众认为邙山是龙脉福地，风水绝佳，因此大多将家族墓葬集中于此。而邙山陵墓群已经被国家文物局列入"十四五"时期国家大遗址名单。东周三大王陵区之一的周山墓葬群也未能幸免，不少村民在其周边建坟造墓。如今，洛阳市政府已经将周山辟为森林公园，并明令禁止村民私自建坟，但仍有一些村民明知故犯（见图6.3）。

---

① 孙小杰. 元大都遗址公园内有人私建坟头［N］. 北京日报，2015－07－20.

图6.3 周山森林公园

资料来源：由本书课题组成员韩雷拍摄。

（三）开荒种地

我国虽然地大物博，但也人口众多，要靠占全世界耕地总面积7%的耕地，养活占全世界总人口22%的人口①，因此，即便已经实现土地承包制度，土地从村集体手中转入农民手中，由农民进行自主生产和自由经营，但在地少人多的大背景下，在我国广大农村地区，农民们为了多产粮食多创收，仍旧想方设法到处垦荒种地。所以，在远城区，这些不属于任何村民且荒废多年的大遗址区域，便被当地农民视为无主之地、荒废之地，从而成为他们竞相争夺的对象。于是，盲目性、无序化开垦，较为混乱的耕作，随意性处置，任意化处理等这些行为，让大遗址受到较深程度的破坏。根据国家文物局的相关统计资料显示，每年因垦荒造成的大遗址破坏便占据大遗址总面积的0.3%左右，在广大经济不发达的中西部地区，这一数据还要更高，也就预示着大遗址破坏更严重。②

---

① 童万亨．确立现代食物观念大力增加食物总量 ［J］．农业经济问题，1996，17（1）：4.

② 魏元元．多视角下的大遗址保护与开发模式研究 ［D］．西安：西安外国语大学，2012.

（四）废弃不用

还有一些大遗址，既远离村庄，又地处偏远；既交通不便，又地理环境复杂，即便是当地民众，也很难对其进行利用，因此，长久以来，便任由其废弃，淹没在荒山野草之中，处于一种较为原始的自然状态。然而，这并不是指这样的大遗址的存在状态就会比近城区以及其他远城区的大遗址要好。这些大遗址没有被开发利用，从侧面也就反映出，它们的存在状态不佳、保护状况不好。由于无人看护、无人管理，它们在风霜雨雪的侵蚀下，自然风化的程度可能会更加严重。在我国，大约有10%的大遗址属于这类，存在情况极不乐观，如果对其进行分类的话，可以归属为濒危遗产或者濒危文物，亟待保护和拯救。[①] 并且，由于受自然侵蚀较为严重，这些大遗址的保护难度比起那些人为破坏的还要更大一些。

二、利用效益分析

在远城区，由于远离经济发达的城市，处于经济相对落后的乡村山野，受区位条件的影响以及发展水平的限制，无论是当地政府还是当地民众，都普遍缺乏大遗址保护意识，不仅对大遗址保护和利用的认识程度较为低下，而且对大遗址的利用相对也较为简单粗犷，产生的经济效益自然就较低，社会效益也不高。还有一点值得重视的是，远城区大遗址区域在进行大遗址保护的过程中，由于对大遗址保护政策本着宁严勿宽、宁缺毋滥的态度，当地政府和文物保护部门往往采用绝对保护的策略，从而主动放弃对大遗址进行开发和利用的诸多良机，使当地的社会进步、经济发展、旅游开发、民生改善等都受到一定程度的影响，也给当地群众的生产生活带来一定程度的负面影响。这就造成当地群众在面对大遗址保护工作时，积极性不高、主动性不

---

① 李静. 中国大遗址旅游资源评价与开发研究［D］. 青岛：中国海洋大学，2012.

强、不理解、不配合，更有甚者有着很强的敌视情绪，故意对大遗址进行破坏。因为上述原因，导致对大遗址进行破坏的行为屡见于报刊网络，每年都有一些大遗址被当地群众进行着不同程度的破坏，从而面积渐渐缩小、完整度渐渐降低，更有一些甚至完全从这个世界上消失。长此以往，留给子孙后代的恐怕就只有文字影像资料了。

如果大遗址尤其是远城区大遗址在遭遇野蛮式开发、原始型利用的过程中，被毁坏殆尽、消失得无影无踪，那么在它们身上附着的历史文化、科技教育、艺术美学等价值也会随之烟消云散。相对而言，大遗址的经济价值、社会价值便也就无从谈起、灰飞烟灭了。因此，这类较为原始传统的开发手段、这种操作水平极为低下的利用方式，既无法发挥大遗址在经济振兴、旅游发展中的重要推动作用，也无法利用大遗址的价值创造经济效益和社会效益。不仅如此，如果由于开发不科学、利用不合理给大遗址造成灾难性破坏、毁灭性打击，使得大遗址本来可以给我们创造的巨大利益，以及其所承载的社会经济效益、文化传承效益以及文物保护效益等统统接近于零，甚至产生负面影响，更会成为民族的巨大损失和人类的巨大灾难。

第三节　远城区大遗址保护利用对策建议

一、扩大宣传范围，提升社会认知

对于远城区大遗址来说，往往因地处偏远难以为人所知，知名度不高，也无太多人关注，只是在山野乡村默默无闻，少有人光顾问津。这对于大遗址保护这项事业来说，是极为不利的。大遗址保护应该是也务必要成为一项全民关注、全民参与的社会性事业，只有全民动员起来，人人关心大遗址，个个爱护大遗址，更多人积极行动起来，投入大遗址保护事业中去，增一份光、添一份力，才能使大遗址得到更好、更有效的保护。那些远城区大遗址，或因淹没在荒郊野岭而不为人所知，或因知名度不高而不为人所重视，但它们的历史文化价值巨大，它们的存在无论是对学术研究还是对整个人类社会来说，都意义深远。因此，国家相关文物管理保护部门、各级政府，都应该积极重视起来，对远城区大遗址进行推广宣传，提升社会认知度，让更多人了解这些大遗址的价值，认识这些大遗址的意义。新闻媒体、报纸网站等，也应该积极行动起来，探寻远城区大遗址的价值、挖掘它们背后的故事，吸引更多人关注这些大遗址，积极争取社会力量和民间团体，促进大家拧成一股绳，将这些大遗址纳入有效保护之下，使其"不再孤单"，从此"安然无恙"。不仅如此，也要调动新媒体从业人员的积极性，通过公众号、短视频、网络电影等方式，让更多人了解这些大遗址的现状，从而激发人们的保护之心、热爱之情，从而为大遗址保护提供更多的支持和帮助。

二、补贴当地居民，推进共同富裕

对于远城区大遗址区域当地的居民来说，大遗址的存在，是他们作为"大遗址老家人"的荣耀，然而，因为大遗址保护政策的施行，使他们失去许多发展良机，也被动放弃许多就业机会。在其他区域都在快速发展，实现脱贫致富奔小康的人生目标之时，大遗址区域或原地踏步，或缓慢发展，许多居民只能勉强养家糊口，而难以提高生活质量，让家人过上更好的日子。即远城区大遗址区域的民众为大遗址保护作出巨大牺牲，几乎是以壮士断腕的悲壮行为，以牺牲自我幸福为代价，换来大遗址的安然无虞。但是，与此同时我们也要看到，大遗址并不仅是当地的大遗址，也不仅是当地居民的大遗址，而是全社会的大遗址，是整个中华民族共有的历史文化记忆，是全人类共同的精神财富。对大遗址进行保护至关重要，应该进行保护，也必须进行保护。大遗址区域当地民众有责任也有义务把大遗址保护好，使其不受损伤和破坏。不过，不能也没有必要让大遗址区域的居民独自承担本来应该由整个中华民族甚至全人类共同来承担的责任。他们有发展的权利，也有追寻幸福生活的需求，也希望自己能够过上更高品质的生活，和其他区域的人们一样正常地发展经济、正常地创业和就业，与他们共同提高、共同进步、共同富裕。因此，应该由国家牵头，以当地政府为主导，由文物保护部门积极配合，对当地居民进行适当补贴，以此弥补他们为大遗址保护事业所作出的牺牲。这样一来，还可以调动他们参与大遗址保护事业的积极性和主动性，使他们积极行动起来，自发地对大遗址进行保护，并和破坏大遗址的不法行为作斗争，可以说是一件多方利好的举措。

三、完善基础设施，加大文保投入

由于经济落后、发展滞后，和城市以及近城区相比，远城区基础设施状况较差，既不利于大遗址保护工作的开展，也不利于当地经济的发展和社会的进步。不过，就目前而言，政府也要"集中力量办大事"，优先发展城市是他们的主要目标。因此，在向基础设施建设方面投入资金时，往往会优先考虑城市，并将大部分资金集中在城市内部、城市之间以及具有重大经济开发价值和商业价值的区域。

相较而言，远城区大遗址区域想要进行基础设施建设更难。对于这些区域，当地政府一般实行绝对保护政策，使当地发展受到制约，既搞不成开发，又做不成建设。因此，即便当地政府想对这些大遗址区域进行基础设施建设，也会遭到其他区域相关人士的反对。在他们看来，进行基础设施建设是为了发展，是为了大规模建设和深层次开发，既然大遗址区域的发展受到制约，开发与建设也受到限制，那么进行基础设施建设既没有太大必要，也没有多大意义。在这样的情形之下，远城区大遗址区域的基础设施建设推进速度便更为缓慢，使得当地的基础设施与其他区域相比要落后许多年，道路不畅、交通不便、电力不充足、通信不发达，甚至连大遗址保护最基本的需求都难以满足，有些坐落在荒山野岭的大遗址情况可能还要更糟糕。

要想对这些大遗址进行更为有效的保护，继而进行更大规模的开发、更深层次的利用，就必须加大对基础设施的投入，使当地的基础设施得以完善，这和"要想富，先修路"是一样的道理。首先，要完善大遗址周边的道路系统，尤其是通向大遗址的主干道，需要使其宽阔平整、畅通无阻，使大遗址保护工作人员能够更好地开展管理、巡查、研究等工作，这样一来，大遗址便能够被纳入有效管理范围；其次，要完善对大遗址进行保护的设备设施，将大遗址遭到破坏的危险系数降至最低，将大遗址置于有效保护之下，如果能够实现全方位、全天候保护，那就再好不过了；最后，要完善相关通信设施，使大遗址区域内外之间的联系畅通无阻，这样一来，如果大遗址遭到破坏，或者存在安全隐患，相关人员便能及时进行上传下达，从而避免因信息滞后或者联系中断给大遗址造成的二次破坏。当然，如果大遗址区域基础设施得以完善，当地居民也是乐于见到的，对他们来说，也因此可获得诸多实惠与便利。

四、进行联合开发，盘活文化资源

远城区大遗址通常区域面积比较大，许多大遗址是跨县区的，有些甚至是跨省市的。如果以行政单位来对大遗址进行划分，往往会造成各自为政。同一片大遗址，不同政府发出的政令不同，保护政策不尽相同，开发策略也千差万别，其实这样无论对大遗址的保护还是开发利用，都是极为不利的。

大遗址既然称之为"大"，对其保护就不应该只是个体行为，也不应该仅仅是单独作战，而应该将其视为一个整体，纵观全域、统领全局，对其实施整体保护，进行完全利用，实现全盘发展。

从现实状况来看，大遗址虽然区域广、面积大，但其并非整体存在的，也极少连接成片，而是呈天女散花状零星分布。不过，历史前行的脉络通常可以触摸得到，历史发展的规律也有迹可循，虽然大遗址本身分布较为零散，区域之中可能还有其他文物、遗址、遗迹等存在，但如果触摸历史前行的脉络，遵循历史发展的规律，是能找到共同之处或者共通之处的。它们或具有历史延续性、或具有文化关联性、或具有景观联系度、或具有审美趋同性。因此，为了盘活远城区大遗址区域的文化资源，可以用联系的眼光来看待，实施整体战略，进行联合开发。

联合开发指的是在一定地域范围之内，打破行政区域之间的界限，依照资源之间存在的内在联系以及地理空间产生的相邻关系等，通过地区联合、区域协作等手段，在进行统一规划的前提下，对优势资源进行共同开发，对基础设施进行共同建设，对市场进行共同开发，以此实现资源共享、条件共用、市场共有，继而提升区域核心竞争力，从而树立同一品牌形象，达到合作方互惠互利、多赢共荣的目的。

事实上，联合开发还是具有极大优势的。第一，不同地区之间进行联合开发，不仅有利于远城区大遗址区域的资源整合与信息共享，还能促进区域之内历史文化价值较高的大遗址或者文物遗址和历史价值较低的大遗址或者文物遗址进行一体化开发、综合性利用，更能加强区域之内各种类型的文物、遗址产生相互关联、彼此连接，使在不同时期产生的，隶属于不同文物体系的文物、遗址融会贯通、有机整合，以此形成组合效应，使远城区大遗址区域的整体知名度、关注度、美誉度及吸引力得到提升和加强。第二，在远城区大遗址区域进行联合开发，不仅能够使不同地区资源的优化配置成为可能，还能够使区域之内的文物资源、文化资源进行优势互补，从而产生最优方案，实现最佳搭配。第三，对大遗址进行联合开发，可以在联合开发的区域之内，合作各方共同开拓市场、共同打造形象、共同开发资源、共同管理所有文物、遗址，最终将大遗址、文物、遗迹等众多文化资源连接起来，建造成大型历史文化宣传教育基地、大遗址文化旅游胜地，还有可能建设成有世界影响力的大遗址保护利用示范区，并与周边有同等影响的文化旅游景点景区进行广泛联系，共同推出世界级大遗址文化旅游精品路线，让这些在历史上曾经灿烂辉煌、睥睨四方的伟大文明形式，走出国门、走向世界，重新灿烂、再续辉煌。

五、发挥后发优势，加快发展步伐

通常而言，发展较为落后的地区要想在短时间内实现区域快速发展，促进经济快速振兴，就必须发挥后发优势，通过在具备后发优势的区域内进行资源整合，从而实现地区整体的跨越式发展。如今，许多大遗址区域尤其是远城区大遗址区域由于要实施大遗址保护的相关政策，经济增长的速度减了下来，区域发展的步伐慢了下来，从而沦为发展较为落后的地区。然而，这些大遗址区域是泱泱中华的重要组成部分，其社会经济发展是我国社会经济发展不可或缺的环节，因此应该也必须享有和其他区域同样的发展权利，大遗址区域的群众应该也必须拥有和其他区域的群众同样的追求高质量生活的权利，实现和其他区域的群众共同富裕的梦想。因此，必须重视这些大遗址区域的发展，并立刻行动起来。

与此同时，由于大遗址自身的特殊性，要想在区域发展的整体进程中，将这些大遗址区域与其他区域等同视之、同等对待，让它们与其他区域共同出击、齐头并进，似乎不太可能。因为与其他区域相比，这些大遗址区域经济基础相对较差，在资源禀赋方面也有着较为明显的差异。所以，在整体推进区域发展之时，既要实现跨越式发展，也要注重步步为营、循序渐进。即要把握住节奏，掌握好火候，该快的时候要快，该慢的时候要慢，该急的时候要急，该缓的时候要缓。总而言之，既不能为了保证远城区大遗址区域的发展，而挤压某些本来可以快速发展并对区域整体发展形成领头雁效应的优势区域的发展空间，也不能为了区域整体发展的快速推进而对这些大遗址区域的发展完全放弃。事实上，对于区域整体来说，其总体目标是一致的，这便是推动均衡发展、达到共同富裕。

六、实施财政转移，实现和谐发展

一方面，对大遗址进行保护往往需要投入大量的人力、财力和物力，实事求是来讲，这并非一个区域的政府所能独自承担的。尤其对于我国广大中西部地区而言，底子薄、基础差、发展压力大，再加上需要进行保护的文物遗址通常较多，地方政府的财力有限，仅能勉强维持发展。于是，在保护这些文物遗址时就显得力不从心，从而成为当地政府的沉重负担，这便是纵向失衡。造成纵向失衡的原因有很多，但最为主要的原因还是地方政府所承受的支出压力已经远远大于他们的收入能力，即入不敷出所造成的。而对这种失衡进行修正的最好策略便是实行转移支付制度。

另一方面，大遗址在各区域之间并非均匀分布，也并非均衡存在。因此，对大遗址造成的影响反应程度不同，区域发展水平也因此有着较大程度的差异，这便是横向失衡。造成横向失衡的原因也有很多，但最为主要的原因便是各级地方政府之间的收入增长水平和支出需求难以平衡，对这种失衡进行修正也需要用到转移支付制度。

转移支付是政府之间在进行互助时常用的一种手段。它指的是在各级政府之间存在财政能力差异的前提下，为使各地的公共服务水平处在均衡位置，从而实施财政资金转移或者进行财政平衡的制度。

大遗址保护事业具有较为明显的外延性，责任非一个地方的政府所能独自承担，收益也非一个地方的政府所独享，整个国家都有责任，全人类都在享受这项事业所带来的收益。正因如此，中央政府以及上级政府才应该对远城区大遗址区域实施转移支付，给予当地政府一定的财政补贴。这样一来，那些拥有大遗址的地方政府才会以更加积极的态度、更加充实的干劲投入大遗址保护事业中去，把更多精力运用到大遗址保护工作上，想方设法、开足马力对大遗址进行保护，调动各种资源、协调各种力量对大遗址进行开发和利用，这样便能推动远城区大遗址区域的社会进步和经济发展，从而实现区域整体的齐头并进、和谐发展。

七、推广新兴农业，促进乡村振兴

就现今而言，我国的区域发展表现出极不均衡的态势，城市强而乡村弱，工业强而农业弱，新兴行业强而传统行业弱。为了应对这一局面，我国政府适时提出高质量发展的号召，并给出供给侧结构性改革的方案进行应对，而为了实现让农村充实、让农民富裕、让农业复兴的目的，我国政府又制定了乡村振兴战略。正如习近平总书记所言："没有农业农村现代化，就没有整个国家现代化。在现代化进程中，如何处理好工农关系、城乡关系，在一定程度上决定着现代化的成败。"① 即实现农业现代化是我国实现整体现代化的一个至关重要的环节，更是关系到我国能否实现整体现代化的关键因素，而乡村振兴战略则是推动我国顺利实现农业现代化，促进农村增值、农业增产、农民增收的伟大战略。

远城区大遗址区域拥有优秀的文化资源，虽大都处在经济落后、发展滞后的山野乡村，但在国家乡村振兴战略的带动下，很有可能借助其资源优势，成为区域经济发展的引擎、旅游振兴的龙头以及群众致富的帮手。首先，大遗址是优秀的文化旅游资源，有着极为重要的历史文化价值，因此具有巨大的开发利用价值。随着乡村振兴战略的深入开展，农业旅游、乡村风情旅游也会因此兴起，如果以大遗址为抓手，对众多乡村旅游资源进行综合利用，极有可能走上以旅游复兴带动乡村振兴之路。其次，大遗址是优秀的社会教育资源，有着至关重要的社会教育价值，因此具有极大的开发价值。随着乡村振兴的兴起，人们对乡村也会日益重视起来，如果以大遗址为重点，在大遗址周边的乡村建设大型研学旅游基地，集历史文化教育、农耕文明教育、农业发展教育和民风民俗教育等于一身，极有可能成为青少年获取

---

① 习近平. 习近平谈治国理政（第三卷）［M］. 北京：外文出版社，2020.

知识、增长见识、促进成长、收获快乐的学习园地。最后，由于大遗址有着几百上千年甚至几千年的历史，往往价值重大、意义深远，也较为知名，因此容易形成品牌效应，成为当地响当当的文化品牌，甚至成为当地的代表物。这样一来，大遗址区域便可借助大遗址的名气做文章，进行招商引资，推动区域发展，实现乡村振兴。

在乡村振兴战略的引领下，我国广大农村必将吸引社会各界的目光，也会引来许多只"金凤凰"，许多行业都会进入农村，许多企业和民间团体也会纷纷入驻农村，让农村迎来更多发展的良机。然而，对广大农村而言，所拥有的最核心资源还是土地资源，而真正能实现乡村振兴的也只有农业复兴。毕竟，因为有农业、农民存在，乡村才能称为乡村，否则，各种资本进入，各个企业入驻，开始开工厂、办实业、搞服务、做配套、建楼房、造景观等，事实上只是将乡村变成另一种城市，走的依旧是城市化的老路。如果形成这样的局面，绝非我国政府的初衷，也正如习近平总书记所言："农业农村现代化是实施乡村振兴战略的总目标，坚持农业农村优先发展是总方针，产业兴旺、生态宜居、乡风文明、治理有效、生活富裕是总要求，建立健全城乡融合发展体制机制和政策体系是制度保障。"①

如果要促进农业复兴、乡村振兴，就不能走传统农业的老路，要走新型农业之路。时代不断向前，社会发展至今，已经出现许多新型农业，如特色农业、大棚农业、有机农业、无土栽培农业、园林农业及旅游观光农业等。事实上，无论何种类型的农业形式，都要走绿色生态之路，走优质高效之路，走可持续发展之路。

以有机农业而言，它其实是一种可持续的农业生态系统，以当地可利用资源为基础，通过促进自然界生物循环，达到提升农业收成、增加农民收入的目的。不仅对生产要求极为严格，还讲究动物、植物、人类、土壤、环境以及生态系统之间所形成的动态作用。与传统农业有所不同的是，有机农业更加注重

---

① 习近平. 习近平谈治国理政（第三卷）[M]. 北京：外文出版社，2020.

农产品对环境、人类和社会造成的潜在影响。在这一农业系统中，诸多合成投入物如农药、化肥、兽药、转基因种子、添加剂、防腐剂以及辐射污染物等被取消，通过有针对性地展开治理、对土壤肥力进行长期保持和持续提升、对病虫害进行防治等管理方式，从而达到生产绿色生态有机产品的目的。

粮农组织、世界卫生组织食品标准法典委员会给有机农业进行的定义是："一种达到整体生产的管理系统，能够促进、加强农业生态系统的稳定与健康，能够保持生物多样性、推动生物循环、增加土壤生物活动，其对管理方法的使用更加重视，而非外来添加物，从当地实际情况出发，在行使系统内部具体职能时，尽可能使用绿色生态的方法，如农艺学、生物学以及机械学等用来取代合成材料的使用。"①

有机农业作为一种农业系统，其附加值较高，劳动力较为密集。它不一定需要投入过多物质，却需要更多劳动力产生更大的劳动付出。远城区大遗址区域，交通较为闭塞、发展较为缓慢，受现代文明冲击程度较浅，不少区域至今还是较为原始的自然环境，保持着较为传统的生活方式，再加上这些区域往往有较多的闲散人员，劳动力较为充足，因此不仅符合有机农业的主要特性，还能满足有机农业对环境和人员的要求。因此，在远城区大遗址区域推行有机农业，是较为稳妥的做法，也是一条捷径。

不仅如此，在远城区大遗址区域发展有机农业，还有两大好处，一是对大遗址保护相关政策法规所做出的要求基本符合；二是有机农业附加值较高，市场竞争力较强，能够以高质量产品迅速打开高端市场，从而在极短的时间内使远城区大遗址区域得到快速发展，赶上并超过其他区域，从而带动区域整体发展。因此，远城区大遗址区域和有机农业相结合，是一件相互成就、互惠互利的事情，值得广泛宣传和进行大面积推广。

---

① 赵爽. 我国有机农业认证问题与对策研究［D］. 成都：西南财经大学，2013.

第七章　国家考古遗址公园总体规划实施评价与启示

——以隋唐洛阳城国家考古遗址公园为例

大遗址是我国的文化宝藏，是中华民族的精神财富，同时也是人类文明的奇珍异宝，应该也必须得到长期、健康、有效的可持续保护。然而，在我国经济快速发展、全国人民幸福指数不断攀升的今天，大遗址区域也需要发展，当地群众也有追求幸福生活的权利，因此，对大遗址进行开发和利用既是时代的要求，也是群众的呼声。既然大遗址需要保护，也需要开发和利用，那就要找到一条既能有效保护，又能进行科学开发、合理利用的双赢之路。在我国，目前最普遍也最权威的做法便是建设国家考古遗址公园。

国家考古遗址公园从立项到审批，再到评定，都由国家文物局负责，本着宁缺毋滥的态度进行各项工作的组织与安排。其规划更加科学、审批更加严格、建设更加有序、实施更加合理、评审更加严谨、认证更加权威，因此具有明显的示范效应和重要的引领意义，从而产生了深远的影响。隋唐洛阳城国家考古遗址公园入选第一批国家考古遗址公园，是我国大遗址保护的示范工程和重点项目。因此，本章以隋唐洛阳城国家考古遗址公园为例进行研究，以期对后来的国家考古遗址公园建设提供典型的借鉴意义。

不仅如此，在洛阳市五个国家大遗址中，隋唐洛阳城国家考古遗址公园是最早开始建设、最先通过国家文物局评定的国家考古遗址公园。如果从 2007 年隋唐洛阳城定鼎门遗址保护展示工程（建成后改称定鼎门遗址博物馆）开始动工算起，到 2022 年，隋唐洛阳城国家考古遗址公园建设已经走过整整 15 个春秋。这 15 年来，一路摸索、一路前行，积累了丰富的经验，也留下不少教训，走过不少弯路，但因为方向正确，始终不曾偏航。隋唐洛阳城国家考古遗址公园的建设，对洛阳市其他同类考古遗址公园建设极具示范性和引领性，包括已经通过评定的汉魏洛阳故城国家考古遗址公园和进入立项名单的偃师商城考古遗址公园和二里头考古遗址公园，都会受益颇深。

隋唐洛阳城国家考古遗址公园是隋唐洛阳城保护利用模式进行实践和运行的有机载体，同时也是隋唐洛阳城国家考古遗址公园总体规划方案实施以后获得的实体成果。该成果的丰硕程度、水平高低不仅要受到总体规划本身的重大影响，还要受到从方案到现实进行转换的实施过程的重要影响，本章对隋唐洛阳城国家考古遗址公园总体规划的实施进行分析和评价，就是想发现在方案实施进程中遇到的问题，对问题产生的原因进行深入剖析，并找到解决问题的方式方法，为隋唐洛阳城遗址的保护与利用过程中所进行的决策管理和方案实施提供重要的依据。

第一节　隋唐洛阳城国家考古遗址公园总体规划简介

一、隋唐洛阳城遗址

隋唐洛阳城遗址于隋大业元年（公元 605 年）开始建设，在公元 7～11世纪这 500 余年间，是我国的政治、经济、文化和商贸中心，曾是隋朝的新都、唐朝的东都、武周的神都。五代时期，后梁、后唐、后晋先后建都于此，到了北宋时期，是和东京开封并称的西京，使用时间长达 530 年之久，是我国规模最大、沿用时间最长的都城之一。隋唐洛阳城中轴线建筑堪称我国最为华丽的中轴线建筑，天堂（见图7.1）、天宫（明堂）（见图7.2）、天门（应天门）、天枢、天津（天津桥）、天街、天阙（伊阙），七座建筑从北向南庄严排列，气势恢宏、睥睨天下。隋唐洛阳城被称为"万宫之宫""万都之都"，它的出现是我国宫城基本格局走向成熟的标志，成为唐代以后几乎所有宫殿建筑的范例，我国宋元明清时期的皇宫都受到了很深的影响。不仅如此，隋唐洛阳城还具有世界性影响，在世界文明发展进程中，尤其是其建筑形式、平面布局及风格特点，对东亚地区都曾产生重大影响。我国古代少数民族政权渤海国，其疆域包括我国的东北地区、朝鲜半岛东北部及俄罗斯的远东地区，其龙泉上京、中京、东京，以及日本平城京（奈良）、平安京（京都）五座都城的规划设计都明显带有隋唐洛阳城的痕迹，受其影响极深。

图7.1　隋唐洛阳城天堂

资料来源：由本书课题组成员韩雷拍摄。

图 7.2　隋唐洛阳城明堂

资料来源：由本书课题组成员祖恩厚拍摄。

隋唐洛阳城是丝绸之路的东方起点，隋唐时期，我国运往西域、中亚、西欧一带的丝绸、瓷器、茶叶等货物从这里出发，来自西方的香料、玉石等货物运到这里，在隋唐洛阳城的东市上贩卖。与此同时，隋唐洛阳城还是隋唐大运河的中心城市，来自南方城市扬州、杭州的丝绸布匹和来自北方城市涿郡（今北京市）的粮食都要向这里运输，隋唐洛阳城因此成为丝绸之路、大运河这两条文化走廊的交汇之地。即便是如今，在"一带一路"、大运河文化带、黄河文化保护传承弘扬工程这三大国家战略推行过程中，隋唐洛阳城遗址也是至关重要的节点。

隋唐洛阳城遗址是我国历史上一个灿烂辉煌时代的见证。正因为其历史地位高、文化价值大，所以影响深远、意义非凡，在 1988 年时，便被国务院定为全国重点文物保护单位；2014 年，隋唐洛阳城定鼎门遗址成为世界遗产"丝绸之路：长安—天山的廊道"的一处遗产点；2021 年 10 月，隋唐洛阳城遗址入选中国"百年百大考古发现"；2021 年 11 月，隋唐洛阳城被国家文物局公布为"十四五"时期国家大遗址。

二、隋唐洛阳城国家考古遗址公园

隋唐洛阳城国家考古遗址公园，也称隋唐洛阳城国家遗址公园或隋唐洛阳城国家历史文化公园，其依托隋唐洛阳城遗址而建设，是国家文物局于2010年公布的第一批12项国家考古遗址公园之一。"十三五"期间，河南省专门设立历史文化大遗址保护发展基金，其中，隋唐洛阳城遗址的保护与利用受到该基金的重点扶持，隋唐洛阳城国家历史文化公园成为该基金的重点支持项目。2021年3月，加强隋唐洛阳城遗址保护被列入《中华人民共和国国民经济和社会发展第十四个五年规划和2035年远景目标纲要》中。

经过长达15年的建设，目前，隋唐洛阳城国家考古遗址公园已经初见雏形，其包含两大核心区域，即宫城区和天街片区。宫城区现已建成明堂、天堂、应天门、九州池等隋唐宫殿建筑展示景观，天街片区现已建成定鼎门、厚载门、长夏门、天街、明教坊、宁人坊等隋唐风情展示景观。其中，明堂、天堂、应天门、定鼎门都已经成为洛阳市的地标景观，堪称洛阳市近十年来最为重磅的文化品牌。随着宫城区玄武门遗址保护展示工程、九州池遗址保护展示二期工程、天街片区天街北延伸工程、天津桥保护展示工程等项目的陆续竣工，预计到2025年，隋唐洛阳城国家考古遗址公园将全面建成开放。

隋唐洛阳城是全世界唯一的古代四大文化线路交汇之处，同时也是我国传统文化走出国门、闪耀世界的城市原点。不仅如此，隋唐洛阳城还是我国保存最为完整的古代著名都城遗址之一，堪称"我国古代社会全盛时期都城规划建设的巅峰之作"。

隋唐洛阳城国家考古遗址公园本着保护优先、多规合一、适度利用、以人为本、统筹融合、彰显特色的原则，力争将隋唐洛阳城打造成古韵新风相得益彰、历史文化特色鲜明、古代文明与现代文化交相辉映的世界文化名城，真正形成"品质隋唐、历史隋唐、生态隋唐、数字隋唐、国际隋唐"五位一体的国际文化品牌。规划基准年为 2017 年，规划期为 2018 ～ 2025 年。

隋唐洛阳城国家考古遗址公园的规划范围如下：西起王城大道，东至李城路，北依瀍涧大道，南抵古城路，全域面积约为 51.9 平方千米，横跨西工、老城、洛龙和瀍河四个城区，区域内现有 23 个乡村，约有人口 36.23 万人。①

隋唐洛阳城国家考古遗址公园按照全域规划、多规合一、划定底线、列出清单、保护固态、传承活态、发展业态的基本思路实施总体规划，最终形成"一区、一轴、一带、两片、三环"的空间结构。

"一区"即宫城区。宫城是隋唐洛阳城的中枢地带，用地范围南北宽 1065 米，东西长 1055 米，面积约 1.12 平方千米。规划形成宫城遗址展示区和宫城环城公园两大功能体系，完整展示宫城遗址，以城墙、城门系统重现展示还原宫城的完整格局。以宫城城墙遗址为界形成 10 ～ 15 米宽的步行环城公园大道，周边遗址保护绿地控制在 20 ～ 50 米宽，打造环宫城绿色廊道开敞空间②，形成具有国际示范意义的独具特色的宫城考古遗址公园，同时作为隋唐文心与城市绿心服务于全城。

"一轴"即隋唐洛阳城的南北轴线区。该轴线南起伊阙，北抵邙山，全长 19 千米，其中都城段自城南定鼎门，贯穿里坊区、皇城及宫城区直抵城北龙光门，总长约 7200 米，是古代中国都城史上最为显赫的一条都城轴线。规划围绕文物保护与利用形成定鼎门、应天门、天堂明堂三大功能节点，全面展现 4000 米长的天街，建设天街景观轴。恢复建设天津桥、天枢、应天门、贞观殿、玄武门等，在天街两侧建设隋唐洛阳城遗址博物馆等主体建筑，再现南北纵贯"邙山上清宫—宫城—天街—伊阙龙门"的隋唐都城轴线。

---

①② 隋唐洛阳城项目简介 ［EB/OL］. 洛阳文保集团官网.

"一带"即隋唐大运河洛阳段历史文化景观带。隋唐大运河是以洛阳为枢纽的重要水运通道,隋唐洛阳城是大运河的兴建起点与中心。目前洛阳正在实施"四河同治、三渠联动"的生态修复计划,其中,洛河、瀍河已完成部分治理任务,景观风貌显著提升。规划治理大运河水系,修复古代仓窖遗址,再现古代码头、漕运设施、天津桥等景观,打造滨水公共空间历史景观系统。沿洛河两岸建设中国隋唐大运河博物馆、运河公园、洛阳国际会展中心等重要公共设施,形成以洛河为展示带的大运河文化核心示范区,凸显洛阳在国家"一带一路"和"大运河文化带"的重要地位。

　　"两片"即洛北与洛南里坊片区。洛北片区主要由隋唐皇城宫城、隋唐里坊区和金元故城组成,涉及老城、瀍河、西工三个城区,面积约 21.86 平方千米,人口 30.28 万人;洛南里坊片区是中国目前格局最为完整、规模最大的里坊遗址区域,面积约 27.44 平方千米,包括了 83 座里坊遗址,现有村庄 23 个,人口 5.95 万人。① 规划在洛北片区重点强化隋唐宫城格局整体保护与展示,形成宫城遗址公园;强化金元故城格局的保护与展示,依托东、西南隅历史文化街区及其周边地带形成中心服务区;强化水系整治及隋唐里坊路网的空间展示,深化整体景观的历史文化内涵。洛南里坊片区以考古发掘成果为依据,全面展现隋唐里坊空间格局,将现有乡村纳入里坊系统,开展村庄改造与整治。深入挖掘里坊故事、延续里坊文脉、改善村庄环境、促进现代农业的发展,提高村民生活水平,使该区域成为展现隋唐文化、开展文化交流、拓展现代文化服务功能的新型里坊片区。

　　"三环"即隋唐洛阳城宫城、郭城和金元故城城墙环城公园。结合遗址保护分别建设宫城、郭城和金元故城三个城墙环城公园,完整展现隋唐洛阳城的空间格局,并体现隋唐洛阳城以后千余年来洛阳城市的变迁过程及历史景观特征。以环城公园强化隋唐城历史文化公园公共服务功能、实现历史文化价值的提升、促进以文化为导向的历史文化名城的发展。②

　　①②　隋唐洛阳城项目简介［EB/OL］.洛阳文保集团官网.

第二节　隋唐洛阳城国家考古遗址公园规划方案实施评价指标体系构建

一、综合评价指标

本节将对隋唐洛阳城国家考古遗址公园总体规划方案的实施进行分析和评价。评价指标分为三个层次，各自对应规划的三大阶段，即规划制定阶段、规划实施阶段和规划实施后进行监督阶段。根据规划方案的特点，依照我国的相关法律法规，将规划指标细分成规划方案的评价指标、规划实施过程的评价指标和规划实施绩效的评价指标三类指标。按照专家百分制打分法，对各指标所得分数以及指标对应权重进行确定；运用综合评价法对综合评价总得分进行计算。

二、规划方案的评价指标

根据《国家考古遗址公园规划编制要求（试行）》《中华人民共和国城市规划办法》以及相关法律法规，将规划方案的要点确定为规划范围、规划期限、性质定位、重点保护遗址划定、功能分区以及规划实施安排六大项。按照这六大项要点的重要程度以及允许可变弹性，再遵循专家意见法，分别对这六大项要点赋予不同的分值（见表7.1）。

关于对规划方案的要点赋予分值的情况说明：在隋唐洛阳城国家考古遗址公园的总体规划方案中，规划范围的科学确定以及重点保护遗址的合理划定是最关键的部分，可以说是整个规划方案的"灵魂"，同时也是硬性指标，如果对这两项指标做出错误确定，那么其他指标做得再好再完美也无济于事，甚至还会带来严重的负面影响。所以，在本书中这两项指标的权重就更大一些，每项指标给予满分 20 分的分值。此外，总体规划方案被视为隋唐洛阳城国家考古遗址公园进行建设时的总纲领和总指导，规划期限是否合理、性质定位是否准确、功能分区是否完善、规划实施安排是否妥当，关系到隋唐洛阳城国家考古遗址公园能否顺利建成，因此，可将这四项指标置于同等重要的地位，故平分余下的 60 分，即这四项指标，每项指标给予满分 15 分的分值。

表 7.1　　　　隋唐洛阳城国家考古遗址公园规划方案要点分值

方案要点	规划范围	规划期限	性质定位	重点保护遗址划定	功能分区	规划实施安排	总计
分值	20	15	15	20	15	15	100
备注	满分 20 分指标：1～7 分为描述不清晰；8～15 分为描述较为清晰；16～20 分为描述清晰明了						
	满分 15 分指标：1～5 分为描述不清晰；6～10 分为描述较为清晰；11～15 分为描述清晰明了						

三、规划实施过程的评价指标

评价隋唐洛阳城国家考古遗址公园总体规划方案的实施过程，主要是将公园建设的成效或者说方案落实的好坏，和总体规划方案进行对比，查看其进度是否能够按照规划方案所安排的时间节点进行，工程质量能否达到规划方案所规定的要求等。

规划实施过程的评价指标，主要是遵循隋唐洛阳城国家考古遗址公园总体规划方案的具体内容进行选择，主要目的便是评价隋唐洛阳城国家考古遗址公园的建设。事实上，总体规划方案的内容纷繁芜杂、林林总总，较为多样化，只能按照重中选重、优中择优的选取原则，确定 12 项指标并按照其权重给予一定的分值。以指标的重要程度作为确认每项指标分值的主要原则。其主要划分成两个等级，列入第一个等级的指标非常重要，故给予满分10分的分值；列入第二个等级的指标一般重要，故给予满分5分的分值（见表7.2）。

表7.2　　　　隋唐洛阳城国家考古遗址公园规划实施过程评价分值

序号	评价指标	分值	评价要点
1	建设范围	5	是否遵守规划方案；是否容易辨识
2	搬迁工程	10	工程进度是否符合预期进度；结果满意度如何
3	用地整理	5	工程进度是否符合预期进度；结果满意度如何
4	遗址考古	10	是否按预期进度实施；重点是否突出；结果满意度如何
5	文物保护	10	工艺是否科学；原真性是否保持；结果满意度如何
6	文物展示	10	工程进度是否符合预期进度；形式是否新颖；技术是否完善；结果满意度如何
7	景观规划	10	工程进度是否符合预期进度；与历史是否有契合度
8	绿化种植	5	景观体验是否做到多样性与少扰动性
9	道路交通	5	道路是否安全；设置是否合理；是否具备少扰动性
10	主要文化及服务设施	10	工程进度是否符合预期进度；工程质量是否达到预期要求；游客满意度如何
11	基础设施	10	对遗址是否形成干扰；基础设施是否完善
12	管理规划	10	相关职能部门是否齐全；管理实践满意度如何
合计	—	100	—

对规划实施过程的评价指标，其分值的赋予主要根据以下情况，现进行具体说明。

（1）建设范围，分值为5分。建设范围的界定和规划范围的认定两者是密不可分的，在此，只是查看建设范围是否按照规划范围来执行以及建设范围的界定是否清晰可辨。如果建设范围已经超出规划范围之外，为0分；如果建设范围没有超出规划范围但建设范围的界定有些模糊不清，为

1～3分，具体给多少分视实际情况而定；如果建设范围没有超出规划范围并且建设范围的界定是清晰可辨的，为4～5分，具体给多少分视实际情况而定。

（2）搬迁工程，分值为10分。隋唐洛阳城遗址占地面积大、涵盖区域广，许多地方已经被厂矿或者居民区占据。按照国家对大遗址保护的相关要求，要对处于大遗址保护范围之内的厂矿、民居区进行拆除，针对这些厂矿、居民区的搬迁工程是首要任务，因此归入第一个等级。对搬迁工程这项指标进行评价，主要是看搬迁工程能否按照规划进度顺利进行；在进行搬迁的过程中是否酿成矛盾，导致上访事件频繁发生；对于搬迁工程产生的问题，相关部门是否及时处理；搬迁对象对搬迁工作是否满意等。在具体评价工作中，按照这些工作的落实程度酌情给分。落实不好，为0～5分，具体给多少分视实际情况而定；落实较好，为5～10分，具体给多少分视实际情况而定。

（3）用地整理，分值为5分。隋唐洛阳城国家考古遗址公园的规划区域为洛阳市中心城区，区域分布主要有居民住宅区、工业区以及农业区三种功能区，用地整理的工作量并不大，难度也不是很高，因此将用地整理归入第二个等级。对用地整理这项指标进行评价，主要是看用地整理能否按照规划方案上的时间节点按期完工；最后得到的结果是否符合规划方案的要求；在用地整理过程中对大遗址是否造成破坏、对附近居民是否形成困扰。在具体评价工作中，按照这些工作的落实程度酌情给分，为0～5分，具体给多少分视实际情况而定。

（4）遗址考古，分值为10分。隋唐洛阳城国家考古遗址公园在进行规划时，便将考古工作当作重中之重来对待，一是它是隋唐洛阳城国家考古遗址公园实施规划、进行建设的基础性工作，二是在隋唐洛阳城国家考古遗址公园内，最重要的工程便是遗址保护展示工程，这也需要先展开考古工作，摸清保护和展示的对象才能进行保护和展示。因此，将遗址考古归入第一个等级，赋予其10分的分值。对遗址考古这项指标进行评价，主要是看在进行大遗址考古时，所用技术和工艺是否达到考古的目的、是否符合考古的要求；是否做到重点突出；是否按照规划方案所规定的进度实施；考古现场及考古过程对游人有多大的开放程度。在具体评价工作中，按照上述评价要求酌情给分，为 0~10 分，具体给多少分视实际情况而定。

（5）文物保护，分值为 10 分。对大遗址来说，无论进行何种程度的开发，都要秉承"保护优先"或者"保护第一"的原则，即便建设国家考古遗址公园也是如此。因此，隋唐洛阳城国家考古遗址公园无论是在方案的规划设计阶段还是在公园的建设施工阶段，首要目标都是对文物进行有效保护，使其不受损伤、不被破坏。因此，将文物保护归入第一个等级，赋予其10 分的分值。文物保护需要体现文物及其所处环境的真实性、文物及其所处环境应该具有完整性，需要严格注意的是，文物及其所处环境不被破坏、不受损害是一条不能逾越的红线。与此同时，还要严格遵循文物保护和总体规划方案的要求。对文物保护这项指标进行评价，主要是看文物保护的工艺是否科学；文物的原真性能否保持；能否达到文物保护的预期效果；文物保护与文物展示是否协调等。在具体评价工作中，按照上述评价要求酌情给分，为 0~10 分，具体给多少分视实际情况而定。不过，如果重点文物被破坏或者受损伤，便为 0 分。

（6）文物展示，分值为 10 分。文物展示这项指标也极为重要，因此它关系到隋唐洛阳城国家考古遗址公园对游客是否具有吸引力，对公众是否具有亲和力，甚至可以说，关系到隋唐洛阳城国家考古遗址公园核心竞争力的提升及示范效应的扩大。因此，将文物展示归入第一个等级，赋予其 10 分的分值。隋唐洛阳城展示的主要内容包含遗址空间、文化意蕴、文化遗产保护科学成就以及科学考古和保护过程等。对文物展示这项指标进行评价，主要是看文物展示工程进度是否达到总体规划方案的要求；展示形式是否合理；展示技术是否可靠；展示内容是否通俗易懂，容易被大众所接受等。在具体评价工作中，按照上述评价要求酌情给分，为 0~10 分，具体给多少分视实际情况而定。

（7）景观规划，分值为 10 分。隋唐洛阳城国家考古遗址公园的景观规划关系到景观与环境的协调性以及与历史的相符性，因此显得尤为重要。故而将景观规划归入第一个等级，赋予其 10 分的分值。事实上，景观规划建设还是有难度的，在进行建设时，应该以历史资料为依据，以考古发掘为基础，整体景观要显示出当时的时代特征并具有历史神韵，神似历史场景的还原。对景观规划这项指标进行评价，主要是看景观的建设进度是否达到总体规划方案的预期目标；景观内容能否符合当时的历史特征，是否具有历史神韵等。在具体评价工作中，按照上述评价要求酌情给分，为 0～10 分，具体给多少分视实际情况而定。

（8）绿化种植，分值为 5 分。绿化种植只是隋唐洛阳城国家考古遗址公园的点缀，因此可归入第二个等级，赋予其 5 分的分值。即便如此，仍不能对绿化种植掉以轻心，应当注重绿化种植与周边环境的协调性及与公园景观的搭配性。在种植绿化时，应当从考古发掘中寻找素材，并根据历史研究做出安排，以尽量维持现状为原则，以保护大遗址及其周边环境为基本前提。对现有树木加以利用，所使用的花草树木不能对大遗址造成破坏，不能对大遗址的安全造成危害。尤其在种植根系发达的高大树木时，要防止其根须破坏大遗址，要做好对大遗址的防护措施。在具体评价工作中，按照上述评价要求酌情给分，为 0～5 分，具体给多少分视实际情况而定。

（9）道路交通，分值为 5 分。对隋唐洛阳城国家考古遗址公园的道路交通进行规划建设，要以保障大遗址的安全性为前提。其主要目的：一是出于对大遗址进行维护和考古的需要；二是对隋唐洛阳城的历史格局进行展示；三是方便游客游览参观，更好地为游客进行服务。对道路交通这项指标进行评价，主要是看对外交通是否顺畅；主次出入口是否协调、形象能否令人满意；对大遗址是否造成影响等。在具体评价工作中，按照上述评价要求酌情给分，为 0～5 分，具体给多少分视实际情况而定。

（10）主要文化及服务设施，分值为 10 分。主要文化及服务设施主要包含大遗址保护展示设施、专题性博物馆、文化研究类设施和旅游服务类设施四类，既关系到隋唐洛阳城国家考古遗址公园的形象展示，又关系到隋唐洛阳城国家考古遗址公园的功能服务，因此是一项重要指标，故而归入第一个等级，赋予其10分的分值。对主要文化及服务设施这项指标进行评价，主要是看工程进度是否达到总体规划方案的要求；工程质量是否满足总体规划方案的需求；游客满意度有多高等。在具体评价工作中，按照上述评价要求酌情给分，为0~10分，具体给多少分视实际情况而定。

（11）基础设施，分值为10分。基础设施是否健全关系到游客对隋唐洛阳城国家考古遗址公园的好评度与美誉度，因此，将基础设施作为一项重要指标，归入第一个等级，赋予其10分的分值。为对隋唐洛阳城遗址进行有效保护，避免因过度基础设施建设给大遗址区的文化层造成扰动，隋唐洛阳城国家考古遗址公园的基础设施基本满足实际需要便可，对洛阳市现有已经成熟的基础设施能利用的就尽可能加以利用，能使大遗址区的基础设施建设减少的便尽可能减少，并尽可能减少因基础设施建设对大遗址造成的影响。对基础设施这项指标进行评价，主要是看道路建设是否合理完善；园区绿化及服务用水是否到位；排水是否顺畅；污水处理是否达标；电力通信设施是否正常；安全保卫设施是否能够正常运行等。在具体评价工作中，按照上述评价要求酌情给分，为0~10分，具体给多少分视实际情况而定。

（12）管理规划，分值为10分。管理规划是隋唐洛阳城国家考古遗址公园规划实施过程中的重要内容，因此作为一项重要指标，归入第一个等级，赋予其10分的分值。按照国家文物局印发的《大遗址保护利用"十四五"专项规划》的相关要求，隋唐洛阳城国家考古遗址公园的管理规划由国家文物局牵头主导，河南省人民政府和洛阳市人民政府做好配合，共同进行建设。对管理规划这项指标进行评价，主要是看各单位工作开展以及任务完成的情况等。在具体评价工作中，按照上述评价要求酌情给分，为0~10分，具体给多少分视实际情况而定。

四、规划实施绩效的评价指标

隋唐洛阳城国家考古遗址公园在进行规划时，便将对大遗址进行有效保护作为最核心的目标，与此同时，也希望能够对大遗址进行科学开发、合理利用，使隋唐洛阳城国家考古遗址公园成为洛阳旅游的引领者，并成为洛阳经济新的增长点，从而推动洛阳全域的进步与发展。

隋唐洛阳城国家考古遗址公园在进行规划实施时，对其绩效进行评价，一般可分为自然生态效益评价指标、社会发展效益评价指标、经济发展效益评价指标以及大遗址保护和公园管理运营评价指标四类，可被视为一级指标。第一，隋唐洛阳城国家考古遗址公园具有公共性和公益性的特点，其社会发展效益占据一定的主导地位，因此，其分值权重要更高一些，赋予其分值35分。第二，隋唐洛阳城国家考古遗址公园的开设，便是在对大遗址进行有效保护的前提下，实现科学开发和合理利用，因此，大遗址保护和公园的管理运营都是至关重要的，如果大遗址不能进行有效保护，则有违开设隋唐洛阳城国家考古遗址公园的初衷；如果公园的管理运营出现问题，难以长久维持，则公园有朝一日也会关门大吉，这也就意味着大遗址保护和公园管理运营的分值权重要较高一些，赋予其分值30分。第三，在市场经济已经较为成熟的今天，无论是什么性质的公园，也无论是什么类型的景区，如果没有经济发展效益，就很难长久地存在下去，隋唐洛阳城国家考古遗址公园也是如此，因此，要给予经济发展效益一定的分值权重，赋予其分值20分。第四，在隋唐洛阳城国家考古遗址公园建设之前，规划区域原来是居民区、工业区和农业耕作区，如果进行公园建设，就会对绿化、植被、水系等进行不同程度的改造，难免会对当地的自然生态环境产生不小的影响，因此，自然生态效益也要赋予一定的分值权重，但不能太高，故而赋予其分值15分。

一级指标多是总结性的，具有提纲挈领的作用，相对较为笼统，这就需要对其进行细分，于是便有了二级指标。社会发展效益评价指标可细分为卫生、收入变化、生活质量、人口、医疗、教育六项二级指标，卫生水平和生活质量的提升、收入的增长是评价社会发展效益的最为重要的三大因素，因此，每项赋予 10 分的分值，像人口、医疗和教育并非建设隋唐洛阳城国家考古遗址公园所能产生较大变化的直接带动项目，因此，分别赋予 2 分、2 分、1 分的分值；大遗址保护和公园管理运营评价指标可细分为大遗址保护和公园管理运营两项二级指标，它们关系到隋唐洛阳城国家考古遗址公园的存在和发展，可以说同等重要，因此每项赋予 15 分的分值；经济发展效益评价指标只有经济发展一项二级指标，因此分值仍旧为 20 分；自然生态效益评价指标可细分为空气环境、水环境、能源消耗、生态环境及环保投资五项二级指标，可以说它们几乎同等重要，因此，每项赋予 3 分的分值。

事实上，二级评价指标也难以清晰明确地反映隋唐洛阳城国家考古遗址公园在规划实施过程中的绩效工作，因此以三级评价指标进行细分和说明（见表 7.3）。

表 7.3　　　　隋唐洛阳城国家考古遗址公园规划实施绩效评价分值

一级评价指标	二级评价指标	分值	三级评级指标	分值
社会发展效益评价指标（隋唐洛阳城大遗址区域）（共35分）	卫生	10	环境治理综合水平	7
			生活污水处理水平	3
	收入变化	10	规划前后居民收入对比	5
			居民可支配收入	5
	生活质量	10	公众满意度	6
			恩格尔系数	4
	人口	2	人口增长率	1
			人口密度	1
	医疗	2	千人拥有医生数量	1
			预期人均寿命	1
	教育	1	居民平均文化水平	1

续表

一级评价指标	二级评价指标	分值	三级评级指标	分值
大遗址保护和公园管理运营评价指标（隋唐洛阳城国家考古遗址公园）（共30分）	大遗址保护（根据旅游景区质量等级评定标准进行评定）	15	大遗址本体保护	5
			大遗址环境保护	4
			日常维护与检修	3
			风险防范水平	3
	公园管理运营	15	设施完好度、服务水平	3
			公园开放效果	3
			公园管理机构人员	3
			公园管理制度体系	3
			宣传推广水平	3
经济发展效益评价指标（隋唐洛阳城大遗址区域）（共20分）	经济发展	20	文化产业就业人口占比	5
			区域人均生产总值	4
			文化产业产值占比	4
			工作人员的当地人口占比	4
			人均收入	3
自然生态效益评价指标（隋唐洛阳城大遗址区域）（共15分）	空气环境	3	环境质量综合指数	3
	水环境	3	可利用水资源存储量	3
	能源消耗	3	GDP 能耗	3
	生态环境	3	绿化达标程度	3
	环保投资	3	环保投资 GDP 占比	3
合计		100	—	100

第三节　隋唐洛阳城国家考古遗址公园规划实施评价指标体系的应用

一、隋唐洛阳城国家考古遗址公园规划方案要点评价简述

笔者团队通过对《隋唐洛阳城大遗址保护展示工程总体规划方案》《隋

唐洛阳城国家考古遗址公园总体规划》《隋唐洛阳城国家历史文化公园总体规划方案》等与隋唐洛阳城大遗址保护和隋唐洛阳城国家考古遗址公园有关的规划方案，通过详细阅读、分组认真研究、团队积极讨论、遇到问题反复商讨等步骤，最终对隋唐洛阳城国家考古遗址公园总体规划方案的要点进行科学合理的评价，并客观公正地给出分值。笔者及团队认为，在隋唐洛阳城国家考古遗址公园总体规划方案中，对规划范围的描述明确清晰、详尽清楚，因此给出满分 20 分的评价分值；其规划期限虽然已经较为明确，但并非确定日期，这是由于国家考古遗址公园的性质造成的，需要边进行考古发掘，边进行规划建设，并且，规划建设要以考古发掘的成果和研究报告为主要依据，因此，其规划期限很难完全确定，因此给出 14 分的评价分值；其性质定位既符合国家大遗址保护的相关要求，又符合国家考古遗址公园对文物遗址进行保护和开发利用的相关要求，因此给出满分 15 分的评价分值；其重点保护遗址划定，既与历史事实相吻合，又完全参照考古研究的结论进行划定，明确清楚，一目了然，因此给出满分 20 分的评价分值；其功能分区既做到了功能齐全、分类明确，又考虑到实际建设的需求，因此给出满分 15 分的评价分值；其规划实施安排有主有次、有松有弛、详尽清楚、合理有序，因此给出满分 15 分的评价分值（见表 7.4）。

表 7.4　　　　隋唐洛阳城国家考古遗址公园规划方案要点评价得分

方案要点	规划范围	规划期限	性质定位	重点保护遗址划定	功能分区	规划实施安排	总计
分值	20	15	15	20	15	15	100
最终得分	20	14	15	20	15	15	99
备注	满分 20 分指标：1～7 分为描述不清晰；8～15 分为描述较为清晰；16～20 分为描述清晰明了						
	满分 15 分指标：1～5 分为描述不清晰；6～10 分为描述较为清晰；11～15 分为描述清晰明了						

二、隋唐洛阳城国家考古遗址公园规划实施过程评价简述

笔者团队首先以现场勘查为基础，不仅与相关利益攸关方进行访谈，还调阅大量在实施过程中产生的相关资料，最终得出调查结果。之后，将调查结果和总体规划方案中的相关要求进行比较，根据实际结果与方案要求的契合度，对各项评价指标进行评分，具体评价过程简述如下。

（1）建设范围：就整体而言，隋唐洛阳城国家考古遗址公园在进行建设时，已经做到严格按照规划范围进行施工，但北部玄武门至邙山上清宫一带建设效果不甚理想，各种条件严重不足，给国家考古公园的整体形象带来了一定负面影响，标志也没有做到清晰明确，因此给出3分的评价分值。

（2）搬迁工程：在进行搬迁时，洛阳市政府工作较为积极，搬迁政策也科学合理，相对公平，搬迁进度基本按照总体规划方案的具体要求进行，并基本满足计划进度。有定期工作汇报和问题分析报告，各项问题的解决也能做到及时到位。由于在搬迁动员过程中，政府向居民多次进行搬迁政策解读，并对居民提出的问题一一进行解答，并最终得到解决，使得居民在搬迁过程中并无过多的怨言，基本配合搬迁工程。总之，搬迁政策落实较好，搬迁工程基本按期完成。因此，给出9分的评价分值。

（3）用地整理：在积极做好搬迁工作的同时，用地征地工作也顺利开展。一方面，按照规划方案上的时间节点按期完工；另一方面，工作质量完全符合规划方案要求。用地整理工作不仅没有对隋唐洛阳城大遗址造成任何形式、任何程度的破坏，一般都在白天居民上班时段施工，对附近居民也没有造成困扰。总之，用地整理工作进展顺利、进度较快，因此给出满分5分的评价分值。

（4）遗址考古：遗址考古是隋唐洛阳城国家考古遗址公园进行建设过程中的一项极为重要的工作。在隋唐洛阳城大遗址考古过程中，考古工作

平稳向前推进，考古工作要点完成度较高，所用技术和工艺能够达到考古的目的，并做到符合考古的要求。不仅对文物古迹进行了很好的保护，实施进度也符合总体规划方案的要求。唯一遗憾的是，考古成果并未做到对外及时公布，相关信息传达滞后。因此，酌情考虑后扣除 1 分，给出 9 分的评价分值。

（5）文物保护：隋唐洛阳城国家考古遗址公园所进行的文物保护不仅体现出文物及其所处环境的真实性、完整性，还严格遵循文物保护和总体规划方案的要求。此外，文物保护的工艺科学合理，与文物展示也具有很好的协调性。略显遗憾的是，由于隋唐洛阳城国家考古遗址公园设置了文物保护与管理部门，但由于缺乏相关经验，洛阳市文物局对其又缺乏必要的指导，在一定程度上造成其实际工作成效不甚明显。因此，酌情考虑后扣除 1 分，给出 9 分的评价分值。

（6）文物展示：隋唐洛阳城国家考古遗址公园所展示的主要内容，遗址空间科学合理、文化意蕴广博厚重、文化遗产保护科学、成就清晰明了、科学考古和保护过程简洁清楚。在文物展示的形式上，呈现出多元化、多样化态势；文物展示所使用的技术，表现出高端前沿、紧跟时尚的特点；文物展示内容也做到了通俗易懂，易为大众所接受。尤其是微缩景观，对隋唐洛阳城的整体布局进行清晰完整的展示，使都城中轴线及重要宫殿一目了然，使隋唐洛阳城"万都之都""万城之城"的优质特征精准呈现。但是，对里坊区的展示文字描述不够清楚、语言讲解不够清晰、展示内容不够完整，因此，酌情考虑后扣除 2 分，给出 8 分的评价分值。

（7）景观规划：隋唐洛阳城国家考古遗址公园的景观规划，历史风貌与时尚元素并存，历史建筑与现代审美同为一体，做到了既有历史的神韵，又有时代的特征。然而，由于在明堂建造过程中，建筑设计与现实情况不甚相符，后期又对建设设计进行修改，造成一定的工期延误，因此，酌情考虑后扣除 2 分，给出 8 分的评价分值。

（8）绿化种植：隋唐洛阳城国家考古遗址公园在进行绿化种植时，力争做到以保护大遗址及其周边环境为基本前提，以尽量维持现状为原则，对现有树木加以利用，使用的花草树木既没有对大遗址造成破坏，也没有对大遗址的安全造成危害。墙垣区域的绿化树种以松树、柏树为主；种植根系发达的高大树木时，在根系下方设置隔离层，使其根须不对大遗址造成破坏。总之，在种植绿化时，对大遗址的防护措施做到了周到而完备。因此，对绿化种植这一评价指标，给出满分 5 分的评价分值。

（9）道路交通：隋唐洛阳城国家考古遗址公园的道路交通设置基本合理，通往外界的道路顺畅通达，主次出入口协调妥善；内部道路主要对考古道路进行利用，并配置多种交通系统，步行道路主要采取架空栈道以及碎石铺路等方式，方便以后还原。道路标识和指示路牌风格统一、整齐划一。但唯一不足的地方是，由于交通线路指示不够明确，部分人行道路设置不够科学，使得游客随意游走"探索"出一条条笔直或倾斜的小路，对隋唐洛阳城国家考古遗址公园的景观形象产生一定程度的影响。因此，对道路交通这项评价指标，酌情考虑后扣除 1 分，给出 4 分的评价分值。

（10）主要文化及服务设施：隋唐洛阳城国家考古遗址公园的四类主要文化及服务设施，大遗址保护展示设施较为完善，专题性博物馆令人耳目一新，文化研究类设施时尚、现代，旅游服务类设施实用性强四类，工程进度能够达到总体规划方案的要求，工程质量也能达到验收标准。但美中不足的是，游客对服务设施的配置及数量不甚满意，如公共厕所、饮水点、休息设施、位置指示牌等，在一定程度上影响了游客对隋唐洛阳城国家考古遗址公园的整体评价。总之，在服务设施方面，细节做得不够到位。因此，对主要文化及服务设施这项评价指标，酌情考虑后扣除 3 分，给出 7 分的评价分值。

（11）基础设施：隋唐洛阳城国家考古遗址公园的基础设施、道路建设合理完善；园区绿化合理；服务设施到位；排水系统顺畅；污水处理达标；电力通信设施正常；安全保卫设施运行良好。然而，服务设施安排设置不甚合理，某些功能区如微缩景观区的安全保护设施没有考虑到游客数量，在公园繁忙运行时较为拥挤，有一定的安全隐患。因此，对基础设施这项评价指标，酌情考虑后扣除 2 分，给出 8 分的评价分值。

（12）管理规划：按照国家文物局印发的《大遗址保护利用"十四五"专项规划》的相关要求，隋唐洛阳城国家考古遗址公园的管理规划由国家文物局牵头主导，河南省人民政府和洛阳市人民政府做好配合，共同进行建设。但由于涉及面比较广、牵涉部门较多，各单位在处理具体工作时，有推诿扯皮的情况发生，虽然能够基本完成任务，但完成效果不够好。因此，对管理规划这项评价指标，酌情考虑后扣除 2 分，给出 8 分的评价分值（见表 7.5）。

表 7.5 隋唐洛阳城国家考古遗址公园规划实施过程评价得分

序号	评价指标	分值	评价要点	得分
1	建设范围	5	是否遵守规划方案；是否容易辨识	3
2	搬迁工程	10	工程进度是否符合预期进度；结果满意度如何	9
3	用地整理	5	工程进度是否符合预期进度；结果满意度如何	5
4	遗址考古	10	是否按预期进度实施；重点是否突出；结果满意度如何	9
5	文物保护	10	工艺是否科学；原真性是否保持；结果满意度如何	9
6	文物展示	10	工程进度是否符合预期进度；形式是否新颖；技术是否完善；结果满意度如何	8
7	景观规划	10	工程进度是否符合预期进度；与历史是否有契合度	8
8	绿化种植	5	景观体验是否做到多样性与少扰动性	5
9	道路交通	5	道路是否安全；设置是否合理；是否具备少扰动性	4
10	主要文化及服务设施	10	工程进度是否符合预期进度；工程质量是否达到预期要求；游客满意度有多少	7
11	基础设施	10	对遗址是否形成干扰；基础设施是否完善	8
12	管理规划	10	相关职能部门是否齐全；管理实践满意度有多少	8
合计		100	—	83

三、隋唐洛阳城国家考古遗址公园规划实施绩效评价简述

(一) 社会发展效益评价简述

从卫生状况来看，为了将隋唐洛阳城国家考古遗址公园打造成国家大遗址保护利用与国家考古遗址公园建设的样板工程，洛阳市下了大力气，花了大工夫。与此同时，河南省人民政府也给予了这项工作较大力度的支持，因此，在隋唐洛阳城国家考古遗址公园目前已经完工和正在建设的区域内，环境治理综合水平有了较大幅度的提升，卫生环境有了明显改善，污水处理也取得了显著效果。因此，对环境治理综合水平和生活污水处理水平这两项三级评价指标，分别给出满分 7 分和 3 分的评价分值。

隋唐洛阳城国家考古遗址公园的建设，给当地带来了巨大的商业价值，地价、房价都有了较大幅度的增长，交通更加便利，基础设施更加完善。从收入变化情况看，在实施总体规划方案之前，当地居民收入来源单一，仅依靠工资收入或者种地收成为生，在规划实施后，一些当地居民开始自主经营，也有一些从事自由职业，收入开始呈现出多元化态势，无论是当地居民的纯收入还是可支配收入，都有了不同程度的提升。然而，受洛阳市旅游淡旺季较为明显的影响，当地居民的多元化收入并不稳定。因此，考虑到实际情况，对规划前后居民收入对比和居民可支配收入这两项三级评价指标，分别酌情扣减 1 分，给出 4 分的评价分值。

从生活质量提升方面来看，对当地居民而言，建设隋唐洛阳城国家考古遗址公园，即便抛开大遗址保护与利用不谈，人居环境更加美丽，经济民生都有所改善，居民收入也有了一定增长，公众还是普遍较为满意的，但也有一些居民对隋唐洛阳城国家考古遗址公园建成以后，政府对酒店餐饮等服务业的态度持一定看法；在规划实施前后，当地居民的消费观念并无太大的变化，因此造成家庭生活消费占总体消费支出的比例变化不大，即恩格尔系数

基本持平。所以，考虑到实际情况，对公众满意度和恩格尔系数这两项三级评价指标，分别酌情扣减1分，给出5分和3分的评价分值。

从人口变化情况来看，在隋唐洛阳城国家考古遗址公园总体规划方案实施之后，无论是人口增长率还是人口密度，和之前相比并没有发生很大的变化。因此，对人口增长率和人口密度这两项三级评价指标，分别给出满分1分的评价分值。

从医疗状况来看，随着隋唐洛阳城国家考古遗址公园建设工作的有序开展，一些大型厂矿（如洛阳浮法玻璃集团）和医院（如洛阳市妇幼保健医院）等陆续从这片区域迁出，即在规划实施后，当地的医疗水平不仅没有得到明显提升，反而有所下降，使得千人拥有医生数量有所降低。不仅如此，预期人均寿命也没有太大变化。因此，对千人拥有医生数量这项三级评价指标，给出0分；对预期人均寿命这项三级评价指标，给出满分1分的评价分值。

从居民平均文化水平提升来看，在隋唐洛阳城国家考古遗址公园各片区、各景观陆续投入使用后，随着一大批学历较高的工作人员的就业并落户，以及一批在外打拼的、层次较高的居民返乡就业创业，对当地居民的平均文化水平的提升起到一定程度的推动作用。因此，对居民平均文化水平这项三级评价指标，给出满分1分的评价分值。

综上所述，隋唐洛阳城国家考古遗址公园在规划实施之后，对当地的社会发展效益起到较大程度的带动作用，综合得分为30分。

（二）大遗址保护和公园管理运营评价简述

1. 大遗址保护评价简述

大遗址保护方面，主要依照我国大遗址保护、重点文物保护单位保护以及《中华人民共和国文物保护法》等相关法律法规进行评定。

从大遗址本体保护层面来看，隋唐洛阳城国家考古遗址公园的大部分区域和范围已经明确，对可能存在大遗址和文物遗址的区域，力所能及地进行了保护，对尚待深入研究和进一步发掘的大遗址没有贸然动工。总而言之，对大遗址已经做到竭尽所能的保护。因此，对大遗址本体保护这项三级评价指标，给出满分 5 分的评价分值。

从大遗址环境保护层面来看，在对大遗址进行有效保护的过程中，将对大遗址环境进行保护，并尽量维持其历史原貌，明确写入相关规则制度；在进行隋唐洛阳城国家考古遗址公园建设过程中，对保护大遗址环境的政策进行坚决落实，不仅在草木种植、园林绿化方面做到对大遗址环境进行保护，不损伤其历史原貌，还通过可复原技术、浅土掩盖等技术措施对大遗址环境进行模拟还原和就地保存。因此，对大遗址环境保护这项三级评价指标，给出满分 4 分的评价分值。

从日常维护与检修层面来看，通过和工作人员进行访谈、实地走访调查等方式得知，隋唐洛阳城国家考古遗址公园对遗址的日常检查、维护、检测等工作虽做到了在规定时间内进行，但由于维护和检测设备过于传统，难以达到更好的效果。因此，对日常维护与检修这项三级评价指标，酌情扣减 1 分，给出 2 分的评价分值。

从风险防范水平层面来看，隋唐洛阳城国家考古遗址公园虽然已经制定《隋唐洛阳城国家考古遗址公园大遗址保护风险控制预案》等相关制度文件，并做到从防护手段和防护措施方面进行了防范，但有不少工作人员风险防范意识并不高，对风险防范方面的知识与制度的学习也不够，因此，对风险防范水平这项三级评价指标，酌情扣减 1 分，给出 2 分的评价分值。

综合来看，在大遗址保护方面，隋唐洛阳城国家考古遗址公园还是本着保护第一的原则，对大遗址尽可能进行保护，确保其不被破坏，不受损伤，并有不少保障措施进行应对，该项整体得分 13 分。

2. 公园管理运营评价简述

公园管理运营方面，主要依照《旅游景区质量等级评定标准》的相关指标进行评定。

从设施完好度、服务水平方面来看，隋唐洛阳城国家考古遗址公园设备完善、设施完好，能够满足游客不同形式的参观与不同深度的游览，服务专业周到，能够满足游客的全方位参观和多元化游览，不仅完全达到甚至超过了旅游景区设备设施的相关要求，还能做到不损伤和破坏大遗址，对其进行长期有效的保护。因此，对设施完好度、服务水平这项三级评价指标，给出满分 3 分的评价分值。

从公园开放效果方面来看，隋唐洛阳城国家考古遗址公园能够做到对持有旅游年票的洛阳都市圈市民进行免费开放参观，并经常组织接待政府机构、民间组织以及学生团体，实现了其社会价值，体现了其公益性服务。不过，出于对大遗址进行保护的目的，其规定的游客进入量明显少于其他 4A 级旅游景区。因此，对公园开放效果这项三级评价指标，酌情扣减 1 分，给出 2 分的评价分值。

从公园管理机构人员方面来看，隋唐洛阳城国家考古遗址公园管理机构部门齐全，各部门、各岗位均满编运营，工作人员的学历组成大专及其以上学历在 90% 以上。工作人员在上岗前，要经过岗前培训，为使工作人员能够更好地适应各自的工作岗位，定期组织各种知识培训和专业培训。因此，对公园管理机构人员这项三级评价指标，给出满分 3 分的评价分值。

从公园管理制度体系方面来看，隋唐洛阳城国家考古遗址公园各项管理制度翔实完善，管理体系稳健全面，不仅能够做到党务、政务、财务三公开，工作人员分工明确，工作汇报按照日度、周度、月度、季度、年度等时间节点上交，并且，拥有自己的官方网站、公众号以及抖音、快手、微视等短视频号，能够促进公园良好运营。因此，对公园管理制度体系这项三级评价指标，给出满分 3 分的评价分值。

从宣传推广水平方面来看，隋唐洛阳城国家考古遗址公园的宣传形式多种多样，有丰富多样的宣传片，不仅包括隋唐洛阳城宣传片、隋唐洛阳城遗址考古专题片等类型，还包括各景区如明堂天堂景区、九州池景区等分类宣传片；不仅有自己的宣传册和宣传单页，还利用各类活动以冠名、赞助的形式进行宣传；不仅有自己的网站，还有微信公众号、短视频号等新媒体宣传阵地。不过，主要以宣传推介为主，内容不够丰富，像隋唐洛阳城国家考古遗址公园的官方抖音号便是如此，这样的话，很容易被抖音运营方认为是营销号而限制流量。不过，瑕不掩瑜，对宣传推广水平这项三级评价指标，给出满分 3 分的评价分值。

综合来看，因为公园管理运营关系到隋唐洛阳城国家考古遗址公园的前途和命运，因此无论对管理还是运营均十分重视，花了不少精力在这两方面，并取得了一定成效，该项整体得分是 14 分。

综上所述，无论是大遗址保护还是公园管理运营，隋唐洛阳城国家考古遗址公园均付出较多的时间和精力，不仅使隋唐洛阳城大遗址受到很好的保护，还使公园的管理和运营处在一个较高水平，本项综合得分为 27 分。

（三）经济发展效益评价简述

从文化产业就业人口占比方面来看，隋唐洛阳城国家考古遗址公园目前处于初创阶段，各项工程正在稳步向前推进，虽已见雏形，但并未对文化产业形成强有力的吸引。以周边文化产业为例，在明堂天堂景区东边，有天心文化产业园，但其内入驻企业以酒店餐饮为主，真正的文化企业并不多，再加上应天门遗址之上原来是洛阳日报报业集团，因应天门遗址保护展示工程的建设迁往洛龙区开元大道 218 号之后，原来在其周边聚集的文化产业也迁往他处，便造成隋唐洛阳城国家考古遗址公园周边的文化产业目前难成气候。因此，文化产业就业人口和公园规划建设之前相比，并无太多增长。所以，对文化产业就业人口这项三级评价指标，酌情扣减 2 分，给出 3 分的评价分值。

从区域人均生产总值来看，隋唐洛阳城国家考古遗址公园的规划建设，使之前在该区域内的不少企业迁往他处，如洛阳浮法玻璃集团便是其中的典型。作为全球三大浮法玻璃工艺之一——"洛阳浮法玻璃工艺"的诞生地，该企业目前是我国最大的浮法玻璃制造企业，也是全球最大的深加工玻璃基地之一。作为大型国有控股企业，该企业每年为这片区域贡献出不少产值，2021 年的生产总值便为 36.06 亿元。[①] 这些企业迁走之后，虽然隋唐洛阳城国家考古遗址公园能够带来一定收入，但对该区域的人均生产总值的提升来说，无疑杯水车薪。因此，对区域人均生产总值这项三级评价指标，酌情扣减 1 分，给出 3 分的评价分值。

从文化产业产值占比来看，因为该区域的文化产业尚未形成气候，并不具备规模，虽有天心文化产业园入驻，但洛阳日报报业集团等企业迁走，造成文化产业总产值不升反降。因此，对文化产业产值占比这项三级评价指标，酌情扣减 1 分，给出 3 分的评价分值。

从工作人员的当地人口占比来看，在隋唐洛阳城国家考古遗址公园工作的当地居民虽占据较大比例，基本维持在 60% 以上，但以保洁、保安、检票、绿化、维修等底层工作人员为主，在管理人员和运营人员之中，当地居民占比较小。因此，对工作人员的当地人口占比这项三级评价指标，酌情扣减 1 分，给出 3 分的评价分值。

从人均收入来看，隋唐洛阳城国家考古遗址公园的建设，对当地居民来说，意味着生活环境的优化和休闲运动空间的增加，但由于各项产业并未形成规模，当地居民尽管能够靠餐饮、民宿、租赁等行业使收入更加多元化，但由于受洛阳旅游淡旺季较为明显的影响，人均收入增长空间极为有限。因此，对人均收入这项三级评价指标，酌情扣减 1 分，给出 2 分的评价分值。

综上所述，由于隋唐洛阳城国家考古遗址公园处于前期初创阶段，尽管在吸引文化产业入驻以及促进人均收入增长等方面取得一定成效，但是对经济发展的带动作用并不是很明显，本项综合得分为 14 分。

（四）自然生态效益评价简述

从空气环境情况来看，随着隋唐洛阳城国家考古遗址公园的规划实施，

---

① 新能源玻璃利润大降超 3 亿元　洛阳玻璃 2021 年业绩疲软 ［EB/OL］. 新浪财经，2022 – 03 – 31.

一些污染性企业如洛阳浮法玻璃集团等迁往他处，公园各种绿化工程的施工建设，使该片区域的绿地面积和森林覆盖率大幅增加，空气质量越来越好，环境质量也逐渐改善。因此，对空气环境这项二级评价指标，给出满分3分的评价分值。

从可利用水资源情况来看，在隋唐洛阳城国家考古遗址公园内引水造湖，尤其是皇家园林九州池在原址上保护性复建，使该片区域的水资源越来越丰富，可利用水资源也更加充足。因此，对可利用水资源这项二级评价指标，给出满分3分的评价分值。

从能源消耗情况来看，隋唐洛阳城国家考古遗址公园的建设，尽管使该片区域对煤炭等能源的消耗减少，但由于大量使用灯光效果等，使电力消耗有了较大幅度的增长。因此，对能源消耗这项二级评价指标，酌情扣减1分，给出2分的评价分值。

从生态环境情况来看，在隋唐洛阳城国家考古遗址公园进行大面积绿化之后，生物多样性增加，森林覆盖率提高，生态环境有了明显改善。因此，对生态环境这项二级评价指标，给出满分3分的评价分值。

从环保投资情况来看，由于隋唐洛阳城国家考古遗址公园是带有社会公益性质的国家大型文化工程，该项目的实施非但不以污染环境、破坏生态为代价，反而有利于环境优化和生态平衡。因此，当地的国内生产总值更加绿色化、生态化，即环保投资GDP占比明显增加，所以，对环保投资这项二级评价指标，给出满分3分的评价分值。

综上所述，隋唐洛阳城国家考古遗址公园在该片区域进行建设并投入运营之后，空气更加清新，水资源更加丰富，生物多样性增加，森林覆盖率增长，自然生态效益有了较为明显的提升，使该片区域得到更多的长远收益，本项综合得分为14分。

隋唐洛阳城国家考古遗址公园在规划实施过程中所进行的绩效评价指标的得分情况如表7.6所示。

表 7.6　　　　　隋唐洛阳城国家考古遗址公园规划实施绩效评价得分

一级评价指标	二级评价指标	分值	三级评价指标	分值	得分
社会发展效益评价指标（隋唐洛阳城大遗址区域）（共35分）	卫生	10	环境治理综合水平	7	7
			生活污水处理水平	3	3
	收入变化	10	规划前后居民收入对比	5	4
			居民可支配收入	5	4
	生活质量	10	公众满意度	6	5
			恩格尔系数	4	3
	人口	2	人口增长率	1	1
			人口密度	1	1
	医疗	2	千人拥有医生数量	1	0
			预期人均寿命	1	1
	教育	1	居民平均文化水平	1	1
	小计	35	—	35	30
大遗址保护和公园管理运营评价指标（隋唐洛阳城国家考古遗址公园）（共30分）	大遗址保护（根据旅游景区质量等级评定标准进行评定）	15	大遗址本体保护	5	5
			大遗址环境保护	4	4
			日常维护与检修	3	2
			风险防范水平	3	2
	公园管理运营	15	设施完好度、服务水平	3	3
			公园开放效果	3	2
			公园管理机构人员	3	3
			公园管理制度体系	3	3
			宣传推广水平	3	3
	小计	30	—	30	27
经济发展效益评价指标（隋唐洛阳城大遗址区域）（共20分）	经济发展	20	文化产业就业人口占比	5	3
			区域人均生产总值	4	3
			文化产业产值占比	4	3
			工作人员的当地人口占比	4	3
			人均收入	3	2
	小计	20	—	20	14

续表

一级评价指标	二级评价指标	分值	三级评价指标	分值	得分
自然生态效益评价指标（隋唐洛阳城大遗址区域）（共15分）	空气环境	3	环境质量综合指数	3	3
	水环境	3	可利用水资源存储量	3	3
	能源消耗	3	GDP 能耗	3	2
	生态环境	3	绿化达标程度	3	3
	环保投资	3	环保投资 GDP 占比	3	3
	小计	15	—	15	14
合计		100	—	100	86

第四节　隋唐洛阳城国家考古遗址公园规划方案实施评价结果分析

一、隋唐洛阳城国家考古遗址公园规划实施综合评价权重探讨及结果分析

隋唐洛阳城国家考古遗址公园总体规划方案实施评价包含规划方案要点的评价、规划实施过程的评价以及规划实施绩效的评价三部分。根据对专家的访谈以及专家实际打分的情况来看，由于思想认识和看法见解的差异，专家们对各部分的重视程度并不相同。接下来，笔者选择一些比较有代表性的观点对隋唐洛阳城国家考古遗址公园总体规划方案实施的结果进行评价。

（一）观点一：规划方案要点最重要

在持这一观点的专家们看来，规划方案要点的重要性要高于规划实施过程和规划实施绩效，具体情况如表7.7所示。

表 7.7　　隋唐洛阳城国家考古遗址公园规划实施综合评价（一）

评价内容	规划方案要点	规划实施过程	规划实施绩效	综合得分
指标得分	99 分	83 分	86 分	268 分
权重	0.50	0.30	0.20	1
最终得分	49.5 分	24.9 分	17.2 分	91.6 分

持规划方案要点最重要这一观点的专家认为，规划方案是隋唐洛阳城国家考古遗址公园实施的基础，也是成功与否的关键因素，更是各项工作得以开展的前提条件。没有规划方案，其他一切都等于零；只有规划方案合理，其他一切才合理；只有规划方案正确，其他一切才正确。相对而言，规划方案起到的作用较为明显，反观规划实施过程和规划实施绩效，只是在规划方案做好的前提下进行施工和安排而已，并非那么重要。就规划实施过程和规划实施绩效两者而言，前者的重要性又要大于后者，因为前者是过程，后者只是结果，有过程才有结果。因此，如果整体是 100 分，那么这三者的权重配比便为 50∶30∶20。以这一配比进行计算，隋唐洛阳城国家考古遗址公园规划实施综合评价的最终得分为 91.6 分。

（二）观点二：规划实施过程最重要

在持这一观点的专家们看来，规划实施过程的重要性要高于规划方案要点和规划实施绩效，具体情况如表 7.8 所示。

表 7.8　　隋唐洛阳城国家考古遗址公园规划实施综合评价（二）

评价内容	规划方案要点	规划实施过程	规划实施绩效	综合得分
指标得分	99 分	83 分	86 分	268 分
权重	0.30	0.50	0.20	1
最终得分	29.7 分	41.5 分	17.2 分	88.4 分

持规划实施过程最重要这一观点的专家认为，规划实施过程才是隋唐洛阳城国家考古遗址公园成功与否的关键因素，因为规划方案只是纸上谈兵，一般不会出现太大的问题，即便出现某些问题，只要不是基础性错误和原则性错误，都可以通过规划实施过程或加以修正，或进行弥补；只要规划实施过程控制得当、操作无误、进展顺利，那么最终的规划实施绩效就不会有太大的问题。在规划实施过程最为重要的前提下，如果将规划方案要点和规划实施绩效进行比较，前者的重要性还要大于后者，因为规划方案要点显然要更难，要更具创造力和原创价值。因此，如果整体是 100 分，那么这三者的权重配比便为 30∶50∶20。以这一配比进行计算，隋唐洛阳城国家考古遗址公园规划实施综合评价的最终得分为 88.4 分。

（三）观点三：规划实施绩效最重要

在持这一观点的专家们看来，规划实施绩效的重要性要高于规划方案要点和规划实施过程，具体情况如表 7.9 所示。

表 7.9　　　　隋唐洛阳城国家考古遗址公园规划实施综合评价（三）

评价内容	规划方案要点	规划实施过程	规划实施绩效	综合得分
指标得分	99 分	83 分	86 分	268 分
权重	0.35	0.25	0.40	1
最终得分	34.65 分	20.75 分	34.4 分	89.8 分

持规划实施绩效最重要这一观点的专家认为，规划实施绩效才是隋唐洛阳城国家考古遗址公园成败与否的关键因素，因为无论是规划方案要点还是规划实施过程，都是在为最终的规划实施绩效服务，如果最终的结果不尽如人意，前期的规划方案做得再漂亮，中期的实施过程再完美也是无济于事的。人们总是以成败论英雄，规划实施绩效恰恰便是决定成败的"英雄"。

在规划实施绩效最为重要的前提下，如果将规划方案要点和规划实施过程进行比较，前者的重要性还要大于后者，因为规划方案是前提，规划实施过程只是将规划方案变成现实。因此，如果整体是 100 分，那么这三者的权重配比便为 35：25：40。以这一配比进行计算，隋唐洛阳城国家考古遗址公园规划实施综合评价的最终得分为 89.8 分。

（四）观点四：规划实施绩效最不重要

在持这一观点的专家们看来，规划实施绩效的重要性要远低于规划方案要点和规划实施过程，具体情况如表 7.10 所示。

表 7.10　　　　隋唐洛阳城国家考古遗址公园规划实施综合评价（四）

评价内容	规划方案要点	规划实施过程	规划实施绩效	综合得分
指标得分	99 分	83 分	86 分	268 分
权重	0.40	0.40	0.20	1
最终得分	39.6 分	33.2 分	17.2 分	90 分

持规划实施绩效最不重要这一观点的专家认为，规划实施绩效只是规划方案最终呈现效果与规划方案的最初预期进行对比得来的，并无太大的重要性，反观规划方案要点和规划实施过程，前者面对的是一片未知，将如此复杂的规划理清捋顺，使其科学化、合理化，后者面对的是一项繁杂庞大的工程，在将方案变成现实的同时，还要注意无数细节问题，稍有不慎，就会全盘皆输，因此两者同等重要。所以，如果整体是 100 分，那么这三者的权重配比便为 40：40：20。以这一配比进行计算，隋唐洛阳城国家考古遗址公园规划实施综合评价的最终得分为 90 分。

（五）观点五：规划方案要点最不重要

在持这一观点的专家们看来，规划方案要点的重要性要远低于规划实施过程和规划实施绩效，具体情况如表 7.11 所示。

表 7.11　　　隋唐洛阳城国家考古遗址公园规划实施综合评价（五）

评价内容	规划方案要点	规划实施过程	规划实施绩效	综合得分
指标得分	99 分	83 分	86 分	268 分
权重	0.20	0.40	0.40	1
最终得分	19.8 分	33.2 分	34.4 分	87.4 分

持规划方案要点最不重要这一观点的专家认为，既然隋唐洛阳城国家考古遗址公园的总体规划方案已经上报至国家文物局，经过国家文物局相关专家学者的研究认为总体规划方案是科学可行的，才会同意该方案的实施，否则，便会不予审批，因此，规划方案出错的概率是最小的。反观规划实施过程和规划实施绩效，要将规划方案的要点内容变成现实，需要面对无数问题，经过许多步骤，解决多个难题，因此规划实施过程难度较大，而最终的结果能不能令人满意，则要看规划实施绩效的高低，所以要将两者置于同等重要的位置。因此，如果整体是 100 分，那么这三者的权重配比便为 20∶40∶40。以这一配比进行计算，隋唐洛阳城国家考古遗址公园规划实施综合评价的最终得分为 87.4 分。

（六）观点六：三者同等重要

在持这一观点的专家们看来，规划方案要点、规划实施过程和规划实施绩效，这三项指标同等重要，具体情况如表 7.12 所示。

表 7.12　　　隋唐洛阳城国家考古遗址公园规划实施综合评价（六）

评价内容	规划方案要点	规划实施过程	规划实施绩效	综合得分
指标得分	99 分	83 分	86 分	268 分
权重	0.333	0.333	0.333	1
最终得分	33 分	27.64 分	28.64 分	89.3 分

持规划方案要点、规划实施过程以及规划实施绩效三者同等重要这一观点

的专家认为，规划方案是开始，规划实施过程是过程，规划实施绩效是结果，三者层层递进，缺一不可，即三者都是隋唐洛阳城国家考古遗址公园成功与否的关键因素，因为哪个环节出现错误，都有可能导致隋唐洛阳城国家考古遗址公园的功败垂成，因此三者同等重要。因此，如果整体是 100 分，那么这三者的权重配比便为 33.3∶33.3∶33.3。以这一配比进行计算，隋唐洛阳城国家考古遗址公园规划实施综合评价的最终得分为 89.3 分。

（七）观点七：规划实施过程和规划实施绩效的重要性大于规划方案要点

在持这一观点的专家们看来，规划方案要点不甚重要，而规划实施过程和规划实施绩效较为重要，具体情况如表 7.13 所示。

表 7.13　　　　隋唐洛阳城国家考古遗址公园规划实施综合评价（七）

评价内容	规划方案要点	规划实施过程	规划实施绩效	综合得分
指标得分	99 分	83 分	86 分	268 分
权重	0.20	0.35	0.45	1
最终得分	19.8 分	29.05 分	38.7 分	87.55 分

持规划实施过程和规划实施绩效的重要性大于规划方案要点这一观点的专家认为，既然隋唐洛阳城国家考古遗址公园总体规划方案已经通过国家文物局审批，那么就代表这一总体规划方案的可行性较强，科学性较高，可以进入规划实施阶段，即在经过层层审核、层层研究之后，规划方案出问题的概率较小。反观规划实施过程和规划实施绩效，规划实施过程要将规划方案转化成现实，而其最终呈现出来的效果要靠规划实施绩效来进行评价，因此，规划实施绩效的重要性还要大于规划实施过程。因此，如果整体是 100分，那么这三者的权重配比便为 20∶35∶45。以这一配比进行计算，隋唐洛阳城国家考古遗址公园规划实施综合评价的最终得分为 87.55 分。

（八）隋唐洛阳城国家考古遗址公园规划实施观点综合评价结果分析

综合以上观点来看，规划方案要点、规划实施过程以及规划实施绩效这三项指标的权重配比及其综合得分如表 7.14 所示。

表 7.14 　　隋唐洛阳城国家考古遗址公园规划实施情况评价
指标权重配比与综合得分一览

观点	三项指标权重配比	综合得分
观点一：规划方案要点最重要	50：30：20	91.6 分
观点二：规划实施过程最重要	30：50：20	88.4 分
观点三：规划实施绩效最重要	35：25：40	89.8 分
观点四：规划实施绩效最不重要	40：40：20	90 分
观点五：规划方案要点最不重要	20：40：40	87.4 分
观点六：三者同等重要	33.3：33.3：33.3	89.3 分
观点七：规划实施过程和规划实施绩效的重要性大于规划方案要点	20：35：45	87.55 分

从表 7.14 可以看到，无论规划方案要点、规划实施过程以及规划实施绩效这三项指标权重如何配比，最终得分都在 85 分以上。由此可见，隋唐洛阳城国家考古遗址公园的总体规划方案实施是处于良好状态的。从综合得分可以看出，当规划方案要点最重要时，综合得分最高，为 91.6 分；当规划方案要点最不重要时，综合得分最低，为 87.4 分。与此同时可以看出，观点五和观点七的综合得分极为接近，仅差 0.15 分，即如果将规划方案要点置于最不重要的位置，规划实施过程和规划实施绩效的权重无论如何配比，都对结果影响不大，这正说明规划方案的重要性。

如果细究造成这一结果出现的主要原因，便是在对隋唐洛阳城国家考古遗址公园总体规划实施阶段的三个指标进行综合评分时，规划方案要点的得分是最高的，为 99 分，而规划实施过程和规划实施绩效的得分则分别为 83

分和 86 分，所以，规划方案要点的权重变化主导着对隋唐洛阳城国家考古遗址公园规划实施情况进行评价的最终结果。

二、隋唐洛阳城国家考古遗址公园规划实施分项评价及结果分析

（一）对规划方案要点的评价及结果分析

在对隋唐洛阳城国家考古遗址公园总体规划方案实施情况进行评价的三项指标中，规划方案要点的评价是其中得分最高的一项，为 99 分，除规划期限扣除 1 分外，其他项全部是满分。规划期限扣分的原因是大遗址相关考古发掘工作进展不明确，而非隋唐洛阳城国家考古遗址公园总体规划方案本身有什么问题，总而言之，扣分是客观因素造成的。隋唐洛阳城国家考古遗址公园总体规划方案要点能取得几乎满分的评价得分，说明该方案是极为成功的。

规划要点的各项指标赋值分与最终得分进行比较的情形如图 7.3 所示。

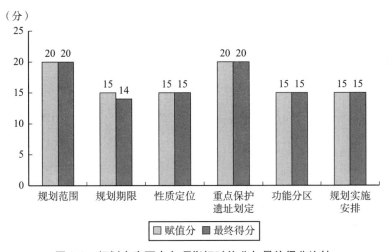

图 7.3　规划方案要点各项指标赋值分与最终得分比较

（二）对规划实施过程的评价及结果分析

在对隋唐洛阳城国家考古遗址公园总体规划方案实施情况进行评价的三

项指标之中，规划实施过程的评价是其中得分最低的一项，为 83 分。事实上，要想将规划方案要点变成现实，其过程要更复杂烦琐，牵涉事情更多，涵盖范围更广，这从评价指标便可以看出，规划方案的评价指标有 6 项，而规划实施过程的评价指标有 12 项。从图 7.4 可以看到，在规划过程的 12 项指标中，得满分的有 2 项，即用地整理和绿化种植；扣分较少的有 4 项，即搬迁工程、遗址考古、文物保护和道路交通；扣分较多的有 5 项，即建设范围、文物展示、景观规划、基础设施和管理规划；扣分最多的有 1 项，即主要文化、服务设施。在隋唐洛阳城国家考古遗址公园实施建设过程中，主要文化、服务设施建设可以说既是施工重点，也是建设难点，许多困难都从主要文化、服务设施建设中产生，许多问题也从这方面出现。因此，在隋唐洛阳城国家考古遗址公园的后续建设中以及同种类型的考古遗址公园建设中，要密切关注这一问题，确保在实施建设这些设施之前，就要做到合理规划、科学施工，多站在不同的角度考虑问题尤其是站在游客的角度上来看待问题，要多考虑细节。

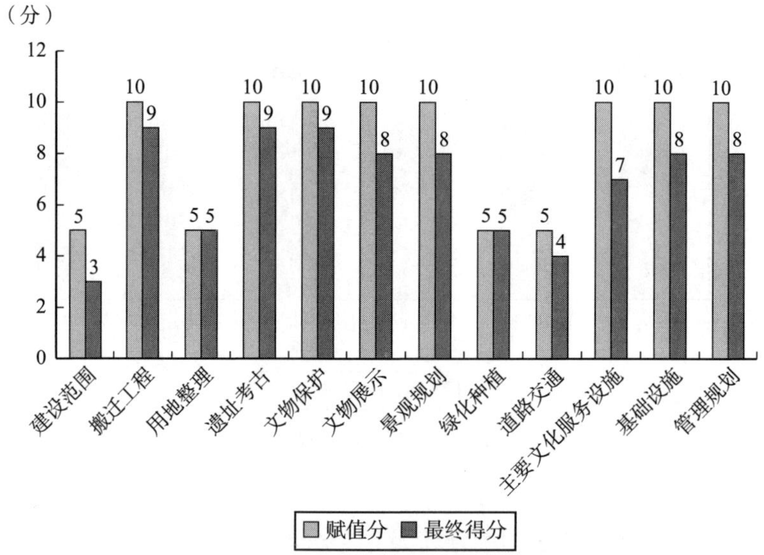

图 7.4　规划实施过程各项指标赋值分与最终得分比较

（三）对规划实施绩效的评价及结果分析

在对隋唐洛阳城国家考古遗址公园总体规划方案实施情况进行评价的三项指标中，规划实施绩效的评分得分和规划实施过程的评价得分较为接近，为85分。由此可见，规划实施绩效和规划实施过程的联系较为紧密。如前文所述，对规划实施绩效的评价指标分为四类，按分值高低排列分别为社会发展效益评价指标、大遗址保护和公园管理运营评价指标、经济发展效益评价指标以及自然生态效益评价指标。四类评价指标之间的关联性并不多，因此便对其进行分别分析。

1. 对社会发展效益的评价及结果分析

从图7.5可以看出，规划实施绩效的社会发展效益评价三级指标有11项，满分指标有6项，即环境治理综合水平、生活污水处理水平、人口增长率、人口密度、预期人均寿命以及居民平均文化水平；扣分指标有5项，即规划前后居民收入对比、居民可支配收入、公众满意度、恩格尔系数及千人拥有医生数量。在5项扣分指标之中，有4项和居民收入有密切关系，事实上，造成居民收入增长不明显的主要原因，便是隋唐洛阳城国家考古遗址公园处于初创阶段，周边商圈还不成熟，对文化产业的吸引力还不够强，再加上在公园建设之前，原来在这片区域的许多企业如大型国企洛阳浮法玻璃集团等已迁往他处，因此公园建设未能在短期内给居民的收入带来较为明显的增长。不过，从长远来看，隋唐洛阳城国家考古遗址公园的建设，一定会对周边商圈的成熟以及产业的集中形成巨大的推动作用。由于隋唐洛阳城国家考古遗址公园的建设，在环境治理水平、生活污水处理水平等方面已经有了明显的改善，公众满意度也处在一个较高的水平，这也说明了公园建设使当地居民的生活环境得到优化，生活水平得到改善，并在当地居民心目中产生良好影响，由此也便能够证明，隋唐洛阳城国家考古遗址公园的建设还是较为成功的。

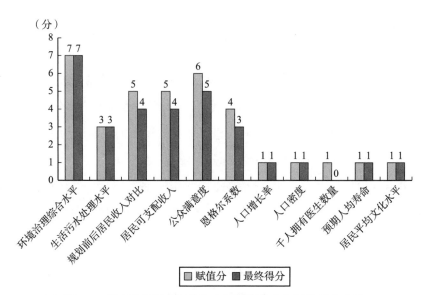

图 7.5　社会发展效益评价各项指标赋值分与最终得分比较

2. 对大遗址保护和公园管理运营的评价及结果分析

事实上，大遗址保护与公园管理运营属于两个层面，现分别加以分析。

（1）对大遗址保护的评价及结果分析。

隋唐洛阳城国家考古遗址公园能够进行建设的一个最为重要的前提便是要以文物保护第一为原则，只有将大遗址及其环境纳入有效保护之下，才能对其进行科学开发和合理利用。从图 7.6 可以看出，大遗址本体保护和大遗址环境保护这 2 项三级指标的评价得分都是满分，可见，隋唐洛阳城国家考古遗址公园在实施建设过程中，做到了"文物保护第一"的原则，并将大遗址及其环境进行安全有效的保护。不过，对大遗址的日常维护与检修及风险防范水平这 2 项三级指标的评价得分有扣除，即说明这 2 项指标是不太令人满意的，究其扣分的原因，主要是工作人员缺乏主动性和防范意识不强，还有一个重要原因便是缺乏必要的监督。因此，在隋唐洛阳城国家考古遗址公园后续建设过程中及其他同类考古遗址公园建设过程中，应注重调动工作人员的工作积极性，并做好日常培训工作。不仅如此，还要加强对大遗址的日常维护与检修检查，并制定赏罚分明的大遗址保护奖惩制度，从而避免在开发利用过程中损伤和破坏大遗址。

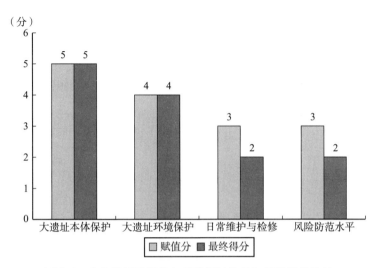

图 7.6　大遗址保护评价各项指标赋值分与最终得分比较

（2）对公园管理运营的评价及结果分析。

公园管理运营是隋唐洛阳城国家考古遗址公园能够长期健康稳定发展的有力保障。从图7.7可以看出，设备完好度、服务水平，公园管理机构人员，公园管理制度体系这3项三级指标的评价得分都是满分，公园开放效果和宣传推广水平这2项指标分别扣除1分。这也说明隋唐洛阳城国家考古遗址公园的管理运营方还是较为负责的，并体现出公园的管理运营水平处在一个较高的层面。当然，也希望公园管理运营方在以后的管理运营过程中，能够更加积极、更加大胆地去工作，多进行有益的探索，多进行勇敢的尝试，使隋唐洛阳城国家考古遗址公园更加开放，宣传推广水平再上一层楼。如果能够这样做的话，将会使隋唐洛阳城国家考古遗址公园的管理运营工作再上一个台阶。

3. 对经济发展效益的评价及结果分析

从图7.8可以看出，在经济发展效益方面扣分较多，5项三级指标都有不同程度的扣分，其中，区域人均生产总值、文化产业产值占比、工作人员的当地人口占比、人均收入这4项指标扣掉1分，而文化产业就业人口占比这项指标扣分最多,扣掉2分。造成这种现象出现的主要原因便是隋唐洛阳城国家考古遗址公园虽然能够对文化产业聚集、区域经济发展等方面起到较为强劲的带动作用,但公园还处于初创阶段,各项工程建设也在如火如荼地开展,还未成为区域发展的增长引擎,对文化产业形成的带动作用也不明显。由起步到成熟,由浅入深,由一片荒芜到渐入佳境,这正是事物发展的规律,相信假以时日,如果再对经济发展效益各项指标进行评价,得分肯定就会更高。

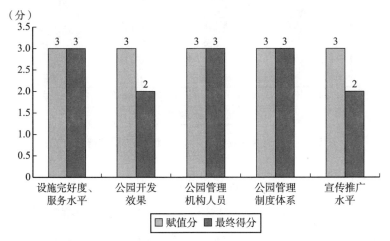

图7.7　公园管理运营评价各项指标赋值分与最终得分比较

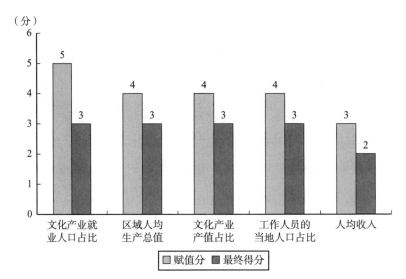

图7.8　经济发展效益评价各项指标赋值分与最终得分比较

4. 自然生态效益的评价及结果分析

从图 7.9 可以看出，对自然生态效益的评价，各项三级指标几乎都达到满分，只有 GDP 能耗这项指标扣除 1 分，即自隋唐洛阳城国家考古遗址公园投入建设以来，对这片大遗址保护区域的自然和谐、生态平衡及环境优化都是大有益处的。可以说，隋唐洛阳城国家考古遗址公园的建设，给当地区域以及周边区域都带来了良好的自然生态效益。在 GDP 能耗这项指标上扣分，主要是因为亮化工程造成。在日常工作中，隋唐洛阳城国家考古遗址公园的工作人员应注意俭省节约，降低能耗。

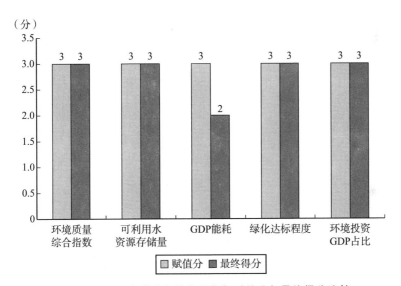

图 7.9 自然生态效益评价各项指标赋值分与最终得分比较

三、隋唐洛阳城国家考古遗址公园规划实施整体评价分析

就整体而言，隋唐洛阳城国家考古遗址公园总体规划方案的建设实施情况是令人较为满意的，这也正说明这项工作的进展是顺利的、建设是成功的、结果是圆满的。不过，通过对规划实施情况进行评价分析，可以看到，在隋唐洛阳城国家考古遗址公园从规划设计到实施建设整个过程中，还是暴

露出一些问题，现详述如下。

第一，重方案，轻实施。通过对各阶段的评价可知，规划方案要点得99分，而规划实施过程和规划实施绩效分别得83分和85分，这说明在规划实施阶段的各项工作还有一定的上升空间。尽管规划方案要点很重要，但规划实施过程也很重要；尽管规划方案做得好能够开个好头，但在规划实施过程中也不能掉以轻心、麻痹大意，仍旧要以战战兢兢、如履薄冰的心态和知难而进、迎难而上的干劲去执行各项工作任务。只有这样，才能将隋唐洛阳城国家考古遗址公园规划好、建设好、管理好、运营好，将隋唐洛阳城大遗址保护好、开发好、利用好。

第二，重硬件，轻软件。通过上述对各阶段的评价分析及实地调查走访了解到，像基础设施、服务设施、文化设施、道路交通、标牌标识等硬件建设基本是达标的，但像工作人员的积极主动性、服务意识、大局观念、服务水平等这些软实力还有一定提升的空间。事实上，尽管隋唐洛阳城国家考古遗址公园冠以"公园"之名，但它承载的更多是社会公益功能，对旅人游客进行日常接待，也属于服务行业的范畴。公园的硬实力体现着公园的建设水平，但软实力却体现着公园的整体水平，同样影响着公园的口碑，关乎游客的满意度和美誉度。因此，在以后的管理运营过程中，希望隋唐洛阳城国家考古遗址公园能够提高员工的服务意识，提升公园的整体服务质量，从而塑造成洛阳旅游的新名片，打造成洛阳形象的金字招牌。

第三，重保护，轻维护。无论对隋唐洛阳城大遗址保护还是对隋唐洛阳城国家考古遗址公园规划建设来说，对大遗址进行有效保护都是第一位的，是基础、是前提、是重中之重，隋唐洛阳城国家考古遗址公园在大遗址保护方面的工作做得较为扎实有力，不仅使大遗址受到较为安全的保护，各种防护手段的运用还能起到防患于未然的作用。但是，在大遗址的日常维护、检测维修以及风险防范方面做得还不够好，不仅要对工作人员加强有关大遗址保护、大遗址日常维护、大遗址检测、大遗址修复等相关专业知识技能的培训，还要加强对他们职业生涯规划、人生规划等的培训教育，引导他们树立起责任心，培养他们积极主动、大胆创新的工作意识，以更加饱满的工作热情，更加昂扬的斗志投入大遗址保护事业中去，促使他们早日成为行家里手、尽快成为明星标兵。

第四，重展示，轻体验。隋唐洛阳城国家考古遗址公园无论是对大遗址保护还是相关文物遗址的展示来说，可以说已经做到尽心尽力。尤其是对文物遗址的展示采用更为先进的展示技术，采取更为安全的防护措施，在保护的前提下，最大限度地展现文物之美，这是值得称道的。在当今时代背景下，旅游形式千变万化，如何能够以更新颖别致的形式、更丰富多彩的内容来吸引游客，提升游客的参与度与体验度，不仅是专家学者们需要深入研究的重大课题，也是旅游从业人员需要摸索探寻的重要路径。总体来说，隋唐洛阳城国家考古遗址公园的文物展示形式缺乏更深层次的参与度和更加身临其境的体验度，希望在未来的工作中能够逐步得到解决。

第五，重中心，轻周边。就目前而言，限于工作步骤和工作进度，隋唐洛阳城国家考古遗址公园的建设仅限于自身区域，尤其以宫城区、天街片区等中心区域为重点，对周边环境的改造少有涉及，这样一来，便对周边相关产业的聚集极为不利，使当地居民经济收入的增长和生活水平的改善也受到一定程度的限制。因此，在以后的工作中，要加强对周边区域的改造尤其要以隋唐洛阳城国家考古遗址公园各大景区为中心，营造热烈浓厚的文化产业氛围，尤其要以文化产业园、文化创意园、历史风情街区的打造为重点，筑好巢穴，打好基础，为国内外知名文化企业的入驻做好准备。同时也要加强对本土文化企业的孵化和培育，使之成为推动洛阳市文化产业崛起、文化复兴的生力军。

第六，重外部交流，轻内部沟通。隋唐洛阳城国家考古遗址公园无论是管理机构的设置还是管理人员的配置，已经做到齐备完善，即拥有较为成熟的管理运营团队，在和企事业单位以及其他兄弟单位沟通和交流方面取得丰硕的成果，不仅多次接待企事业单位参观，还联合兄弟单位举办多种形式的活动，因此受到上级部门的肯定和居民游客的好评。不过，笔者团队在和工作人员进行交流时，也了解到各部门之间的沟通并不是很顺畅，对诸多信息的上报与处理不及时，也造成许多工作出现滞后，有时还会产生一系列问题。因此，在以后的工作中，一方面，要加强各部门之间、部门内部各岗位之间的交流与沟通；另一方面，也要加强电子政务管理系统建设，积极利用互联网、企业微信以及其他形式的办公软件，及时处理事务，理顺工作流程，促进工作流畅度，使隋唐洛阳城国家考古遗址公园的管理运营团队成为一支敢啃硬骨头、敢打硬仗、技术过硬、能力过硬、素质过硬的"特种作战队伍"。

第八章　区域大遗址与旅游经济发展研究

第一节　二里头遗址与区域旅游经济

一、二里头遗址简述

二里头遗址位于洛阳市偃师区西南 9 千米外的伊洛河故道北沿，于 1959 年被我国著名考古学家徐旭生先生发现，因发现地为二里头村，因此得名。经过 60 余年的考古发掘，证实该遗址是我国最早建立的王朝——夏朝中晚期的都城斟鄩，对研究中华文明的起源、国家的形成、城市的兴起、国家都城的建设、宫殿的规划设计等重大文化史学问题具有极为重要的参考研究价值，因此成为国际学术领域公认的"中国最引人注目的古文化遗址之一"，有着"华夏第一王都"之称，也被考古学家称为"最早的中国"。

二里头遗址是二里头文化的发源地。在该遗址之上，二里头文化遗存最为丰富，其存在年代可追溯到距今 3800 年至 3500 年之间的夏代中晚期和商代早期。古本《竹书纪年》又载："太康居斟鄩，羿又居之，桀亦居之。"

又据今本《竹书纪年》记载："仲康即帝位，据斟鄩。"① 即夏代早期的君主太康、仲康、少康以及末代居住夏桀都定都于此，在这里曾发生太康失国、后羿篡位、少康复国、少康中兴、夏桀亡国、以商代夏等著名的历史事件，在我国可谓大名鼎鼎。

　　二里头遗址地理位置优越，南临古洛河、北依邙山、背靠黄河，是远古时期先民建都的绝佳场所（见图 8.1）。二里头遗址的大致范围，包括二里头、四角楼和圪垱头三个自然村，面积在 30 万平方米以上。经过考古发掘发现，在二里头遗址区域内，残存有宫殿建筑基址、手工作坊遗址、平民居住遗址、墓穴葬坑以及粮仓窖穴遗址等遗址遗迹，并出土有众多文物，包括陶器、铜器、象牙器、玉器、漆器、骨器、石器以及蚌器等类型，数量丰富、规格极高。其中，乳钉纹铜爵有"华夏第一爵"之称，镶嵌绿松石兽面纹铜牌饰又有"中华第一龙"之称。

图 8.1　二里头遗址

资料来源：由本书课题组成员祖恩厚拍摄。

---

① 沈约. 竹书纪年 [M]. 北京：商务印书馆，2020：1644 – 1911.

二里头遗址是我国至关重要的都城遗址，不断刷新着我国的历史。这座坐落在古伊洛河北岸的夏代都邑，先后发现我国历史上最早的宫城、最早的城市干道网、最早的拥有中轴线布局的都城宫殿建筑群、最早的青铜近战兵器、最早的青铜礼乐器群、最早的青铜器铸造作坊、最早使用双轮车的证据以及最早的绿松石作坊等。早在 1988 年，便被国务院列为第三批全国重点文物保护单位；2004 年，被列入国家"十五"重点科技攻关项目——"中华文明探源工程"选定的进行重要研究的六大古文化遗址；2017 年，被国家文物局列入第三批国家考古遗址公园立项名单；2021 年10 月，入选"百年百大考古发现"名单，并被国家文物局列入"十四五"时期大遗址名单。

2021 年 3 月，河南省文物局、洛阳市全面启动二里头遗址申请世界文化遗产工作。如果申遗成功，二里头遗址无疑会吸引来自世界各地的更多游客。

二、二里头遗址保护利用与区域旅游经济发展现状

（一）有效保护

早在 20 世纪 70 年代，偃师县（今洛阳市偃师区）便意识到二里头遗址对于我国、河南省、洛阳市和偃师区的重大价值。1978 年，偃师县成立文物管理委员会，对二里头遗址进行保护便是该委员会的重要工作内容；1983 年，偃师商城博物馆建成，二里头出土的文物被放置在这里展出；2003 年，偃师区文物管理所成立；2010 年，偃师区文物旅游局成立，负责二里头遗址的全面管理工作。

2006 年，为使二里头遗址得到全面有效的保护，并使二里头文化的完整性、真实性和延续性得以保存，偃师市委托中国建筑设计院建筑历史研究所和中国社会科学院考古研究所共同编撰制定《二里头遗址保护总体规划

（2006—2025）》。该规划按照《中华人民共和国文物保护法》和其他文物、遗址保护相关法律的要求，本着保护为主、抢救第一、合理利用、加强保护的原则，遵照协调、全面、可持续的科学发展观，充分协调文物保护与文化复兴、经济发展、社会进步、生态平衡以及环境优化之间的关系，从而使二里头遗址发挥更广泛、更持久的社会教育意义。2006 年 10 月，该规划获得国家文物局批准开始实施，从而为二里头遗址的有效保护提供可以遵循的纲领性文件。

2022 年 5 月，《洛阳市二里头遗址保护条例（草案）》通过洛阳人大常委会审议，并面向全社会公开征求意见建议。该草案认为，"坚持遗址保护与城乡发展、生态保护、文化建设、民生保障相结合，确保遗址及其历史风貌和自然环境的真实性、完整性"①，为二里头遗址的保护定下基调。与此同时，该草案还规定，"市人民政府应当加强对二里头遗址保护工作的领导，协调解决二里头遗址保护工作中的重大问题"，将对二里头遗址的全面保护工作上升到洛阳市高度，由此可见洛阳市对二里头遗址保护工作的高度重视。该草案的颁布实施，将使二里头遗址保护工作责任更加清晰、分工更加明确、奖惩更加分明、立意更加深刻，从而对二里头遗址保护工作起到指导、引领作用，也对二里头遗址的开发利用起到提纲挈领的作用。

（二）合理利用

20 世纪 80 年代，二里头遗址出土的珍贵文物便曾送至偃师商城博物馆和洛阳市博物馆进行展览，像乳钉纹铜爵和镶嵌绿松石兽面纹铜牌饰便被洛阳市博物馆收藏，二里头夏都遗址博物馆（见图 8.2）建成之后，这两件国宝已经"回归故里"，目前在该博物馆展出。这是二里头遗址及出土文物进行展示利用的开端，也为公众了解二里头遗址提供了很好的机会。

---

① 洛阳市第十五届人民代表大会常务委员会公告第 51 号．洛阳市二里头遗址保护条例（草案）［N］．洛阳日报，2022－05－16（8）．

图 8.2　二里头夏都遗址博物馆鸟瞰

资料来源：由本书课题组成员王值拍摄。

2019 年 10 月，我国"十三五"期间的重大文化工程项目——二里头夏都遗址博物馆建成并开馆迎宾，占地面积约为 246 亩，建筑面积约为 3.2 万平方米。[①] 由于其意义深远、价值重大，不仅成为全国大遗址保护、展示与利用的示范区，还成为我国两大大型重点文化工程——夏商周断代工程与中华文明探源工程的研究展示基地，与此同时，也是中国科学院认定的中国早期国家形成及发展研究展示中心。二里头夏都遗址博物馆拥有基本展厅 5 个，分别对我国夏代的历史、二里头遗址相关考古成果、我国夏文化探索的历程、夏商周断代工程与中华文明探源工程相关研究成果进行翔实介绍和系统展示。自开馆以来，二里头夏都遗址博物馆便受到国内外专家学者以及文化爱好者的重视，展馆陈列多次获得各级奖项，如荣获 2019 年度全国博物馆十大陈列展览精品活动精品奖、2022 年 9 月入选"新时代博物馆百大陈列展览精品"名单等，使二里头夏都遗址博物馆迅速成为洛阳市文化旅游的金字招牌，与此同时也成为洛阳市大遗址保护与利用的示范工程。

在二里头夏都遗址博物馆西侧 300 米处，建有二里头考古遗址公园。二

---

① 二里头夏都遗址：展现华夏第一王都的绚丽图景［EB/OL］. 映象网，2019 - 11 - 11.

里头考古遗址公园建在二里头遗址原址之上，占地面积约为 1046 亩，总投资金额约 1.1 亿元①。目前，公园内的主要景观包含古伊洛河故道模拟复原展示工程、道路系统工程、宫殿区及井字形道路保护展示工程三大部分。园区风景秀美，不仅有可供参观学习的保护展示工程，还有可供休憩游玩的湖泊湿地，可赏可玩、可游可憩。自 2019 年 10 月开馆以来，多次登上各大知名媒体的热搜榜，成为名噪一时的"网红景区"。中央电视台《探索·发现》《今日中国》等节目、知名网络媒体平台爱奇艺《登场了，洛阳》等综艺节目先后对二里头考古遗址公园进行专题报道。

二里头夏都遗址博物馆、二里头考古遗址公园等与二里头遗址展示利用有关的文化景区景观的兴建，不仅吸引了来自国内外的游客，也让河南省、洛阳市对二里头遗址越来越重视，从而为进行更深层次的开发与更加多元化的利用提供了更多可能。

（三）带动发展

在二里头遗址没有被发现之前，坐落在二里头遗址之上的二里头村等村落只是再普通不过的豫西小村落。二里头遗址重见天日后，随着"最早的中国"出现，这里成了举世闻名的地方。伴随着考古发掘工作的不断深入、规模的不断扩大，这片区域便成为文物保护用地，不能进行大规模开发建设，许多商业行为也不被允许，这在一定程度上限制了这片区域的发展。不过，随着国家对大遗址保护工作的日益重视，在这片区域之上兴建的二里头夏都遗址博物馆和二里头考古遗址公园开门迎客，当地的道路交通更加宽阔顺畅，生态环境更加和谐优美，居住环境更加干净整洁。更为重要的是，随着这些博物馆公园的出现，当地居民在餐饮住宿、旅游纪念品售卖等行业领域可以有更大的作为，从而实现增加经济收入、提升生活质量的梦想。二里

---

① 62 年，只发掘 1.6%，夏朝遗址，你还有多少我不知道的秘密？[EB/OL]. 搜狐网，2021 - 08 - 07.

头遗址所在区域也从居民散居、落后闭塞的农村一举成为人流熙攘、车水马龙的城区。

(四) 旅游振兴

在没有划为洛阳的一个城区以前，偃师市就是经济强市，加工企业云集，外贸工厂众多，电缆、制鞋、针织、新材料等产业优势明显，但旅游产业一直是偃师的弱项。事实上，偃师区拥有众多的历史人文资源，不仅是玄奘故里，也是吕不韦、颜真卿、杜甫等名人的魂归之处，尤为称道的是，坊间流传"十三朝古都半偃师"之说，即洛阳作为十三朝古都，有一半的功劳要归功于偃师，夏都斟鄩二里头遗址、商都西亳（偃师商城）遗址、汉魏洛阳故城，或坐落在偃师，或在偃师有分布，虽是戏言，但也道出了一些真相。即便如此，偃师旅游却一直不温不火。随着与二里头相关的一系列景观景区的兴建，可以为偃师区的旅游发展注入一股强劲的力量，从而促进其旅游振兴、社会进步。

三、二里头遗址保护利用与区域旅游经济发展问题

(一) 传统的保护政策限制区域发展

无论对偃师区还是二里头遗址所在区域来说，二里头遗址的存在都是这片土地的荣耀。"昔三代之居，皆在河洛之间"[1]，二里头遗址重见天日使史书上的句子找到现实注脚，并吸引着来自全国各地乃至全球各处的目光。然而，无论是我国政府出台的有关文物保护以及大遗址保护的相关法律法规，还是当地政府制订的相关规划方案，都在强调"保护优先""保护第一"，在此基础上才能进行有限度的利用。这一尺度如果拿捏不好，就会违反相关

---

① ［汉］司马迁．史记［M］.北京：中华书局，2016.

法规政策，甚至背上破坏大遗址的罪名，这样的罪名是谁都承担不起的。因此，当地政府和文物工作者在处理大遗址保护与利用的问题时，总是不敢大刀阔斧地进行，从而显得缩手缩脚，这就使得在这片大遗址区域内，凡是有可能破坏大遗址的建设行为、有可能损伤大遗址的商业活动都不能进行。长此以往，二里头遗址区域无论是社会经济还是群众生活水平都要落后于其他区域，从而造成各方面发展都受到严重制约的现状。

（二）对大遗址的开发利用不够深入

二里头遗址是我国最早发现并进行发掘的古代大型文化遗址之一，早在1959 年时便已经被发现。然而，无论是二里头夏都遗址博物馆的建设还是二里头考古遗址公园的兴建都是最近几年才开始的，像二里头夏都遗址博物馆于 2017 年 6 月开始建设，2019 年 10 月便开馆迎客，仅用了两年多的时间，二里头考古遗址公园基本也是如此。即对二里头遗址的开发与利用时间过晚，各工程项目的实施都给人草草上马之感。将隋唐洛阳城国家考古遗址公园的建设和二里头考古遗址公园的建设进行对比便会有更直观的认识，如果从定鼎门遗址博物馆兴建开始算起，隋唐洛阳城国家考古遗址公园的建设开始于 2009 年 2 月，到今天仍在持续建设之中，预计建成要到 2025 年，即建设需要 16 年左右的时间，同样入选考古遗址公园国家队行列。二里头考古遗址公园建设时间过短，无论是景观建设还是保护展示工程实施，都不够深入。不仅如此，作为中华文明探源工程的重要基地，作为"最早的中国"所在地，仅目前的一座博物馆和一座公园，当然是不够的，需要更多的项目作为支撑，也需要更多的景观进行点缀。

（三）形成的带动效应不够明显

虽然二里头遗址被发现较早，但出于保护珍贵文化遗产的目的，二里头遗址区域的工业、商业活动一直都难以展开手脚，当地农民多半依靠种地为生，并依靠外出打工补贴家用，总之，当地的发展是受到限制的，更不用说形成带动效应了。2017 年二里头夏都遗址博物馆和二里头考古遗址公园的兴建并开门迎客，使当地的社会经济有了一定改观，当地居民也通过一定的自主经营达到创收的目的。但是，二里头夏都遗址博物馆和二里头考古遗址公园是 2019 年 10 月才建成的，自 2019 年底开始，各地受新冠疫情的严重影响，发展受到制约，二里头遗址区域也不例外，即对二里头遗址进行的开发利用所形成的带动效应还不明显，二里头遗址还未能真正发挥其应有的作用。

（四）旅游振兴缺乏更大的手笔

旅游振兴不是一两个景区的走红所能带动的，也不是一两个知名品牌所能造成的，它需要多个景区联合起来，多个产业共同发力，形成集群效应，才能推动一片区域的旅游振兴。因此，二里头区域的旅游振兴，仅靠二里头夏都遗址博物馆和二里头考古遗址公园是远远不够的。既需要以点来支撑，也需要多点连成线、多线连成面，这样才能集中优势兵力、厚积薄发。即促进二里头遗址区域的旅游振兴，需要更大的手笔，需要擦亮二里头这块金字招牌，利用二里头遗址、二里头文化做更多的文章，以点、线、面、区相结合的方式促进、催化、激发。二里头夏都遗址博物馆的兴建、二里头考古遗址公园的开园只是开端，更多的旅游项目、更大的文化产业集群还在后面。

四、二里头遗址保护利用与区域旅游经济发展策略探究

（一）加快考古进度，推动全面发掘

二里头遗址总面积达 300 多万平方米，尽管已经发掘了 60 余年，但只发掘出 5 万多平方米，即不到 2%[①]，即便如此，已经给我们足够多的惊喜，

[①] 探源中华文明｜二里头遗址：打开神秘夏朝的文化密码 [EB/OL]. 新华网，2022 - 11 - 15.

如果能够进行全面发掘，那又将是何等壮观，带给我们多少惊喜呢？或许最终的结果将超过我们的想象。因此，应在国家许可范围内，合理分配任务、科学安排进度，加快考古发掘进度，对二里头遗址进行更大面积的考古发掘，如果有可能推动全面发掘，那更是再好不过的事情了。对于二里头遗址这样的国家大遗址来说，考古发掘是第一步，是所有工作的先决条件，是所有形式开发和利用的前提，如果不继续进行考古发掘，那后续的大遗址保护与展示、开发与利用自然也就无从谈起了。不过，考古发掘不像刨地掘土、耕田犁地那样简单，能够抓紧时间、加快进度，它自有它的科学方针，也自有它的行事原则，只能在各种条件都允许的条件下，尽可能地加快进度。

（二）利用后发优势，实现区域发展

根据前文的论述可知，像二里头这样的大遗址区域，由于大遗址保护政策的实施造成区域发展受到限制，从而成为落后区域。但落后区域具备后发优势，有着较大的发展潜力，对后发优势加以利用，对先进区域的技术进行学习和创新，对先进区域的制度进行模仿和借鉴，从而达到赶上先进区域，甚至一举超越的目的。由于二里头遗址具有重大的历史文化价值，无论在历史上还是在当今都产生着至关重要的影响，因此具备极为明显的文化资源优势，如果方法得当、措施有力，便可以利用其资源优势，并积极向其他做得较好的大遗址区域进行学习，学习其经验、参考其做法、参照其制度，这样一来，便极有可能成为推动区域发展的引擎。

（三）集中精力申遗，争取申遗成功

无论对自然景观还是对人文遗迹来说，如果能够进入世界遗产名录，不仅意味着一项荣誉的取得，更多的是对其价值的极大肯定，因为只有那些"全世界公认、具有重大意义和重要价值的文物古迹及自然景观"才有成为世界遗产的可能。与此同时，成为世界遗产也就意味着"升值"，不仅会引起更多社会各界人士的关注，也会吸引国内外的游客纷至沓来，由此带来的

经济效益和社会效益都是巨大的。因此，洛阳市要对二里头遗址申请世界文化遗产工作高度重视、花大力气、下大功夫，集中精力、排除万难，争取申遗工作能够取得圆满成功。不仅如此，还要做好二里头考古遗址公园的后续建设工作，争取早日通过国家文物局的验收，像隋唐洛阳城和汉魏洛阳故城一样正式归入"国家队"，成为国家考古遗址公园。如果这两项工作都能取得成功，无论对二里头遗址品牌价值的提升还是对二里头遗址影响力的拓展都具有重要意义，不仅会使二里头遗址产生的经济效益更上一层楼，还会极大地推动二里头遗址的有效保护和后续的利用与开发。

（四）发挥遗址联动，促进旅游振兴

一方面，对二里头遗址蕴含的历史意义和文化价值进行深耕细挖，并以建筑、3D 打印、动画、视频、图片、文字、舞台剧、情景剧等形式表现出来，对二里头文化进行更深层次的开发和更大范围的利用。不仅如此，要在二里头夏都遗址博物馆和二里头考古遗址公园之外，推出更多与二里头有关的文化旅游项目，使游客的二里头遗址之行更有可看性，更加流连忘返，从而提升二里头遗址的品牌价值。

另一方面，通过积极打造与偃师商城遗址、汉魏洛阳故城等有关的景观景区，如偃师商城考古遗址公园、汉魏洛阳故城国家考古遗址公园等，并与隋唐洛阳城国家考古遗址公园形成联动，对"五都贯洛"的文化奇观进行全面展示，从而形成大遗址旅游精品线路，使洛阳的大遗址旅游看点频出、精彩纷呈，从而推动洛阳的旅游发展以及大遗址当地的旅游振兴。

（五）利用区域优势，发展观光农业

二里头遗址区域，农业优势较为明显，除传统的小麦种植外，鲜食葡萄、花卉苗木、无公害蔬菜以及畜牧养殖等都是优势较为明显的新型农业形式。在大遗址区域，由于要执行大遗址保护政策，不能进行大规模建设，也不能从事过于集中的商业活动，因此，发展这些新型农业，不仅能够促进当

地农民增加经济收入，还不会对大遗址造成伤害，实在一举两得。不仅如此，还要在二里头遗址区域大力发展观光农业，以葡萄采摘园、玫瑰观赏园、农家生态园等多种形式，吸引远近游客的到来。这既能减少农产品销售的中间环节，使农户得以创收、游客也能得到实惠，又能对因二里头遗址所形成的多种文化旅游形式形成一定程度的互补，促进二里头遗址区域旅游形式的多样性和旅游内容的丰富性，还能延长游客在这片区域的逗留时间，从而达到推动区域发展、促进经济增长的目的。总而言之，对二里头遗址区域来说，发展观光农业是较为适合的，应该大力进行推广。

第二节　偃师商城遗址与区域旅游经济

一、偃师商城遗址简述

偃师商城遗址在洛阳市偃师区城东 1 千米处，位于商都西路上，北依邙山，南面洛河，其西南约 6 千米处便是二里头遗址，其西约 10 千米处便是汉魏洛阳故城。因该遗址位于尸乡沟遗址，因此也叫偃师尸乡沟商城遗址。根据考古挖掘和文献资料来看，这里便是商汤灭夏之后，在夏都斟鄩（今二里头遗址）附近建立的商代新首都西亳。在商代早期的都城遗址中，偃师商城遗址无疑是规模最大、年代最早并且保存最为完好的一座。

偃师商城遗址被发现的年代较晚，1983 年，在配合首阳山电厂选址建设时，中国科学院考古研究所河南考古二队在尸乡沟村发现该遗址。根据考古发掘以及我国大型重点文化工程——夏商周断代工程的测算，偃师商城遗址最早建设的年代约为公元前 1600 年，最晚建设的年代在公元前 1400 年前后，即偃师商城遗址作为一国之都使用的历史约有 200 年，并且，作为商代最早的都城，对研究夏商文化的兴衰交替、我国商代早期的都城建设及城市发展等都有着至关重要的意义。事实上，在当时的商都西亳，发生过许多惊天动地的大事，也涌现出许多堪为后世楷模的历史文化名人，像商汤建国、伊尹辅政、放逐太甲、九世之乱、太戊中兴等在商代历史上影响深远的诸多大事件都发生在西亳，商汤是我国历史上有名的贤明君主，后世将其与尧舜禹并称为"尧舜禹汤"，伊尹是我国历史上第一位贤相，曾辅佐商代早期的四代 6 位商王，和周公并称为"伊尹周公"。商代以西亳为都城，在经历从汤到仲丁的 11 位帝王之后，才将都城迁往隞（今郑州商城遗址），可以说，西亳是商代一座具有举足轻重地位的都城，正因如此，偃师商城遗址才显得尤为重要，并在我国考古界、历史学界以及文化界声名赫赫。

偃师商城遗址占地面积约为 200 万平方米，平面略为长方形，南北长1700 多米，东西宽 740～1215 米，主要包含大城、小城及宫城三重城垣。①在城址内发现有宫殿、城门、民房、作坊和道路等重要遗迹，并出土大量文物，包括石器、铜器、陶器和玉器等多种材质。从 1983 年至今的 40 多年间，偃师商城遗址不断带给人们更多的惊喜，尤其是配合夏商周断代工程对宫殿等遗址所进行的大规模的发掘，为探究城址及宫殿区的结构布局、建筑特点以及演变过程提供了丰富而翔实的素材，意义重大。通过对偃师商城遗址的考古发掘可以看出，其城市布局讲究中轴线对称，建筑沿中轴线规则整齐排列，在宫殿建设时，已经开始进行前朝后寝、宫庙分离、东厨独立等方面的设置；在宫城之内，已经设有专门的祭礼场所和游乐池苑园林等游乐场所，为后世都城建设提供参照，影响我国都城建设 3000 余年。即便今天，通过不断发掘，偃师商城遗址也不断带给我们更多的惊叹。像 2021 年 1 月，考古人员便发掘出内部水系、护城河以及壕沟外部河道等，可以称为"商代最早最完备的城市水系"。

偃师商城属于二里岗文化遗存，是夏商文化的界标性都城遗址。因其价

---

① ［党代会双语特别策划］百年现代考古学·河南当惊世界殊｜系列④:河南偃师商城遗址河南郑州商城遗址［EB/OL］. 大河网，2021 - 10 - 26.

值重大，曾被联合国教科文组织评为"1983 年世界考古十七大新发现"之一；1988 年，被国务院公布为第三批全国重点文物保护单位；1997 年，偃师商城遗址内的小城被发现，具有重大历史价值和重要科学价值，成为国内外学术界备受关注的一大焦点，因此被评为当年的"全国十大考古新发现"；2001 年，被评为我国 20 世纪百项考古大发现之一；2013 年，被国家文物局列入第二批国家考古遗址公园立项名单；2021 年 10 月，入选"百年百大考古发现"，并被国家文物局列入"十四五"时期大遗址名单。

二、偃师商城遗址保护利用与区域旅游经济发展现状

（一）偃师商城遗址保护现状

偃师商城遗址被发现的年代正值我国改革开放时期，当时，无论是洛阳市还是偃师市都有不少工业项目上马，而偃师商城便是在首阳山电厂（今河南华润电力首阳山有限公司）选址过程中发现的。该遗址的发现，无疑是洛阳市和偃师区的幸运，也是我国历史的幸运。因此，无论是洛阳市还是偃师区，对偃师商城遗址的保护都极为重视。早在 2002 年，当时的偃师市文物局便对偃师商城遗址进行一定程度的保护，通过将原址进行保护性回填，将考古发掘之前的原地表抬高之后，在地面按照原址、原尺寸和原样的方式进行模拟展示的形式，模拟出偃师商城遗址的布局、位置、形制和组成。

2006 年 3 月，由洛阳市编制的《偃师商城遗址保护利用总体规划》得到国家文物局批准开始实施。该规划以建成占地面积达 3000 亩的"偃师商城遗址苑"森林公园为主要目标，不仅要在遗址区建设遗址博物馆，从而能够全方位地立体展示偃师商城遗址的风情地貌，还要针对宫城区及宫殿遗址进行保护工程建设，以复原宫殿、城门、城墙为形式，对偃师商城的历史情景进行再现。2010 年 10 月，偃师商城遗址宫城区全面保护性展示工程正

式启动，在 2012 年 1 月时，便已经建成一期工程的主体建筑 4 号宫殿。[①] 4 号宫殿的主要建筑是一座坐北朝南的宫殿，在其东、西、南三面，均有配套廊庑，从而形成一座类似于现今"四合院"式的封闭建筑，总面积达 875 平方米，主要用于展示与偃师商城遗址有关的考古成果和出土文物。

2009 年，洛阳市出台《洛阳市偃师二里头遗址和尸乡沟商城遗址保护条例》，该条例认为，不仅要加强对偃师商城遗址的保护工作，还将保护工作的领导权归于洛阳市人民政府，使保护性质得到提升。此外，还明确规定了该遗址的保护范围和相关人员的责任。

2022 年 7 月，由洛阳市编制的《洛阳市尸乡沟商城遗址保护条例》上报至河南省人民代表大会进行审议。该条例明确规定，偃师商城遗址以"保护为主、抢救第一、合理利用、加强管理"为保护原则。不仅如此，因该遗址位于偃师城区，该条例着重强调，不仅要保护大遗址本体，也要对大遗址周边环境进行保护，两者同等重要。此外，还要统筹协调大遗址保护与当地社会进步、经济发展以及民生改善之间的关系。

（二）偃师商城遗址利用现状

偃师商城遗址进行利用的时间较早，早在遗址被发现两年之后的 1985 年，便开始筹建偃师商城博物馆，于 1987 年建成并投入使用（见图 8.3）。该博物馆占地面积为 16000 平方米，建筑面积为 3100 平方米，主要设有三个展厅，其中，第一展室主要展示二里头遗址和偃师商城遗址所出土的重要文物，并陈列有二里头斟鄩 1 号宫殿复原模型和尸乡沟西亳 4 号宫殿复原模型[②]；第二展室主要展示在偃师区出土的文物珍品，像仰韶文化彩陶器、汉魏陶器、唐三彩以及宋元瓷器等应有尽有；第三展室为临时陈列展室，曾举办过"历代文物珍品展览""庖厨明器及动物造型专题展览""唐三彩专题

---

① 石蕴璞. 偃师商城遗址：穿越 3600 年的记忆［N］. 洛阳日报，2012 - 01 - 10.
② 资料来源：洛阳市文化广电和旅游局网。

展览"等引起强烈反响的专题展览。

图 8.3 偃师商城博物馆

资料来源：由本书课题组成员韩雷拍摄。

除偃师商城博物馆外，偃师商城考古遗址公园也在建设之中。该考古遗址公园将对宫殿、池苑、祭祀坑、宫墙、城门等进行 1∶1 复原，使游客能够身临其境地感受商代的历史人文和生活场景，从而和 3600 年前的前辈先人进行时空连接。

（三）偃师商城遗址与区域旅游经济发展现状

自偃师商城遗址于 1983 年被发现以来，由于其离偃师区比较近，这片区域便成了偃师区继二里头之后的另一个旅游热点，尤其是偃师商城博物馆的兴建，为偃师商城遗址旅游提供了强有力的支撑，众多游客、历史文化爱好者以及专家学者来到这里参观旅游，在增加阅历、增长见识的同时，也起到了娱乐休闲的作用，尤其是偃师区的市民和青少年学生，通过对偃师商城博物馆的游览与参观以及对偃师商城遗址的了解与学习，不仅掌握了更多历史文化知识，还增强了爱国家、爱民族、爱文化和爱家乡的自豪感，从而以更饱满的热情建设家乡、以更昂扬的状态投入工作。因此可以说，偃师商城遗址的存在，为区域带来不少社会效益，并在一定程度上推动了当地旅游业的发展。

不仅如此，考古队所进行的遗址发掘工作，能够为当地居民提供一些就业机会和成长空间，考古队的入驻以及大量游客的到来，在一定程度上，也推动着当地餐饮业、住宿业以及服务业等行业的发展，给他们带来不少业务增长的机会。即偃师商城遗址带给当地的经济效益还是较为明显的。

此外，偃师商城遗址的考古发掘工作持续近40年，在考古队前赴后继辛勤工作的同时，也完成了我国考古人才的积累和考古队伍的新老交替。与此同时，也为当地培养出不少考古界、文化界的行家里手、专家学者，促进了当地学术水平的提高和学术人才的培养。

三、偃师商城遗址保护利用与区域旅游经济发展问题

（一）受城市化进程影响严重

偃师商城遗址当年在尸乡沟村发现，当地当年只是一些村落，但现在已经是高楼林立、厂企遍布的城市区。从20世纪80年代至今的40余年，正是我国经济迅猛发展的时期，同时也是我国城市化进程稳步推进的时期。别说偃师商城遗址离偃师区仅1千米，即便是距离5千米甚至10千米都有可能是城市的一部分，更何况偃师于2021年3月撤市划区，目前已经成为洛阳市的一部分。正如前文所述，经济的发展、城市化进程的加快，对大遗址尤其是近城区大遗址的影响是显而易见的，因为经济发展需要工业来支撑，工业支撑需要建工厂、盖厂房，势必需要土地，城市化的推进也需要大量土地，而大遗址区域恰恰拥有大量因为大遗址保护政策而闲置的土地，这在寸土寸金的城市区以及商业价值猛增的近城区，无疑会被多方势力"盯上"，很难保证不会被鲸吞蚕食，造成大遗址区域面积逐渐减少。

（二）大遗址保护面临一定危机

在区域经济发展要求高涨的今天，大遗址保护工作本来就极为难做，而偃师商城遗址由于自身情况特殊，造成该项大遗址保护工作更是难上加难。与洛阳市其他大遗址相比，偃师商城遗址被发现较晚，几乎和我国的改革开放事业同步。这时，许多工厂企业已经建在当地，许多居民也已经建好自己的住宅，而偃师商城遗址划定遗址保护区对遗址进行保护的时间则要更晚，2009年，《洛阳市偃师二里头遗址和尸乡沟商城遗址保护条例》才出台，其中才明确遗址保护区的范围。这样一来，如果要对偃师商城遗址进行有效保护，就要从工厂、企业以及农民手中置换土地，还要面临工厂企业的搬迁问题和当地厂房住宅的拆迁问题，可以说情况复杂、困难重重。以河南华润电力首阳山有限公司为例，由于是大型国有控股公司，虽说已经对偃师商城遗址保护造成一定影响，但由于牵涉面广、涉及方多，造成形势错综复杂，因此一直难以实现搬迁。更严重的问题在于，截至目前，仍有一部分重要遗址被村落占据，村民种田耕地、盖房建屋、挖池造塘等行为都有可能对大遗址造成不同程度的损伤，使得大遗址保护面临一定危机。只有将这些村落迁至他地，将这些村民安置他处，才能让偃师商城遗址的保护工作局面改观，否则，大遗址无一日不处在危险之中。

（三）开发利用进程缓慢

目前，对大遗址进行开发利用，最常见也最稳妥的做法便是建设遗址公园。然而，偃师商城遗址公园的建设却难如人意。早在21世纪初，偃师区（当时称偃师市）便有建设遗址公园的设想，2006年，编制出《偃师商城遗址保护利用总体规划》，规划建造"偃师商城遗址苑"森林公园，也得到国家文物局的许可。偃师商城遗址宫城区全面保护性展示工程也于2010年10月正式启动，并进行一系列建设。2013年，偃师商城考古遗址公园进入第二批国家考古遗址公园立项名单，这对偃师商城遗址来说不啻为一次建设良机。然而，即便是现今，也未能看见任何形式的遗址公园和游客见面，更别说偃师商城考古遗址公园了。对比二里头遗址，便能清晰地看到偃师商城遗址开发利用的滞后性，二里头考古遗址公园于 2017 年进入第三批国家考古遗址公园立项名单，2019 年 10 月便已经建成并实现开园迎客。偃师商城考古遗址公园进入国家考古遗址公园立项名单的时间比二里头考古遗址公园还要早 4 年，至今也未能成型，只能以进程缓慢来描述其开发利用了。

（四）旅游经济难成气候

偃师商城考古遗址公园尽管于 2013 年便已立项，但已经过去近十年迟迟不见动静。与偃师商城遗址有关的旅游形式也只有偃师商城博物馆一种。即便如此，偃师商城博物馆也并非专门针对偃师商城遗址而设立的专题性博物馆，事实上，它是一个综合性博物馆，不仅展示与偃师商城遗址有关的出土文物与考古资料，还展示与二里头遗址有关的出土文物与考古资料，同时还陈列展示在偃师出土的文物以及其他一些展览，称其为偃师博物馆也毫不为过。并且，偃师商城博物馆只是一家三级博物馆和 3A 级旅游景区，无论是其体量还是其名望，都和位列"百年百大考古发现"的国家大遗址——偃师商城遗址极不相称，即便能在一定程度上推动区域旅游经济，但无论其目前状况还是未来发展潜力，都是极为有限的。与偃师商城遗址形成鲜明对比的，是同类型、同体量的郑州商城遗址，如今，郑州商城遗址已经建成郑州商都国家考古遗址公园，不仅成为深受年轻人喜欢的网红打卡地，还成为郑州的文化新名片。不仅如此，郑州市还要以郑州商城遗址为核心，打造一带（城垣遗址保护带）、一园（商都国家考古遗址公园）、六大文化产业片区和六大风貌协同区，以此走上大遗址保护与开发利用两相宜的终极破局之路。相比之下，偃师商城遗址还有很长一段路要走，还有很多工作要做，否则，旅游经济终究难成气候。

（五）推动当地发展不力

从被发现到至今的近 40 年里，偃师商城遗址的存在，对当地来说，尽管因为考古工作者、文化爱好者、历史研究者以及普通游客的到来在一定程度上促进了餐饮酒店业的繁荣，推动了商业服务业的发展，刺激了当地消费，使当地居民的收入得到增加。然而，偃师商城遗址不仅成为全国重点文物保护单位，还成为国家大遗址，这也就意味着其所在区域要以大遗址保护为第一要义，无论发展经济还是进行开发都不能对大遗址造成破坏，甚至都不能发生有可能对大遗址造成破坏的行为，其他区域所能从事的经营行为和商业活动，在偃师商城遗址所在区域就有可能不能从事。即当地要放弃一部分的发展利益，当地民众要进行自我牺牲。不仅如此，随着大遗址保护政策的实施与推行，之前在遗址区的工厂和企业都要迁往他处，这就更加不利于当地发展，也不利于当地民众的工作与就业，自然也就不利于当地民众生活水平的提高。因此，偃师商城遗址的存在，使当地发展受到制约，使当地民众生活水平的提高受到限制。如果能够对偃师商城遗址合理开发、科学利用，使当地区域经济得到发展，使当代民众生活得以改善，对偃师商城遗址所在区域及当地民众来说，也算是一种补偿、一种回报。但是，就目前的状况来看，偃师商城遗址的开发与利用并不顺利，尤其是偃师商城考古遗址公园一直未能与游客见面，不仅难以推动当地发展，也难以提升当地民众的生活质量。

四、偃师商城遗址保护利用与区域旅游经济发展策略探究

（一）实现区域整体迁移，对大遗址进行有效保护

大遗址是人类珍贵的文化遗产，是中华民族宝贵的精神财富，其破坏是再难复原、难以修复的，一旦造成破坏便是永久的破坏，一旦造成损伤便是永远的损伤。因此，保护大遗址时不我待、刻不容缓。像偃师商城遗址更是

如此，一些重要遗址还掩埋在村落下方，村民的生产生活都有可能对大遗址造成损伤，还有一些工厂企业，对大遗址本身及其周围环境都有可能造成永远的破坏，所以，要尽快实现偃师商城遗址所在区域的整体迁移，尽快将村落、居民区、工厂、企业等统统搬迁到遗址区以外。从短期来看，迁走这些工厂企业尤其是大型国有企业会给区域经济带来一定损伤，也会使居民收入水平降低。然而，从长远来看，将偃师商城遗址所在区域完全保护起来，纳入有效保护范围，不仅是功在当代、利在千秋的大好事，同时也能推动当地社会进步、经济振兴、旅游发展以及民生改善。事实上，对于偃师商城遗址所在区域来说，最核心、最具优势、最富竞争力的资源便是偃师商城遗址。只有把偃师商城遗址保护好，才有这片区域的长远发展；只要把偃师商城遗址保护好，这片区域便能永远享受这处大遗址带来的巨大红利，便能永远受偃师商城遗址的荫庇。

（二）尽快建成遗址公园，为大遗址利用打好基础

在大遗址上建遗址公园，是目前对大遗址既进行保护又进行利用的主要形式，而国家考古遗址公园可以说是目前我国遗址公园规格最高的一种形式。从2010年至今的10余年里，国家文物局只公布了三批国家考古遗址公园名单和国家考古遗址公园立项名单，共有36处大遗址进入国家考古遗址公园名单，有76处大遗址进入国家考古遗址公园立项名单，偃师商城遗址有幸位列国家考古遗址公园立项名单，可以说，偃师商城考古遗址公园是偃师商城遗址进行开发利用最简单快捷的一种方式，也是最方便有效的一种方式，能够迅速打响偃师商城遗址旅游，并能迅速建立偃师商城考古遗址公园品牌。这一点，可以进行参照的便是距离偃师商城遗址仅6千米的二里头遗址，自2019年10月二里头考古遗址公园建成并开门迎宾以来，迅速成为洛阳市的知名旅游品牌，不仅带动了当地旅游发展，也给当地民众带来了一定的经济效益。因此，要尽快建成偃师商城考古遗址公园，并经过进一步努力，成为偃师商城国家考古遗址公园，这样一来，便能使游客在游览赏玩之

余，了解知识、学习文化、吸收知识、增长见识，从而对偃师商城考古遗址公园流连忘返。甚至可以说，偃师商城考古遗址公园是偃师商城遗址进行开发利用的基本点，只有建好偃师商城考古遗址公园，使之成为偃师商城遗址旅游的有力支撑，才能实现偃师商城遗址的后续开发和未来利用。"千里之行，始于足下"，要尽快建成偃师商城考古遗址公园，为偃师商城遗址的开发与利用打好基础，走好"万里长征的第一步"。

（三）以学术研究为基础，擦亮洛阳商文化金字招牌

如果要说起商代都城遗址，人们首先想到的便是世界文化遗产、坐落于河南省安阳市的殷墟。如今，郑州商城遗址也建成国家考古遗址公园，并正式更名为"商都"。而偃师商城遗址作为商代第一座都城西亳的所在地，事实上更有理由叫"商都"，并且应该叫"第一商都"。不仅如此，偃师商城遗址也更有资格代表商文化，走出国门、走向世界。然而，如今的偃师商城遗址与其他两处商代都城遗址相比难以同日而语。因此，一方面，应该鼓励洛阳本地的学者尤其是河南科技大学、洛阳师范学院等高校的专家教授对偃师商城遗址进行深入而系统的研究，从而以更翔实的论据、更有说服力的证据夯实偃师商城遗址作为商代第一王都的根基；另一方面，应该以商代文化研究以及偃师商城遗址研究为主要议题，召集全国各地乃至世界各地研究殷商文化以及先秦文化的专家学者齐聚洛阳市，组织高规格学术会议，使国内外的专家学者更加注重殷商文化研究，更加重视偃师商城遗址，从而使洛阳商文化在河南商文化圈占有重要的一席之地，并能起到引领和带动作用，引领全国殷商文化的研究风潮，吸引更多的专家学者将目光聚焦于偃师商城遗址，从而擦亮洛阳商文化这块金字招牌。

（四）和其他商城遗址形成联动，叫响河南商文化旅游

先秦时期，由于自然条件恶劣、物质基础薄弱，王朝从建立到灭亡，一般都要经历多次迁都。商代可以说是最有代表性的一个朝代，先后经历 10

多次迁都。而商代的这些迁都行为基本上都在河洛大地上，都城遗址也基本上分布在河南境内。目前，通过考古发掘证实是商代都城遗址的三处遗址，偃师商城遗址、郑州商城遗址和安阳殷墟，恰好也都属河南省管辖。偃师商城遗址是商代前期都城西亳所在地、郑州商城遗址是商代中期都城嚣所在地、安阳殷墟是商代后期都城殷所在地。这三处遗址是商代最为重要的都城遗址，并能串联起商代先民一路走来的历史印迹，使商代更加完整、更加立体、更加丰满、更加形象。因此，偃师商城遗址如果能够和郑州商城遗址、安阳殷墟形成景区联动，打造河南商文化旅游带，有助于更全面、更立体地展现商代历史。

（五）以遗址公园为核心，打造新型文化产业聚集区

要对大遗址进行保护，最主要的方式就是将大遗址所在区域保护起来。在大遗址区域之内，任何破坏大遗址或者有可能破坏大遗址的开发的建设都是不被允许的。因此，建立考古遗址公园，在对大遗址进行有效保护的同时，并能对大遗址进行科学开发和合理利用，是目前最为可行的一种方案。那么，考古遗址公园周边区域又该如何进行开发呢？开工厂、建厂房是不太可能的，因为这样既有可能对大遗址及其环境造成损伤，也有可能和考古遗址公园的搭配显得不太协调。首先需要考虑的便是商业或者新兴产业。如今，既然偃师已经撤销县级市建制，成为洛阳市的一个区。偃师区是二里头遗址、偃师商城遗址、汉魏洛阳城故城的所在地，是司马迁所说"昔三代之居，皆在河洛之间"最有力的证明，并且还是众多王侯将相、历史文化名人的埋葬之地，历史悠久、文化深厚。因此，偃师区如果要承载或者分担洛阳市的部分功能，以文化功能为最佳。偃师商城遗址是上述三大遗址中和偃师城区距离最近的一处，几乎和偃师城区比邻而居，甚至可以说是城区的一部分。因此，偃师区要承载洛阳的文化功能，建立文化产业，优中选优，偃师商城遗址无疑是最合适的地方。如果能够以偃师商城考古遗址公园为依托，在大遗址区域周边构建洛阳市文化产业聚集区，既能让偃师区发挥其文

化优势，承载洛阳市的文化功能，又能促进偃师商城遗址区的社会进步、经济发展以及民生改善，从而作为当地居民因大遗址保护而迁离故土的一种补偿，实在是一件多方受益、一举多得的事情。

第三节　汉魏洛阳故城与区域旅游经济

一、汉魏洛阳故城简述

> 四合连山缭绕青，
> 三川滉漾素波明。
> 春风不识兴亡意，
> 草色年年满故城。
>
> 烟愁雨啸奈华生，
> 宫阙簪蓂旧帝京。
> 若问古今兴废事，
> 请君只看洛阳城。

北宋大文豪、史著巨作《资治通鉴》的撰写者司马光来到北宋的西京洛阳，在参观游览完洛阳故城之后，思绪万千、心潮澎湃，于是挥笔写下这两首《过洛阳故城》。① 司马光所游览的洛阳故城便是汉魏洛阳故城，他作为学识渊博的史学巨擘，当然知道这座洛阳故城的史学价值和文化价值，更知道它之于洛阳的重大意义，因此才有"若问古今兴废事，请君只看洛阳

---

① 傅璇琮等. 全宋诗（第九册）[M]. 北京：北京大学出版社，1992.

城"的感叹。

汉魏洛阳故城位于如今洛阳市城东 15 千米处，在瀍河回族区白马寺镇、洛龙区佃庄镇、孟津区平乐镇、偃师区首阳山镇均有分布，始建于公元前 11 世纪的西周初年，废弃于公元 7 世纪的唐初，前后延续使用的时间接近 1600 年。在我国历史上，曾是东周、东汉、曹魏、西晋、北魏等王朝的都城，作为都城使用的时间超过半个世纪。其面积在北魏时期达到最大，如果两外郭城计算在内的话，总面积超过 1 亿平方米，堪称全世界面积最大的古代都城。城市人口在东汉时期便已经超过百万人，是当时世界上首屈一指的国际大都市。

在我国目前所有已经被发现的都城遗址中，汉魏洛阳故城是定都时间最长、沿用朝代最多、面积规模最大的一处。当年的汉魏洛阳城，有西汉长安城的 8 倍之多，有隋唐长安城的 1.5 倍之多。即便在全世界范围内，汉魏洛阳城也毫不逊色，它比拜占庭帝国的都城君士坦丁堡要大 9 倍，比被我国称为"黑衣大食"的阿拉伯阿巴斯王朝建于公元 8 世纪的巴格达城也要大 8.2 倍。周文化、东汉文化、曹魏文化、西晋文化以及迁都中原之后的北魏文化在此交汇，在我国漫长的历史长河中，有 1/7 属于汉魏洛阳城。因此，汉魏洛阳故城在我国城市发展史研究，尤其是都城设计规划变迁研究方面，起到至关重要的作用。不仅如此，汉魏洛阳故城上承先秦都城建设，下启隋唐洛阳建设，对研究我国从先秦到隋唐这一历史进程的都城变化具有重要的实物价值。此外，汉魏洛阳城所形成的都城中轴线，影响我国一千多年，意义重大。还有一点需要着重指出的是，这座都城不仅被中原王朝使用过，还被少数民族政权使用过，对多元化文化的融合与综合性文明的形成，起到至关重要的作用。而且，汉魏洛阳城在东汉、曹魏、西晋、北魏等各个历史时期都是丝绸之路的起点，对丝绸之路发展变化、中原王朝对外沟通交流及中华文明融合形成等研究都有着非同寻常的意义。

如今，汉魏洛阳故城的基本结构和建筑布局，基本上是北魏时期洛阳城残留下来的遗址遗迹，主要包含宫城、内城、外郭城和金墉城等。内城的东面、西面和北面这三面的城墙保存较为完好，而南面城墙由于洛河改道流经此处被冲垮。现存的城墙基本还有 1～2 米的残存，北面城墙的东段以及东面部分城墙基本还有 5～7 米的残存，最高之处甚至超过 12 米。城墙使用版筑夯土建造，结实坚固。内城西面城墙残长为 4290 米，北面城墙全长约为 3700 米，东面城墙全长约为 2460 米，即汉魏洛阳故城的内城周长约为 14000 米。① 现存遗址的分布情况如下：内城区分布有内城门遗址、内城墙垣、铜驼大街遗址、华林园遗址、永宁寺遗址等；宫城区分布有阊阖门遗址、端门遗址、止车门遗址、太极殿遗址和永巷等；金墉城；礼制建筑区分布有明堂、灵台以及辟雍等；墓葬区有金村大墓遗址；教育区有太学遗址等。另外，白马寺也是汉魏洛阳故城的重要组成部分，始建于东汉永平年间，是当时声名赫赫的皇家官办寺院。

正因汉魏洛阳故城价值重大、意义非凡、影响深远，1961 年时，便被国务院公布为首批全国重点文物保护单位；2006 年，被国家文物局列入国家重点保护展示的首批 36 处重点大遗址项目；2010 年，进入首批国家考古遗址公园立项名单，并于 2013 年入选第二批国家考古遗址公园名单；2014年 6 月，随着丝绸之路申请世界文化遗产取得圆满成功，汉魏洛阳古城也作为丝绸之路东方起点的重要站点列入世界文化遗产名录；2021 年 10 月，入选全国"百年百大考古发现"，并列入我国"十四五"期间重点保护的大遗址名单。

二、汉魏洛阳故城保护利用与旅游经济发展现状

（一）汉魏洛阳故城保护现状

作为一处都城遗址，汉魏洛阳故城无疑是幸运的，在废弃时间长达近

---

① 煌煌帝都悠悠故城——汉魏洛阳故城［EB/OL］. 洛阳市文物局网，2015 - 01 - 15.

1500 年之后，仍有不少地面遗址遗迹存在，不啻为一个奇迹。像金墉城、内城墙垣以及永宁寺塔基等至今还存在于地表之上。不仅如此，汉魏洛阳故城遗址保存较为完好，基本还能看到北魏时期所兴建的城址全貌，也是我国都城遗址的一大幸事。造成汉魏洛阳故城保存较为完好的主要原因便是，在被弃用的近 1500 年里，基本没有再进行大规模城市建设，几乎所有时间里都被当作农田使用。像隋炀帝在洛阳建设新都时，便另寻他地，后来的唐朝、宋朝都沿用隋炀帝营建的城池，这便是如今的隋唐洛阳城遗址；北宋之后，金朝在隋唐洛阳城西北角另建洛阳城，这便是后来的金元洛阳城，即如今洛阳市老城区和瀍河回族区所在；民国时期，吴佩孚在如今的西工区建立兵工营作为练兵基地；新中国成立之初，我国在洛阳市进行大规模工业建设，尤其是建造近 10 个大型厂矿时，特意将厂址选在远离各大都城遗址的涧西区。由此可知，历朝历代的城市建设，都近乎完美地避开了汉魏洛阳故城，使其基本完好地保存下来。

新中国成立以来，我国对汉魏洛阳故城的考古保护工作极为重视，中国科学院考古研究所以及洛阳市文物考古部门等多次进行田野调查、考古发掘以及遗址保护等。早在 1954 年，北京大学历史系教授、著名考古学家阎文儒等便曾对汉魏洛阳故城进行考古调查，基本确定其城垣四周的形制与长度以及金墉城所在的位置；1962 年，中国科学院考古研究所洛阳工作队对汉魏洛阳故城进行初步勘察和试掘；1972 年，该工作队在对汉魏洛阳故城进行考古发掘过程中，发现辟雍遗址及永宁寺遗址；1992～1993 年，当时的洛阳市白马寺汉魏故城文物保管所上报国家文物局，对永宁寺塔基进行修复性保护，在方案经国家文物局认可之后，将永宁寺塔基遗址区 30 亩土地征用，圈地围墙进行保护，之后，又多次向国家文物局上报永宁寺塔基保护方案；1999 年，永宁寺塔基保护方案、灵台遗址保护方案先后通过审批并予以实施，在对文物进行有效保护的前提下，还着重强调其展示功能；2006 年以来，借助国家对大遗址保护日益重视的良好机遇，洛阳市先后实施阊阖门保护展示工程、内城东北城墙保护展示工程、太极殿及铜驼大街保护展示工程等，最终将汉魏洛阳故城置于有效保护之下。

在对汉魏洛阳故城进行保护时，洛阳市还极为重视整体规划与实施。早在 2010 年时，洛阳市便委托中国建筑设计研究院建筑历史研究所和中国科学院考古研究所编制《汉魏洛阳故城保护总体规划》，在报经河南省文物局批准后开始实施；2013 年，洛阳市又委托中国文化遗产研究院编制《汉魏洛阳故城国家考古遗址公园规划》，并上报国家文物局批准同意后开始启动汉魏洛阳故城国家考古遗址公园相关建设。事实上，早在 2001 年时，洛阳市便制定《洛阳市汉魏洛阳故城保护管理办法》，将汉魏洛阳故城所在区域按照重要程度分为重点保护区、一般保护区和建设控制地带，并明确其范围。不仅如此，洛阳市还于 2006 年颁布《洛阳市汉魏故城保护条例》，极为明确地将汉魏故城保护区域分成保护范围和建设控制地带，并将内城城垣、宫城、东周墓地、北魏永宁寺、金墉城、太学、辟雍、明堂、灵台、北魏洛阳大市、白马寺遗址、租场、牛马市遗址、东汉刑徒墓地、东汉墓园、外郭城城垣墙基遗址等列为重要遗址遗存进行保护，还规定可以根据考古发现以及研究成果，对重要遗址进行依法增补。

（二）汉魏洛阳故城开发利用现状

自 20 世纪 60 年代考古发掘以来，汉魏洛阳故城便多次出土珍贵文物，像永宁寺塔基出土的北魏泥塑佛面像，因面带神秘莫测而又沉稳自信的微笑，入驻洛阳市博物院珍宝馆，成为该馆的镇馆之宝之一。不仅如此，像熹平石经、正始石经、辟雍碑等都堪称价值连城的国宝级文物。此外，像东汉玻璃瓶、北魏彩绘昆仑俑、北魏骆驼、永宁寺塔基出土比丘头像、石螭首等都是洛阳博物馆的珍藏文物。汉魏洛阳故城出土文物，在对洛阳博物馆从东汉到北魏这一段历史时期文物形成有益补充的同时，也通过市民游客参观洛阳博物院了解相关文物从而增强对汉魏洛阳故城的认识，并使汉魏洛阳故城的知名度得到一定程度的提升。

如今汉魏洛阳故城最知名的遗存当属白马寺。白马寺位于洛阳市洛龙区白马寺镇，在汉魏洛阳故城雍门西 1.5 千米处（见图 8.4）。其始建于东汉永平十一年（公元 68 年），距今有 1900 余年的历史，虽屡经战火焚毁，但被历代统治者所重视，多次重建重修，有幸保存至今。白马寺是佛教传入我国之后由我国政府修建的第一座寺庙，因此有"天下第一古刹""释源""祖庭"之称，入选第一批全国重点文物保护单位，是国家 4A 级景区，是洛阳传统旅游"老三篇"（龙门石窟、白马寺、关林）之一。与此同时，马寺钟声更是洛阳八景之一。进入 21 世纪以来，泰国、印度、缅甸政府先后出资在白马寺兴建本国风格佛殿，使白马寺成为全世界唯一一座同时拥有中、印、缅、泰四国佛殿风情的国际化寺院，因此成为洛阳市重点旅游项目，国内外前来参观游览的旅人游客一年四季络绎不绝。

图 8.4　白马寺中不同风情佛殿

资料来源：由本书课题组成员韩雷拍摄。

由于汉魏洛阳故城占地面积大、涵盖区域广、文化层积累丰富、重点文物遗址较多的缘故，虽然早在 2013 年，洛阳市便已经编制《汉魏洛阳故城国家考古遗址公园规划》，上报国家文物局并经同意后开始实施规划建设，但时至今日，汉魏洛阳故城国家考古遗址公园还在建设与施工中。不过，通过该规划，我们可以看到汉魏洛阳故城国家考古遗址公园的大致面貌。该公园以汉魏洛阳故城为依托，对宫殿、城门、城垣、道路、水系等重要遗址进行保护性展示和模拟性复原。整体建筑将宫城区作为核心，对"一轴一殿一环三门三点"进行重点展示。一轴即以铜驼大街为中轴线，北端起点为太极殿，向南延伸至洛河南岸的明堂、灵台、太学等礼制建筑区；一殿即太极殿，也就是宫城正殿；一环即以宫城为中心，形成隋唐洛阳故城环线；三门即阊阖门、西阳门、东阳门，它们和宫城形成东西轴线；三点即灵台、永宁寺和东周王陵，为汉魏洛阳故城的重要节点。汉魏洛阳故城国家考古遗址公园建成后，总面积达 1200 万平方米，届时将成为我国面积最大的考古遗址公园。①

目前，汉魏洛阳故城国家考古遗址公园已经建成阊阖门遗址保护展示工程等工程，可供游人免费进行参观。阊阖门是曹魏至北魏时期洛阳城的正门，也就是我国神话传说中的南天门，相当于隋唐洛阳城的应天门，在当时，是象征帝王威仪、皇家威严的礼仪建筑，同时也是举办帝王登基仪式、接见四方使臣等重大活动的地方。

（三）汉魏洛阳故城与区域旅游经济发展现状

正如前文所述，汉魏洛阳故城保存状况较好，许多地面上的遗址遗迹仍可见到，这对一个已经弃用近 1500 年的都城遗址来说，堪称不幸中的万幸。因此，洛阳市早在新中国成立之初就开始对汉魏洛阳故城进行保护，经过70 余年的积累，不仅诸多遗址已经被纳入有效保护，还明确划定了保护范围，严禁对大遗址造成破坏甚至有可能造成破坏的开发与建设。因此，对汉魏洛阳故城所在区域来说，由于要对汉魏洛阳故城进行有效保护，使之不被破坏、不受损伤，其经济发展是受到制约的，当地民众与周边区域以及洛阳

---

① 都城形制的影响者：汉魏洛阳故城遗址——中华文明探源工程系列（八）［EB/OL］. 中华人民共和国国家发展和改革委员会，2022－09－21.

市其他区域的民众相比，经济收入增长缓慢、生活水平提高较为有限，造成该区域的发展出现一定的滞后性。

不过，近些年，由于汉魏洛阳故城国家考古遗址公园的兴建，当地的面貌有了很大程度的改观。首先，道路比之前更宽阔，交通比之前更顺畅，当地民众无论是到偃师、孟津城区做工经商还是到洛阳市中心城区打工经营，都更加便利快捷，这在一定程度上推动了当地经济的发展和民众收入的增长；其次，与之前相比，基础设施更完善，生态环境更优美，给当地经济的发展创造了充分的条件，给当地民众的生活带来了更多好处；最后，尽管汉魏洛阳故城国家考古遗址公园尚未建成，但目前已经竣工的多个重点文物保护工程如阊阖门遗址保护展示工程等，已经开始吸引众多热爱历史文化的游客以自驾游的方式前来参观游览，给当地民众创造了一定的自主经营以及创业就业的机会。总之，汉魏洛阳故城国家考古遗址公园投入建设，在一定程度上推动了当地旅游经济的发展以及当地居民收入的增长。

三、汉魏洛阳故城保护利用与区域旅游经济发展问题

（一）和区域经济发展矛盾突出

对于汉魏洛阳故城遗址区来说，从汉魏洛阳故城被发现，成为重大考古课题的那一刻起，便预示着这片区域要进行文化遗址保护。不仅如此，随着国家对大型文化遗址的日益重视，汉魏洛阳故城又成为国家大遗址。我国的大遗址保护政策要求汉魏洛阳故城遗址区不仅不能进行大规模开发建设，就连任何有可能对大遗址造成损伤的行为都是禁止的，这就使得这片区域的发展要落后于周边区域，当地民众的生活水平也要低于周边区域。与此同时，在我国经济飞速发展的今天，洛阳市的发展速度也极为迅猛，洛阳市的城市化进程也在明显加快，当汉魏洛阳故城遗址区的民众看到周边其他区域都已经开始大规模建设，在改变着区域面貌的同时也在改善着当地民众生活的时

候，心情之失落、士气之消沉可想而知。社会主义的本质是允许一部分人先富起来，以先富带动后富，最终实现共同富裕。对汉魏洛阳故城大遗址区域而言，因为要对大遗址进行保护，只好放弃一部分实现自我发展的权利，但当地民众也有提升生活质量的要求，当地也有实现自我发展的权利。因为大遗址保护政策，当地已经放弃先行富裕的权利，但即便如此，这片区域也有后富，最终实现和其他区域共同富裕的权利。因此，汉魏洛阳故城遗址区经济需要发展，区域需要进步，民生需要改善，这种愿望是强烈的，这种需要是迫切的。如果长期不发展大遗址区域的经济，使这片区域和周边区域的社会经济进一步拉大，当地群众的心理落差就会更大，久而久之，可能就会酿成更大的事端。总之，就目前而言，在汉魏洛阳故城遗址区实行大遗址保护政策，和区域要求实现自我发展、促进经济振兴的呼声是矛盾的，必须想方设法予以解决。

（二）和当地民众需求不相匹配

对大遗址区域当地民众来说，田野里那些高低不平、连绵起伏的土山丘陵，竟然不是天工开物，而是人工夯筑建造；竟然不是自然地貌，而是人类珍贵的文化遗产。因此，当地民众对汉魏洛阳故城的发现是振奋的，同时又是充满期待的，他们希望汉魏洛阳故城在成为国家大遗址和世界文化遗产后，能够带动当地经济的发展，能够改善他们的生活，让他们也像周边其他区域一样，收入越来越高，生活越来越好，家庭越来越和睦，人生越来越幸福。然而，因为要保护汉魏洛阳故城，不仅这片区域的开发与建设受到限制，就连他们耕田犁地、建房造屋、挖塘取土等生产生活行为都要受限于对大遗址进行保护的政策。这时，他们的心理状态就会发生变化，从对大遗址保护相关工作的积极配合转变成消极被动，更有甚者，可能会产生怨恨心理，以为正是因为大遗址的存在才造成了这片区域的经济落后、发展滞后，进而有可能对大遗址造成破坏，将汉魏洛阳故城置于一定的危险之中。即便是汉魏洛阳故城国家考古遗址公园的建设也未能让当地民众的失望情绪得到平复，因为汉魏洛阳故城国家考古遗址公园从 2013 年便开始建设，在经过近 10 年的时光之后，仍在建设之中。当地民众需要大遗址能够为区域经济服务，能够为自身收入的增长、生活水平的提高服务，就目前而言，汉魏洛阳故城所进行的一系列开发与利用，并没有达到当地民众的心理预期。

（三）大遗址利用未能形成规模

对汉魏洛阳故城来说，无论是面积还是价值，无论是知名度还是关注度，在洛阳市五大都城遗址之中，排名都是较为靠前的。然而，隋唐洛阳城遗址已经拥有定鼎门、明堂天堂、九州池、应天门等系列景区，隋唐洛阳城国家考古遗址公园已成规模、初具雏形，二里头遗址也后来者居上，实现二里头夏都遗址博物馆和二里头考古遗址公园双双开门迎客，就连偃师商城遗址也有一座偃师商城博物馆能够展览出土文物、介绍其历史背景和文化知识，且不说我国第一座遗址公园——建于东周王城遗址之上的王城公园在 20 世纪 50 年代就已声名赫赫、游人如织了，反观汉魏洛阳故城，虽然 2010 年就被国家文物局列入首批国家考古遗址公园立项名单，并于 2013 年被正式列入第二批国家考古遗址公园名单，但到了 2022 年时，国家考古遗址公园并未完成建设，而汉魏洛阳城遗址博物馆还在初期规划中。即在开发利用方面，汉魏洛阳故城已经远远落后于洛阳市其他都城遗址。事实上，如果不能先声夺人、占得先机，开发越缓慢、利用越滞后，对汉魏洛阳故城经济效益和社会效益的形成就越不利。毕竟，除东周王城遗址外，其他四大都城遗址都要建设考古遗址公园，虽然具体内容不同，形式也有所差别，但都是考古遗址公园，难免会形成同质化竞争，最先建成的能够争取到一波考古遗址公园的红利，最后建成的则容易陷入极为不利的境地，极不利于自身发展。

（四）文物保护有待进一步加强

汉魏洛阳故城历史悠久、文化厚重，面积巨大、价值重大，特点突出、优势集中，无论在洛阳市五大都城遗址中还是在全国众多大遗址中，都具有举足轻重的地位。即便是现今，对汉魏洛阳故城的考古发掘还在进行之中，并不断为我们制造惊喜，像 2020 年，考古人员便在内城西明门内发现东西向主干道大街遗址；2022 年 1 月，宫城显阳殿、显阳殿宫院、永巷等重要遗址的位置得到确认；2022 年 6 月，考古工作人员首次在汉魏洛阳城内发现规模巨大的水利设施——魏晋时期三条水道遗迹等。为加强对大遗址的保护，一方面，需要实现汉魏洛阳故城遗址区域的完全保护，将该区域的居民迁至区域之外，对该区域的工厂企业进行整体迁移，不留后患；另一方面，需要扩大保护范围，将已经考古发掘出重要遗址遗迹的区域全部保护起来，以免可能对大遗址造成损伤的行为发生。毕竟，只要汉魏洛阳故城遗址区域还有居民在进行着生产和生活，就有可能对大遗址造成某种程度的破坏；只要该区域内还有工厂正常生产，还有企业正常运营，就有可能对大遗址周边环境形成某种程度的污染。因此，对汉魏洛阳故城来说，进一步加强大遗址保护工作刻不容缓。

四、汉魏洛阳故城保护利用与区域旅游经济发展策略探究

（一）加强统一管理，推动大遗址全域保护与开发

正如前文所言，汉魏洛阳故城占地面积很大，西部区域属于瀍河回族区白马寺镇，千年古刹白马寺便坐落在这里；南部区域归洛龙区佃庄镇管理，灵台遗址、太学遗址、白虎观遗址等重要遗址分布在这里；东部区域归属偃师区首阳山镇，著名的永宁寺以及永宁寺塔便坐落在这里；北部区域则属孟津区平乐镇金村管辖，汉魏洛阳故城的宫城区以及东周王陵墓葬区便分布在这里。事实上，如果要想把汉魏洛阳故城的开发与利用工作做好，就需要实现整片区域的总体规划、整体推进、分步实施、齐头并进、共同完成。然而，在现今这种四区分治的局面下，是很难做到的。虽然能够做到总体规划、分步实施，但是如果有一方力不从心，难以按照时间节点完成，就势必会影响

对汉魏洛阳故城遗址区域的整体开发与利用进度，这也是近些年汉魏洛阳故城国家考古遗址公园迟迟未能建成的重要原因。因此，为对汉魏洛阳故城进行更好的保护，也为对汉魏洛阳故城开发与利用工作的顺利推进与实施，有必要对汉魏洛阳故城遗址区域进行统一管理，或将其管理权归于四方之中的任何一方，或直接在汉魏洛阳故城遗址区域建立类似经济特区或者经济开发区的大遗址特区或者遗址保护开发区，从而推动大遗址全域的保护与开发。对于汉魏洛阳故城遗址区域来说，后一种方案可能会更有效，再者，该区域无论是人口规模还是区域面积都有成为特区或者开发区的资格。汉魏洛阳故城和二里头遗址、偃师商城遗址都相距不远，如果能够把二里头遗址和偃师商城遗址都囊括在大遗址特区之内，实现三大遗址协同保护、共同开发，对洛阳市经济的振兴、文化的复兴、旅游产业的崛起都有着极为重大的意义。

（二）加快工作进度，早日建成国家考古遗址公园

截至目前，洛阳市入选国家考古遗址公园名单的只有两处，即隋唐洛阳城国家考古遗址公园和汉魏洛阳故城国家考古遗址公园。事实上，国家考古遗址公园本身便是高规格文化资源，同时又是稀缺性旅游资源。截至目前，在全国范围内入选该名单的国家考古遗址公园只有36处，这也就意味着，如果汉魏洛阳故城国家考古遗址公园能够建成便实现开门迎客，无论对汉魏洛阳故城知名度的提升还是对洛阳市文化旅游实力的增强，都能起到强劲的推动作用，可以在短时间内带火汉魏洛阳故城旅游，并迅速成为洛阳市都城文化旅游的一块金字招牌。同为国家考古遗址公园的隋唐洛阳城国家考古遗址公园便是有力的证明，从2009年开始，定鼎门遗址博物馆、明堂天堂景区、九州池景区、应天门遗址博物馆等陆续建成并与游客见面，很快就成为闻名全国的旅游景区，成为洛阳市旅游的一张张闪亮名片，使洛阳市旅游实力迅速增强。如今，像明堂天堂景区以及应天门遗址博物馆等，更是成为游客来洛旅游的重要目的地，也成为深受青年游客喜爱的网红打卡地。有隋唐洛阳城国家考古遗址公园运营和管理所积累的丰富经验在前，汉魏洛阳故城

国家考古遗址公园作为后发区域，具备后发优势，只要对隋唐洛阳城国家考古遗址公园的成功经验进行学习，结合自身实际，挖掘自身潜能，转化为发展优势，就很有可能在短时间内具备全国影响力，成为洛阳旅游的又一个重要增长极。

（三）联合丝路景区，形成洛阳丝绸之路旅游线路

事实上，汉魏洛阳故城与洛阳市其他都城遗址相比，还有一个巨大优势，这便是作为我国从东汉到北魏这段历史时期丝绸之路的起点，列入丝绸之路世界文化遗产点名单。不仅如此，汉魏洛阳故城还是丝绸之路中国段22处文化遗产点之中唯一一处完全收录世界文化遗产名单的都城遗址。像汉长安城遗址、唐长安城遗址以及隋唐洛阳城遗址只是部分收录，汉长安城遗址收录的是未央宫遗址、唐长安城遗址收录的是大明宫遗址、隋唐洛阳城遗址收录的是定鼎门遗址，并未完全收录。另外，像高昌故城虽也完全收录，但并非都城遗址。因此，汉魏洛阳故城是丝绸之路上举足轻重的站点。如果从丝绸之路遗产点分布图来看，汉魏洛阳故城位于所有遗产点的最东方，是名副其实的丝绸之路东起点。因此，如果能够以汉魏洛阳故城为起点，联动其他丝绸文化遗产点，对丝绸之路文化旅游线路的形成和成熟，具有至关重要的意义。不仅如此，还可以发起以汉魏洛阳故城为起点的重走丝绸之路活动，满足喜爱历史文化的游客进行深度体验游和自驾游，从而带动丝绸之路旅游成为全国热门旅游形式。此外，也可以联动洛阳市以及洛阳都市圈的其他丝绸之路文化遗产点隋唐洛阳城定鼎门遗址、新安县汉函谷关遗址、陕县崤函古道石壕段遗址，串联起洛阳都市圈丝绸之路旅游，从而满足只有1~2天闲暇时间的游客进行短程旅游。

（四）讲好故城故事，彰显汉魏洛阳故城品牌价值

在我国历史上，汉魏洛阳故城可谓意义重大、影响深远。如果从公元前11世纪时的西周初年算起，其建城史超过3000年，其建都史也超过半个世

纪，东周、东汉、曹魏、西晋以及北魏，先后有五个朝代在此建都。期间，发生过多少惊心动魄的宫闱政变，又发生过多少波诡云谲的庙堂党争；发生过多少改变历史走向的重大事件，又发生过多少改写国家命运的历史决定；有多少妙趣横生的名人轶事，又有多少曲折动人的儿女情长。如周公营造洛邑、成王定鼎中原、刘秀建立东汉、明章之治、白虎观会议、戚宦之争、班超出使西域、蔡伦造纸、张衡发明地动仪、曹操挟天子以令诸侯、建安文学、曹丕篡汉自立、曹植写《洛神赋》、高平陵之变，司马炎代魏立晋、太康之治、八王之乱、永嘉之乱、魏孝文帝迁都洛阳、魏孝文帝改革、冯太后专权、河阴之变等，都发生在这里，因此，要借助小说、戏剧、电视剧、电影、大型实景演出、3D 动画等形式，讲好发生在汉魏洛阳故城里的故事，树立汉魏洛阳故城的文化品牌。在其中，以汉光武帝刘秀和魏孝文帝元宏最为典型，这二人恰好都埋葬在洛阳邙山，因此，如果能够讲好这两位杰出历史人物的故事，挖掘他们身上的闪光点，就很容易让观众受到触动，使游客受到鼓舞。

（五）发挥中心作用，连成"五都荟洛"奇观

在洛阳盆地腹地的伊洛河平原之上，沿洛河从东向西 30 余千米，依次分布着偃师商城遗址、二里头遗址、汉魏洛阳故城、隋唐洛阳城遗址以及东周王城遗址等都城遗址，形成五大都城遗址齐聚洛阳的奇特文化现象，被史学家称为"五都荟洛"的文化奇观。这种文化现象不仅是国内绝无仅有的现象，即便放在全世界范围内也是极为罕见的。从地理位置来看，汉魏洛阳故城无疑处在五大都城遗址的中心位置；从历史进程来看，汉魏洛阳故城在二里头遗址、偃师商城遗址之后，和东周王城遗址同时存在，却又在隋唐洛阳城遗址之前，恰好处在五大都城遗址所处历史时间段的中段；从文化传承来看，汉魏洛阳故城无疑从二里头遗址和偃师商城遗址的都城建制中汲取大量营养，却又深深影响着隋唐洛阳城的设计与建造，起到承上启下的典型作用。因此，在五大都城遗址之中，汉魏洛阳故城能够也应该发挥中心作用，连成"五都荟洛"的文化奇观，使洛阳市能够展现"五都荟洛"的辉煌文

化成就。即汉魏洛阳故城是"五都荟洛"的关键环节，对洛阳市"五都荟洛"都城遗址旅游线路的形成具有举足轻重的作用。正因如此，才要做好汉魏洛阳故城的开发利用工作，使汉魏洛阳故城能够彰显文化价值、形成品牌效应，最终造就"五都荟洛"这一闪亮耀眼的文化品牌和旅游名片，从而带动洛阳社会与经济再上新台阶，推动洛阳文化与旅游再创新辉煌！

第四节　邙山陵墓群与区域旅游经济

一、邙山陵墓群简述

"北邙山头少闲土，尽是洛阳人旧墓。旧墓人家归葬多，堆著黄金无买处。天涯悠悠葬日促，冈坂崎岖不停毂。高张素幕绕铭旌，夜唱挽歌山下宿。洛阳城北复城东，魂车祖马长相逢。车辙广若长安路，蒿草少于松柏树。涧底盘陀石渐稀，尽向坟前作羊虎。谁家石碑文字灭，后人重取书年月。朝朝车马送葬回，还起大宅与高台。"[1] 这是中唐诗人王建所写《北邙行》。邙山在中唐时期，便已经"少闲土"，并且"堆著黄金无买处"，这从侧面反映出，在当时邙山便已经是墓葬众多的陵墓集群，同时又是寸土寸金的风水宝地。

邙山是崤山余脉，东西绵亘只有190余千米。在名山大川遍布的洛阳市境内，无论是风景秀丽程度还是海拔高度来说，邙山是较不起眼的一座，但其北有黄河，南有洛河，站在邙山之上眺望，无论是汉魏洛阳城还是隋唐洛阳城的美景，都尽收眼底。再加上邙山土厚水低，宜于殡葬，因此成为在洛阳建都的帝王们最为理想的安眠之地，"邙山远眺"也因此成为远近闻名的

---

① 杜茂功. 九都洛阳历史文化丛书——九都诗韵 [M]. 北京：中国科学出版社，2001：155.

"洛阳八景"之一。东周、东汉、曹魏、西晋、北魏、五代 6 个朝代的 24 个帝王的陵墓都在邙山。其中，东周王墓 8 座、东汉帝陵 5 座、曹魏帝陵 1 座、西晋帝陵 5 座、北魏帝陵 4 座和五代后唐帝陵 1 座，跟随皇帝埋葬在邙山的王公大臣更是不计其数。邙山因埋葬帝王数量最多、最集中，因此有"东方帝王谷"或者"东方金字塔"之称。不仅如此，邙山还埋葬着"三个后主"，三国蜀国后主刘禅、南朝陈国后主陈叔宝和五代南唐后主李煜。此外，许多名人贤士也埋葬于此，如战国著名纵横家苏秦和张仪、秦国宰相吕不韦、西汉名将樊哙、西汉文学家"洛阳才子"贾谊、东汉定远侯班超、唐代"诗圣"杜甫、唐代著名诗人孟郊、唐代大书法家颜真卿、武周名相狄仁杰、北宋开国功臣石守信、明福王朱常洵和清初著名书法家王铎等。据初步统计，邙山之上，大型封土墓便有近千座之多，古代墓葬更是达数十万之众。延续年代之久、埋葬名人之多、墓葬数量之众、墓葬分布之密集、墓葬类型之丰富，国内外罕有其匹，从而使邙山成为全国最为著名的古代墓葬区之一。此外，北宋王陵所在地巩义也在邙山附近，北宋九帝中除宋徽宗和宋钦宗客死他乡之外，其余七帝都埋葬于此，加上赵匡胤的父亲赵弘殷的陵墓，巩义宋陵区共有"七帝八陵"，北宋著名大臣如寇准、包拯等也陪葬于此，陪葬的王公贵族、文臣武将更是有上千人之多，因此成为邙山帝陵文化和墓葬文化的重要组成部分。正因为如此，迁往江南的中原士人才发出"生在苏杭，葬在北邙"的感叹，不仅因为邙山是北宋祖陵所在地，更因为邙山是中原士人心目中的文化圣地。

不过，邙山陵墓群和邙山并非一体，和邙山古墓群也不是一个概念。根据洛阳市文物局的解释，邙山古墓群是邙山之上所有古墓的泛称，而邙山陵墓群特指上述埋葬在邙山的 24 位帝王的陵墓及其陪葬墓群。[①] 即邙山陵墓群是邙山古墓群的主体，但并非全部。邙山陵墓群分布在洛阳市区的北方、东方和东北方，在洛阳市下辖的涧西区、西工区、老城区、瀍河回族区、洛

---

① 邙山陵墓群［EB/OL］. 洛阳市文物局网，2022 - 03 - 22.

龙区、偃师区、孟津区 7 个城区均有分布，占地面积约为 756 平方千米，东西长约为 50 千米，南北宽约为 20 千米，大致可分为 4 段：西段的北魏陵区，中段的东周、东汉、后唐陵区，东段的曹魏、西晋陵区和夹河段的东汉、西晋墓群。因此，邙山陵墓群是我国最大的陵墓群遗址，同时也是我国古代帝陵体系不可或缺的有机组成部分，无论是对我国墓葬文化的研究还是对我国陵寝制度历史的研究都具有极其重要的史料价值。正因如此，邙山陵墓群于 2001 年 6 月被国务院公布为第五批全国重点文物保护单位，并于 2021 年 10 月入选国家文物局公布的"十四五"时期大遗址名单。

二、邙山陵墓群保护利用与区域旅游经济发展现状

（一）邙山陵墓群保护现状

邙山虽是有着"东方金字塔"之称的"风水宝地"，但也成为历朝历代不法分子重点关注的区域，尤其是从 1905 年汴洛铁路修建，在邙山附近施工开始，在以后长达 40 余年的时间里，邙山上的陵墓遭到疯狂盗掘，大量珍贵文物流失海外，大名鼎鼎的洛阳铲便是这一时期发明的。即便是现今，在英国、法国、意大利、美国、加拿大、日本等国的各大博物馆中展览陈列得比比皆是。由于长期遭受破坏，造成邙山之上十墓九空的悲惨局面，据有关专家统计，仅近代被盗掘的邙山古墓就有 5 万多座。这种现象到新中国成立时才得到根本改观。然而，即便如此，从新中国成立至今的 70 余年间，由于自然侵蚀、农民开荒种田、不法分子盗掘等原因，存在于地面之上有标志物的古墓已经急剧减少，从新中国成立初年的 900 余座到现今的 300 余座，减少了 2/3。①

---

① 严辉，王文浩，王咸秋．洛阳邙山陵墓群完成古墓冢文物普查工作 ［N］．中国文物报，2007－11－21.

　　进入 21 世纪以来，邙山陵墓群日益受到我国政府的重视。2002 年，即邙山陵墓群成为全国重点文物保护单位的第二年，洛阳市针对邙山古代陵墓进行考古调查的专项计划便迅速得到国家文物局的批准。2003 年 10 月，洛阳市邙山古墓群大规模、系统性的考古调查与勘探工作全面启动。经过原洛阳市第二文物工作队工作人员近 4 年的艰苦奋战和不懈努力，2007 年 6 月，该项工作基本完成，从而获得邙山古墓群的基础资料，对邙山古墓群的存在状况以及各个时期陵墓群的分布规律进行初步掌握，从而为后续的保护工作打下了坚实的基础。经过考古人员近 20 年的全方位调查和系统性研究，目前，对东汉陵区陵墓的范围、种类、状态、特点等已基本弄清，尤其是帝陵核心区域的确定，后妃冢和陪葬墓的分布，陵墓的形制规模、等级规格等重点内容已经基本明确；对北魏陵区的分布范围、布局特点、结构形制等已经初步掌握；使后唐陵区——埋葬后唐明宗李嗣源的徽陵的陵寝建筑以及陪葬人员等问题得到解决。不仅如此，考古工作人员还对东周陵区、曹魏陵区以及西晋陵区多次进行调查研究，初步厘清其分布特点以及规模形制。

　　为了进一步做好邙山陵墓群的保护工作，2011 年，洛阳市编制《洛阳市邙山陵墓群保护条例》，在报经河南省人大批准后实行。该条例对邙山陵墓群的保护范围和建设控制地带进行明确规定，同时决定采取以国家保护为主，社会保护相结合的原则进行保护，并规定不仅要对邙山陵墓群的真实性、完整性进行保护，同时还要对其历史风貌和自然环境的真实性、完整性进行保护。

　　与此同时，洛阳市文物保护部门也着手制定邙山陵墓群中长期保护规划，本着保护为主、抢救第一、合理利用、加强管理的基本原则，一方面，对各个历史时期的帝王陵墓以及与其相关的附属遗存进行整体考虑；另一方面，坚持以帝王陵墓为主，陪葬墓冢为辅的方针，有层次、分步骤地实施保护。不仅如此，洛阳市还对邙山陵墓群实施绿化工程，使帝陵墓冢密集分布地区的生态环境得到根本改善。此外，一方面，防止水土流失、风沙侵蚀等自然损伤；另一方面，防止墓冢盗挖、文物偷盗等犯罪行为，在极力提高文物保护水平的同时，还加大对盗墓分子的打击力度，使邙山陵墓群现存陵墓的完整性得到有效保护，既为邙山陵墓群的后续开发利用打下了坚实基础，又为洛阳市旅游产业的振兴提供了强有力的资源保证。

（二）邙山陵墓群开发利用现状

在洛阳的几处大遗址中，邙山陵墓群是最早进行开发利用的大遗址。早在1984年，洛阳市便利用邙山墓葬众多的有利状况，在如今的邙山陵墓群遗址区建设世界上首座以古代墓葬为主题的博物馆——洛阳古墓博物馆，并于1987年建成开放。该博物馆坐落在老城区机场路45号，曾于2008年更名为洛阳古代艺术博物馆。2022年9月，经整体改造提升后重新开业时，又改回原名，仍称洛阳古墓博物馆。该博物馆占地面积约为130亩，建筑面积为21567平方米，展陈内容分成三部分，其中，第一部分为葬制大观，以介绍我国墓葬文化、河洛地区的墓葬陈列以及河南出土的古墓壁画为主；第二部分为帝陵介绍，对洛阳北魏帝王陵进行介绍；第三部分为砖画青史，对洛阳古墓博物馆收藏的宋金时期的雕砖进行展览。该博物馆最重要、也最吸引游客的内容便是古代墓葬陈列。在该博物馆建成时，便搬迁复原了来自邙山以及洛阳其他区域的历代墓葬22座，1992年又增加1座，1996年10月，由于小浪底工程施工，将淹没区的1座北宋墓葬迁来，1998年8月，又将郑州黄河大观附近的1座金朝墓葬迁至此处，现共有来自河洛地区的历代墓葬25座。在洛阳古墓博物馆西部，有北魏帝王陵墓展区，埋葬北魏世宗宣武帝元恪的景陵坐落于此，搬迁复原的北魏贵族墓葬清河文献王元怿墓和江阳王元乂墓也在此地。通过这些陵墓，可以对北魏帝王陵墓的形制面貌进行系统了解，对北魏时期的葬俗文化和陵寝制度也能进行较为全面的认识。

埋葬北魏宣武帝元恪父亲孝文帝元宏的长陵和景陵相距不远，位于孟津区朝阳镇官庄东，考古工作人员于2004年进行考古调查时发现长陵陵园遗址。如今，长陵陵园经过保护性修复，供游人免费参观。

东汉开国皇帝光武帝刘秀的原陵落座在孟津区白鹤镇铁榭村，是邙山诸帝陵之中唯一一座以景区形式单独开放的帝陵。今多称汉光武帝陵，俗称刘秀坟。汉光武帝陵于公元 50 年始建，目前，以神道、陵园和祠院三部分构成。陵园呈方方正正的长方形，占地约为 6.6 万平方米，原陵位于陵园的正中心位置，呈圆丘状，为夯土制成，高为 17.83 米，周长为 487 米（见图 8.5）。我国历朝历代埋葬帝王的陵墓多背山面河，以展现帝王们开阔的胸襟，唯有原陵一反常态，为"枕河蹬山"，极为罕见。洛阳博物馆的镇馆之宝——东汉石辟邪便出土于原陵附近，其重量超过 8 吨，为青石雕刻，是我国目前出土的最大一件石辟邪。① 这件石辟邪造型伟岸、雕刻精美，浑身充满着奋发之力、洋溢着豪迈之情，堪称中华民族坚定自信的精神气质的象征。

图 8.5　光武帝原陵

资料来源：由本书课题组成员王值拍摄。

---

① 历代皇陵都是背山面河，他却枕河蹬山，江山传 8 世 14 帝享国 195 年［EB/OL］. 网易，2022 - 11 - 07.

2009 年 4 月，考古人员在连霍高速扩建工程施工前进行考古钻探时，在邙山之上发现魏武帝曹操的族子、三国名将、大司马曹休的墓葬。该墓葬位于孟津区送庄镇卅里铺村东南。2010 年，洛阳市计划筹建曹休墓博物馆，并委托同济大学建筑设计研究院和陕西省文化遗产研究院以文物保护与高速路扩建并重为指导思想共同进行规划设计。曹休墓博物馆以成为邙山陵墓群大遗址保护展示示范点为主要目标，于 2011 年开工建设，将以地下博物馆的形式与公众见面，未来会成为邙山陵墓群大遗址考古调查与勘测项目的一处科研基地。

邙山陵墓群考古遗址公园也在筹建之中。该公园将以孟津区北魏孝文帝长陵遗址、大汉冢东汉帝陵陵园遗址以及偃师区唐恭陵遗址为试点，以公园化、生态化、农业化为建设目标，对邙山陵墓群大遗址进行科学整合、统筹安排，在对邙山陵墓群进行有效保护的同时，力争走上科学开发、合理利用之路。

（三）邙山陵墓群与区域旅游经济发展现状

新中国成立以来，邙山陵墓群遭自然侵袭和人为破坏均较为严重，尤其是 20 世纪八九十年代邙山陵墓被盗案件屡屡发生，使洛阳市尤为重视邙山陵墓群的保护工作。进入 21 世纪以后，洛阳市不仅编制了《洛阳市邙山陵墓群保护条例》，还着手启动邙山陵墓群全面考古调查工程，将邙山陵墓群纳入有效保护之内。因此，邙山陵墓群大遗址区域对大遗址保护政策执行更为彻底，对大遗址保护的要求也尤为严格。在这样的情形下，邙山陵墓群大遗址区域的经济发展便在一定程度上受到限制，当地群众多数以种田耕地为生，基本处于能够解决温饱问题的状态，生活条件并无太大的改善。为了促进当地发展，提供当地群众的收入，洛阳市将一些物流园、产业园、科技园、智能化项目放在邙山，这在一定程度上推动了当地经济的发展，当地群众也能通过进入园区工作提高经济收入，但与其他区域相比，邙山陵墓群大遗址区域发展还是相对缓慢，当地群众的收入也难有大的增长。

尽管洛阳市对邙山陵墓群也进行了一些开发和利用，如兴建洛阳古墓博物馆以及开发汉光武帝陵等，但对当地发展的推动力度并不大，当地群众因此得到的实惠也不是很多。情况不尽如人意的还要数汉光武帝陵。在汉光武帝陵附近，有远近闻名的美食名吃铁谢羊肉汤。景区成就美食，美食带动景区，美食和景区产生互补。再加上汉光武帝陵向东 2 千米处便是因黄河出图处而兴建的龙马负图寺，市民游客假期或者周末休闲时短程可达，游玩 2 处景点，吃上 1 顿美食，性价比颇高，不仅洛阳市区居民，就连附近焦作市、郑州市的许多游客也都驱车前往，因此使当地旅游市场大受欢迎。

三、邙山陵墓群保护利用与区域旅游经济发展问题

（一）破坏较为严重

在所有大遗址类型中，墓葬类大遗址是最容易受到破坏的一种。这些古代墓葬，从古代至今的漫长时间里，可能屡次被盗墓分子盯上，多次遭到盗掘。就像坐落于洛阳古墓博物馆西部北魏帝王陵展区的北魏宣武帝景陵，因此破坏严重，需要进行抢救性发掘。1991 年 6 月，遵照国家文物局的指示，中国社会科学院考古研究所汉魏洛阳城队和洛阳古墓博物馆联合对景陵进行发掘。但由于在宋金时期以及民国时期多次进行盗掘，在景陵地宫只有十余件残缺不全的文物，虽说汉魏以薄葬为主，但作为帝王陵寝，景陵留下的文物仍少得可怜。这样的例子在邙山陵墓群中屡见不鲜，邙山陵墓群几乎所有的帝王陵墓都曾遭到偷挖盗掘，其他古墓更是惨不忍睹，在坊间曾流传"邙山之上，十墓九空"的说法。按照如今的田野调查和考古发掘来看，即便说"十墓十空"也不为过。这些遭受盗掘的陵墓，更容易遭受风雨侵蚀而被破坏甚至消失。不仅如此，邙山陵墓群不像陕西的汉唐帝陵那样，大多依山而建，不仅不容易被盗掘，还极为坚固。邙山虽然称山，其实只是丘陵，邙山陵墓群大多采用夯土制成，在被风吹日晒雨淋之后，更容易遭受破

坏。此外，当地农民的盖房建屋、开荒种田等生产生活行为也破坏了不少古墓。在多种因素的影响下，邙山陵墓群破坏较为严重，亟须进行有效保护。

（二）保护力量薄弱

邙山陵墓群所涵盖的历代帝王陵墓便有 24 座之多，再加上为帝王陪葬的后妃墓、大臣墓等，数量成百上千。而且，这些陵墓相对较为分散，在邙山的西段、中段以及东段都有分布，如果再算上夹河段的东汉西晋帝陵、坐落于偃师区缑氏镇滹沱岭上的唐恭陵以及坐落于涧西区周山森林公园之内的东周王陵，就更显得四分八散。这样一来，就给邙山陵墓群的保护工作带来巨大压力。不仅如此，邙山陵墓群大遗址区域并非同处一区，而是分属洛阳市七大城区的不同街道、不同村镇管辖，这就给邙山陵墓群的保护和管理造成诸多不便。如果有破坏大遗址的行为发生或者有群众发现有不法分子在盗掘墓葬，还要根据大遗址所处区域或者墓葬所在地方，联系当地执法机关。当找到正确的执法机关时，不法分子可能已经闻风而逃了。此外，虽然邙山陵墓群由洛阳市文物保护部门负责管理，但它所管理的文物遗址、全国文物保护单位众多，光大遗址就有好几处，即便是想把邙山陵墓群保护好、管理好，但面对如此庞大的区域、数量众多的陵墓群，也只能是心有余而力不足。

（三）深受路网影响

邙山自古便是洛阳北面的天然屏障，无论是汉魏洛阳城还是隋唐洛阳城，都背靠邙山，面朝洛河，易守难攻，区位优势极为明显。然而，到了现今，由于要加强与外部的联系，洛阳市就需要向外修筑道路，再加上洛阳地理位置优越，许多东西向和南北向的道路，都从洛阳经过。于是，作为洛阳市北部屏障的邙山便被南来北往、东进西出的道路网切割成一个又一个小片区。像东西向的连霍高速和南北向的二广高速就在邙山形成十字交叉，再加上 310 国道、邙岭大道、王城大道、周山大道等，纵横交错的道路便有几十条，更使邙山陵墓群难以连成一片了。即便抛开道路对邙山陵墓群的"切割"不谈，仅以修路为例，几乎每次在邙山上修建大型道路，尤其是高速公路、国道和铁路，都能发现墓葬，像曹魏大司马曹休的墓葬便在连霍高速扩建时被发现，为了建设道路使交通更便利，许多时候即便发现墓葬，也只能给国家大型道路工程让路，这显然对邙山陵墓群的保护与开发极为不利。不仅如此，大型道路工程在邙山陵墓群之内或者周边形成众多大大小小的支撑墩柱，再加上道路本身，对邙山陵墓群及其周边所处环境来说，无疑形成不同程度的破坏，对大遗址及其周边环境的真实性和完整性已经造成损伤。

（四）开发利用不足

邙山陵墓群，仅帝王陵墓便有 24 座，其他贵族墓、名人墓更是不计其数，但目前称得上已经开发利用的却屈指可数，形成经济效益和社会效益的更是寥寥无几。如果仔细算来，也只有东汉光武帝原陵和北魏宣武帝景陵两处，其他大多还淹没在荒郊野岭，或深藏功名，或默默无闻，这是极为可惜的。像陕西的秦始皇陵、汉唐帝陵、北京的明十三陵和河北的清十三陵不仅拥有更显赫的名气，还带动当地旅游市场的火爆和当地社会经济的发展。如果对比这些帝陵的现状，就知道邙山陵墓群有多大的潜在价值，也就知道这些帝王陵墓有多大的开发潜力。尤其像秦始皇陵，已经成为陕西旅游一张耀眼而闪亮的名片。像汉光武帝刘秀和北魏孝文帝元宏，不仅在历史上声名赫赫，而且对洛阳城建设也作出过巨大的贡献。如果方法得当、操作适宜，光武帝陵和孝文帝陵未必不能成为洛阳旅游的新名片。此外，近来《鬼吹灯》《盗墓笔记》等探险类小说及其改编的影视剧悄然走红，也为邙山陵墓群的开发与利用提供了更多可能。

（五）区域发展受限

由于墓葬类大遗址更容易被不法分子盗掘，邙山陵墓群更是深受其害，民国时期，盗墓分子云集邙山，使邙山上的古代墓葬遭到大面积破坏。20

世纪八九十年代，一些不法之徒又对侥幸躲过多次劫难的邙山古墓进行暴力盗掘和恶意破坏，使邙山十墓九空甚至十墓十空。正因如此，洛阳市才对邙山陵墓群大遗址区域实施极为严格的保护制度，这使当地既无法进行大规模建设，又无法进行深层次开发，使当地发展受到一定程度的限制。正因如此，邙山古墓群虽然坐落在洛阳市，并分属洛阳市各城区，但当地经济发展较为滞后，这使当地许多居民只好外出打工。即便今日，这片区域仍旧有大片农田，经济状况被其他非大遗址区域远远抛在后面。

四、邙山陵墓群保护利用与区域旅游经济发展策略探究

（一）整合各方力量，推动全域保护

邙山陵墓群区域面积大、涵盖墓葬多，再加上这些帝王陵墓分布较为零散，无论对邙山陵墓群的保护还是管理来说，都极为不利。因此，有必要整合各方力量，推动邙山陵墓群全域保护。只有这样，才能对邙山陵墓群进行有效的保护和管理。首先，可以在洛阳市政府的领导下，成立专门针对大遗址进行保护、管理、开发的机构，从文物保护部门抽调专门人员来主导，从公检法、环保、农业等单位部门抽调精英骨干来配合，组成一个全新的大遗址保护管理机构，对在大遗址保护过程中出现的问题能够及时予以解决，对破坏大遗址尤其是偷挖盗掘古墓的犯罪行为进行快速而坚决的打击，这样一来，便能使大遗址工作健康而高效地开展，从而避免事不关己、高高挂起以及推诿扯皮等行为；其次，可以将邙山陵墓群大遗址区域独立出来，自成一区，专门致力于大遗址的保护与开发，一是可以政出一门、令出一家，从而使相关工作更加快速高效，二是可以集中力量办大事，心无旁骛地做好大遗址保护与开发工作。总之，邙山陵墓群破坏较为严重，对其保护已经到了时不我待、刻不容缓的程度，凡是对邙山陵墓群保护有利的想法和措施都可以进行尝试和施行，因此，大胆创新、突破性地去工作也未尝不可。

（二）借助流行文化，盘活旅游经济

对大遗址保护工作要大胆尝试，对大遗址开发与利用工作也是如此。只要是在对大遗址进行有效保护的前提下，所有的开发形式都可以尝试，所有的利用设想都可以实践。2022 年 9 月，洛阳古墓博物馆升级改造之后重新亮相，便受到许多青年游客的重点关注，以至于经常出现预约爆满的现象，也进一步说明青年观众对古代墓葬的热情和对古墓文化的喜爱。因此，可以借助这些流行文化，推动一些古墓探险类沉浸式旅游或者体验式旅游项目，从而吸引青年游客，让他们由于发自内心地由衷喜爱而自发进行宣传，从而在各大网络平台形成热议，在短时间内迅速走红全国。

（三）以点带面成片，科学规划实施

作为一处大遗址，邙山陵墓群区域大、范围广、墓葬多，涉及方方面面，形势较为复杂，对其进行开发利用，绝非一日之功，需要一定的时间周期，更需要科学规划、统筹协调、分步实施、稳步推进。目前，对大遗址进行保护最常用也最有效的做法便是建设考古遗址公园，洛阳市已经有了建设邙山陵墓群考古遗址公园的初步构想。隋唐洛阳城国家考古遗址公园建设的成功推进便是一个很好的案例。对隋唐洛阳城国家考古遗址公园建设进行经验总结，可以为邙山陵墓群考古遗址公园建设提供一些指导。首先，需要制订目标清晰、内容翔实的总体规划方案，然后根据总体规划分步骤、分层次开展；其次，要厘清思路，分清主次，有主有次、有难有易地分步实施，像隋唐洛阳城国家考古遗址公园建设，便从定鼎门入手，然后是明堂天堂，之后是九州池和应天门等；最后，要以点带面，使面成片，从重要遗址入手，连成重要片区，最终多个片区组合在一起，成为风格统一而又相对独立的整体，这样便更容易取得成功。像邙山陵墓群考古遗址公园的建设，就可以分片区、分段点进行，找重要片区的重要遗址点进行优先开发，像北魏孝文帝陵便是可以最先实施开发的陵区。

（四）挖掘名人文化，进行深度开发

邙山作为众多帝王将相、王公大臣及历史文化名人的埋骨之地，堪称一座积累丰富、资源众多、取之不尽、用之不竭的文化宝藏。东汉光武帝刘秀、魏文帝曹丕、北魏孝文帝元宏、司马懿家族、吕不韦、樊哙、贾谊、班超、石崇、孟郊、狄仁杰、石守信等历史文化名人均葬在邙山。这些历史文化名人经过文学影视作品的演绎和戏说，其真正面目已经淹没于历史尘埃。如果能够对这些名人的生平事迹、时代背景等进行深耕细挖，创作出有血有肉的文学作品、影视剧本、舞台剧目，对历史进行还原、对时代进行再现，还名人以本来面目，便极有可能感染游客、打动观众。现如今较为流行的开发模式和旅游形式都可以拿来运用，并进行积极尝试和大胆创新，像大型实景演出、沉浸式情景剧等都值得进行尝试和运用。事实上，在进行深度开发时，不仅可以开发旅游项目，像文化项目、影视项目、娱乐项目甚至动画网游等都可以进行尝试。

（五）叫响邙山旅游，引领区域发展

凡事都要一分为二来看待，有好就有坏，有利就有弊，这是事物发展的客观规律。就像邙山陵墓群大遗址区域，目前因邙山陵墓群这一大遗址的存在，区域发展受到限制，民生难以得到根本改善，但也应看到，对于这片区域来说，最核心也是最优势的资源便是这些陵墓，如果开发适宜、利用得当，邙山陵墓群便很有可能成为这片区域经济发展的助推器，推动区域经济不断向前，推动当地居民收入增长和生活水平提高。邙山陵墓群拥有数量众多的帝王名人陵墓，可以打造多处文化旅游景区供游客参观游览、追思凭吊，可以形成多条文化旅游线路供游客观光休闲。总之，以大遗址保护为根本，以墓葬文化和名人文化为内容，对邙山陵墓群进行开发和利用，不仅能够叫响邙山旅游，也能够引领区域发展，实在是一件一举两得的事情。

第九章　结　　论

第一节　研究结论

　　大遗址是人类文明的宝贵财富，是中华文明的珍贵遗产，我们有责任也有义务保护好大遗址，守护好中华民族的精神家园。然而，与此同时也要看到，大遗址区域因为要执行大遗址保护政策，对大遗址进行有效保护，从而放弃一些能够迅猛发展和快速进步的机会，造成区域发展滞后、经济落后、旅游难兴以及民生难以得到根本改善的局面。这样看来，大遗址保护和区域旅游经济发展就像是一对水火不容、鱼死网破的矛盾体，其实并不然，通过本书的研究、分析和论证可知，两者之间也是能够互惠互利、彼此成全、相互成就的。即如果措施不力、操作不当，这些珍贵稀少的大遗址有可能会成为区域发展的阻力，旅游振兴的桎梏；如果措施得力、操作得当，在对大遗址进行有效保护的前提下，对大遗址进行科学开发、合理利用，大遗址就会成为促进区域发展的动力，推动区域旅游经济走向振兴的引擎。

一、保护利用并重

　　目前，我国的大遗址保护工作，最令人头疼的问题便是经费短缺，最核心的矛盾是大遗址保护与区域发展之间的矛盾，最主要的阻力便来自当地群众。事实上，一言以蔽之，还是在保护的前提下如何进行发展的问题。区域发展好了、社会进步了、经济振兴了、旅游发达了、群众富裕了，一切都将迎刃而解。而大遗址作为所在区域最核心也是最具优势的文化资源，只要能够进行科学开发、合理利用，就一定能够推动当地社会进步、经济振兴、旅游发展和民生改善，从而使区域得到发展和进步。

只有对大遗址进行有效保护，才能为开发和利用提供必要的前提和基础，才能实现对大遗址的科学开发和合理利用；只有对大遗址进行科学开发和合理利用，从而创造巨大的经济利益、带来重大的社会效益，才能为大遗址保护设备的更新、保护手段的完善、保护技术的提升提供充足的资金支持，才能吸引更多的民众加入大遗址保护事业中来，为大遗址的有效保护尽一份心、出一份力。即大遗址保护和利用是互为因果、互惠互利的，能够相互成就、彼此成全，因此，有必要将大遗址的开发和利用放在和大遗址保护同等重要的位置上来，既重视保护，也重视开发利用。只有这样，才能形成既对大遗址进行有效保护，又对大遗址进行科学开发和合理利用的双赢局面。

（一）保护主题：一手自然环境，一手文化内涵

大遗址的价值表现形式主要体现在两个方面，一是自然环境，二是文化内涵。大遗址保护这一主题的最终确立，要将其总体特性作为前提，也就是说，其价值意义并不取决于这一大遗址的某种最为明显或者最为优势的特征，而在于多角度、全方位、整体性地对其总体进行精准定位。因此，在对大遗址进行保护的过程中，不能仅将眼光放在大遗址本身，还要对其空间环境进行保护。然而，随着我国经济的高速发展以及城市化进程的不断加快，大规模的建设以及城市的扩张已经开始对大遗址产生影响，无论是近城区大遗址还是远城区大遗址都难以在经济发展和城市建设的双重影响下独善其身。这样一来，大遗址与其周边环境的协调性，与当地自然生态的共融性就

受到严重影响，从而使大遗址的价值遭到一定程度的削弱、意义受到一定程度的弱化。在面对大遗址保护时，无论是国家工作人员还是全国社会舆论，无论是当地政府还是当地民众，都很难注意到对大遗址周边环境的保护，只是对大遗址的历史脉络尤为重视，对大遗址的文化内涵过分强调。长此以往，大遗址的周边环境就会越来越脆弱。如果周边环境和大遗址的协调性越来越差，无疑会使大遗址的真实性和完整性受到损伤，从而使大遗址被破坏甚至消失的危险系数进一步增加。正因如此，在对大遗址本身进行有效保护的同时，也要对其周边环境进行有效保护，并且，两者同等重要。即在大遗址保护过程中，必须一手抓文化内涵，另一手抓自然环境，务必要坚持两手抓，并且两手都要硬。

（二）保护主体：国家政府

大遗址之所以会遭到破坏，主要是由两种因素造成的，一种是自然因素，像风吹日晒雨淋等，都会使大遗址受到损伤；另一种是人为因素，像开荒种地、挖塘造屋、偷挖盗掘等，都会对大遗址进行"鲸吞蚕食"。然而，相比后一种因素造成的危害，前一种是微乎其微的。大遗址不仅是当地的财富，还是整个国家的财富，甚至是全人类的财富，而非某个人、某个团体的私产。因此，保护大遗址的重任必须由政府来承担，在大遗址保护过程中，政府所扮演的角色至关重要。在大遗址保护的相关责任人中，政府有两方力量，一是当地政府，二是国家政府。当地政府是其中关键角色，因为大遗址处在当地，如果当地政府对大遗址保护工作不积极、不主动，甚至消极懈怠，那么这项工作不会有多大起色；如果当地政府很积极，也很主动，但措施不力、操作不当，保护方式不科学，那么大遗址也很难受到有效保护。此外，在保护大遗址时，不仅需要当地政府使用行政手段，也需要地方财政对大遗址保护事业进行扶持。不过，真正起到主导作用的还是国家政府。

（三）保护利用：相互成就

大遗址是祖先留给我们的文化财富，也是我们要留给子孙后代的文化承载者和精神传递体，因此，怎么对其保护都不为过。然而，如果想要对大遗址进行有效保护，使其长期处于稳定可控的状态，科学开发、合理利用是一种极为必要的行动方式。

对大遗址进行科学开发和合理利用，不仅能够提升大遗址的经济效益，并带来区域旅游经济的发展，还能促进大遗址保护计划的实施和保护工作的开展。因为在不破坏大遗址、"保护第一"的前提下，对大遗址进行科学开发、合理利用，必然会使大遗址带来一定的收益，不仅会使大遗址保护多出一笔数目可观的经费，还为未来的大遗址保护奠定了坚实的基础，从而可以采用技术更加先进、防护更加有效的办法，使大遗址的保护更加科学有效。不仅如此，通过大遗址的开发和利用，当地旅游经济得到发展，在游客云集的同时，商业活动也轰轰烈烈地开展起来，当地群众能够通过为游客提供饮食、住宿、交通、旅游纪念品等服务获得利润，使收入增长，使生活水平提高。这样一来，大遗址保护与区域发展之间的矛盾就会一步步减轻，当地群众对大遗址的不满甚至敌视情绪也会一点点减弱。

对大遗址的利用与开发，带来的不仅是经济效益，还有更为重要的社会效益。毕竟，民族的兴亡成败、国家的兴衰荣辱，终究不在于一时一地的财富积累，也不在于一朝一夕的经济贫富，而在于文化特质和文明品质。尤其是当今世界，风云变幻，各种势力此消彼长、各种学说层出不穷，在世界经济一体化的今天，与之相伴随的是许多语言消逝、许多文化消亡、许多文明消失。因此，树立文化自信，建成社会主义文化强国，既是任务重大、意义深远的国家战略，也是中华文化走到今天的迫切要求。

对大遗址进行开发利用，要小心谨慎，以稳妥为主，在坚持保护第一的前提下，将服务社会、追求社会效益最大化作为主要开发目标，与此同时，科学规划、稳步推进、加强管理、执行到位，对开放的程度和形式严格进行控制。不能为了追求经济利益最大化而降低门槛，要做好历史信息的收集工作，也要做好文化内涵的挖掘工作，对大遗址蕴含的历史文化、科学艺术等价值认真进行整理。要以通俗易懂的文字、图文结合的画面、抓人眼球的效果、引人入胜的叙述以及声光电一体化的宣传，再融入现代科技，让游客获得精神享受、身心愉悦的同时，也深刻地认识到大遗址的巨大价值，从而生出自觉保护之心，并自发行动起来对大遗址进行保护。只有人人有保护意识，人人存在爱护大遗址之心，全民动员、主动出击，才能将大遗址保护好。这才是一条大遗址保护的最光明之路。

二、大遗址是潜能巨大的经济资源

对大遗址来说，它的属性首先是一类文物。就文物而言，是人类在社会活动中因种种原因遗留下来的遗址、遗迹、遗物和遗存的统称。文物不仅具有历史文化价值，还具有科学艺术价值，不仅是物质层面的文化形式，更是精神层面的文化内容。因此可以说，大遗址既是一种独特的文物，也是一类文化遗产，同时也是一种文化资源。

大遗址可被视为一种较为独特的文物资源。它拥有文物资源和其他资源相区别的主要特征，即不可再生性，如果损伤便是永远的损伤，如果消失便是永远的消失。所以，对于大遗址保护来说，需要持之以恒，更需要安全有效。不仅如此，和其他文物资源一样，它是由人类创造的资源，是不可多得的稀缺资源，是异常珍贵的独特资源，是祖先留给我们的宝贵财富，正因如此，我们才要细心呵护、用心保护，使其能够代代相传。此外，大遗址本身还有一些独有的特征，如难以移动性、不可复制性和无法替代性。它不像其他文物那样，可以收藏在博物馆，实行异地保护；在进行区域经济振兴和旅游发展时，不能绕过它、无法跳过它，因为它已经是这片区域的有机组成部分；无论对它的保护还是开发利用，都要在原地原址进行。

不过，进行大遗址保护的目的，不是为了保护而进行保护，更不是较为盲目地保护，而是要为社会进步、经济发展服务，要为人类自身的发展与人类文明的进步服务。不仅如此，大遗址所发挥的作用，不是短暂的而是长久的。在物质文明建设不断发展、精神文明建设不断加强、文化自信愈发重要的今天，它的地位会越来越重要，它的作用也会越来越大，就让我们拭目以待。此外，在物质生活极度丰富，精神需求大幅增加的当今社会，观光游、文化游、深度游、自驾游、体验游、沉浸式旅游等旅游形式方兴未艾，大遗址所在区域社会要进步、经济要振兴、旅游要发展、民生要改善，作为一种极富吸引力和观赏价值的独特文物资源，大遗址"堪当大用"，在区域发展过程中，会扮演着越来越重要的角色。

这也就意味着，对大遗址进行保护就是在发展经济，如果更确切地进行表达，是为经济发展储存能量，保护的措施越有力、效果越好，储存的能量就越大，在推动区域发展、经济振兴的过程中，就会展现出更大的优势，发挥出更显著的作用。

三、大遗址能够实现可持续发展

大遗址虽然只是一种难以再生的文物资源，但首先作为资源而存在。既然是资源，在对其进行利用时，就像其他资源一样，需要进行可持续利用，实现可持续发展。

持续的字面意思是说，保持继续或者保持延续。从广义上来讲，持续是指需求持续，即人类、物种、经济、社会、资源、环境及意识形态等诸多需求具备可持续性；从狭义上来讲，资源持续便是指人类在进行生存、发展及享受活动中，对物质、信息、能量及人力等诸多要素需要具备可持续性，其中包含无形资源要素的可持续性以及有形资源要素的可持续性。

（一）大遗址结构的可持续性

大遗址是具有结构性的资源，由众多要素组成。这些要素由于在结构中所占比例不同，拥有的份额也不尽相同。虽然大遗址的结构相对稳定，但在漫长的历史进程中，不同历史时期都对大遗址进行不同程度的保护或破坏，或者进行不同形式的开发和利用，从而对大遗址造成来自不同历史时期的影响，即由于不同历史时期的积累和叠加，大遗址在不断接受新文化、承载新文明。因此，由于历史的变迁、环境的变化，大遗址在接纳新要素加入的同时，可能还会伴随着旧要素的消亡，从而对原有相对稳定的结构进行破坏以促进新结构的产生，这样一来，大遗址的结构便在不断变化、不断拓展中得到持续。

（二）大遗址功能的可持续性

和其他文物资源一样，大遗址也在促进人类文化发展、推动人类文明传承，这是大遗址最根本也是最核心的功能。我们对大遗址进行保护和利用，其实就是在促进人类文明伟大成果的延续和发展，从而使当代人及后代人能够从这些文化遗产中汲取营养，并推动人类文明的不断向前。

（三）大遗址属性的可持续性

大遗址有经济、社会及生态三大属性，因此，大遗址属性的可持续性便包括经济属性的可持续性、社会属性的可持续性及生态属性的可持续性。大遗址的经济属性是指大遗址在进行开发和利用时，能够产生经济效益，其经济属性得到持续，其开发和利用便会持续进行；大遗址的社会属性是指大遗址在进行保护以及开发利用时，能够发挥社会功能，被社会加以利用，为社会进行服务，使整个社会因此受益，其社会属性得到持续，便能推动大遗址永久存在下去；大遗址的生态属性是指在大遗址存续过程中，其自然环境、人文环境作为大遗址价值的重要组成部分而存在，其生态属性得到持续，大遗址的价值便不会被削弱乃至消亡。

四、大遗址具有公共特性

无论从经济制度来看，还是从经济学理论来看，导致大遗址难以进行有效保护或者不能进行深度开发的原因无外乎两个，即大遗址具有公共特性和政策失灵。

（一）公共特性

公共特性指的是一种商品一般具有非排斥性以及非争夺性这两个特性。非争夺性指的是一个消费者对这种商品进行消费，与此同时，其他消费者也能对其进行消费，即这种商品一旦被供应，所有人都可以无成本地对其进行消费。非排斥性指的是这种商品和服务一旦提供，任何消费者都不能拒绝对其进行消费，像国防力量、警察机构、法院检察院等都具有公共特性。如果更严谨一点来说，一种商品只有做到非排斥性和非争夺性这两大特征同时具备才真正称得上具备公共特性。

按照微观经济学的基本观点进行分析，市场是一只看不见的手，如果在理想状态下，可以实现大遗址保护和利用相互协调、相互促进，从而在进行保护和利用的过程中使资源配置达到最优状态。然而，在现实生活中，理想状态往往只是镜花水月，难以绝对实现，即市场机制并不能协调保护和利用之间的关系，从而导致市场处于失灵状态。导致大遗址的保护和利用难以达到理想状态的主要原因便是大遗址的公共特性，大遗址是属于国家的，对于大多数人来说，属于国家的财产便是公共财产，可以随意支配、自由取用，更有甚者，可以不负任何代价地对其进行任意破坏。

事实上，我国的大遗址保护事业一直作为一项社会公益性事业在运作，由政府全权负责，因此，政府既是执行部门，又是管理部门，同时也是监督部门，由此产生的所有费用都要由政府来承担。这样一来，便缺乏竞争机制，从而导致效率低下，对大遗址保护越来越不力，对大遗址的破坏越来越严重，相应地，给大遗址保护事业带来的负担就会越来越大，对大遗址进行开发和利用就显得越来越艰难。

（二）政策失灵

从宏观政策方面来看，政府在对区域发展水平进行考察时，往往只是针对总量进行统计分析，事实上，这种考察方式本身就有一定缺陷。大遗址保护事业所付出的成本常常是无法以经济价值或者经济效益来衡量的，为了应对政府考察，大遗址所在区域往往片面追求经济价值或者经济效益，而对大遗址进行过度开发，从而对大遗址造成不同程度的损伤和破坏，使大遗址的存在价值不断被削弱，直至完全消失。从微观政策方面来看，大遗址区域既要保护文物，又要促进发展，在对大遗址进行开发和利用时，面对"不允许在大遗址区域进行任何破坏或者有可能破坏大遗址的活动和行为"这一大遗址保护政策时，会在大遗址保护和区域发展之间摇摆不定，左右为难，大多数时候，都会做出趋利避害的决定——促进区域发展，推动民生改善，哪怕可能要以破坏大遗址为代价。

其实，我国的大遗址保护政策虽然看似较为严格，其实往往界限不明，让不法之徒认为有空子可钻。不仅如此，这些政策往往以行政手段为主，经济手段跟不上、法律手段难使用，再加上对大遗址保护行为以及技术难点攻关的奖励措施和激励政策相对缺乏，从而导致既对大遗址保护不力，又使区域发展受到限制的尴尬局面出现。一言以蔽之，我国的大遗址保护问题多，大遗址区域发展困难重重，这在一定程度上是政府的政策失灵和制度不力造成的。

五、大遗址区域发展策略：发展新型农业

我国的区域发展，表现出极不均衡的态势，城市强而乡村弱，工业强而农业弱，新兴行业强而传统行业弱。为了应对这一局面，我国政府适时

提出高质量发展的号召，并给出供给侧结构性改革的方案进行应对，而为了实现让农村充实、让农民富裕、让农业复兴的目的，我国政府又制定了乡村振兴战略。

　　作为优秀的文化资源和独特的文化资源，大遗址虽大都处在经济落后、发展滞后的山野乡村，但在国家乡村振兴战略的带动下，很有可能借助其的资源优势，成为区域经济发展的引擎、旅游振兴的龙头和群众致富的帮手。首先，大遗址是优秀的文化旅游资源，有着极为重要的历史文化价值，因此具有巨大的开发利用价值，随着乡村振兴战略的深入开展，农业旅游、乡村风情旅游也会因此兴起，如果以大遗址为抓手，对众多乡村旅游资源进行综合利用，极有可能走上以旅游复兴带动乡村振兴之路；其次，大遗址是优秀的社会教育资源，有着至关重要的社会教育价值，因此具有极大的开发价值，随着乡村振兴的兴起，人们对乡村也会日益重视起来，如果以大遗址为重点，在大遗址周边的乡村建设大型研学旅游基地，集历史文化教育、农耕文明教育、农业发展教育和民风民俗教育等于一身，极有可能成为青少年获取知识、增长见识、促进成长、收获快乐的学习园地；最后，由于大遗址有着上千年甚至几千年的历史，往往价值重大、意义深远，也较为知名，因此容易形成品牌效应，成为当地响当当的文化品牌，甚至成为当地的代表物，这样大遗址区域便可借助大遗址的名气做文章，进行招商引资，推动区域发展，实现乡村振兴。

（一）发展观光农业

　　观光农业是一种融合度高、综合性强的现代化产业。和传统农业相比，它需要更多产业、更多服务与之相配套，除可以直接推动农业发展、促进农民增收以外，还可以促进交通、物流、运输、餐饮、邮政、电信、商业及旅游纪念品制造等多个行业的发展，不仅为大遗址区域的社会进步、经济振兴、旅游发展以及民生改善打开一条新思路，还为大遗址区域富余劳动力的就业以及闲散人员的安置提供一种新方法。在大遗址区域，尤其是近城区大遗址区域推行观光农业，一是可以使第一产业的经济地位得到提升，二是可以使大遗址保护与区域发展两者之间的矛盾得到缓解，三是可以使大遗址在有效保护和合理利用之间可持续发展，实在是一举三得。

（二）推广新兴农业

时代不断向前，社会发展至今，已经出现许多新型农业，如特色农业、大棚农业、有机农业、无土栽培农业、园林农业以及旅游观光农业等。事实上，无论何种类型的农业形式，都要走绿色生态之路，走优质高效之路，走可持续发展之路。以有机农业为例，它其实是一种可持续的农业生态系统，以当地可利用资源为基础，通过促进自然界生物循环，达到提升农业收成、增加农民收入的目的。在大遗址区域，尤其是远城区大遗址区域发展有机农业，有两大好处，一是对大遗址保护相关政策法规做出的要求基本符合，二是有机农业附加值较高，市场竞争力较强，能够以高质量产品迅速打开高端市场，从而在极短的时间内使远城区大遗址区域得到快速发展，赶上并超过其他区域，从而带动区域整体发展。

六、洛阳大遗址破局之道：五都荟洛和区域整合

像洛阳市这样历史悠久、文化深厚、文化遗存极多的城市，在历史上具有举足轻重的地位，曾五次进入世界一流城市之列，并拥有"若问古今兴废事，请君只看洛阳城"这样最好的城市宣传语。不仅如此，如今的洛阳市，拥有3项6处世界文化遗产和5处国家大遗址，并且，还拥有不少面积大、价值高、存世久的文化遗址，未来也极有可能成为国家大遗址。如果只谈对大遗址的保护，不谈开发利用，像洛阳市这种拥有众多大遗址的城市只能放弃进一步发展的机会，守着历史的馈赠和祖先的厚爱艰难度日，这无疑是"守着金饭碗讨饭吃"。因此，需要将开发利用放在和保护同等重要的位置上来，通过对大遗址的开发与利用，扩大洛阳旅游市场、盘活洛阳旅游经

济,从而带动区域整体社会经济发展,让大遗址这些古老的文化遗产重新为世界所了解,让洛阳市这样古老的城市再度走向辉煌。也就是说,洛阳市大遗址的保护与开发,需要寻求破局之道。

(一)五都荟洛

在洛阳盆地腹地的伊洛河平原上,沿洛河从东向西30余千米,依次分布着偃师商城遗址、二里头遗址、汉魏洛阳故城、隋唐洛阳城遗址以及东周王城遗址,形成五大都城遗址齐聚洛阳的奇特文化现象,被史学家称为"五都荟洛"文化奇观。如果能够协调统筹各大遗址的开发和利用,尤其是稳步推进各考古遗址公园的建设工作,发挥"五都荟洛"的强大优势,彰显文化价值、形成品牌效应,最终造就"五都荟洛"这一闪亮耀眼的文化品牌和旅游名片,必定能够带动洛阳社会与经济再上新台阶,推动洛阳文化与旅游再创新辉煌!

(二)区域整合

大遗址往往占地面积大、涵盖区域广,这就造成大遗址区域常常归属不同县区管辖,给大遗址保护管理和开发利用工作造成诸多不便。像汉魏洛阳故城,便分别归属洛龙区佃庄镇、瀍河回族区白马寺镇、偃师区首阳山镇以及孟津区平乐镇等区域管辖,邙山陵墓群更是分属洛阳市下属的七个城区管辖。在对大遗址进行开发和利用时,需要实现整片区域的总体规划、整体推进、分步实施、齐头并进、共同完成,然而,在现今这样多个县区分治的局面下是很难做到的。虽然能够做到总体规划、分步实施,但如果有一方力不从心,便难以按照时间节点完成,就势必会影响大遗址的整体开发与利用进度,这也是近年来洛阳市多处大遗址的开发利用并不顺利的重要原因。因此,要进行区域整合,尝试在大遗址区域建立类似经济特区或者经济开发区的大遗址特区或者大遗址保护开发区,从而推动大遗址全域协同作战、共同发展。

第二节 未来研究方向

如何实现大遗址保护与开发的彼此成就、互惠双赢？如何让大遗址保护和区域发展并行不悖、共存共荣？这不仅是当今学界所要研究的重要学术课题，更是当代中国亟待解决的重大时代命题。1999 年，我国政府出台《关于拟将我国大遗址保护展示体系建设规划列为十五计划专项的指示》，从首次对大遗址进行定义算起，我国的大遗址保护工作仅开展了 20 余年，大遗址保护理论体系尚不健全，大遗址保护方法措施尚不完善。在这样的大背景下，本书所做的一些研究只能算是对大遗址相关问题所做的大胆尝试和积极探索，但限于时间紧迫，笔者的水平又有所不足，对大遗址相关问题的研究还需要进一步拓展和深化。

首先，本书虽名曰《大遗址保护和区域旅游经济发展研究》，但事实上已经涉及大遗址的保护与利用、大遗址的保护与区域旅游发展、大遗址保护与区域经济发展、大遗址的利用与区域旅游发展、大遗址的利用与区域经济发展、大遗址保护利用与区域旅游发展、大遗址保护利用与区域经济发展等诸多问题的研究，由于篇幅有限，难以做到对所有问题进行全面系统的剖析，因此还要做进一步研究。

其次，本书虽然给出有关大遗址保护、利用与区域发展的一些策略建议，但许多策略还停留在构想阶段，需要在实际工作中进行进一步验证，并根据实际情况做出修正和完善，这样才能使研究成果在指导实际工作时更能经得起考验和论证，因此有必要形成更加科学的体系，给出操作性更强、实用性更高的方法。

再次，由于笔者个人精力有限，团队实力不足，难以对远城区大遗址的状况进行全面掌握，也难以对远城区大遗址区域的社会经济民生进行深入了解。因此，无法开展更为科学、系统的实证研究，未来需要更全面的实地调查以及更深入的分析研究。

最后，对洛阳市跨地区大遗址，如大运河、丝绸之路、万里茶道、黄河文化等均没有涉及，这是较为可惜的，这些跨地区大遗址对洛阳旅游经济的发展与振兴有着非同寻常的意义，值得进行深入研究，因此，笔者也将其作为未来的研究方向之一。

当然，笔者也希望在本书的基础上，将更先进的理论、更科学的方法运用到未来的研究中，并能通过实践和理论的有力结合，在大遗址保护利用领域取得更多创新性进展和突破性成果，为我国的大遗址保护利用事业作出一点贡献。

参 考 文 献

[1] 彼得·罗伯茨，休·赛克斯. 城市更新手册 [M]. 北京：中国建筑工业出版社，2009.

[2] 常书香. 传承历史文脉打造"大美"洛阳 [N]. 洛阳日报，2016 - 07 - 04.

[3] 常书香. 隋唐洛阳城国家历史文化公园建设迈出坚实步伐"两坊一街"道路保护展示工程开工 [N]. 洛阳日报，2017 - 12 - 25.

[4] 陈良伟，韩建华，石自社. 河南洛阳市隋唐东都应天门遗址 2001～2002 年发掘简报 [J]. 考古，2007 (5).

[5] 陈稳亮. 大遗址保护研究中民生问题研究综述 [J]. 城市问题，2014 (11).

[6] 陈稳亮. 环境营造——大遗址保护与发展的重要抓手 [J]. 现代城市研究，2010 (12).

[7] 陈则明. 城市更新的演变和我国城市更新的需求 [J]. 城市问题，2000 (1).

[8] 单霁翔. 大型考古遗址保护 [M]. 天津：天津大学出版社，2015.

[9] 杜宝撰. 大业杂记 [M]. 北京：中华书局，1991.

[10] 樊海强，权东计，李海燕等. 大遗址产业化经营的初步研究 [J]. 西北工业大学学报（社会科学版），2005 (3).

[11] 方清海. 城市更新与创意产业 [M]. 武汉：湖北人民出版社，2010.

[12] 冯云廷. 城市管理学 [M]. 北京：清华大学出版社，2014.

[13] 高德武. 论文化主导下的城市更新实践：成都案例 [J]. 城市发展研究，2013（3）.

[14] 高明. 城市更新与可持续发展研究 [M]. 南宁：广西科学技术出版社，2017.

[15] 郭绍林. 隋唐历史文化 [M]. 北京：中国文史出版社，2005.

[16] 胡超文. 城市更新背景下我国历史地段保护规划研究 [J]. 现代城市研究，2013（7）.

[17] 胡方. 隋唐洛阳城功能分区研究 [J]. 历史教学（下半月刊），2011（1）.

[18] 黄怡，吴长福，谢振宇. 城市更新中地方文化资本的激活——以山东滕州市接官巷历史街区更新改造规划为例 [J]. 城市规划学刊，2015（2）.

[19] 李海燕，权东计. 国内外大遗址保护与利用研究综述 [J]. 西北工业大学学报（社会科学版），2007（3）.

[20] 李建波，张京祥. 中西方城市更新演化比较研究 [J]. 城市问题，2003（5）.

[21] 李伟，俞孔坚，李迪华. 遗址廊道与大运河整体保护的理论框架 [J]. 城市问题，2004（1）.

[22] 李鑫，申建伟，吕劲松等. 隋唐东都城考古所见城门遗址的初步类型学考察 [J]. 洛阳考古，2013（2）.

[23] 林拓，[日] 水内俊雄. 现代城市更新与社会空间变迁住宅、生态、治理 [M]. 上海：上海古籍出版社，2007.

[24] 刘军民，徐晶晶. 大遗址保护利用与区域发展的协同性研究——以西部欠发达地区为例 [J]. 城市问题，2014（12）.

[25] 刘曙光. 文明古国、遗产大国、保护强国——意大利文化遗产保护速写 [N]. 中国文物报，2003-09-12.

[26] 刘卫红. 大遗址展示理念方法问题的探讨 [J]. 地域研究与开发, 2013 (2).

[27] [后晋] 刘昫等撰, [宋] 欧阳修, [宋] 宋祁撰. 旧唐书 [M]. 北京: 中华书局, 1997.

[28] 陆建松. 中国大遗址保护的现状、问题及政策思考 [J]. 复旦大学学报 (社会科学版), 2005 (6).

[29] 吕琳, 吕仁义, 周庆华. 中国大遗址问题研究评析与展望 [J]. 西安建筑科技大学学报 (自然科学版), 2012 (4).

[30] 马春梅, 余杰. 城市规划在洛阳片区大遗址保护中的引领作用 [N]. 中国文物报, 2013 - 10 - 11.

[31] 毛阳光. 隋唐洛阳隋唐时代丝绸之路起点 [M]. 西安: 三秦出版社, 2015.

[32] 孟宪民, 于冰, 于见祥等. 大遗址保护理论与实践 [M]. 北京: 科学出版社, 2012.

[33] 孟宪民. 大遗址保护理论与实践 [M]. 北京: 科学出版社, 2012.

[34] 木杉. 隋唐东都洛阳城 [J]. 城乡建设, 2006 (2).

[35] 权东计, 霍小平. 大遗址保护与旅游业可持续发展初探 [J]. 西北建筑工程学院学报 (自然科学版), 2011 (4).

[36] 冉淑青, 裴成荣, 张馨. 国内外大遗址保护的经验借鉴与启示 [J]. 人文杂志, 2013 (4).

[37] 邵甬, 阮仪三. 关于历史文化遗产保护的法制建设——法国历史文化遗产保护制度发展的启示 [J]. 城市规划汇刊, 2002 (3).

[38] [宋] 欧阳修. 新唐书 [M]. 北京: 中华书局, 1975.

[39] [宋] 司马光著, 王振芳, 王朝华选注. 资治通鉴 [M]. 太原: 山西古籍出版社, 2004.

[40] [宋] 王涛. 唐会要 [M]. 北京: 中华书局, 1955.

［41］苏原 . 大遗址保护与洛阳城市总体规划［J］. 中国名城，2016（2）.

［42］［唐］魏征 . 隋书［M］. 北京：中华书局，1974.

［43］唐燕，［德］克劳斯·昆兹曼（Klaus R. Kunzmann）. 文化、创意产业与城市更新［M］. 北京：清华大学出版社，2016.

［44］唐仲明 . 大遗址资源的保护与发展研究［J］. 山东社会科学，2013（7）.

［45］王炬，胡林 . 隋唐洛阳城西苑水利设施勘探发掘简报［J］. 洛阳考古，2016（2）.

［46］王凌曦 . 中国城市更新的现状、特征及问题分析［J］. 理论导报，2009（9）.

［47］王新文，张沛，张中华 . 城市更新视域下大明宫遗址区空间生产实践检讨及优化策略研究［J］. 城市发展研究，2017（2）.

［48］王岩，陈良伟，姜波 . 洛阳唐东都上阳宫园林遗址发掘简报［J］. 考古，1998（2）.

［49］王岩，杨焕新，冯承泽 . 唐东都武则天明堂遗址发掘简报［J］. 考古，1988（3）.

［50］王桢桢 . 城市更新的利益共同体模式［J］. 城市问题，2010（6）.

［51］［唐］韦述，［唐］杜宝 . 两京新记辑校·大业杂记辑校［M］. 西安：三秦出版社，2006.

［52］肖金亮 . 大型城市遗址的保护与展示——以隋唐洛阳城的实践为例［J］. 建筑学报，2012（6）.

［53］肖原 . 新型城市化背景下的大遗址保护与区域发展管理探讨——以洛阳城为例［J］. 遗址与保护研究，2018（8）.

［54］谢涤湘，谭俊杰，常江 . 2010年以来我国城市更新研究述评［J］. 昆明理工大学学报（社会科学版），2018（3）.

［55］［清］徐松 . 河南志［M］. 北京：中华书局，1994.

［56］徐振强，张帆，姜雨晨．论我国城市更新发展的现状、问题与对策［J］．中国名城，2014（4）．

［57］闫俊．新城镇化背景下实现大遗址保护的对策［J］．郑州航空工业管理学院学报，2014（3）．

［58］严若谷，周素红，闫小培．城市更新之研究［J］．地理科学进展，2011（8）．

［59］阳建强，吴明伟．现代城市更新［M］．南京：东南大学出版社，1999．

［60］杨震．城市设计与城市更新：英国经验及其对中国的镜鉴［J］．城市规划学刊，2016（1）．

［61］于今．城市更新城市发展中的新里程［M］．北京：国家行政学院出版社，2011．

［62］余定．城市核心区遗址公园规划创新研究——以隋唐洛阳城为例［J］．现代城市研究，2015（12）．

［63］余杰．正在悄然活化的考古遗址［N］．中国文物报，2016－01－12．

［64］喻学才．遗址论［J］．东南大学学报（哲学社会科学版），2001（2）．

［65］［元］脱脱等．宋史［M］．北京：中华书局，1975．

［66］张更立．走向三方合作的伙伴关系：西方城市更新政策的演变及其对中国的启示［J］．城市发展研究，2004（4）．

［67］张广海，李苗苗．中国考古遗址公园保护利用研究综述［J］．中国园林，2016（5）．

［68］张其邦．城市更新的时间、空间、度理论研究［M］．厦门：厦门大学出版社，2015．

［69］张如意，佘永，吕劲松等．隋唐洛阳城宁仁坊区域考古调查报告［J］．洛阳考古，2013（1）．

［70］张松．日本历史环境保护的理论与实践［J］．清华大学学报（自然科学版），2000（1）．

［71］张馨，裴成荣．大遗址片区的特色生态城市建设研究——以西安市为例［J］．生态经济，2018（5）．

［72］张忠培．中国大遗址保护的问题［J］．考古，2008（1）．

［73］张祖群．古都遗产旅游的文化空间类型研究［M］．北京：经济管理出版社，2014．

［74］赵夏，陈曦，郭萍．"大遗址"保护与利用相关研究述评［J］．中国文物科学研究，2012（3）．

［75］赵映辉．城市更新规划中的低碳设计策略初探［J］．城市规划学刊，2010（S1）．

［76］郑宏．城市艺术设计研究［M］．北京：社会科学文献出版社，2015．

［77］郑育林．唤醒遗迹：城市化背景下的大遗址保护与利用问题研究［M］．北京：文物出版社，2014．

［78］郑育林．我国大遗址保护与利用相关问题的研究［J］．西北大学学报（哲学社会科学版），2010（3）．

［79］朱海霞，权东计．大遗址保护与区域经济和谐发展的途径：建立大遗址文化产业集群［J］．经济地理，2007（9）．

［80］朱海霞，权东计．新型城市化背景下的大遗址保护与区域发展管理［J］．中国软科学，2014（2）．

［81］朱亮．隋唐东都应天门遗址发掘简报［J］．中原文物，1988（3）．

［82］朱耀先，周远方．河南大遗址旅游产业开发研究［J］．学习论坛，2014（10）．

［83］朱轶佳，李慧，王伟．城市更新研究的演进特征与趋势［J］．城市问题，2015（9）．

［84］邹德慈．邹德慈文集［M］．武汉：华中科技大学出版社，2013．

［85］ Bandarin F. , Oers R. V. Reconnecting the City ［J］. Wiley – Blackwell, 2015.

［86］ Bandarin F. , Oers R. V. The Historic Urban Landscape: Preserving Heritage in an Urban Century ［M］. Wiley – Blackwell, 2014.

［87］ Dalia Swensen. Elsorady. Heritage Conservation in Rosetta（Rashid）: A Tool for Community Improvement and Development ［J］. Cities, 2012, 29（6）.

［88］ Floria R. The Rise of the Creative Class, and How it is Transforming Work, Leisure, Community and Everyday Life ［M］. New York: Basic Books, 2002.

［89］ Grete Swensen, Gro B. Jerpasen. Cultural Heritage in Suburban Landscape Planning: A Case Study in Southern Norway ［J］. Landscape and Urban Planning, 2008（87）.

［90］ Pratt A. Creative Cities: The Cultural Industries and the Creative Class ［J］. Geografiska Annaler: Series B. , Human Geography, 2008, 90（2）.

后　记

　　本书从立项预研、大纲编制、内容撰写，再到研究完成的这一过程中，对洛阳市的五处国家大遗址：二里头遗址、偃师商城遗址、汉魏洛阳故城、隋唐洛阳城遗址及邙山陵墓群进行了多次实地深入调研，并先后对孟津区、偃师区及洛阳市其他城区的遗址遗迹遗存进行了实地考察，在此期间，得到了河南科技大学相关领导的鼎力支持及多位同仁的大力协助，在此，特向对此书编写提供帮助的领导同仁表示衷心的感谢。

　　在撰写本书相关内容的过程中，我们时常会把一些议题引进到相关课程教学实践体系当中，积极探索科学研究与教育教学相互结合的研究型教学模式，学生们才思敏捷、聪慧过人，常常想人所未想、发人所未发，给了我们诸多灵感和启发。为了对大遗址进行更深入的了解，我们多次带领这些学生下县乡甚至到农村进行相关调查研究。学生们有着很强的吃苦耐劳意志和顽强的迎难而上精神，多次配合我们在极为艰苦的条件下很好地完成相关调研，使我们深受感动，在此，对王奕睿、李小雨、要子博、邵千慧等同学一并表示诚挚的谢意。

　　在以相关大遗址为具体对象进行研究时，我们曾多次拜访洛阳市文化与旅游局、洛阳文物局等相关领导专家，向他们请教，并了解相关大遗址的实际情况及相关保护发展计划，得到了大力支持和协助。在此对他们表示诚心诚意的感谢。

　　本书撰写分工情况是：祖恩厚（河南科技大学）撰写第一章、第二章、第三章、第四章，韩雷（河南科技大学）撰写第五章、第七章、第八章第一节，王值（河南科技大学）撰写第六章，张仲豪（河南科技大学）撰写第八章第二节至四节、第九章，最后由祖恩厚、韩雷进行统稿和校对。

　　本书的研究具有一定的局限性，在今后的研究中，一定会更加严谨、科学地呈现更具有创新性的研究成果。